Studien zur Inneren Sicherheit

Band 19

Herausgegeben von
Prof. Dr. Hans-Jürgen Lange

Die Ziele

In der Reihe „Studien zur Inneren Sicherheit" wechseln sich Monografien und strukturierte Sammelbände ab. Die Studien werden verfasst von Autoren des „Interdisziplinären Arbeitskreises Innere Sicherheit" (AKIS). Der AKIS vereint Wissenschaftler aus verschiedenen Disziplinen, insbesondere der Politikwissenschaft, der Soziologie, der Kriminologie, der Rechtswissenschaft und der Historischen Polizeiforschung.

Die Studien zur Inneren Sicherheit umfassen grundlagentheoretische und problemorientierte Arbeiten. Sie sind einer interdisziplinären und sozialwissenschaftlichen Diskussion verpflichtet. Forschung zur Inneren Sicherheit und Polizeiforschung bilden hierbei keine gegensätzlichen Perspektiven, sondern sich ergänzende Bestandteile eines Forschungsfeldes. Die Studien zur Inneren Sicherheit arbeiten die unterschiedlichen Facetten des Wandels von Sicherheit auf. Sie stellen diese Veränderungen in den Zusammenhang mit dem Wandel von Staat und Gesellschaft insgesamt, wie er sich national, europäisch, international und global vollzieht.

Die Analyse der Akteure, Institutionen und Strukturen, die die Sicherheitsproduktion von Staat und Gesellschaft prägen; die Prozesse und Handlungsorientierungen, unter denen Entscheidungen und Normen sowie ihre Kontrolle zustande kommen; die Programme zur Inneren Sicherheit (Kriminalpolitik, Polizeipolitik u. a.), die dabei mit der Zielsetzung entstehen, bestimmte Wirkungen zu erzielen; die Art und Weise der Umsetzung und die Einwirkung der Sicherheitsproduzenten auf die Gesellschaft (Polizieren); die Definitionen, Konstruktionen, Verlaufsformen und Sanktionierungen abweichenden Verhaltens und sozialer Kontrolle (Kriminalsoziologie), die vorgenommen werden; die historische Rekonstruktion dieser Zusammenhänge; die Diskussion theoretischer Ansätze und Methodologien, um die interdisziplinäre Arbeit integrativ weiter zu entwickeln – all dies sind Perspektiven der Forschung zur Inneren Sicherheit, wie sie der Reihe zugrunde liegen.

Herausgegeben von
Prof. Dr. Hans-Jürgen Lange

Christoph Gusy (Hrsg.)

Evaluation von Sicherheitsgesetzen

Springer VS

Herausgeber
Christoph Gusy
Universität Bielefeld
Deutschland

ISBN 978-3-658-06593-5 ISBN 978-3-658-06594-2 (eBook)
DOI 10.1007/978-3-658-06594-2

Die Deutsche Nationalbibliothek verzeichnet diese Publikation in der Deutschen Nationalbibliografie; detaillierte bibliografische Daten sind im Internet über http://dnb.d-nb.deabrufbar.

Springer VS

Lektorat: Jan Treibel, Stefanie Loyal

Gedruckt auf säurefreiem und chlorfrei gebleichtem Papier

Springer Fachmedien Wiesbaden ist Teil der Fachverlagsgruppe Springer Science+Business Media (www.springer.com)

Inhalt

Vorwort

Der Band enthält die Vorträge einer Tagung, die Hans-Jörg Albrecht und Christoph Gusy in Kooperation mit dem Interdisziplinären Arbeitskreis Innere Sicherheit (AKIS), vertreten durch Hans-Jürgen Lange, im Bielefelder Zentrum für interdisziplinäre Forschung (ZiF) veranstaltet haben. Er ist im Rahmen des Forschungsprojekts „Sicherheitsgesetzgebung“ entstanden, welches vom Bundesministerium für Bildung und Forschung (BMBF) gefördert worden ist. Thema der Veranstaltung war die Evaluation von Sicherheitsgesetzen. Sie findet sich inzwischen in zahlreichen Rechtsnormen, Erscheinungsformen und Berichten, welche bei der Tagung analysiert und bewertet worden sind. Dabei stellte sich heraus, dass trotz zahlreicher Anläufe die Evaluationsforschung auf dem Gebiet der Gesetzesevaluation noch breite Lücken aufweist. Und für den engeren Bereich der Sicherheitsgesetzgebung sind speziellere Forschungen noch weitgehend Desiderat. Insoweit begreifen sich Tagung und Tagungsband auch als Anstöße zu einer bereichsspezifischen Evaluationsforschung.

Die Darstellung geht vom Besonderen zum Allgemeinen. Am Anfang stehen Erfahrungsberichte über durchgeführte Evaluationsverfahren hinsichtlich unterschiedlicher Sicherheitsgesetze. Hier sollten nicht nur Fragestellungen und Antworten, sondern auch Erfahrungen der Evaluatoren bei der Auftragsvergabe bzw. -übernahme, dem Zugang zu Informationen, dem Umgang mit Sicherheitsbestimmungen, den Erfahrungen bei der Auftragsdurchführung und den Reaktionen auf ihre Empfehlungen eingebracht werden. Die Vorträge und Diskussionsbeiträge von Sozial-, Politik- und Rechtswissenschaftlern wurden in der Diskussion abgeglichen und auf verallgemeinerbare Positionen befragt. Anschließend wurden sodann wissenschaftliche Querschnittsfragen gestellt, welche sich teils auf rechts-, teils auf sozialwissenschaftliche Aspekte bezogen. Sie sollten neben dem theoretischen Zugang zu den Problemen auch die geschilderten Erfahrungen aus der Praxis einbeziehen. Was hier an rechts-, politik- und sozialwissenschaftlichen Zugängen gesucht und gefunden wurde, war dann Gegenstand der interdisziplinären Diskussionen, an welchen sich auch Praktiker mit unterschiedlichen Erfahrungshorizonten beteiligten. Sie halfen, die Erörterungen gegenstandsnah zu halten und Erwartungen, Fragen und Lösungsansätze zu formulieren, welche die Forschungsergebnisse praxisnah ergänzten und zugleich weitere Fragestellungen aufzeigen konnten. Diese Zweiteilung prägt auch den Aufbau dieses Tagungsbandes.

An ihm haben Viele mitgewirkt. Wichtige Anregungen verdanke ich meinen Mitveranstaltern. Die Hauptlast lag allerdings bei den Referenten, welche nicht nur Vortrag und Diskussion, sondern auch die Erstellung der Beiträge für diesen Band übernommen haben. Für inhaltliche Unterstützung danke ich insbesondere Herrn E. Wagner, Landesbeauftragter für den Datenschutz und die Informationsfreiheit Rheinland-Pfalz, Frau Dr. R. Weinzierl, und meinem ebenso geduldigen wie beharrlichen Bielefelder Gesprächspartner Prof. Dr. D. Sack. Das ZiF hat den logistischen Rahmen, das BMBF und die Fakultät für Rechtswissenschaft an der Universität Bielefeld haben die notwendigen finanziellen Mittel bereitgestellt. Dafür möchte ich den Verantwortlichen herzlich danken!

Die Vorarbeiten und Fragestellungen entstanden im Laufe der Projektarbeiten. Für wertvolle Unterstützung danke ich den Kolleginnen und Kollegen des SiGG-Projekts an der Universität Witten/Herdecke und Bielefeld. Namentlich Frau A. Kapitza und Herr J. Lanfer haben einen wichtigen inhaltlichen Beitrag geleistet. Frau A. Kapitza und Frau M. Alker haben die Hauptlast der Veranstaltung getragen. Die Redaktion des Bandes lag in den Händen von Frau A. Kapitza, Frau G. Bulut, Frau K. Jung und Frau A. Röder. Zum Gelingen der Veranstaltung und zur Fertigstellung des Bandes haben auch Frau C. Rausch, Herr I. Katsarov, Frau E. Dopheide, Frau N. Schwark und Herr C. Schäfer einen wichtigen Beitrag geleistet. Für die Aufnahme in diese Schriftenreihe schulde ich deren Herausgeber, Herrn Prof. Dr. H.-J. Lange, besonderen Dank!

Bielefeld, im Mai 2014
Christoph Gusy

Evaluation von Sicherheitsgesetzen

Eine Bestandsaufnahme

Christoph Gusy und Annika Kapitza[1]

Gesetzesevaluation hat Konjunktur. Die Zahl der diesbezüglichen Regelungen, Verfahren und Berichte steigt. Dabei zeigt sich: Es gibt zahlreiche Erscheinungsformen derartiger Evaluationen. Unter ihnen wird hier eine Form im Vordergrund stehen: Gesetzesevaluation im hier untersuchten Sinne bezeichnet auf Veranlassung von staatlichen Stellen durchgeführte nachträgliche Verfahren zur Bewertung von Gesetzen. Nach einer Darstellung ihrer unterschiedlichen Erscheinungsformen sollen die auf sie bezogenen rechtlichen Regelungen näher beleuchtet werden. Dabei wird gezeigt: Zentrale Fragestellungen sind bislang wenig untersucht, wichtige Antworten wenig konsentiert oder sogar offen.

1 Einleitung und Fragestellung: Wer evaluiert die Gesetzesevaluation?

Die Evaluation von Gesetzen, in der Gesetzgebungswissenschaft lange Desiderat,[2] ist inzwischen Realität. Immer mehr Evaluationsberichte werden erstellt, und in immer mehr Gesetzgebungsverfahren wird auf solche Berichte Bezug

---

1 Für vielfältige Hilfe danken wir Herrn wiss. Mit. I. Katsarov, Frau wiss. Mit. C. Rausch, Frau M. Alker und Frau A. Röder, Bielefeld. Unser Dank gilt auch allen Kolleginnen und Kollegen aus dem BMBF-geförderten Forschungsprojekt „Sicherheitsgesetzgebung".

2 Forderungen nach Evaluation gerade im Sicherheitsrecht etwa bei *Bizer*, Evaluierung der Telekommunikationsüberwachung, in: Bäumler (Hrsg.), Polizei und Datenschutz, 1999, S. 131 ff.; *Hoffmann-Riem*, Freiheit und Sicherheit im Angesicht terroristischer Anschläge, ZRP 2002, S. 497 ff.

genommen.[3] Mit der Zahl steigt aber auch die Kritik: Evaluationsverfahren und -ergebnisse wurden von vielen Stellen – insbesondere bei der Evaluierung des TBG im Jahr 2005 – hinsichtlich der Evaluatoren und der Transparenz des Verfahrens als unzureichend beschrieben.[4]

Dabei weisen die vorhandenen Berichte[5] eine erhebliche Vielfalt auf. Die Variationsbreite reicht vom Evaluationsanlass über die Definition des Gegenstandes, die Träger und erstellenden Instanzen der Berichte, die dabei angewandten Methoden, den Umfang und die Ergebnisse der einzelnen Studien. Schon bei äußerlicher Betrachtung lässt sich feststellen: Offenbar *existiert bislang kein konsentiertes Konzept hinsichtlich der Frage, wie Gesetze evaluiert werden sollen bzw. können.*[6] Auch wenn die geschil-

---

3 Vgl. u. a. den Entwurf eines Gesetzes zur Ergänzung des Terrorismusbekämpfungsgesetzes (TBGE) der Bundesregierung, der auf den Evaluationsbericht zum Terrorismusbekämpfungsgesetz (TBG) abstellt, BT-Drs. 16/2921 sowie den Gesetzentwurf der Bundesregierung zur Änderung des Bundesverfassungsschutzgesetzes, der an vielen Stellen sowohl auf den Evaluationsbericht zum Terrorismusbekämpfungsgesetz (TBG) als auch zum Terrorismusbekämpfungsergänzungsgesetz (TBGE) Bezug nimmt, BT-Drs. 17/6925.

4 So deutlich in dem Antrag der FDP-Fraktion vom 21.09.2006 an den Deutschen Bundestag, die Bundesregierung aufzufordern, die Evaluierung durch gesetzliche Regelungen präziser zu gestalten, vgl. BT-Drs. 16/2671; vgl. hierzu auch die Anfrage der Fraktion Die Linke vom 21.07.2006 zu einzelnen Aspekten der Evaluation des TBG, BT-Drs. 16/2285; Kritik auch in der Entschließung der 79. Konferenz der Datenschutzbeauftragten des Bundes und der Länder vom 17./18. März 2010: „Kein Vorbild darf die im Mai 2005 vorgenommene „Evaluierung" des Terrorismusbekämpfungsgesetzes 2002 sein. Diese war eine inhaltlich und methodisch defizitäre Selbsteinschätzung (…)."; vgl. auch die Entschließung der 82. Konferenz der Datenschutzbeauftragten des Bundes und der Länder vom 28./29. September 2011: „(…) Von einem austarierten System der Eingriffsbefugnisse kann schon deshalb keine Rede sein, weil die Wechselwirkungen zwischen den verschiedenen Eingriffsinstrumentarien nie systematisch untersucht worden sind. Bundesregierung und Gesetzgeber haben bislang keine empirisch fundierten Aussagen vorgelegt, zu welchem Überwachungs-Gesamtergebnis die verschiedenen Befugnisse in ihrem Zusammenwirken führen. Die bislang nur in einem Eckpunktepapier angekündigte Regierungskommission zur Überprüfung der Sicherheitsgesetze ersetzt die erforderliche unabhängige wissenschaftliche Evaluation nicht. Viele zunächst unter Zeitdruck erlassene Antiterrorgesetze waren befristet worden, um sie durch eine unabhängige Evaluation auf den Prüfstand stellen zu können. Eine derartige umfassende, unabhängige Evaluation hat jedoch nicht stattgefunden. Dies hat die Bundesregierung nicht davon abgehalten, gleichwohl einen Entwurf für die Verlängerung und Erweiterung eines der Antiterrorpakete in den Gesetzgebungsprozess einzubringen."

5 Vgl. hierzu die Übersicht am Ende des Bandes.

6 So auch *Albers*, Funktion, Entwicklungsstand und Probleme von Evaluationen im Sicherheitsrecht, in: Albers/Weinzierl (Hrsg.), Menschenrechtliche Standards in der Sicherheitspolitik, 2010, S. 25 ff., 39.

derte Vielfalt von Evaluationen von vornherein geeignet ist, mögliche Erwartungen an übergreifende Standards für Evaluationsverfahren und -ergebnisse zu begrenzen, so ist doch genügend Anlass zur Befragung der Evaluationsforschung nach dem Motto: *Wer evaluiert die Gesetzesevaluation?* Eine solche Metaanalyse befindet sich gegenüber der älteren Evaluationsforschung in einer vorteilhaften Situation: Sie ist nicht mehr bloß Theorie oder Desiderat, sondern verfügt zugleich über Anschauungsmaterial aus der Praxis, welches ausgewertet und als empirische Erfahrungsgrundlage herangezogen werden kann. Von daher sind auch allererste Ansätze eines Theorie-Praxis-Abgleichs möglich. Welche Erwartungen an Evaluationsverfahren und -ergebnisse könnten überhaupt gestellt werden? Und welche sind überhaupt erfüllbar? Hier können und sollen Erfahrungen und Perspektiven zusammengeführt werden. Eine solche Aufgabe ist keine allein rechtswissenschaftliche; sie verlangt eine Einbeziehung anderer Disziplinen, welche mit Evaluation und Evaluationsforschung befasst sind. Die Ergebnisse können nur im *interdisziplinären Zusammenwirken* gefunden und bewertet werden. Dies bedeutet kein einfaches Abschieben der Evaluationsfragen an die Nachbardisziplinen. Zwar sind Evaluation und Evaluationsforschung keine originär rechtlichen oder rechtswissenschaftlichen Phänomene. Doch zeigt schon allein das Evaluationsobjekt Gesetzgebung: Notwendig ist ein Vorgehen, welches auch die rechtlichen Vorgaben, Verfahrensregelungen und Anforderungen zugrunde legt und diese – wo notwendig und sinnvoll – einbezieht.

Gesetzgebung und Gesetzesevaluation sind inzwischen nahezu überall. Sie kann und soll hier nicht flächendeckend behandelt werden. Als Referenzmaterie soll das *Sicherheitsrecht*,[7] genauer: das Recht der öffentlichen Sicherheit in einem weiten Sinne, zugrunde gelegt werden. Es reicht über Polizei und Polizeirecht weit hinaus und umfasst mit dem Bund und den Ländern auch mehrere Rechtsetzungsebenen.[8] Diese Beschränkung des Ausgangspunkts[9] bietet sich an, weil hier das Material besonders reichhaltig ist, die vorgefundene Dichte der Evaluationsberichte also besonders hoch ist. Hier findet materialgesättigte Empirie eine besonders günstige Ausgangslage. Umgekehrt weist Sicherheitsgesetzgebung gegenüber sonstiger Recht-

7 Zur Entwicklung der Materie *Kötter*, Pfade des Sicherheitsrechts, 2008; s. a. *Gusy/Kapitza*, Sicherheitsrecht, -politik und -kultur im demokratischen Verfassungsstaat, in: Daase u. a. (Hrsg.), Sicherheitskultur, 2012, S. 45 ff.

8 Für die Rechtsetzung der EU gelten eigene Evaluationsstandards; s. Mitteilung KOM (2006) 332 endg. Sie sind stark quantifizierend angelegt und ermöglichen eher Vergleiche als Evaluationen. Exemplarisch: Bewertungsbericht der EU-Kommission zur Richtlinie über die Vorratsdatenspeicherung v. 18.04.2011, KOM (2011) 224 endg. Diese Rechtsetzungsebene wird im vorliegenden Band ausgespart.

9 Evaluation von Rechtsetzung findet sich auch auf anderen Ebenen; etwa im sog. „Düsseldorfer Gutachten" zur kommunalen Rechtsetzung, näher *Rössner/Bannenberg/Coester*, Düsseldorfer Gutachten: Leitlinien wirksamer Kriminalprävention, 2002.

setzung einzelne gewichtige Unterschiede auf,[10] welche die Verallgemeinerbarkeit der zu findenden Ergebnisse im Hinblick auf andere Gesetzgebungsmaterien von zusätzlichen Faktoren abhängig machen.

2 Gesetzesevaluation: Differenzierungen

2.1 Evaluation als offenes Konzept

Evaluation befasst sich als Teilbereich der empirischen Forschung mit der *Bewertung von Maßnahmen und Interventionen.*[11] Dabei wird stets der sozialwissenschaftliche Charakter jenes Teilbereichs betont,[12] ohne damit allerdings eine Festlegung auf bestimmte ihrer Teilbereiche wie etwa die Soziologie vornehmen zu wollen. Vielmehr findet sich Evaluation als Element zahlreicher Sozialwissenschaften im weiteren Sinne, wie etwa der Erziehungs-, Politik- und Wirtschaftswissenschaft.[13] Einigkeit besteht jedenfalls darin, dass Evaluation als Phänomen der Moderne *wissenschaftlich oder jedenfalls wissenschaftlich gestützt* zu geschehen habe.[14] Daraus resultiert die Qualifikation von Evaluation selbst wie auch ihre Metaanalyse[15] als Aufgabe und Anliegen von Wissenschaft und Forschung. Diese Zuweisung bleibt jedoch inhaltlich offen, da sie weder die Evaluation selbst noch die Evaluations-

---

10 Zur neueren Rechtsetzungslehre allgemein *Schuppert*, Governance und Rechtsetzung, 2011; zu Konzept und Spezifika der Sicherheitsgesetzgebung *Gusy*, Sicherheitsgesetzgebung, KritV 2012, S. 255 ff.

11 *Bortz/Döring*, Forschungsmethoden und Evaluation, 4. A., (hier: 2. A., S. 95).

12 *Rossi u.* a., Evaluation, 7. A., 2004, S. 8.

13 Zahlreiche Beispiele für Anwendungsfelder von Evaluation bei *Widmer u.* a., Evaluation, 2009, S. 75 ff. Unterschieden werden dort – exemplarisch und daher ohne Anspruch auf Vollständigkeit – die Bereiche Agrarpolitik, Arbeitsmarktpolitik, Bildung, Energie- und Umweltpolitik, Entwicklungszusammenarbeit, Forschung und Technologie, Gesundheit, Institutionelle Politik, Raumentwicklungspolitik und Soziale Arbeit. Dass diese ganz verschiedenen Sozialbereiche durchaus je spezifischen Evaluationsdisziplinen unterliegen, liegt nahe.

14 *Stockmann/Meyer*, Evaluation, 2010, S. 55 (u. pass.). Als Gründe dafür werden zentral die Möglichkeiten von Rationalisierung zu evaluierender Bereiche, die Herstellung von Transparenz, Experimentier- und Legitimationsfähigkeit in diesen Bereichen genannt; s. ebd, S. 17 ff.

15 Beide werden durchaus nebeneinander als „Evaluationsforschung" bezeichnet. Hier soll dieser Terminus für die Metaanalyse von Evaluation, als der Forschung über Evaluation, vorbehalten bleiben. Daraus folgt dann wissenschaftsintern die Unterscheidung von Evaluation und Evaluationsforschung.

gegenstände bestimmten vereinheitlichenden Vorgaben unterwirft. Vielmehr verweist die Zuweisung an die sozialwissenschaftlichen Disziplinen auf deren jeweilige gegenständliche und methodische Eigenheiten und betont lediglich deren Gemeinsamkeit, nämlich die Notwendigkeit wissenschaftlicher Standards. Dass diese ihrerseits *fachlichen Spezifika* unterliegen und letztlich von der jeweiligen Disziplin her zu definieren sind, versteht sich danach von selbst. Das gilt dann auch für die Gesetzesevaluation, welche damit den methodischen Eigenheiten von politischer Soziologie, Politik- und Rechtswissenschaft unterstellt ist.

Bewertet werden kann nur, was schon vorhanden ist. Dies können zunächst Ideen, also Ziele, Intentionen oder Pläne sein. Dies können aber auch Phänomene sein, welche in die Außenwelt hervorgetreten sind, wie etwa Unternehmenserfolge, Unterrichtsmethoden[16] oder eben Gesetze. Deren Bewertung kann nicht aus sich selbst heraus erfolgen, sondern setzt Bewertungskriterien voraus. Diese liegen nicht in den zu evaluierenden Phänomenen selbst, sondern müssen von außen an sie herangetragen werden. Dafür maßgeblich sein können einerseits Input-Faktoren, also vorgelagerte Ziele oder Absichten; aber auch Output-Faktoren, also Wirkungen oder Folgen der jeweiligen Maßnahmen. Dabei sind solche Folgen noch nicht selbst das Bewertungskriterium, sondern nur deren Anknüpfungspunkt: Sie können evaluiert werden etwa nach den Kriterien erwünscht oder unerwünscht, funktional oder disfunktional, intendiert oder nicht-intendiert. Die Ermittlung dieser Folgen ist noch nicht die Evaluation selbst, wohl aber eine mögliche Vorbedingung. In diesem Sinne ist Evaluation ein *Soll-Ist-Vergleich.* Die naheliegende Frage, ob denn eine Bewertung Gegenstand wissenschaftlicher Fragestellungen sein kann, stellt sich für die Evaluation nur eingeschränkt. Hier genügt der Hinweis: Wissenschaft kann Bewertungskriterien diskutieren, aber nicht mit Wahrheitsanspruch verifizieren oder falsifizieren. Dies schließt eine Evaluation allerdings nicht aus, solange die Kriterien der Evaluation voraus liegen. Welche Kriterien für den Soll-Ist-Vergleich herangezogen werden können, hängt von ihrer Operationalisierbarkeit ab, nicht hingegen von ihrer Wahrheitsfähigkeit im wissenschaftlichen Sinne. Evaluationsforschung kann also ihre eigenen Prämissen diskutieren, aber nicht allein und selbst setzen. Das gilt namentlich für die Gesetzesevaluation: Ob ein Gesetz gut oder schlecht, notwendig oder schädlich ist, ist stets auch eine politische Frage, welche wissenschaftlich diskutiert, aber durch die Wissenschaft allein nicht surrogiert werden kann.[17]

16 In Deutschland ist die Evaluationsforschung früh als Erforschung von Bildungskonzepten und -methoden angekommen; s. dazu *Beywl*, Zur Weiterentwicklung der Evaluationsmethodologie, 1988; *Maag Merki*, in: Widmer u.a (Hrsg.) (Fn. 13), S. 157 ff.

17 Zum Verhältnis von Evaluation und Politik *Stockmann*, in: Ders./Meyer (Hrsg.) (Fn. 14), S. 55 ff.

Evaluation als wissenschaftlich geleiteter Soll-Ist-Vergleich verlangt demnach nach vier Mindestvoraussetzungen. Dazu zählen:

- das *Evaluationsobjekt,* also dasjenige Phänomen, welches zu evaluieren ist. Dies ist für die Gesetzesevaluation zumindest das *Gesetz* selbst.
- der *Evaluationsmaßstab,* also das soeben genannte Bewertungskriterium. Dieses kann eindimensional alternativ („Ziel erreicht?") oder skalar („Grad der Zielerreichung?"), aber auch mehrdimensional („Erreichung erwünschter oder unerwünschter Effekte") und auch hier wiederum alternativ oder skalar erfolgen.
- die *Evaluationsinstanz,* also den Evaluator: Er ist derjenige, der die Evaluation vornimmt. Hier können Selbst- und Fremdevaluation unterschieden werden. Selbstevaluation ist der Soll-Ist-Vergleich durch den Träger des Evaluationsobjekts selbst („Habe ich im letzten Jahr den angestrebten Gewinn gemacht?" „Haben wir im letzten Jahr die angekündigten Gesetze verabschiedet?"), Fremdevaluation die Vornahme der Evaluation durch einen Dritten. Beide unterscheiden sich voneinander nicht notwendig durch die angewandten Methoden, wohl allerdings durch den unterschiedlichen Grad von Neutralität und Informiertheit. Letzteres gilt jedenfalls dann, wenn der externe Evaluator auch schon andere vergleichbare Evaluationen vorgenommen hat oder vornimmt und somit Einblick in vergleichbare Ist- oder Sollzustände an anderer Stelle hat. Notwendig ist jedenfalls, dass der Evaluator über Kompetenzen im Hinblick auf Evaluationsverfahren und -methoden verfügt.
- die *Evaluationsmethode*: Nach dem Stand der sozialwissenschaftlichen Forschung gibt es auch in der Wissenschaft keine „einzig richtige" Methode, sondern unterschiedliche Verfahren, die sich im Einzelfall als anwendbar oder nicht anwendbar, zweckmäßig oder nicht zweckmäßig, über- oder unterlegen erweisen.[18] An der Anwendung solcher Methoden erweist sich aber letztlich, ob eine Evaluation Richtigkeitsansprüchen genügen kann oder nicht. Rein oder überwiegend intuitive Verfahren, welche auf die Anwendung solcher Methoden verzichten, sind danach zwar auch möglich und im Alltag keineswegs ausgeschlossen („Hatte ich im letzten Jahr ein ausreichendes Einkommen?" „Habe ich im letzten Jahr meine politischen Ziele erreicht?"), werden aber durch dieses Methodenkriterium aus dem Evaluationskonzept ausgeschlossen.[19]

---

18 Überblicke etwa bei *Stockmann/Meyer,* in: dies. (Fn. 14), S. 101 ff.; *Rossi u.* a. (Fn. 12), S. 133 ff., 203 ff.; *Bortz/Döring u.* a. (Fn. 11), S. 95 ff.; *Beywl/Widmer,* in: Widmer u. a. (Fn. 13), S. 16.

19 Zur Abgrenzung etwa *Bortz/Döring* (Fn. 11), S. 7 ff.

Vor diesem Hintergrund *beschreibt die Evaluationsforschung Standards für Evaluationsverfahren*, welche typischerweise in eine Planungs- oder Zieldefinitions-, eine Informationserhebungs-, eine Bewertungs- und eine Verwertungsphase aufgeteilt werden. Zur letzteren zählt insbesondere die Frage danach, was mit den Ergebnissen zu geschehen hat. Allgemein wird die Erstellung eines *Berichts* als notwendiges Element von Evaluationsverfahren qualifiziert.[20] Umgekehrt gilt aber auch: Nicht jeder Bericht ist zugleich ein Evaluationsbericht, nicht jede Berichtspflicht[21] zugleich eine Evaluationspflicht. Berichte über alle oder bestimmte Tätigkeiten von Regierungen, Behörden oder Gerichten oder aber politische Erfolgsbilanzen unterfallen dem beschriebenen Evaluationskonzept jedenfalls nicht. Sie können Evaluationen ermöglichen, ergänzen oder deren Ergebnisse publizieren; zu ersetzen vermögen sie diese allerdings nicht. Für den Inhalt des Evaluationsberichts kann es durchaus einen Unterschied machen, ob das Ergebnis als *Bericht* über Fakten („Folge eingetreten", „Ziel erreicht") oder aber als *Empfehlung* ausgestaltet werden soll. Diese Differenzierung kann namentlich bei der Gesetzesevaluation Bedeutung erlangen, wenn etwa rechtspolitische (Änderungs-)Vorschläge erwartet werden. Dies kann die Evaluationsperspektive entscheidend mitprägen und sowohl hinsichtlich der *Informationsaspekte* als auch der *Bewertungsaspekte* zusätzliche Fragen aufwerfen. Hat ein Gesetz seine Ziele nicht oder nur teilweise erreicht, so folgt daraus allein nicht, wie in Zukunft mit der Regelung der Materie umgegangen werden kann oder soll. Theoretisch denkbar sind mehrere Alternativen: Beibehaltung des Gesetzes wegen zu hoher Änderungskosten; Aufhebung des Gesetzes wegen vollständiger oder teilweiser Zweckverfehlung; Änderung des Gesetzes, um seine Zwecke besser zu verwirklichen oder kontraproduktive Effekte im Gesetz zu beheben; oder seine Ersetzung durch ein völlig neues Regelungskonzept in einem anderen Gesetz mit dem Ziel einer Verbesserung der Zielerreichung. Welche dieser Alternativen vorzugswürdig ist, ergibt sich aus der Mängelbeschreibung allein nicht.

2.2 Der Zeitpunkt der Evaluation: Abgrenzung der Gesetzesevaluation von der Gesetzesfolgenabschätzung

Die Frage nach dem möglichen Evaluationszeitpunkt stellt sich weniger für derartige Bewertungen im Allgemeinen als vielmehr für die Gesetzesevaluation im Beson-

---

20 Zum Bericht aus der Sicht der Evaluationsforschung *Bortz/Döring* (Fn. 11), S. 86 ff.

21 Solche Berichte der Bundesregierung aufgrund grundgesetzlicher oder gesetzlicher Berichtspflichten finden sich etwa in BT-Drs. 14/245, 3998, 6778, 8155; 17/10601.

deren. Hier kann sie zur Abgrenzung von Thematik und Fragestellung Wichtiges beitragen. Grundsätzlich gilt: Evaluation kann zu jedem Zeitpunkt stattfinden, an dem die oben genannten vier Voraussetzungen vorliegen.[22] Sie kann demnach also schon im Planungs- oder Vorbereitungsstadium einer Maßnahme vorgenommen werden: In diesem Falle geht es um die Planevaluation, also des Prozesses und des Ergebnisses von Planungen. Sie kann aber auch in der Durchführungsphase begleitend ansetzen: In diesem Falle geht es um die Bewertung des bisherigen Handelns und seiner Ergebnisse. Und sie kann nach dessen Abschluss durchgeführt werden: Dann geht es gleichsam retrospektiv um die erzielten Ergebnisse und die vorausgegangenen Schritte auf dem Weg zu ihnen hin. Der Zeitpunkt bestimmt demnach das Evaluationsobjekt mit. Umgekehrt muss sich eine nachträgliche Evaluation nicht auf das ganze Objekt beziehen, sondern kann sich auch auf einzelne Elemente beschränken, etwa die Kosten, die zeitlichen Abläufe oder die Zwecktauglichkeit des Ergebnisses.

Grundsätzlich gilt dies auch für die Gesetzesevaluation. Doch finden sich hier einzelne Besonderheiten. Namentlich für die ex-ante-Evaluation von Gesetzgebungsvorhaben ist die *Gesetzesfolgenabschätzung* seit langer Zeit gefordert und entwickelt worden.[23] Sie gilt als rechtlich notwendiger oder jedenfalls praktisch sinnvoller Bestandteil von Gesetzgebungsverfahren und unterliegt eigenen kompetenziellen und prozeduralen Regelungen. Deren Grundelement liegt darin, die Zwecktauglichkeit von Gesetzen zu überprüfen, welche sich noch im Gesetzgebungsstadium befinden, also noch nicht in Geltung gesetzt sind.[24] Es geht um die

---

22 Dazu und zum Folgenden *Stockmann*, in: Ders./Meyer (Fn. 14), S. 67 ff.; *Rossi u.* a. (Fn. 12), S. 16 ff.

23 Die Gesetzesfolgenabschätzung ist im Verhältnis zur nachträglichen Gesetzesevaluation wesentlich stärker erforscht. Vgl. hierzu umfassend – auch unter Einbezug praktischer Erfahrungen – den Tagungsband von *Hensel* u. a. (Hrsg.), Gesetzesfolgenabschätzung in der Anwendung – Perspektiven und Entwicklungstendenzen, 2010. So basiert die Einfügung des § 44 GGO (Gesetzesfolgenabschätzung) auf einem umfassenden von der Bundesregierung in Auftrag gegebenen Praxistext aus dem Jahr 2002 (Titel des Gutachtens: Moderner Staat – Moderne Verwaltung). Zur Gesetzesfolgenabschätzung grundlegend *Boehret*, Gesetzesfolgenabschätzung, 1997; *Ders.*, Handbuch Gesetzesfolgenabschätzung, 2001; *Köck*, Gesetzesfolgenabschätzung und Gesetzgebungsrechtslehre, VerwArch 2002, S. 1; *Brocker*, Gesetzesfolgenabschätzung – Ein Überblick, DRiZ 2002, S. 462; s. a. *Schulze-Fielitz*, Theorie und Praxis parlamentarischer Gesetzgebung, 1988, S. 454 ff.; aus neuerer Zeit *Veit*, Bessere Gesetze durch Folgenabschätzung?, 2010. Zu ihr im Kontext von Evaluationsfunktionen in Politik und Verwaltung *Konzendorf*, in: Widmer u. a. (Fn. 13), S. 27 ff.

24 Hierzu zählt etwa auch die Mitwirkung des Normenkontrollrats im Gesetzgebungsverfahren. Dazu Gesetz zur Einsetzung eines Nationalen Normenkontrollrates v. 14.08.2006. Aus der Literatur *Schröder/Trier*, Der Nationale Normenkontrollrat – Ein neuer Schritt

Folgenbewertung zukünftiger Gesetze. Ihr kommen hohe prognostische Elemente zu, existiert doch im Zeitpunkt der Folgenabschätzung nur ein Entwurf, zu dem es im günstigsten Fall noch einzelne Alternativen geben kann. Ihr Gegenstand ist also eine Gesetzesinitiative, eine Gesetzgebungsabsicht, ein Gesetzesprojekt. Solche Projekte können grundsätzlich evaluiert werden, Gesetzesfolgenabschätzung kann demnach jedenfalls im weiteren Sinne eine Ausprägung von Gesetzesevaluation sein. Dennoch soll sie hier nicht im Zentrum stehen. Der Fokus soll hier vielmehr auf der *Evaluation geltender Gesetze* oder noch genauer: geltender Sicherheitsgesetze liegen. Sie ist im Unterschied zur Gesetzesfolgenabschätzung bislang rechtlich und sozialwissenschaftlich weniger beschrieben. Zugleich stellt sie aber diejenige Form der Gesetzesevaluation dar, welche in den letzten Jahren an praktischer Bedeutung stark zugenommen hat.[25] Dies rechtfertigt es, den Blick von der viel diskutierten Gesetzesfolgenabschätzung ex ante hin in Richtung auf die Gesetzesevaluation ex post zu wenden.

Die beschriebene Unterscheidung findet ihre Rechtfertigung nicht primär auf der sozialwissenschaftlichen Ebene der Evaluationsforschung. Diese lässt grundsätzlich sowohl ex-ante- als auch ex-post-Evaluationen zu. Unterschiede sind vielmehr überwiegend rechtlich begründet, betreffen aber sowohl Evaluations- als auch Rechtsfragen.

1. *Gesetzesevaluation als Bewertung geltenden Rechts hat einen anderen Bezugspunkt als die Folgenabschätzung*: Ihr Betrachtungsobjekt ist geltendes Recht, welches Teil der Rechtsordnung ist, als solches angewendet werden kann und aus seinem Geltungs- und Anwendungszusammenhang heraus Erfahrungswissen generiert hat, also Fakten, Entscheidungen und Zahlen über bereits eingetretene oder ausgebliebene Gesetzeseffekte. Diese können zum Ausgangspunkt von Evaluationsverfahren gemacht werden. Es geht also – im Unterschied zur Gesetzesfolgenabschätzung – nicht mehr um bloße Texte und allein prognostisches Wissen über deren mögliche Wirkungen sondern um Erfahrungswissen, das erhoben, gemessen und ausgewertet werden kann. Die daraus herzuleitende Hypothese lautet demnach: *Der unterschiedliche Evaluationszeitpunkt von ex-ante- und ex-post-Bewertungen verschiebt bei der Gesetzgebung sowohl das Evaluationsobjekt als auch die möglichen Evaluations-*

zum Abbau von Bürokratiekosten, DÖV 2007, S. 45 ff.; *Kleemann/Gebert*, Die Einbindung des Nationalen Normenkontrollrates in das Gesetzgebungsverfahren des Bundes, ZG 2009, S. 151 ff.; *Pfeifer*, Die Reform des Normenkontrollrates, GewArch 2010, S. 479 ff.; *Seckelmann*, Neue Aufgaben für den Nationalen Normenkontrollrat – Perspektiven für die Folgenabschätzung von Gesetzen?, ZRP 2010, S. 213 ff.

25 S. o. 1.

methoden. Hier soll der Fokus auf die nachträgliche Evaluation gelegt werden. Sie wird hier als *Gesetzesevaluation (im engeren Sinne)* bezeichnet. Ob sich nachher Vergleichsmöglichkeiten zur vorherigen Folgenabschätzung zeigen können, hängt von den jeweiligen Ergebnissen ab.

2. *Gesetzesevaluation hat in der Rechtsordnung einen anderen Platz als die Gesetzesfolgenabschätzung.* Diese findet ihren Ausgangspunkt als Element des Gesetzgebungsverfahrens, welches in Verfassungen, Gesetzen und Geschäftsordnungen näher geregelt ist. Für diesen hochgradig arbeitsteiligen wie kooperativen Prozess[26] finden sich auch Bestimmungen über die Zuständigkeit zu ihrer Einleitung und Durchführung, ihre Organisation und ihr Verfahren (Art. 76 ff. GG; § 44 GGO[27]; bspw. für die Landesebene[28] vgl. u. a. §§ 38 ff. GGO (Niedersachsen)). Überschlägig lässt sich festhalten: Im Prozess der Gesetzgebung findet die Folgenabschätzung wesentlich in der Exekutive als regelmäßig gesetzesvorbereitender und -ausarbeitender Instanz statt. Das Verfahren ist etabliert und rechtlich ausgeformt. Demgegenüber verfügt die nachträgliche Gesetzesevaluation über ein derartiges Regelwerk noch nicht. Der Text des Grundgesetzes schweigt hierzu.[29] Zwar finden sich in einzelnen Gesetzen Bestimmungen über das „Ob" der Notwendigkeit nachträglicher Evaluation, manchmal auch Einzelbestimmungen hinsichtlich des „Wie".[30] Doch bleiben diese punktuell und offen. Zentrale Kompetenz- und Verfahrensfragen müssen daher als ungeregelt und ungeklärt bezeichnet werden.[31] Hier lassen sich die Grundsätze der Gesetzesfolgenabschätzung nicht einfach übertragen. Dafür sind die Rahmenbedingungen zu unterschiedlich: Im Unterschied zum normierten Gesetzgebungsverfahren gibt es kein etabliertes Gesetzesbeobachtungsver-

26 Dazu am Beispiel der Sicherheitsgesetzgebung *Gusy* (Fn. 10), S. 264 ff.

27 Gemeinsame Geschäftsordnung der Bundesministerien.

28 In der Gemeinsamen Geschäftsordnung der Ministerien des Landes NRW lassen sich bislang nur Ansätze eines Konzepts erkennen. So regelt § 82 GGO NRW, dass jedes Gesetzgebungsvorhaben auf Notwendigkeit, Wirksamkeit und Verständlichkeit nach dem Prinzip des Gender Mainstreaming sowie auf Kostenrelevanz zu überprüfen ist. Im Jahr 2005 ist jedoch ein Gutachten durch den parlamentarischen Beratungs- und Gutachterdienst NRW zur „Optimierung der Gesetzgebung" erstellt worden, dass die Gesetzesfolgenabschätzung als wirksames Instrument beschreibt, vgl. http://www.landtag.nrw.de/portal/WWW/GB_I/I.5/PBGD/Ausarbeitungen_14._Wahlperiode/20052006/Optimierung_der_Gesetzgebung.pdf, zuletzt geprüft am 08.02.2013.

29 Zu den verfassungsrechtlichen Vorgaben u. Punkt 3.1.

30 Dazu näher u. Punkt 3.2.

31 Vorschläge für einen Regulierungsrahmen am Beispiel des Datenschutzrechts bei *Ziekow u. a.*, Leitfaden zur Durchführung von ex-post-Gesetzesevaluationen unter besonderer Berücksichtigung der datenschutzrechtlichen Folgen, 2012.

fahren. Mit dem Gesetzesbeschluss hat die parlamentarische Mitwirkung an seinem Erlass ihr Ende gefunden. Und auch die Exekutive ist im Hinblick auf Gesetze eher für die Ausführung des geltenden Rechts und ggf. die Initiierung förmlicher Änderungen, nicht aber für deren Evaluation zuständig. Die rechtlichen Ausgangsbedingungen sind demnach durchaus unterschiedlich. Ob und welche Parallelen sich ergeben können, werden erst die Ergebnisse zur Evaluationsforschung zeigen.

2.3 Erscheinungsformen der Gesetzesevaluation

In der Realität finden sich unterschiedliche Formen von Gesetzesevaluation. Das gilt namentlich für die Sicherheitsgesetzgebung. Sie lassen mehrfache Differenzierungen zu. Dabei sind die Formen der *ex-ante- und ex-post-Evaluationen*, also der Gesetzesfolgenabschätzung und der Gesetzesevaluation, bereits genannt worden.[32]

Ferner kann unterschieden werden zwischen obligatorischen und fakultativen Evaluationen. Erstere finden statt *aufgrund gesetzlicher Vorschriften, welche eine Evaluation zwingend vorschreiben* oder aber einen Rechtsetzungsakt vom vorherigen Stattfinden einer Evaluation abhängig machen.[33] Dies ist eine typische Erscheinungsform der *Gesetzgebung auf Probe*.[34] Sie findet namentlich statt, wenn in einem Gesetzgebungsverfahren nicht die notwendige Zeit, die notwendigen Ressourcen oder Informationen zur Verfügung standen, um eine verlässliche Folgenabschätzung möglich zu machen. Hier wie auch in Einzelfällen schwerwiegender Grundrechtseingriffe werden Gesetze bisweilen befristet und unter Evaluationsvorbehalt gestellt. Daraus entsteht ein rechtlicher oder zumindest empfundener faktischer

32 S. o. 2.2.

33 Beispiele dafür sind Art. 11 TBEG v. 05.01.2007; Art. 9 Gesetz zur Änderung des BVerfSchG v. 07.12.2011, BGBl I, S. 2576; § 22 Ia BPolG; §§ 23a ff. ZFdG; §§ 15a Abs. 5; 31; 34 Abs. 2 NRWPolG; § 5 Abs. 2 Nr. 2 NRWVSG; § 13 Abs. 1 Nr. 5 BayPAG; § 19a SächsPolG; §§ 33b, 36a BbgPolG. Außerhalb des Sicherheitsrechts s. etwa § 55 SGB II, § 10 Abs. 4 SGB XI. Verfahrensregelung etwa in Art. 9 BVerfSchGÄndG. Dazu etwa *Albers*, Evaluation sicherheitsbehördlicher Kompetenzen: Schritte von der symbolischen Politik zum lernenden Recht, VerwArch 2008, S. 481; *Becker/Poll-Wolbeck*, Zur Gesetzgebungspraxis in Nordrhein-Westfalen, DÖV 2010, S. 560; *Gusy*, Leerlaufende Evaluationspflichten, in: Roggan (Hrsg.), Mit Recht für die Menschenwürde, FS Dr. B. Hirsch, 2006, S. 139 ff.; *Kant*, „Evaluation" der Schleierfahndung, CILIP 2004, S. 46; *Wolff/Mundin*, Die Verlängerung der speziellen Auskunftsbefugnisse gem. § 8a BVerfSchG durch das Änderungsgesetz 2011, ZG 2012, S. 278; *Kugelmann* in diesem Band.

34 Dazu näher *Horn*, Experimentelle Gesetzgebung unter dem Grundgesetz, 1998; aus neuerer Zeit *Gusy* (Fn. 33).

Druck im Hinblick auf die Durchführung von Evaluationsverfahren, so dass diese als obligatorisch bezeichnet werden können. Deren Besonderheit liegt darin, dass an das Ausbleiben von Evaluationen rechtliche Folgen geknüpft sind. Spezifika solcher Verfahren liegen neben dem zumindest faktischen Zwang zur Verfahrensdurchführung darin, dass solche Verfahren einer gesetzlichen Grundlage bedürfen, die ihrerseits nicht nur das Ob, sondern auch Einzelfragen des Wie regeln kann. In solchen Fällen finden sich dann auch Verfahrensvorschriften. Besteht keine derartige Pflicht zur Evaluation, so ist diese fakultativ. In solchen Fällen fehlt es regelmäßig an konkreten gesetzlichen Regelungen.

Daneben kann unterschieden werden zwischen den unterschiedlichen *Initiatoren von Gesetzesevaluation*. Sie können entweder auf Initiative von Parlamenten oder aber der Regierungen, seltener sonstiger Exekutiven, oder aber auf private Initiative hin durchgeführt werden. Als solche Privaten kommen insbesondere Verbände oder Unternehmen, bisweilen auch die Wissenschaft[35] in Betracht. Wer die Evaluation initiiert, kann auch deren Perspektive, deren Träger – also die Evaluationsinstanz[36] – und deren Verfahren bestimmen. Hier können ganz unterschiedliche Interessen, Perspektiven und Gestaltungsformen maßgeblich sein. Es gibt nicht „die“ Gesetzesevaluation. So können etwa die Effektivität des Gesetzes, Vollzugsfragen im Hinblick auf „Bürokratisierung“ oder „Entbürokratisierung“,[37] aber auch Kostenfragen für Staat und Adressaten, symbolische Gesetzeswirkungen und nicht intendierte Nebenfolgen evaluiert werden. Solche Evaluationsfragen und -maßstäbe prägen die möglichen Antworten vor. Aber nicht nur die Evaluationsrealität, sondern auch die rechtlichen Vorgaben unterscheiden sich nach den jeweiligen Trägern. Die staatlichen Stellen sind an die Grundsätze des öffentlichen Rechts gebunden, welche organisationale, prozedurale und finanzielle Rahmenbedingungen setzen können. Dagegen sind private Evaluatoren von jenen Vorgaben eher frei, unterliegen allerdings anderen ökonomischen und politischen Vorgaben. Wer die Evaluation initiiert, bestimmt aber auch die Fragestellungen und Evaluationskriterien. Je nach Initiatoren und Trägern der Evaluationsverfahren unterscheiden sich aber auch die Ressourcen zu deren Durchführung. Dies kann namentlich den Informationszugang betreffen. Private Evaluatoren erlangen

---

35 Zum Beispiel sei hier auf *Backes/Gusy*, Wer überwacht die Telefonüberwachung, 2003, verwiesen. Hierzu lag eine große Parallelstudie im Regierungsauftrag vor, s. *Albrecht/Dorsch/Krüpe*, Rechtswirklichkeit und Effizienz der Überwachung der Telekommunikation nach den §§ 100a, 100b StPO und anderer verdeckter Ermittlungsmaßnahmen, 2003.

36 S. o. 2.1.

37 Hier liegt der Schwerpunkt der Tätigkeit des Normenkontrollrats. Zum Normenkontrollrat o. Fn. 24.

vielfach nur eingeschränkten oder gar keinen Zugang zu staatlichen Informationen; umgekehrt sind private Informationen dem Zugriff staatlicher Evaluatoren regelmäßig ganz oder teilweise entzogen. Solche Restriktionen limitieren bisweilen die Möglichkeit von Gesetzesevaluation; in anderen Fällen begrenzen sie deren Reichweite bzw. die Aussagekraft der Ergebnisse.

Weiter kann unterschieden werden nach *unmittelbarer und mittelbarer Gesetzesevaluation*. Letztere findet statt, wenn nicht das Gesetz selbst, sondern Formen seines Vollzuges oder seiner Umsetzung zum Gegenstand einer Bewertung gemacht werden und deren Ergebnisse zugleich Aussagen über die Gesetze selbst enthalten können.[38] Vollzugsforschung kann so auch (mittelbar) Aussagen zur Gesetzesevaluation erbringen. Insoweit schließen sich Gesetzes- und Implementationsevaluation gegenseitig nicht völlig aus.

Im Fokus der nachfolgenden Darstellung steht die *Evaluation durch öffentliche Stellen*. Dafür sprechen mehrere Gründe. Da ist zunächst die *steigende Zahl von Berichten*, welche die Relevanz der Thematik erheblich anwachsen ließ. Da ist weiter der Umstand, dass einige dieser *Berichte veröffentlicht* sind und so eine brauchbare Basis für die Evaluationsforschung liefern können. Und schließlich sind es die *spezifischen rechtlichen Rahmenbedingungen*, welche es ratsam erscheinen lassen, diesen Typ von Evaluationsverfahren besonders zu diskutieren. Wenn also im Folgenden von *Gesetzesevaluation* gesprochen wird, so bezeichnet dieser Terminus zentral *auf Veranlassung von staatlichen Stellen durchgeführte nachträgliche Verfahren zur Bewertung von Gesetzen*. Daneben werden sowohl die in Gesetzgebungsverfahren integrierte vorherige Gesetzesfolgenabschätzung als auch die durch private Stellen veranlasste oder durchgeführte nachträgliche Bewertung allenfalls vergleichend bzw. zur Illustration einbezogen.

3 Rechtliche Prämissen der Gesetzesevaluation

Ebenso wenig geklärt wie zahlreiche methodische und inhaltliche Grundfragen sind die rechtlichen Grundlagen, in denen Evaluationspflichten explizit benannt oder aus denen sie abgeleitet werden. Insbesondere stellt sich die Frage, ob trotz eines bislang fehlenden Regelwerks Ansätze eines Evaluationskonzepts im Sicherheitsrecht oder aber Vorgaben hinsichtlich seiner Ausgestaltung erkannt werden. Im Blickfeld liegen dabei nicht nur die Sicherheitsgesetze, in denen Regeln zur Evaluation vorgesehen sind, sondern auch Vorschriften, die Evaluationspflichten

38 Auch hier kann die Studie von *Backes/Gusy* (Fn. 35) als Beispiel angeführt werden.

von außen an das Sicherheitsrecht herantragen. Hier geht es um eine transparente und nachvollziehbare Festlegung des Evaluationsgegenstandes und sonstiger Mindestanforderungen.[39]

Gegenstand der Betrachtung sind neben den einfachgesetzlichen zunächst auch die verfassungsrechtlichen Regelungen. Namentlich dann, wenn es um die Beurteilung der Auswirkungen des Gesetzes bzw. seines Vollzugs auf die Grundrechte geht, werden ihnen Vorgaben entnommen, an denen sich die Gestaltung eines Evaluationskonzepts auszurichten hat. Maßgebend für eine verfassungsrechtliche Herleitung ist stets das Ziel von Evaluationen. Evaluationen mit dem Ziel der Entbürokratisierung oder Effizienzsteigerung von Gesetzen setzen bspw. andere Regelungen voraus als grundrechtsbezogene Evaluationen.[40] Letztere spielen im Sicherheitsrecht eine immense Rolle: Hier geht es grundsätzlich, aber nicht ausschließlich um die „konkrete Abwägung einzelner Maßnahmen zur Förderung von Sicherheit und eine Abwägung mit deren konkreten Rückwirkungen auf die individuelle Freiheit".[41]

3.1 Verfassungsrechtliche Herleitung

Explizite Evaluationspflichten für Gesetze benennt das Grundgesetz nicht.[42] Qualitätsanforderungen, deren sachgerechte Beantwortung es fordert, stellt es aber schon. Insbesondere dort, wo Grundrechte in erster Linie eine Abwehrfunktion gegenüber dem Staat haben, geht es neben der Bestimmtheit eines Gesetzes besonders um die richtige Umsetzung des Übermaßverbots: Gesetze müssen geeignet, erforderlich und verhältnismäßig i. e. S. sein. Dies betrifft für das Sicherheitsrecht u. a. die Frage nach der Effektivität der Maßnahme, nach einem möglichen Einsatz anderer, milderer Mittel und nach Rechtsschutzmöglichkeiten (insbesondere bei verdeckter Überwachung). Es handelt sich also um Qualitätsstandards, die auf Bewertungskriterien verweisen („Ist das Gesetz verfassungsgemäß oder -widrig?") und die in

39 Zu den Mindestvoraussetzungen der Gesetzesevaluation vgl. o. unter 2.1.

40 Zu den unterschiedlichen Zielen von Evaluationsverfahren vgl. *Veit/Jantz*, Sunset Legislation als Instrument der besseren Rechtsetzung: Wunderwaffe oder stumpfes Schwert?, in: Schweizer Jahrbuch der Verwaltungswissenschaften 2011, S. 175 f.

41 *Gusy*, (Fn. 33), S. 145.

42 Anders die Schweiz. Gem. Art. 170 BV „sorgt die Bundesversammlung dafür, dass die Maßnahmen des Bundes auf ihre Wirksamkeit überprüft werden". Dagegen bezieht sich Art. 114 Abs. 2 GG auf die „Wirtschaftlichkeit" und stellt so keine konkret gesetzesbezogenen Evaluationsanforderungen auf. Zum Anwendungsbereich der Rechnungsprüfung vgl. *Kube*, in: Maunz/Dürig, Grundgesetz-Kommentar 2012, Art. 114 GG, Rn. 96 ff.

Zusammenhang mit den einzelnen Grundrechten[43] auch einen Ansatzpunkt für die notwendigen Evaluationskriterien zur Verfügung stellen.

Daneben bestimmt das Grundgesetz auch den für eine Evaluation Verantwortlichen: Unabhängig davon, ob der Gesetzgeber ein Gesetz selbstständig evaluiert oder dies von einer auswärtigen Stelle durchführen lässt, trifft ihn zumindest eine Kontroll- und Bewertungspflicht, wenn er über die Fortgeltung einer Eingriffsbefugnis entscheidet.

Unsere Verfassung bietet also verschiedene Anknüpfungspunkte für Evaluationen. Im Rahmen der Verfahrensdimension der Grundrechte können sie die „materielle Richtigkeit" sicherheitsrechtlicher Eingriffsbefugnisse – also die verfassungsgemäße Konkretisierung der grundrechtlichen Schrankenbestimmungen – fördern.

1. Eine weit verbreitete Literaturansicht hatte bereits in den achtziger Jahren daraus den Schluss gezogen, dass eine verfassungsrechtliche Ableitung möglich sei.[44] Ihr Anknüpfungspunkt wurde dabei vielfach in den vom Bundesverfassungsgericht formulierten Beobachtungs-, Einschätzungs- und Nachbesserungspflichten des Gesetzgebers gesehen.[45] Neben der Pflicht zur Tatsachenermittlung, zur Prognose hinsichtlich der Wirkungen von Gesetzen und einer Abwägung verschiedener Mittel treffe den Gesetzgeber nämlich auch die Pflicht, geltendes Recht hinsichtlich nachträglicher Veränderungen zu beobachten und zum Zwecke der Gewährleistung eines effektiven Grundrechtsschutzes zu korrigieren.[46] Denn die

43 Im Kontext des Art. 10 (Fernmeldegeheimnis) und Art. 13 GG (Unverletzlichkeit der Wohnung) ist bspw. zu prüfen, ob der Kernbereich privater Lebensgestaltung durch verfahrensmäßige, organisatorische oder technische Schutzvorkehrungen angemessen geschützt ist. Vgl. hierzu umfassend *Weinzierl*, Die Evaluierung von Sicherheitsgesetzen, Policy Paper Nr. 6, Deutsches Institut für Menschrechte, 2006, S. 3, 6. Aus verschiedenen – insbesondere der im Sicherheitsrecht besonders relevanten – Grundrechte leitet sie in Anlehnung an die Rechtsprechung des Bundesverfassungsgerichts Kriterien ab, die im Rahmen von Evaluationen zu überprüfen sind.

44 Diesbezügliche Forderungen etwa bei *Kindermann*, in: Schäffer/Triffterer (Hrsg.), Rationalisierung der Gesetzgeber, 1984, S. 133 ff.

45 Hierzu *Albers*, Die verfassungsrechtliche Bedeutung der Evaluierung neuer Gesetze zum Schutz der Inneren Sicherheit, Deutsches Institut für Menschenrechte, 2005, S. 21, 27 ff.

46 Umfassend zu den durch das Bundesverfassungsgericht formulierten Anforderungen an eine rationale Gesetzgebung mN aus der älteren Rechtsprechung *Gusy*, Das Grundgesetz als normative Gesetzgebungslehre?, ZRP 1985, S. 291 ff.; aus neuerer Zeit u. a. *Meßerschmidt*, Gesetzgebungsermessen, 2000, S. 820 ff.; speziell zu den Beobachtungspflichten des Gesetzgebers vgl. *Pabst*, Selbst und fremd auferlegte Beobachtungspflichten des Gesetzgebers, ZG 2012, S. 386 ff.

Bindung des Gesetzgebers an die Verfassung besteht fortlaufend.[47] Eine besondere Geltung der Beobachtungs- und Nachbesserungspflicht wird namentlich im Sicherheitsrecht formuliert: Aufgrund komplexer Sachverhalte (Wie wirken sich technische Entwicklungen aus? Wie entwickelt sich die „objektive" Bedrohungslage?) seien bei der Verabschiedung von Gesetzen die „Tatsachenbasis, die Prognosen zur Realitätsentwicklung und die Wirkung von Gesetzen ungewiss"[48]. Evaluationen könnten nachträglich Auskunft darüber geben, ob die tatsächlichen Gegebenheiten und Entwicklungen den Einschätzungen entsprächen, die der Gesetzgeber zum Zeitpunkt der Entscheidung über das Gesetz zugrunde gelegt habe.[49] Insbesondere sei eine gesetzgeberische Kontrolle ihrer Wirkung möglich. Hierdurch könne die vom Gericht geforderte Überprüfung stattfinden, ob das gewählte Instrument das gesetzgeberische Ziel in der Praxis erreiche und nicht etwa zu Grundrechtsbeeinträchtigungen führe, denen kein gesetzgeberischer Nutzen gegenüberstehe.[50]

Evaluationen gewinnen also insbesondere dort an Relevanz, wo eine Gesetzesfolgenabschätzung ex ante, also zum Zeitpunkt der Einbringung eines Entwurfs, allein nicht mehr ausreicht, die notwendige Qualitätssicherung zu gewährleisten. Die Frage, ob mit den dargestellten Anforderungen an den Gesetzgeber und die Qualitätssicherung der Legislative eine Evaluationspflicht mit Verfassungsrang begründet werden sollte oder ob Evaluationen vielmehr den Status einer politischen Klugheitsregel[51] („Tugendlehre") erhalten sollten, war damit zwar noch nicht beantwortet, schloss sich aber unmittelbar an. Sie erschließt sich aus den Konsequenzen einer Schlecht- bzw. Nichtumsetzung: Werden Gesetze, hinsichtlich derer eine Evaluation geboten war, auf lange Sicht verfassungswidrig oder aber geht es hier (nur) um politische Konsequenzen?

2. Welche *Anforderungen an den Gesetzgeber* zu stellen sind, ist keine neue und in der früheren Rechtswissenschaft viel diskutierte Frage:[52] Rationalitätsanforderungen können nur insoweit gestellt werden, wie ihre Umsetzung sowohl rechtlich gewollt wie auch rechtlich und prozedural möglich ist. Dafür spricht zunächst bereits die Informationslage des Parlaments. Weder das Organ insgesamt noch seine Untergliederungen oder Mitglieder sind institutionell dazu ausgestattet,

---

47 *Albers* (Fn. 45), S. 27.

48 *Albers* (Fn. 45), S. 28.

49 *Albers* (Fn. 45), S. 29 mit Verweis auf BVerfGE 103, 242 (267 ff.); 110, 141 (158).

50 *Albers* (Fn. 45), S. 29 mit Verweis auf BVerfGE 90, 145 (194); 109, 279 (340); 110, 177 (194).

51 So z. B. *Gusy* (Fn. 46), schon früher *Schlaich*, Verfassungsgerichtsbarkeit im Gefüge der Staatsfunktionen, VVDStRL 39 (1981), S. 99 ff.

52 Vgl. hierzu *Gusy*, (Fn. 46); umfassend auch *Meßerschmidt* (Fn. 46), S. 841 ff.

systematisch und zeitnah Informationen zu erfassen und aufzuarbeiten. Eine gesetzesbegleitende Informationsverarbeitung gibt es bei den Volksvertretungen nicht. Aber auch die Arbeitsweise pluralistisch zusammengesetzter Volksvertretungen steht der Möglichkeit von Evaluationen eher entgegen. „Das Parlament" handelt durch seine Mitglieder, durch Abgeordnete und Fraktionen. Ein davon unabhängiges, gleichsam neutrales oder objektives parlamentarisches Handeln gibt es grundsätzlich nicht. Informationserhebung, Informationslage und -bewertung „des Parlaments" lassen sich angesichts jener Politisierung und politischen Fragmentierung kaum voneinander trennen. Eine unabhängige, objektive oder neutrale Informationserhebung ist parlamentarischem Handeln eher fremd und am ehesten auf einzelne Hilfsfunktionen wie die wissenschaftlichen Dienste[53] beschränkt. Zudem ist das Verfahren der Entscheidungsfindung im Parlament durch den politischen Prozess bestimmt, dessen Ziel der politische Kompromiss ist. Diesem stehen Rationalitätsanforderungen nicht per se entgegen. Doch ist die Pflicht zum Kompromiss eher eine demokratische Verfahrensregel als eine inhaltliche rechtsstaatliche Anforderung an das Verfahrensergebnis. Die rechtlichen Vorgaben an das demokratische Handeln einerseits und an das Ergebnis dieses Handelns andererseits müssen nebeneinander durchsetzbar sein und dürfen sich nicht wechselseitig ausschließen.[54] Insofern bieten sie auch keinen Anknüpfungspunkt für eine verfassungsrechtliche Verankerung parlamentarischer Evaluationspflichten.[55] Dieser Befund ist zunächst ein negativer und kann nicht einfach positiv umgedeutet werden. Insbesondere folgt aus ihm nicht, dass derartige Informations- und Handlungsmöglichkeiten zwingend bei der Exekutive vorhanden sein müssen. Das Fehlen einer parlamentarischen Evaluationskompetenz bedeutet noch nicht notwendigerweise das Vorhandensein einer solchen bei der Regierung.

Doch kann der Gesetzgeber über jene verfassungsrechtlichen Mindestanforderungen aber auch hinausgehen. Qualitätssicherung der Gesetze kann auch zur Pflicht der Legislative gemacht werden. Das Gesetzgebungsverfahren als kooperativer Prozess im Gefüge der Gewaltengliederung[56] schließt dies jedenfalls nicht kategorisch aus und weist insbesondere die Evaluationskompetenz nicht

---

53 Zu diesen näher *Hölscheidt*, Der wissenschaftliche Dienst des deutschen Bundestages, DVBl 2010, S. 78 ff.

54 Richtig *Bryde*, in: BVerfGE 121, 317 (378) (Nichtraucherschutz).

55 Richtig *BVerfG*, Urteil v. 18.07.2012, Rn 97: keine verfahrens-, sondern eine ergebnisorientierte Betrachtung: „Das Grundgesetz schreibt jedoch nicht vor, was, wie und wann genau im Gesetzgebungsverfahren zu begründen und berechnen ist."

56 Dazu *Möllers*, Gewaltenteilung, 2005; *Gusy* (Fn. 10), (Nachw. auch zu Möllers).

zwingend anderen Gewalten als dem Parlament zu. Die Art und Weise dieser Qualitätssicherung obliegt jedoch seiner gesetzgeberischen Gestaltungsfreiheit.

3. Eine modifizierte Perspektive zeigen die jüngeren Entscheidungen des Bundesverfassungsgerichts zur Gewährleistung des menschenwürdigen Existenzminimums nach dem SGB II[57] und dem Asylbewerberleistungsgesetz.[58] Ausgangspunkt sind Anforderungen aus der Menschenwürdegarantie, welche im Sozialrecht in konkrete Leistungsansprüche umgesetzt werden müssen. Die grundgesetzlichen Anforderungen an die sachgerechte Bestimmung grundrechtlich garantierter Leistungen beziehen sich danach nicht auf das Verfahren, sondern auf das Ergebnis der Gesetzgebung.[59] Wie diese grundrechts- und demokratiekonform erzielt werden können, unterliegt der Gestaltungsfreiheit der Legislative im Rahmen des parlamentarischen Verfahrens. Insbesondere darf der Gesetzgeber die Methode zur Ermittlung und zur Berechnung der Leistungen zur Sicherung der menschenwürdigen Existenz im Rahmen der Tauglichkeit und Sachgerechtigkeit selbst auswählen.[60] Die Ergebnisse eines solchen Verfahrens sind fortwährend zu überprüfen und weiterzuentwickeln. So muss etwa auf Änderungen der wirtschaftlichen Rahmenbedingungen bei Bedarf zeitnah reagiert werden.[61]

Beide Urteile können zu Recht sowohl als Bestätigung wie auch als Fortentwicklung der älteren Evaluationsansätze verstanden worden sein. Ihnen ist eine grundsätzliche Bekräftigung hinsichtlich des „Ob", zugleich aber auch eine modale Zurücknahme der früher diskutierten Anforderungen hinsichtlich des „Wie" zu entnehmen.[62] Einerseits kann die Überprüfung der Gesetzgebung, also ihre nachträgliche Evaluation grundgesetzlichen Maßstäben unterliegen. Den Urteilen kann also durchaus ein Auftrag zur Gesetzesevaluation entnommen werden. Andererseits bleibt grundsätzlich offen, wer der Träger von Evaluationen sein soll. Hier ist das Parlament jedenfalls nicht explizit in den Blick genommen worden. Die Evaluationsverfahren bleiben also grundsätzlich offen und unterliegen im Rahmen der Kriterien der Tauglichkeit, Sachgerechtigkeit und Verfassungsmäßigkeit der parlamentarischen Entscheidungsfreiheit. Es kann also auf außerparlamentarische – und ggf. auch

57 BVerfGE 125, 175 ff., Urteil v. 09.02.2010 (Verfassungswidrigkeit der Regelleistung nach dem SGB II).

58 BVerfG, Urteil v. 18.07.2012 – 1 BvL 10/10, 1 BvL 2/11, 1 BvL 2/11 (Verfassungswidrigkeit der Leistungssätze des Asylbewerberleistungsgesetzes).

59 So explizit BVerfG, Urteil v. 18.07.2012, Rn. 96.

60 BVerfGE 125, 175 (225); Urteil v. 18.07.2012, Rn. 97.

61 BVerfGE 125, 175 (225); Urteil v. 18.07.2012, Rn. 98.

62 Hierzu *Grzeczik u.* a., Grundsatzfragen der Rechtsetzung und Rechtsfindung, VVDStRL 71 (2012).

nicht-staatliche – Evaluationsergebnisse zurückgegriffen werden. Diese sind dann allerdings sachgerecht und insbesondere willkürfrei anzuwenden. Dies verlangt insbesondere nach Begründungen bei Differenzierungen innerhalb betroffener Personengruppen oder Abweichungen des Gesetzgebers vom Evaluationsergebnis. Wie, wo und von wem solche Begründungen geleistet werden müssen, bleibt aber wiederum offen. Die Fragen nach dem Träger, den Methoden und der Verarbeitung der Ergebnisse durch die Parlamente wird durch diese Rechtsprechung also durchaus wieder geöffnet.

3.2 Gesetzliche Grundlagen

Eine Betrachtung der gesetzlich vorgesehenen Evaluierungspflichten[63] zeigt: Sie finden sich bislang eher punktuell und verfolgen eine wenig konsistente Systematik. Ihre gesetzliche Verankerung erfolgte bislang unsystematisch und uneinheitlich. Vielfach fehlen nähere Hinweise zu Gegenständen, Kriterien, Trägern, Organisation und Verfahren.[64] Das Wort „Evaluation“ bleibt dann der einzige Anhaltspunkt zur Bestimmung des gebotenen Verhaltens.

Etwa seit dem Jahre 2000, namentlich nach dem 11. September 2001, gelten in einer allmählich steigenden Zahl von Einzelfällen konkrete Rechtsnormen, die für bestimmte Gesetze bestimmte Evaluationspflichten vorsehen. Sie finden sich insbesondere im Kontext von Rechtsnormen, welche für einen befristeten Zeitraum eingeführt sind und für den Fall der Verlängerung eine Evaluation vorsehen.Solche Evaluationen haben nebeneinander eine zeitliche, eine verfahrensrechtliche und eine entscheidungsprogrammierende Dimension: Sie sollen *nachträglich* innerhalb gesetzlich geregelter Fristen stattfinden und die seitdem gemachten Erfahrungen einbeziehen. Geschieht dies nicht, wäre eine Verlängerungsentscheidung zumindest gesetzwidrig. Sie sind *Teil von Gesetzgebungsverfahren* – über die Verlängerung der Geltungsdauer der betroffenen Vorschriften – und unterliegen als solche den Regelungen über Gesetzgebungskompetenzen und -verfahren. Und sie erlangen *entscheidungsprogrammierende Wirkung,* weil sich die Verlängerungsgesetze mit den Ergebnissen der Evaluation jedenfalls auseinanderzusetzen haben.

1. Eine erste Fragestellung geht dahin: Welche (Sicherheits-)Gesetze sollen überhaupt einer Evaluationspflicht unterworfen werden und welche nicht. Ihr geht es also um die „richtige“ Bestimmung des Evaluationsgegenstandes. Im Hinblick auf

63 Nachw. z. B. o. Fn. 33.

64 *Albers* (Fn. 45), S. 27.

ein einheitliches – dem Grundrechtsschutz dienendes – Konzept kann es bei der Beantwortung nicht allein um den Grad der politischen Umstrittenheit eines Gesetzes und den Grad der darauf gerichteten öffentlichen Aufmerksamkeit gehen.[65] Notwendig sind vielmehr Kriterien, die einen objektiven, für den Gesetzgeber verbindlichen Maßstab zur Verfügung stellen.[66] Hier sind Regelungen angesprochen, die entweder außerhalb des spezifischen Gesetzgebungsfeldes – hier des Sicherheitsrechts – stehen oder aber in dieses eingebunden sind, dann aber übergreifenden Charakter haben. Als solche sollen sie auf die Notwendigkeit von Evaluationen und Evaluationspflichten hinweisen.
Gegenwärtig stehen mehrere Legitimationsstränge von Evaluationspflichten unverbunden nebeneinander. Da sind zunächst die nachholenden Evaluationspflichten: Partiell sollen sie auf eine überdurchschnittlich hohe *Geschwindigkeit des Gesetzgebungsverfahrens* reagieren und sodann gleichsam nachträglich diejenigen Informationen und Erfahrungen sammeln, welche in der ursprünglichen Rechtsetzung nicht eingeholt oder berücksichtigt werden konnten. Eine andere Legitimation liegt in der zu regelnden Materie selbst: Solche Evaluationspflichten ratione materiae sollen auf die Unüberschaubarkeit des Regelungsgegenstandes, insbesondere die Offenheit sozialer, ökonomischer und technischer Entwicklungen in der Zukunft reagieren und hier für die Gesetze Anpassungsvorsorge treffen. Eine wiederum andere Legitimation ist *eher juristischer Art*. Sie orientiert sich am Inhalt der zu evaluierenden Rechtsnormen, namentlich an der Schwere von Grundrechtseingriffen, welche durch Evaluation auf ihre fortdauernde Geeignetheit, Erforderlichkeit und Verhältnismäßigkeit überprüft werden sollen. Schließlich finden sich aber auch – die bereits eingangs dieses Abschnitts erwähnten – *politischen Legitimationsstränge*, welche bei schwer konsensfähigen bzw. besonders umstrittenen Vorhaben politische Konsensbildung nachholen oder stabilisieren sollen. Welcher dieser Legitimationsstränge im Einzelfall gelten soll, lässt sich den einzelnen gesetzlichen Regelungen vielfach kaum entnehmen. Dies lässt sich eher aus den Umständen erkennen. Erschwert wird ihre Ermittlung dadurch, dass diese Legitimationsstränge nicht isoliert nebeneinander stehen müssen, sondern auch unterschiedlich miteinander kombiniert werden können. Dass nicht nur die normative Anordnung der Evaluation selbst, sondern

---

65 Die Evaluierungspflichten spielten bspw. in der politischen Auseinandersetzung um das TBG eine große Rolle. So u. a. *Albers* (Fn. 45), S. 23.

66 Dass solche bislang nicht zur Verfügung standen, zeigt die uneinheitliche Verortung von Evaluierungspflichten in den Sicherheitsgesetzen. Die von *Albers* aufgeworfene Frage, warum Befugnisse, deren Eingriffsintensität ebenso stark sind wie die durch das Terrorismusbekämpfungsgesetz eingeführten, oder gar darüber hinausgehen, nicht über eine Evaluierungspflicht verfügen, verwundert deshalb wenig, *Albers* (Fn. 45), S. 22.

auch deren jeweiliger Zweck Anforderungen an die Verfahren, Methoden und Berichte der Evaluation selbst stellen kann, liegt nahe.

Ein erster systematisierender Ansatz lässt sich für die Bundesgesetzgebung in § 44 Abs. 7 der Gemeinsamen Geschäftsordnung der Bundesministerien (GGO) erkennen: Danach ist in der Begründung zum Gesetzentwurf durch das federführende Ressort festzulegen, ob und nach welchem Zeitraum zu prüfen ist, ob die beabsichtigten Wirkungen erreicht worden sind, ob die entstandenen Kosten in einem angemessenen Verhältnis zu den Ergebnissen stehen und welche Nebenwirkungen eingetreten sind. Für Gesetzentwürfe der Bundesregierung besteht demzufolge eine Prüfpflicht, ob überhaupt und ggf. wann eine nachträgliche Evaluation stattfinden soll.[67] Die Entscheidung, ob eine Evaluationspflicht aufgenommen wird, liegt also im Ermessen des gesetzesvorbereitenden Ministeriums und sie soll – wie die Verortung der Regelung in den § 44 GGO, der die im Wege der Gesetzesfolgenabschätzung zu prüfenden Aspekte benennt, zeigt – anhand der Ergebnisse der Gesetzesfolgenabschätzung ex ante getroffen werden. So soll die vermutliche Eingriffsintensität einer Maßnahme in die Grundrechte bestimmt und darauf basierend die Notwendigkeit einer nachträglichen Überprüfung erkannt werden. Doch auch für die Gesetzesfolgenabschätzung fehlen notwendige Kriterien, um eine – im Entwurfsstadium des Gesetzes noch potenzielle – Grundrechtswirkung beschreiben zu können. Namentlich im Sicherheitsrecht stellt sich auch noch ein anderes Problem: Dort, wo aufgrund von Ungewissheitslagen und unzureichendem bzw. völlig fehlendem Datenmaterial eine prognostische Gesetzesfolgenabschätzung kaum möglich ist, kann sie auch nicht auf Evaluationsbedarf hinweisen.

Auf Landesebene finden sich gleichfalls partielle Ansätze zu einer Systematisierung von Evaluationsregelungen.[68] Z.B ist in § 111 GGO NRW eine Befristung von Gesetzen und Rechtsverordnungen vorgesehen, die entweder in der Festlegung eines Verfallsdatums oder der Anordnung von Berichtspflichten zum Ausdruck kommen muss. In beiden Fällen ist vor Ablauf einer bestimmten Frist eine Evaluation durchzuführen.[69] Doch diese Evaluationen haben vornehmlich Rechtsbereinigung und Bürokratieabbau zum Ziel.[70] Kriterien für eine grundrechtsbezogene Evaluation ergeben sich auch aus diesen Regelungen nicht.

67 *Veit/Jantz* (Fn. 40), S. 173.

68 Eine umfassende Darstellung hierzu findet sich im Gutachten der Bertelsmannstiftung von *Jantz/Veit*, Bessere Rechtsetzung durch Befristungs- und Evaluationsklauseln? 2010, S. 35 ff.; vgl. auch *Jantz/Veit* (Fn. 40), S. 173.

69 *Becker*, Die Befristungsgesetzgebung in Nordrhein-Westfalen, NVwZ-Extra 2010, S. 1, 3 f.

70 Hierzu umfassend *Becker* (Fn. 69).

2. Gesetzliche Anforderungen können sich aber nicht nur hinsichtlich des „Ob“, sondern auch des „Wie“ der Evaluation ergeben. In den maßgeblichen Gesetzestexten bleiben diese aber teilweise ausgespart, teilweise sind sie vage und geben wenig Aufschluss. Exemplarisch soll hier auf die Gesetze zur Bekämpfung des internationalen Terrorismus hingewiesen werden, durch die die sicherheitsbehördlichen Kompetenzen erheblich ausgeweitet wurden. Neben Auskunftsrechten gegenüber Banken, Postdienstleistern, Luftfahrt- und Telekommunikationsunternehmen ist u.a. auch der Einsatz des IMSI-Catchers legalisiert worden. Sah Art. 22 Abs. 3 TBG lediglich die Notwendigkeit einer Evaluation sämtlicher Neuregelungen vor Ablauf der Befristung zum 11. Januar 2007 vor, wurden in Art. 11 TBGE – das zum 5. Januar 2007 das TBG ablöste und bis zum 10. Januar 2012 evaluiert werden sollte – bereits Anforderungen an die Evaluationsinstanz gestellt: Die Durchführung sollte unter Einbeziehung eines wissenschaftlichen Sachverständigen, der im Einvernehmen mit dem Deutschen Bundestag bestellt werden sollte, stattfinden.[71] Art. 9 des Gesetzes zur Änderung des BVerfSchG vom 7. Dezember 2011 – der nunmehr die Evaluierungspflicht der Vorschriften bis zum Januar 2016 vorsieht – formuliert darüber hinausgehend, dass „bei der Untersuchung (...) auch die Häufigkeit und die Auswirkungen der mit den Eingriffsbefugnissen verbundenen Grundrechtseingriffe einzubeziehen und in Beziehung (...) zu der anhand von Tatsachen darzustellenden Wirksamkeit zum Zweck der Terrorismusbekämpfung [zu setzen sind].“[72] Über solche Vorgaben hinaus bestehen hinsichtlich der Kriterien, Methoden und Verfahren nach wie vor keine Präzisierungen.

Sind die Evaluierungspflichten in den Gesetzen zur Bekämpfung des internationalen Terrorismus sicherlich die prominentesten Beispiele, so finden sich daneben weitere mit Evaluierungspflichten versehene Gesetze.[73] Auch sie zeigen sowohl positive Ansätze als auch manche defizitäre Ausgestaltung von Evaluationspflichten.[74] Ein weiteres Beispiel enthält § 23c Abs. 8 ZFdG, der eine Berichts- und Evaluationspflicht

---

71 Exemplarisch für solche Kommissionen etwa die Kommission zur Evaluation der Sicherheitsgesetze, vgl. hierzu ein Beitrag von *Jungholt*, DIE WELT v. 28.1.2013. Hier wirken unter dem Vorsitz der zuständigen Minister mehrere aktuelle und ehemalige Beamte aus den zuständigen Behörden und Ministerien, ein Rechtsanwalt (und ehemaliger Minister) und zwei Wissenschaftler mit.

72 Gesetz zur Änderung des Bundesverfassungsschutzgesetzes vom 7. Dezember 2011, BGBl I 2011, S. 2576, 2581.

73 Eine Aufzählung einzelner mit Evaluierungspflichten versehener Sicherheitsgesetze befindet sich o. in Fn. 33.

74 Näher *Kugelmann* in diesem Band. Weitere Beispiele finden sich bei *Albers* (Fn. 45).

über die durch das Zollkriminalamt durchgeführten Maßnahmen der präventiven Telekommunikations- und Postüberwachung aufgrund der §§ 23a ff. ZFdG vorsieht. Danach hat das Bundesministerium der Finanzen gegenüber einem Parlamentarischen Kontrollgremium[75] in Abständen von sechs Monaten Bericht über Anlass, Umfang, Dauer, Ergebnis, Kosten der Maßnahmen und der Vorgehensweise bei der Benachrichtigung Betroffener zu erstatten. Das Gremium seinerseits berichtet dem Deutschen Bundestag nach Ablauf von drei Jahren zusammenfassend über die genannten Angaben zum Zwecke der Evaluierung.[76] Es zeigt sich: Eine Berichts- und Evaluierungspflicht sind vorgegeben, präzisere Hinweise zu Trägern, Kriterien, Verfahren oder Methoden der Evaluierung lassen sich wie bei den Gesetzen zur Bekämpfung des internationalen Terrorismus nicht entnehmen.[77]

Als Tendenzaussage lässt sich aber festhalten: Gesetzliche Evaluationspflichten weisen diese Aufgabe soweit ersichtlich niemals allein dem Parlament zu. Wo es überhaupt Regelungen hinsichtlich der Trägerschaft gibt, wird offenbar eine Trägerschaft der Exekutive vorausgesetzt, an deren Aufgaben sich die Parlamente im Einzelfall beteiligen können. Als Grundsatz ist hier offenbar die Evaluationskompetenz der Exekutive anerkannt. Hier zeigen sich kaum signifikante Unterschiede zur Gesetzesfolgenabschätzung ex ante, welche als Teil des Gesetzesvorbereitungsverfahrens der

---

75 Das parlamentarische Kontrollgremium besteht aus mehreren Bundestagsabgeordneten und dient als Kontrollinstanz des Parlaments gegenüber der Bundesregierung hinsichtlich der Tätigkeit des Bundesamtes für Verfassungsschutz, des Militärischen Abschirmdienstes und des Bundesnachrichtendienstes, vgl. § 1 Abs. 1 PKGrG. Vgl. hierzu *Huber*, Informationsbedürfnis und Geheimhaltungserfordernisse: Menschenrechtsorientierte Evaluierung von Sicherheitsgesetzen aus der Sicht parlamentarischer Kontrollgremien, in: Albers/Weinzierl (Hrsg.) (Fn. 6), S. 105 ff.

76 An dieser Stelle sei auch auf die oft unsystematische und unübersichtliche Verortung von Evaluierungs- und Berichtspflichten in den Gesetzen hingewiesen. Ihre Anordnung im Zollfahndungsdienstgesetz erfolgt bspw. in § 23c Abs. 8 neben anderen Durchführungsvorschriften. § 15a Abs. 5 PolG NRW verweist hingegen lediglich darauf, dass die Regelung (über die Datenerhebung durch den offenen Einsatz optisch-technischer Mittel) am 31. Juli 2013 außer Kraft tritt. Dass eine Verlängerung der Maßnahme angedacht ist und auf der Grundlage einer Evaluation erfolgen soll, ergibt sich erst nach Durchsicht der Landtagsdrucksachen. So findet sich im Plenarprotokoll 12/144, S. 12013 die Aussage des ehemaligen Innenminister Behrens, dass mit der Vorschrift zunächst Erfahrungen gesammelt werden könnten, und daraufhin geprüft werden solle, ob eine Änderung notwendig sei. Dass die Durchführung von Evaluationen eine rein politische Absprache gewesen ist, lässt sich auch den im Rahmen des Forschungsprojektes „Sicherheitsgesetzgebung" der Universitäten Bielefeld und Witten/Herdecke durchgeführten Experteninterviews zur Einführung der offenen Videoüberwachung in NRW entnehmen.

77 Zur Evaluierungspflicht in § 23c Abs. 8 ZFdG vgl. auch die Ausführungen von *Albers* (Fn. 45), S. 24.

Regierung gilt.[78] Parlamentarische Eingriffe in diese vorausgesetzte Zuständigkeit wirken dann auch eher punktuell und kompromisshaft (etwa: Mitwirkung durch das Bestimmungsrecht hinsichtlich eines oder einzelner Evaluatoren). Die ältere These von der Evaluation als Parlamentsaufgabe wird durch die legislative Praxis zumindest nicht gestützt. In diesem Sinne erscheint Gesetzesevaluation eher als Element der Evaluation des Gesetzesvollzugs, welche als Exekutivaufgabe anerkannt ist. Evaluation ist dann eher Element exekutiver Selbstkontrolle als parlamentarischer (Fremd-)Kontrolle der Regierung oder gar der Selbstkontrolle der Volksvertretung. Der Gefahr, dass manche Evaluationsberichte wie Erfolgsmeldungen der für Gesetzesformulierung und -vollzug maßgeblichen Regierungen wirken, wird hierdurch kaum vorgebeugt. Dem kann durch die Mitwirkung einzelner parlamentsbestellter Sachverständiger kaum entgegengewirkt werden, wenn diese in den Evaluationsgremien in der Minderheit sind und zudem ihre Bestellung der Logik parlamentarischer Mehrheitsentscheidungen unterliegt. Dass die jeweilige Mehrheit „ihre“ Regierung mit den Mitteln der Evaluation zu korrigieren sucht, ist der Logik parlamentarischen Regierens eher fremd.

Inwiefern die neben den Evaluationspflichten in einzelnen Sicherheitsgesetzen vorgesehenen *Berichtspflichten der Bundesregierung*[79] gegenüber einem parlamentarischen Kontrollgremium das Parlament in das Evaluationsverfahren einbeziehen sollen, erscheint jedoch auch unter mehreren Gesichtspunkten ungewiss zu sein:

Als Beispiel sei auch hier zunächst auf die Gesetze zur Bekämpfung des internationalen Terrorismus verwiesen. Einzelne Vorschriften[80] sehen die Verpflichtung der Regierung vor, in einem regelmäßigen Turnus von sechs Monaten gegenüber dem parlamentarischen Kontrollgremium Auskunft über Anlass, Umfang, Dauer, Ergebnis und Kosten der durch das Bundesamt für Verfassungsschutz, den Militärischen Abschirmdienst und den Bundesnachrichtendienst durchgeführten Maßnahmen zu geben. Doch wird hier allein die Pflicht der Bundesregierung zur Offenlegung von statistischem Datenmaterial, das hinsichtlich verschiedener – zunächst nebeneinander stehender – Aspekte Auskunft über die Wirkung eines Gesetzes gibt, formuliert.[81] Die darauf bauenden jährlichen Unterrichtungen des Deutschen Bundestages durch das Parlamentarische Kontrollgremium sind dementsprechend „inhaltlich dürftig“[82] und lassen die notwendige Aussagekraft

78 S. o. Punkt 2.2.

79 Zum Verhältnis von Berichts- und Evaluationspflichten s. unten S. 25.

80 Vgl. hierzu u. a. die Berichtspflicht in § 8b Abs. 3 BVerfSchG, § 4a MADG iVm. §§ 8a und 8b BVerfSchG und § 2a BNDG iVm. §§ 8a und 8b BVerfSchG.

81 So auch die Kritik von *Albers*, Funktion, Entwicklungsstand und Probleme von Evaluationen im Sicherheitsrecht, in: Albers/Weinzierl (Hrsg.) (Fn. 6), S. 25 ff., 41.

82 So *Albers* (Fn. 45), S. 23.

hinsichtlich einer umfassenden Wirkung der Maßnahmen vermissen. So wird auf wenigen Seiten nach einer Darstellung des Zwecks der Maßnahmen und ihrer gesetzlichen Ausgestaltung die Häufigkeit ihres Einsatzes im Berichtszeitraum dargelegt. Es ist wenig verwunderlich, dass Aussagen zu den Auswirkungen auf die Grundrechte der Betroffenen mit dem zur Verfügung gestellten Material gar nicht vorgenommen werden (können).[83]

Eine erste *ansatzweise Konkretisierung* – zumindest hinsichtlich der Kriterien – ist in § 100e StPO erkennbar, der die Berichtspflicht zu den Maßnahmen nach § 100c StPO (der sog. akustischen Wohnraumüberwachung) regelt.[84] § 100e StPO setzt damit die in Art. 13 Abs. 6 GG vorgesehene Berichtspflicht der Bundesregierung gegenüber dem Deutschen Bundestag über den Einsatz technischer Mittel zur Wohnraumüberwachung um.[85] Lange Zeit wurde der Berichtspflicht allein mit der Angabe von Informationen zu Anlass, Umfang, Dauer, Ergebnis und Kosten der Maßnahme und der Vorgehensweise, wie bei der Umsetzung der Benachrichtigung von Betroffenen vorgegangen wird, genüge getan. Seit dem 01. Juli 2005 sind die Kriterien jedoch wesentlich präziser gefasst.[86] So reicht bspw. nicht mehr allein die pauschale Angabe aus, wie viele Personen von der Maßnahme im Berichtszeitraum insgesamt betroffen waren, sondern es ist eine Unterteilung in Beschuldigten und nicht beschuldigte Personen vorzunehmen (vgl. § 100e Abs. 2 Nr. 5). Die Möglichkeiten des Gesetzgebers, Aussagen zur Geeignetheit, Erforderlichkeit und Angemessenheit der Maßnahmen nach § 100c StPO zu treffen, werden dadurch wesentlich verbessert. Dass dies Ziel der gesetzlichen Modifizierung war, wird auch in der Gesetzesbegründung deutlich: „ [Die Ersetzung der] bisher in § 100e Abs. 1 Satz 1 genannten wenig differenzierenden Kriterien (…) soll eine aussagefähige Fassung der Berichte gewährleisten und damit eine verantwortungsvolle Wahrnehmung der gesetzgeberischen Beobachtungspflicht ermöglichen.“[87]

---

83 Vgl. beispielsweise die Unterrichtung des Deutschen Bundestages durch das Parlamentarische Kontrollgremium für den Berichtszeitraum 1. Januar 2002 bis 31. Dezember 2002, BT-Drs. 15/981 oder aktueller für den Berichtszeitraum 1. Januar 2010 bis 31. Dezember 2010, BT-Drs. 17/8638.

84 Vgl. hierzu auch *Albers* (Fn. 45), S. 24.

85 Vorgesehen ist ein mehrfach gestuftes jährliches Berichtsverfahren von den Ländern und dem Generalbundesanwalt über die Bundesregierung an den Bundestag, vgl. § 100e Abs. 1 StPO.

86 Eine Konkretisierung hat durch das Gesetz zur Umsetzung des Urteils des Bundesverfassungsgerichts vom 3. März 2004 stattgefunden, BGBl I, Nr. 39, S. 1841 vom 24. Juni 2005.

87 BT-Drs. 15/4533, S. 19. Hierzu *Albers* (Fn. 45), S. 26.

So positiv eine Konkretisierung der Kriterien auch zu bewerten ist, sie ist hier auf den Einzelfall bezogen. An anderer Stelle bleiben sie nach wie vor sehr vage. Auch die gesetzlich verankerten Berichtspflichten leisten damit nur einen geringen Beitrag zur Präzisierung der Evaluierungspflichten. Ob ein solcher jedoch überhaupt vorgesehen ist, oder aber ob Berichts- und Evaluierungspflichten – möglicherweise durch unterschiedliche Intentionen geleitet – unabhängig voneinander verankert werden, gibt der Gesetzestext nicht eindeutig her. Teilweise werden sie unmittelbar im Zusammenhang genannt, wie bspw. in § 23c Abs. 8 ZFdG gesehen: „[Bericht über] Anlass, Umfang, Dauer, Ergebnis, Kosten und Benachrichtigung Betroffener wird (…) dem Deutschen Bundestag nach Ablauf von drei Jahren nach Inkrafttreten dieser Vorschrift zusammenfassend *zum Zwecke der Evaluierung* [erstattet](…)". An anderer Stelle stehen sie – wie bspw. bei den durch das Terrorismusbekämpfungsgesetz in das BNDG, MAD-G und BVerfSchG eingefügten Befugnissen – unverbunden nebeneinander. Sind die Berichtspflichten unmittelbar oder im Kontext der jeweiligen Eingriffsermächtigung verortet (bspw. sieht § 8a Abs. 1 BVerfSchG die Möglichkeit der Auskunftseinholung bei Telekommunikationsanbietern vor, eine Berichtspflicht über die Maßnahme findet sich in § 8b Abs. 3 BVerfSchG), ist die Pflicht zur Evaluierung jeweils in den diese Eingriffsbefugnisse einführenden oder verlängernden Artikelgesetzen (TBG, TBGE oder Änderungsgesetz zum BVerfSchG) vorgesehen.

4 Fazit: Gesetzesevaluation als Forschungsdesiderat

Evaluation ist ein Thema, das längst in der Sicherheitsforschung angekommen ist. Doch viele Fragen sind hier noch offen. So unter anderem auch, inwieweit eine wissenschaftliche Lehre zur Evaluation von Gesetzen, etwa von Sicherheitsgesetzen, überhaupt möglich, sinnvoll und zulässig ist. Fest steht: Die Evaluation von Sicherheitsgesetzen kann ein geeignetes Instrument zur rechtsstaatlichen Qualitätssicherung sein. Dies zeigen erste Erfahrungen. Sie zeigen aber auch: Die Qualität von Evaluationen variiert stark. Die Erzielung aussagekräftiger Ergebnisse hängt von vielen Faktoren ab (Wer führt die Evaluation durch? Welche Informationen stehen wem zur Verfügung? Welche Kriterien werden in die Untersuchung einbezogen? etc.) und ist bisweilen keine Selbstverständlichkeit.

Rechtsstaatliche Qualitätssicherung setzt qualitativ gute Evaluationen voraus. Dies verlangt nach einem Evaluationskonzept, das Standards verbindlich festlegt. Hierbei ist wichtig: Es geht nicht allein um die Erzielung von (gleichbleibend hoher) Qualität, sondern auch von Kontinuität. Hierzu kann und sollte die Evaluationsforschung ihren Beitrag leisten. Ihre Einlösung wird – vor dem Hintergrund der Transformationen der Sicherheitsarchitektur – immer dringlicher. Forderungen nach einer Ausweitung von Überwachungsmaßnahmen, welche bereits im Vorfeld von Gefahren greifen sollen, oder aber die Nutzungsmöglichkeiten immer leistungsfähigerer Informationstechniken verändern die sicherheitspolitische Gestaltung – sie wird schneller, unübersichtlicher und ungewisser. Damit erweist sich die Qualität der Rechtsetzung nicht allein als statische, sondern zugleich als dynamische Herausforderung. Evaluationen sind geeignet, sich dieser Herausforderung zu stellen, indem sie Sicherheitsgesetzgebung zu einem „lernfähigen" Verfahren[88] machen: Sie halten den demokratischen Prozess am Laufen, indem sie ihn mit notwendigen Informationen versorgen.

Die Erstellung eines Evaluationskonzepts setzt zunächst eine Klärung der Begrifflichkeiten voraus. In der Vergangenheit wurden teilweise schon mit einzelnen Zahlen unterfütterte, subjektive Einschätzungen beteiligter und interessierter Beamter und Behörden als Evaluationen verstanden. Dass „Evaluation" bestimmte wissenschaftlich gestützte Verfahren verlangt, setzte sich erst allmählich durch. Offen blieb auch die Frage nach dem *Träger der Evaluation*: Parlamente sind hierzu wegen ihrer Zusammensetzung und Ausstattung kaum in der Lage. Mit der Verlagerung der Evaluationskompetenz auf die Exekutive besteht aber die Gefahr des Kompetenzverlusts des Parlaments: Nicht mehr die Exekutive ist an das Gesetz, sondern das Parlament erscheint an die Evaluation der Exekutive gebunden. Denn wer evaluiert die Evaluatoren? Aber auch die *Privatisierung der Evaluation* durch den Einsatz von Beratungsfirmen ist wegen möglicher Interessenkollisionen nicht uneingeschränkt möglich. Voraussetzungen und Grenzen bedürfen weiterer Klärung. Diskussionsbedürftig sind zudem *Evaluationsmethoden und -verfahren*, legen doch gerade im Bereich der Rechtsetzung die Fragen nach Ursache-Wirkungs-Ketten, nach den maßgeblichen „legislative facts" und deren Verschiebungen im intertemporalen Vergleich Besonderheiten des methodischen Vorgehens nahe. Und wenn die Zahlen, Daten und Fakten erhoben sind, stellt sich die neue Frage nach den *daraus herzuleitenden Empfehlungen*. Dass eine Norm häufig angewendet worden ist, ist für sich allein möglicherweise kein Indikator für ihre fortdauernde Notwendigkeit; dass sie selten angewandt worden ist, indiziert für sich genommen nicht die Sinnhaftigkeit ihrer Aufhebung. Was aber ist im Einzelfall der Zweck der Norm, welcher mit dem Grad ihrer Zielerreichung korreliert werden kann? Und was heißt eigentlich Zielerreichung? Wie lässt sich diese feststellen?

---

88 Vgl. hierzu *Albers*, Funktionen, Entwicklungsstand und Probleme von Evaluationen im Sicherheitsrecht, in: Albers/Weinzierl (Hrsg.) (Fn. 6), S. 25 ff., 31.

Schließlich stellen sich abschließende Fragen: Ist das Parlament an das Evaluationsergebnis gebunden und wenn ja, inwieweit? Wem ist das Evaluationsergebnis bekannt zu geben? Darf es als Regierungsgeheimnis behandelt werden? Oder umgekehrt: Dürfen die Abgeordneten (jedenfalls in ihrer Mehrheit) ohne Kenntnis von Evaluationsfragen, -methoden und -ergebnissen über die Verlängerung entscheiden – so wie im Verfahren der Evaluation des TBEG geschehen? Letzten Endes stellt sich die Frage danach, ob die Gesetzesevaluation – zwischen der Scylla differenzierter rechtlicher Vorgaben und Anforderungen einerseits sowie der Charybdis der Unmöglichkeit ihrer Durchführung andererseits – in eine Falle zu geraten droht.

Genauso wie die Sicherheitsgesetzgebung ein „lernendes Verfahren" sein muss, scheint diese Notwendigkeit auch auf die Evaluation zuzutreffen. Doch bedarf dieses Lernen nicht allein der Sammlung praktischer Erfahrungen, sondern ihrer Reflexion durch Metaanalysen der Evaluationsforschung. Hier soll der vorliegende Band Anstöße geben und Beiträge leisten.

Teil 1

Evaluation von Sicherheitsgesetzen: Beispiele, Erfahrungen und Methoden

Gutachten zum Gesetz zur Änderung der gesetzlichen Befristung in § 29 des Gesetzes über den Verfassungsschutz in NRW, 2011

Heinrich Amadeus Wolff

1 Grundlagen

1.1 Die Besonderheiten des Evaluationsauftrags

1.1.1 Der gesetzgeberische Auftrag

Durch das Gesetz zur Änderung des Gesetzes über den Verfassungsschutz in Nordrhein-Westfalen (VSG NRW)[1] Ende 2006[2] wurden die Eingriffsgrundlagen zur Online-Durchsuchung, die sogenannten besonderen Auskunftsansprüche und die Observation mittels GPS eingefügt bzw. geändert und zugleich bis zum Ende 2011 befristet (§ 29 Abs. 1 S. 2 VSG NRW a. F.). Gemäß § 29 Abs. 2 VSG NRW sollte die Anwendung der befristeten Vorschriften des Verfassungsschutzgesetzes zum 01.01.2011 unter Einbeziehung eines wissenschaftlichen Sachverständigen, der im Einvernehmen mit dem Landtag Nordrhein-Westfalen bestellt wird, evaluiert werden.

1.1.2 Entscheidung des BVerfG zur Onlinedurchsuchung

Vor Wirksamwerden des Evaluationsauftrags erging die Entscheidung des BVerfG zur Onlineüberwachung, mit der die Kompetenz zur Online-Durchsuchung für nichtig und die Kompetenz gem. § 5a Abs. 1 VSG NRW für verfassungsgemäß

---

1 GV. NRW. 1995 S. 28; geändert durch Artikel 1 d. Gesetzes v. 18.12.2002 (GV. NRW. 2003 S. 2), in Kraft getreten am 16.01.2003; Artikel 8 des Dritten Befristungsgesetzes vom 05.04.2005 (GV. NRW. S. 306), in Kraft getreten am 28.04.2005; Artikel 5 (Erster Teil) des Gesetzes v. 03.05.2005 (GV. NRW. S. 498), in Kraft getreten am 26.05.2005; Gesetz v. 20.12.2006 (GV. NRW. S. 620), in Kraft getreten am 30.12.2006.

2 Gesetz v. 20.12.2006 (GV. NRW. S. 620).

erklärt wurde.[3] Insofern reduzierte sich der Evaluationsauftrag erheblich, da eine Norm wegfiel und bei einer anderen die verfassungsrechtliche Bewertung vorgegeben war. Der Evaluationsauftrag bezog sich daher nur noch auf die besonderen Auskunftsansprüche und den Einsatz des GPS.

1.1.3 Zeitliche und gegenständliche Befristung

Der Evaluationsauftrag bezog sich nicht nur auf wenige Normen, sondern auch lediglich auf die Anwendung dieser Normen für den Zeitpunkt von 2007 bis zum Ende 2011, d. h. über insgesamt fünf Jahre. Darüber hinaus ging es um die Anwendung der Normen durch ein Landesamt, bei dem die Fallzahl relativ gering war. Die Anzahl der tatsächlichen Fälle war überschaubar. Faktisch konnte über alle Fälle gesprochen werden. Sie wurden so dargelegt, dass der externe Sachverständige in der Lage war zu beurteilen um was es ging, als der Bericht fertig geschrieben wurde.

1.1.4 Evaluation des Bundes

Eine weitere Besonderheit bestand darin, dass kurz vorher die Evaluation des Bundes zu den Auskunftsansprüchen des Bundesamts für Verfassungsschutz, die durch das Terrorismusbekämpfungsgesetz eingefügt und durch das Terrorismusbekämpfungs-Ergänzungsgesetz geändert worden waren, fertig gestellt wurde.[4] Die Auskunftsansprüche in NRW entsprechen nicht vollständig den besonderen Auskunftsansprüchen des alten § 8a Bundesverfassungsschutzgesetz. Jedoch war der Evaluationsbericht des Bundes immer als Vorbild und Maßstab, den es möglichst zu ‚überbieten' galt, gegenwärtig.

1.1.5 Fortgeschrittener Verfahrensstand

Im politischen Raum bestand zum Evaluationszeitpunkt der feste Wille, eine Gesamtrevision des VSG NRW durchzuführen, die sich nun (Mai 2013)[5] auch im Entstehungsprozess befindet. Für den Evaluationsauftrag bestand eine zeitliche Vorgabe, für die Gesamtrevision dagegen nicht. Die Gesamtrevision war unter der Evaluationsfrist nicht zu bewältigen, daher wurde die Evaluation der § 5 Abs. 2 Nr. 2

---

3 BVerfGE 120, 274 ff. = BVerfG, Urt. v. 27.02.2008, 1 BvR 370/07 = NJW 2009, 833, 836 f. Rn. 324 f.

4 Bericht der Bundesregierung zum Ergebnis der Evaluierung nach Art. 11 des TBEG v. 05.01.2007, BGBl I S. 2 v. 14.03.2011, Drucksache des Innenausschusses, BT-Drs. 17 (4) 271.

5 Gesetz zur Neuausrichtung des Verfassungsschutzes in Nordrhein-Westfalen – Gesetzentwurf Landesregierung, NRW LT-Drs. 16/2148.

und § 5a Abs. 1, 2 VSG NRW von einer Gesamtrevision des VSG NRW abgekoppelt.[6] Diese Ablösung wurde aber relativ spät vorgenommen, so dass im Endeffekt auch für die isolierte Evaluation Zeitdruck bestand.

1.1.6 Pflichtaufgabe

Durch die Veränderungen, die zwischen Evaluationsformulierung und Evaluationsdurchführung eintraten, verlor der Evaluationsauftrag seine politische Bedeutung und rutschte auf den Rang einer Routineangelegenheit. Dies sah man rein praktisch an folgenden Umständen:

- der Ausschuss des Landtages wollte den Sachverständigen weder persönlich sehen noch den Bericht erläutert bekommen;
- dem Vorschlag, die Befugnis zur GPS-Observation zu entfristen,[7] folgte der Gesetzgeber nicht, obwohl die Observation mittels GPS von der Grundrechtsintensität her gering ist und eine Entfristung nahe lag. In der laufenden Reform wird diese Entfristung auch vorgeschlagen.[8]

Man sah an der Verlängerung, dass der Gesetzgeber die eigentliche politische Entscheidung, die nach dem Evaluationsbericht erforderlich war, ‚schieben' wollte.

1.2 Die Auswahl des Sachverständigen

Der Evaluationsauftrag sah die Einbeziehung eines wissenschaftlichen Sachverständigen vor (§ 29 VSG NRW a.F.). Die Wahl fiel auf den Autor dieser Zeilen. Dem externen Sachverständigen gegenüber wurde der Eindruck erweckt, die Wahl sei auf ihn gefallen, da er erstens bei der Evaluation der Bundesvorschriften eine gewisse Rolle innehatte[9] und zudem ein Jahr vorher vor dem Verfassungsgerichtshof des Landes NRW Verfahrensbevollmächtigter des Landtages im Normenkontrollverfahren zu einigen Vorschriften des Verfassungsschutzgesetzes NRW war (das Verfahren

6 Gemeinsamer Evaluationsbericht des Ministeriums für Inneres und Kommunales des Landes Nordrhein-Westfalen und Heinrich Amadeus Wolff gem. § 29 Abs. 1 VSG NRW vom 31.08. 2011, veröffentlicht als Landtagsdrucksache NRW (LT-Drs. 15/914) und als Anlage der LT-Drs. 16/2041, S. 9.

7 Evaluationsbericht v. 31.08.2011 (Fn. 7), S. 69.

8 Gesetz zur Neuausrichtung des Verfassungsschutzes in Nordrhein-Westfalen – Gesetzentwurf Landesregierung, NRW LT-Drs. 16/2148, S. 50, § 33 Abs. 2 VSG-E.

9 Gutachten v. 14.04.2011, Typoskript 107 S., lag dem Innenausschuss des Deutschen Bundestages vor als BT-Ausschussdrucksache 17 (4) 271 Anlage 3.

wurde nach Neuwahl des Landtages für erledigt erklärt)[10] und drittens die Sache politisch nicht mehr bedeutsam war, so dass vor allem eine schnelle Evaluation wichtig erschien, die man sich von dem ausgewählten Sachverständigen erhoffte.

1.3 Das Verfahren

1.3.1 Der grobe Ablauf

Die Phasen der Evaluation wurden später im Bericht in fünf Teile gegliedert. Die Konzeptionsphase, die Maßstabsformulierung, die Phase der Erhebung der Tatsachen, die Auswertungsphase, die Darstellungsphase.[11] Bei dieser Fünfteilung handelt es sich zwar ein wenig um eine begriffliche Systematisierung eines in Wirklichkeit teilweise ineinanderfließenden Vorgangs, sie gibt den Kern der Entwicklung aber dennoch zutreffend wieder.

Die Beauftragung bzw. die Kontaktaufnahme erfolgte im Juni 2011. Das Einvernehmen des Landtages zu seiner Bestellung lag Ende Juli 2011 vor. Zu diesem Zeitpunkt war die Evaluation schon am Laufen. Der externe Sachverständige war sachlich mit seinem Teil Ende August fertig, der erste Entwurf verließ das Haus Ende September 2011. Dem Präsidenten offiziell vorgelegt wurde er mit Schreiben vom 26. Oktober 2011, so dass der gesamte Zeitraum zur vollständigen Erstellung vier Monate betrug.

1.3.2 Die Sitzungen

Während der Evaluation in NRW kam es wohl zu vier längeren Sitzungen mit den Verantwortlichen auf Seiten des Verfassungsschutzes. Der Sache nach waren bei den Sitzungen zwischen zehn und zwölf Personen anwesend. Anwesend waren die Leitung des Verfassungsschutzes, die Person, die der Sache nach den spezifischen Grundrechtsschutz innerhalb des Verfassungsschutzes wahrnahm und zudem die Evaluation koordinierte und wesentlich beeinflusste, weiter die jeweiligen Leiter der Abteilungen, die von den betroffenen Kompetenzen Gebrauch machten, sowie Vertreter des jeweiligen technischen Sachverstandes. Über die Sitzungen hinaus bestand ständiger telefonischer Kontakt zum Landesamt für Verfassungsschutz.

---

10 Verfassungsgerichtshof NRW, VerfGH 1/08.

11 Evaluationsbericht v. 31.08.2011 (Fn. 7), S. 8 ff.

1.3.3 Arbeitsatmosphäre

Die Atmosphäre war sachlich, offen und auf Effektivität eingestellt. Die Interessenlage war in sich etwas abweichend, im Groben aber einheitlich. Niemand versuchte den Evaluationsbericht zu boykottieren. Weiter war das Interesse erkennbar, die relevanten Eingriffsbefugnisse möglichst erhalten lassen zu wollen. Etwas Unruhe verursachte die nachhaltige Bitte zu ermitteln, ob Betroffenen Nachteile durch Kreditauskünfte in der Vergangenheit entstanden waren. Schließlich wurde dieser Bitte nachgegangen und speziell hierzu mit den wichtigsten Kreditinstituten Kontakt aufgenommen.

1.3.4 Offener Prozess

Der Evaluationsprozess war nicht ergebnisoffen, weil er nicht völlig frei war. Der Rahmen bildete zwar keine unüberwindbare Hürden, war aber existent. Der Rahmen wurde von folgenden Eckdaten gebildet.

1.3.5 Externe Vorgaben

Folgende externe Vorgaben hatten Einfluss:

- das Ergebnis der Evaluierung 2005 des Landes,[12]
- die letzten PKG – Berichte des Landes;
- die genannten Verfassungsgerichtsentscheidungen;
- der genannte Evaluationsbericht des Bundes.

1.3.5.1 Vorstellungen des Landesamts für Verfassungsschutz

Das Landesamt für Verfassungsschutz bzw. das Ministerium hatte gewisse Vorstellungen, die Einfluss auf die Evaluierung hatten. Die Vorstellungen waren nicht unüberwindbar, es handelte sich aber um Aspekte, die dem Ministerium wichtig waren und die es auch einbrachte. Diese Vorstellungen bezogen sich auf die folgenden Punkte:

(1) Ergebnis der Evaluation
Das von der Evaluation aus der Sicht des Landesamts für Verfassungsschutz durch das Ministerium möglichst zu erzielende Ergebnis war bekannt, bevor der Evaluationsauftrag an den Sachverständigen erteilt worden war. Es wurde ihm gegenüber aber niemals offen formuliert oder ausgesprochen. Als erkennbar war, dass seine eigene Position in die gleiche Richtung ging, war eine gewisse Erleichterung zu

12 Die Ergebnisse der Evaluierung sind in dem Bericht des Parlamentarischen Kontrollgremiums vom 16.05.2006 (Drucksache 14/1912) dokumentiert.

spüren. Es ist unklar, was geschehen wäre, wenn seine Einschätzung von der des Hauses abgewichen wäre, es ist aber sicher, dass man dann eine Kompromissform gefunden hätte.

(2) Gemeinsamer Evaluationsbericht
Das Ministerium bzw. das Landesamt für Verfassungsschutz hatte den Wunsch, einen einheitlichen Bericht zu erstellen. Der gemeinsame Bericht wurde so erstellt, dass die eigenen Abschnitte verteilt wurden zwischen dem Landesamt für Verfassungsschutz und dem externen Sachverständigen und die jeweils andere Seite ihre Meinung und Änderungswünsche hinsichtlich jener Teile äußern durfte. Es war dabei klar, dass im Endeffekt der Wille des externen Sachverständigen der etwas stärker ausschlaggebende sein sollte. Die Aufteilung vollzog sich so, dass die Darstellung der Verdachtslage, die Darstellung des Verfahrens und der Technik der Instrumente sowie die Darstellung der Erfahrungen vom Landesamt für Verfassungsschutz vorformuliert wurden, die Bewertung dagegen aus der Feder des Sachverständigen kam. Klar war, dass die Auswertung der praktischen Anwendung der Normen und die Wertungen vom Sachverständigen und nicht von dem zu Evaluierendem kommen sollten.[13]

(3) Gestaltung des Berichts
Das Landesamt für Verfassungsschutz hatte eigene Vorstellungen hinsichtlich der Gestaltung, die es aber nur als Vorschläge formulierte und die auch nur als Vorschläge gemeint waren. Wegen des Vorliegens des Berichts des Bundes bestand eine gewisse Vorlage oder eine unverbindliche Vorlage (‚Schimmel'), der im Raum stand. Dem Land NRW war es wichtig, einen deutlich transparenteren und offeneren Bericht vorzulegen als der Bund.

(4) Inhalt des Berichts
Das Landesamt für Verfassungsschutz hatte den Wunsch, zudem auch auf die nachrichtendienstliche Sachlage hinweisen zu dürfen. Weiter war es ihr Wunsch, die relevanten Eingriffsbefugnisse erst verständlich darzustellen, bevor man sie bewertete.

(5) Methode
Offen war das Landesamt für Verfassungsschutz hinsichtlich der Methode und des Maßstabs der Evaluation. Welche Fragen genau zu behandeln seien und welche Perspektive einzunehmen sei, überließ das Landesamt für Verfassungsschutz dem

13 S. Evaluationsbericht v. 31.08.2011 (Fn. 7), S. 6.

externen Sachverständigen.[14] Ihm persönlich war es wichtig, dass die Evaluation nicht auf die gängige Evaluationsfrage – Vergleich gesetzgeberischer Wille und Wirkungen des Gesetzes – beschränkt wurde. Es wurde neben dem Vergleich des gesetzgeberischen Ziels und der Wirkung auch der Maßstab der verfassungsrechtlichen Beurteilung und der verfassungspolitischen Beurteilung aufgenommen. Hier war schnell Einverständnis zu finden.

(6) Verfahrensablauf
Dem Landesamt für Verfassungsschutz war es sehr wichtig, den Evaluationsbericht innerhalb der zur Verfügung stehenden Zeit fertig zu stellen. Sofern die Zeitvorgaben eingehalten wurden, war es für jede Verfahrensgestaltung offen.

(7) Tatsachenerhebung
Vollständige Offenheit bestand bei der Frage, welche Informationen und welche Mithilfe von Seiten des Sachverständigen für die Erstellung der Evaluation gewünscht waren. Eventuelle Vorgaben der Geheimschutzregelungen hätte man zügig erfüllt. Der Sache nach hätte der Sachverständige sich mehrere Wochen lang im Landesamt für Verfassungsschutz ‚einquartieren' und sämtliche Akten lesen können.

1.3.5.2 Die Vorstellungen des Sachverständigen

Auch der Sachverständige war nicht völlig frei bei der Erstellung des Berichts. Sein Horizont von der Erstellung der Evaluation war durch folgende Umstände geprägt:

- seinen Erfahrungen bei der Evaluation des Bundes,
- dem bestehenden Zeitdruck,
- seiner Ausrichtung als Rechtswissenschaftler,
- der Erkenntnis, dass die Wirkung des Berichts beschränkt sein wird,
- seinem Wunsch auch anderen Tätigkeiten nachzugehen,
- seiner Grundhaltung, im Wege der Rechtsberatung keine Politik betreiben zu wollen.

14 Evaluationsbericht v. 31.08.2011 (Fn. 7), S. 6.

2 Das Evaluationsziel

2.1 Evaluation des VSG NRW

Der Evaluationsauftrag sprach nur von Evaluation. Was darunter zu verstehen ist, sagt er nicht. Weitere Angaben dazu, nach welchen Maßstäben die Evaluierung zu erfolgen hat, sieht das VSG NRW nicht vor. Eine Gesetzesbegründung zu § 29 VSG NRW existiert nicht. § 29 VSG NRW ist erst im Rahmen der zweiten Lesung[15] aufgrund eines Änderungsantrages[16] eingefügt und mit dem ursprünglichen Gesetzentwurf[17] am 07.12.2005 in dritter Lesung[18] mit verabschiedet worden.

Was unter Evaluation zu verstehen ist, war im Gesetz nicht definiert und wurde auch nicht von den Parlamentarischen Gremien vorgegeben. [19] Der Begriff wurde von den Beteiligten daher als die methodische Erfassung und Bewertung der Wirkungen von Normen verstanden.[20] Das Besondere am Evaluationsauftrag in NRW bestand darin, dass er sich auf die Evaluation von Normen bezog, die befristet waren und ohne ein gesetzgeberisches Handeln außer Kraft getreten wären. Der Evaluierungsauftrag hatte daher erkennbar den Zweck festzustellen, ob die Außerkraftsetzung bzw. bezogen auf den GPS-Einsatz eine Zurücksetzung auf die Ursprungsfassung stattfinden soll, oder ob der tatsächliche Bedarf dafür besteht, dass der Gesetzgeber vielmehr eine – unveränderte oder modifizierte – Fortgeltung einzelner Vorschriften anordnet.[21]

2.2 Evaluation der Praxis

Die Evaluation wird nach dem Normtext bewusst auf die Normanwendung bezogen. Der Unterschied zwischen der Evaluation einer Norm und der Evaluation einer Normanwendung ist nicht sehr groß, da Norm und Normanwendung nicht voneinander zu trennen sind.[22] Dennoch sind beide Fallgestaltungen nicht gleich-

15 NRW LT Plenarprotokoll 14/46.

16 NRW LT-Drs. 14/3133.

17 NRW LT-Drs. 14/2211.

18 Plenarprotokoll 14/47.

19 Vgl. auch Evaluationsbericht v. 31.08.2011 (Fn. 7), S. 8.

20 *Mundil/Wolff*, Die Evaluation von Sicherheitsgesetzen, in: Möllers/van Ooyen (Hrsg.), Jahrbuch Öffentliche Sicherheit 2012/2013, 2012, S. 331, 331; *Gusy/Kapitza*, Evaluation von Sicherheitsgesetzen, Eine Bestandsaufnahme, Typoskript, 2013, S. 4 unter II. 1.

21 Evaluationsbericht v. 31.08.2011 (Fn. 7), S. 10.

22 S. dazu Evaluationsbericht v. 31.08.2011 (Fn. 7), S. 10.

zusetzen. Während eine Normevaluation die Wirkung der Norm untersucht, zieht eine Anwendungsevaluation das Ergebnis der Normanwendung noch stärker in das Blickfeld. Es ging daher um die Frage, ob und wie, d. h. mit welchem Ergebnis, die Normen angewendet wurden.

2.3 Mögliche Handlungsoptionen

Ziel der Wirkungskontrolle ist es, dem Gesetzgeber eine Handlungsgrundlage zu geben. Handlungsoptionen sind dabei

- Aufhebung der Norm,
- Verbesserung der Norm (Novellierung/Neufassung),
- Belassung der Norm.[23]

Dabei kann auch die Intensität eines Reformbedarfs dargestellt werden. Das Ergebnis einer retrospektiven Evaluation sollte eine Handlungsempfehlung an den Gesetzgeber sein. So gut dies ging, war dabei die Perspektive des Gesetzgebers einzuhalten, da er über die Verlängerung nachdenken muss, er den Evaluationsauftrag formuliert hat, dieser ihm gegenüber zu erfüllen ist und er bei der Sachverständigenauswahl mitgewirkt hat.[24]

2.4 Nebenziele

Neben dem Ziel, dem Gesetzgeber die Grundlage für seine Handlungsoptionen zu geben, erreichte die Evaluation auch Nebenziele, von denen unklar ist, ob der Gesetzgeber diese mit verfolgte oder nicht. Sinnvoll waren sie auf jeden Fall. Durch die Evaluation wurde die Verfassungsschutzbehörde gezwungen, mit einem mehr oder weniger sachkundigen Dritten ihr Verfahren und ihre Eingriffsgrundlage zu diskutieren. Dabei wurden auch das Bewusstsein für die Belastungswirkung gestärkt, Alternativen diskutiert und im Endeffekt das interne Verfahren grundrechtsfreundlicher ausgestaltet. Daher wird man, um das Ergebnis vorwegzunehmen, sagen können, dass die Evaluation für ihren eigenen Zweck eher „für die Katz" war, da sich der Landtag für diese erkennbar nicht interessierte, aber bei der Behörde selbst ist eine Sensibilisierung an der richtigen Stelle eingetreten.

---

23 *Böhret/Konzendorf*, Handbuch der Gesetzesfolgenabschätzung, 2001, S. 255.

24 Vgl. Evaluationsbericht vom 31.08.2011 (Fn. 7), S. 8.

3 Die Evaluationsmethode

Versteht man Evaluation als die methodische Erfassung und Bewertung der Wirkungen von Normen, besitzt die Evaluation notwendig zwei Seiten, eine deskriptive und eine normative. Die Methoden für die deskriptive Seite unterscheiden sich erkennbar von denen für die normative.

3.1 Die Sachverhaltsfeststellung

Bei der deskriptiven Seite geht es um eine möglichst lückenlose Aufdeckung der tatsächlichen Anwendungen der Normen und ihrer Wirkungen. In den Sozialwissenschaften existieren Grundsätze und Vorgaben für eine sachgerechte Sachverhaltsfeststellung, die dem externen Sachverständigen unbekannt waren. Hierin liegt sicher ein Angriffspunkt gegen die Evaluation. Allerdings ist anzumerken, dass die Evaluation des Bundes mit sozialwissenschaftlichem Sachverstand erstellt wurde, der Unterschied aber kaum erkennbar war.

Die Methode und die Art der Sachverhaltsfeststellung erfolgt daher so, wie eine Verwaltungsbehörde eine Sachverhaltsermittlung vornimmt. Die möglichen Erkenntnisquellen sind beschränkt. Dies ist gerade eine spezifische Erscheinung bei der Evaluation von Sicherheitsgesetzen, die zugleich aber ihre Durchführung besonders rechtfertigt.[25] Die Sachverhaltsfeststellung bei der Evaluation von Sicherheitsgesetzen leidet unter der hohen Vertraulichkeit der Sachmaterie. So gab es keine Gerichtsentscheidungen, die zu den relevanten Befugnissen in ihrer Anwendung ergangen sind. Es gab keinen Betroffenen, der zum Zeitpunkt der Evaluation von den Informationserhebungen informiert worden war, und es war auch kein Betroffener bekannt, der von der Ermittlung ihm gegenüber in anderer Form erfahren hat; und auch eine behördeninterne Kontrolle durch eine Aufsichtsbehörde gab es nicht.[26] Dies ist Grund dafür, dass es sich generell nicht

25 Vgl. zu den Besonderheiten bei der Evaluation von Sicherheitsgesetzen *Albers*, Funktionen, Entwicklungsstand und Probleme von Evaluationen im Sicherheitsbereich, in: dies./Weinzierl (Hrsg.), Menschenrechtliche Standards in der Sicherheitspolitik, 2010, S. 25, 29 ff.; *Mundil/Wolff*, Die Evaluation von Sicherheitsgesetzen, in: JÖSi 2012/2013, 2012, S. 331, 332 f.; s. a. *Gusy/Kapitza*, Evaluation von Sicherheitsgesetzen, Eine Bestandsaufnahme, Typoskript, 2013, S. 4 unter II. 2.

26 Ausführlich Evaluationsbericht v. 31.08.2011 (Fn. 7), S. 11-15.

empfiehlt, die Evaluation der Sicherheitsgesetze vollständig aus den Sicherheitsbehörden auszulagern.[27]

Überlegt wurde, ob man versucht, die tatsächlichen Kenntnisse der parlamentarischen Kontrollinstanzen (G-10 Kommission/parlamentarische Kontrollkommission) einzubeziehen, sofern dies trotz der Geheimhaltungspflicht möglich wäre.[28] Diese Frage wurde vom externen Sachverständigen aufgeworfen, aber selbst verworfen, da beide Kontrollinstanzen nicht die richtige Stelle für die Ermittlung von Informationen für eine Evaluation durch die Behörde darstellen.[29]

Als Quelle für die Sachverhaltsermittlung blieben daher im Wesentlichen die Behörde selbst und die allgemeinen Kenntnisse, die über das Verfahren beim unabhängigen Sachverständigen vorhanden waren. Es war klar, dass die Rolle des Sachverständigen vor allem darin bestand, die Sachverhaltsermittlung und -darstellung auf ihre Objektivität zu kontrollieren, sofern dies bei einer reinen Selbsterhebung möglich ist.

Für die Kontrolle bestand zunächst die Möglichkeit des Aktenstudiums. Seitens des Sachverständigen bestand zunächst kein Wunsch auf Aktenstudium. Ihm genügte eine genaue Schilderung aller einschlägigen Verfahren und des Umfangs des Gebrauches der einzelnen Informationsbefugnisse. Anschließend entwarf er einen sorgfältigen Fragenkatalog und formulierte die Fragen so, dass er davon ausgehen konnte, dass auch diejenigen, die gerne etwas verbergen würden, dies nicht verbergen könnten, sofern sie ehrlich antworten würden.

Von der Abgabe von ehrlichen Antworten ist er ausgegangen, da es sich erstens um Beamte handelte, zweitens keine Frage von einer Person alleine beantwortet wurde und drittens das Verfassungsschutzamt so klein war, dass auch die Beteiligten aus anderen Ämtern jeweils verhältnismäßig guten Einblick in die anderen Arbeitseinheiten hatten, so dass unwahrscheinlich war, dass Unwahrheiten vorgetragen würden. Die Antworten auf die Fragen waren offen und es kamen

27 Im Ergebnis ebenso *Albers*, Funktionen, Entwicklungsstand und Probleme von Evaluationen im Sicherheitsbereich, in: dies./Weinzierl (Hrsg.), Menschenrechtliche Standards in der Sicherheitspolitik, 2010, S. 25, 48; großzügiger von *Kugelmann*, Stellungnahme zur Anhörung vor dem Innenausschuss zum Entwurf eines Gesetzes zur Änderung des Bundesverfassungsschutzgesetzes, BT-Drucksache 17/6925 am 17.11.2011, Ausschussdrucksache 17(4)359 F, S. 3, abrufbar unter http://www.bundestag.de/bundestag/ausschuesse17/a04/Anhoerungen/Anhoerung13/Stellungnahmen_SV/Stellungnahme_06.pdf.

28 Evaluationsbericht v. 31.08.2011 (Fn. 7), S. 12.

29 Ebenso *Huber*, Informationsbedürfnis und Geheimhaltungserfordernisse: Menschenrechtsorientiert Evaluierung von Sicherheitsgesetzen aus der Sicht parlamentarischer Kontrollgremien, in: Albers/Weinzierl (Hrsg.), Menschenrechtliche Standards in der Sicherheitspolitik, 2010, S. 105, 113.

in der Diskussion Tatsachen zum Vorschein, die nicht ausschließlich positiv für das Verfassungsschutzamt waren, so dass der Sachverständige im Endeffekt kein eigenes Aktenstudium betrieben hat.

Zentraler Bestandteil der Sachverhaltsermittlung war daher, neben der Unterrichtung durch die Behörde, der von ihm entworfene Fragebogen. Die Fragen konnten dabei nur dann sinnvoll gestellt werden, wenn man sich vorher im Klaren war, was bewertet werden sollte und welche Informationen dafür erforderlich sind.

3.2 Die Bewertung

3.2.1 Blickwinkel – Verwirklichung gesetzgeberischer Wille

Sofern es um den Vergleich der bei Normerlass prognostizierten Wirkung und der festgestellten Wirkung geht, sind relevante Prüffragen[30]:

- Hat die Normanwendung die Fernzielverwirklichung verbessert?
- Erweist sich das in dem Gesetz angenommene Wirkmodell als zutreffend?
- Erweist sich die Norm als praktikabel?
- Werden die Vorgaben des Gesetzgebers beachtet?
- Wird die Effektivität bzw. Effizienz mit der Zeit besser, schlechter oder bleibt sie gleich?

3.2.2 Blickwinkel – Gemeinwohlverwirklichung

Im Verhältnis von Staat und Bürger geht es zunächst um die Frage, ob die Anwendung der Rechtsvorschrift einen Beitrag zur Gemeinwohlerfüllung erbracht hat. Prüffragen der Effektivität und Effizienz sind daher:[31]

- Ist die Anwendung der Norm geeignet, das Ziel zu erreichen?
- Benötigt die zuständige Stelle die Befugnis oder könnte sie ihre Aufgaben auch ohne Befugnis erfüllen?
- Was würde eintreten, wenn die Befugnis entfiele?
- Gibt es ein alternatives Mittel, das den Zweck noch besser erreichen könnte?
- Gibt es eine Ausgestaltung, bei der die konkrete Informationsbefugnis effizienter wäre?
- Wie ist der erlangte Vorteil an Hand der verfolgten Fernziele zu gewichten?

---

30 Vgl. *Böhret/Konzendorf*, Handbuch der Gesetzesfolgenabschätzung, 2001, S. 272.

31 Vgl. Evaluationsbericht v. 31.08.2011 (Fn. 7), S. 13 f.

3.2.3 Blickwinkel – Steuerungsfunktion des Gesetzes im demokratischen Rechtsstaat

Ein Wirkaspekt jedes Parlamentsgesetzes ist daher die Frage, ob das Gesetz in der Lage ist, die ihm zukommende Steuerungsfunktion zu erfüllen. Prüffragen dafür sind:[32]

- Ist die Norm hinreichend bestimmt formuliert?
- Sind ihre Voraussetzungen erfüllbar?
- Sind die Voraussetzungen sachgerecht?
- Hält die Verwaltung sich an die Norm und wird die Norm hinreichend beachtet?
- Gibt die Norm einen hinreichend bestimmten Prüfungsmaßstab für die gerichtliche Kontrolle?

3.2.4 Blickwinkel – Belastungswirkung

Prüffragen der Belastungswirkung sind:[33]

- Wie sind die Belastungen bei den Betroffenen zu bewerten?
- Wie sind die Belastungen bei den Dritten zu bewerten?
- Kommt es zu unbeabsichtigten Wirkungen und Belastungen durch die Anwendung der Norm
  - bei anderen Personen,
  - zwar bei den Betroffenen, aber in andere Rechtsgüter?
- Ist die Belastung anders als bei Erlass angenommen?
- Rechtfertigen die festgestellten Gemeinwohlzuwächse die festgestellten Belastungen?

3.2.5 Blickwinkel – Kontrollwirkung

Ein Teilaspekt der Belastungswirkung ist die Prüfung, ob Kontrollmechanismen bestehen und wirken. Danach lässt sich mit folgenden Fragen forschen:[34]

- Greifen die verfahrensrechtlichen Schutzvorkehrungen, wie man es sich vorstellte?
- Greifen die behördeninternen Schutzvorkehrungen, wie man es sich vorstellte?
- Greifen die Rechtsschutzmöglichkeiten, wie man es sich vorstellte?
- Bestehen Möglichkeiten, durch andere Ausgestaltungen die Schutzvorkehrungen für den Bürger bzw. die behördeninternen Schutzvorkehrungen oder den Rechtsschutz zu verbessern?

---

32 Vgl. Evaluationsbericht v. 31.08.2011 (Fn. 7), S. 14.

33 Evaluationsbericht v. 31.08.2011 (Fn. 7), S. 14 f.

34 Evaluationsbericht v. 31.08.2011 (Fn. 7), S. 15.

- Würden diese Schutzverbesserungen die Effektivität verringern?

3.3 Bewertungsmaßstab

Für die Bewertung sind folgende Maßstäbe heranzuziehen:

- Für die Feststellung der Effektivität und der Effizienz und für die Beurteilung der Steuerungswirkung ist der verwaltungswissenschaftliche Maßstab an das gesetzgeberische Ziel anzulegen.[35]
- Für die Bewertung der Steuerungswirkung und die Bewertung der Belastung ist primär ein verfassungsrechtlicher Maßstab anzulegen, dabei geht es nicht nur um die Frage der Grenze des verfassungsrechtlich Zulässigen, sondern auch der verfassungspolitischen Bewertung.

3.4 Der Fragebogen

3.4.1 Die Grundlagen

Das Problem, dass die Verwaltungstätigkeit einer Behörde ggf. kritisch zu evaluieren ist und gleichzeitig die dafür erforderlichen Informationen bei der Behörde selbst zu erheben sind und zwar unter Ressourcen, die es nicht erlauben, nennenswerte investigative Untersuchungen in der Behörde selbst vorzunehmen, war nur dadurch zu lösen, dass vom Sachverständigen selbst ein Fragebogen konzipiert wurde, der von der Behörde auszufüllen war. Der Fragebogen stellte somit ein wesentliches Element der Evaluierung dar. Der Fragebogen war deshalb naheliegend, weil auch die Evaluierung auf Bundesebene durch das Methodeninstitut sich vollständig auf einen Fragebogen konzentriert hatte und die soziologische Methode vor allem bei der Formulierung der Fragen hat einfließen lassen.

Bei der Formulierung der Fragen erschien es wichtig, vor allem die einzelnen Bereiche der möglichen Wirkungen und der Fernfolgen ausdrücklich zu formulieren, um so den Wirkzusammenhang der Norm, so gut es unter den gegebenen Umständen ging, zu ermitteln. Ziel war auch zu erkunden, ob die zu evaluierenden Befugnisse die Ziele, für die sie geschaffen und gedacht waren, ganz oder teilweise erreichten (Maß der Zielerreichung – Effektivität der Norm und ihrer Anwendung) und auf welche Weise dies geschah und ob es Alternativen dazu gab (Effizienz der Norm und ihrer Anwendung). Weiter war zu ergründen, ob die Zielerreichung wiederum

35 Evaluationsbericht v. 31.08.2011 (Fn. 7), S. 15.

den Effekt hatte, den man sich von ihr erhoffte (Fernziele). Und schließlich war es Ziel zu ermitteln, welche Folgen sich außer den beabsichtigten bzw. vorgesehenen ergaben und wie diese zu bewerten sind (Nebenwirkung).

3.4.2 Die Fragen

Die Fragen lauteten sinngemäß:[36]

3.4.2.1 Bezugspunkt

Auf welche Norm beziehen sich die Antworten:

- § 5 Abs. 2 Nr. 2 VSG NRW,
- § 5a Abs. 1 VSG NRW,
- § 5a Abs. 2 VSG NRW?

3.4.2.2 Quantitative Evaluation

1. Wie oft wurde die Norm angewendet?
   a. Anzahl der beantragten Anordnungen,
   b. Anzahl der bewilligten Anordnungen,
   c. Anzahl der Betroffenen,
   d. Anzahl der Nebenbetroffenen bzw. Dritten,
   e. Anzahl der Sachverhaltskomplexe, denen die Anordnungen zugerechnet werden können.
2. Dauer der Anordnungen?
   a. Mindestdauer,
   b. Maximaldauer,
   c. Durchschnitt der einzelnen Anordnungen.
3. Einsatzquotient?
   a. Wird die Befugnis immer eingesetzt, wenn sie rechtlich eingesetzt werden darf?
   b. Falls nein, was sind die Kriterien, die über den konkreten Einsatz entscheiden?
      aa. Kosten,
      bb. Ressourcen,
      cc. Belastung,
      dd. Sonstiges.

36 Die Fragen waren teilweise auf die konkrete Rechtsnorm formuliert und sind insoweit teilweise etwas voneinander abweichend; vgl. Evaluationsbericht v. 31.08.2011 (Fn. 7), S. 71 ff.

3.4.2.3 Evaluation der Effektivität

1. Waren die durch die Informationsmaßnahmen erlangten Informationen hilfreich für die Aufgabenerledigung gem. § 3 Verfassungsschutzgesetz NRW?
2. Wurden die Informationen, die unmittelbar gewonnen werden sollten, durch die Informationsmittel auch gewonnen bzw. nur deswegen nicht gewonnen, weil sie nicht vorlagen?
3. Gibt es Anhaltspunkte dafür, dass der Gesetzgeber davon ausging, dass die Informationsgewinnung noch hilfreicher sein würde?
4. Gab es andere Möglichkeiten die Informationen zu erlangen?
5. Wie wäre der Sachverhaltskomplex ermittelt worden, wenn es die Befugnisse nicht gäbe?
6. Wie viel Mehrarbeit wäre die Ermittlung mit anderen Befugnissen gewesen?
7. Haben die neuen Befugnisse die Arbeit erleichtert?
8. Hat die Normanwendung ergeben, dass die Norm geeignet ist ihren Zweck zu erreichen?
9. Wurden die erlangten Informationen auch für andere Zwecke verwendet als für die Zwecke, für die sie angeordnet wurden?
10. Brachten angeordnete Informationserhebungen in einem Fall überhaupt keinen Informationsgewinn?

3.4.2.4 Evaluation der Effizienz

1. Wurde die Durchführung der Anordnungen von den Betroffenen einmal entdeckt?
2. Gab es Nebenfolgen, die nicht gewollt waren?
3. Wurde eine Überwachung einmal entdeckt?
4. Personalaufwand zur Durchführung der Informationserhebung im Durchschnitt?
5. Finanzieller Aufwand der Informationserhebung?
6. In welcher Beziehung war die Informationsgewinnung, bevor es die Befugnis gab, für den Betroffenen günstiger?
7. In welcher Beziehung war die Informationsgewinnung, bevor es die Befugnis gab, für den Betroffenen ungünstiger?
8. In welcher Beziehung war die Informationsgewinnung, bevor es die Befugnis gab, für die Behörde günstiger?
9. In welcher Beziehung war die Informationsgewinnung, bevor es die Befugnis gab, für die Behörde ungünstiger?
10. Kann ohne Effektivitätsverlust der Eingriff milder gefasst werden?
11. Was wären denkbare Alternativen?

3.4.2.5 Evaluation der demokratischen Funktion der Norm

1. Ist die Norm klar gefasst?
2. Ist die Befugnis technisch umsetzbar?
3. Gab es Fälle, in denen eine Anordnung technisch nicht umgesetzt werden konnte?
4. Zwingt die Norm zu Lücken bei der Informationserhebung?
5. Enthält die Norm unsinnige Tatbestandsvoraussetzungen?

3.4.2.6 Evaluation der Belastung (sofern nicht in III erörtert)

1. Gibt es Erkenntnisse darüber, ob die Betroffenen sich gegen die Durchführung der Anordnung wehren oder schützen können?
2. Kann die Belastung von Seiten der Verfassungschutzbehörde beurteilt werden?
3. Wie wirkt die Maßnahme zu Lasten des Betroffenen?
4. Welchen Einblick in sein Privatleben ermöglicht die Befugnis?
5. Sind Informationen erhoben worden, die dem sog. absolut geschützten Kernbereich zuzuordnen sind?
6. Wurden Bewegungsprofile erstellt?
7. Wurden die Informationen zu anderen Zwecken verwendet als zu denen, zu denen sie erhoben wurden?
8. War die Belastung anders, als man bei Gesetzeserlass dachte?
9. Wurde versucht zu ermitteln, ob die Betroffenen durch die Maßnahme Nachteile im Zivilrechtsverkehr hatten?
10. Was wird getan, um die Nachteile für den Betroffenen so gering wie möglich zu halten?
11. Wie wird die Verlängerung bestehender Maßnahmen bzw. die Weitergeltung laufender Maßnahmen auf ihre Notwendigkeit geprüft?
12. Könnte man den Schutz des Betroffenen behördenintern besser absichern?
13. Welche Nachteile hätte das?
14. Könnte man den Schutz des Betroffenen verfahrensmäßig besser absichern?
15. Welche Nachteile würden dies ermöglichen?
16. Sind Rechtsverletzungen bei der Anwendung behördenintern bekannt?
17. Falls ja, welche Vorkehrung wurden getroffenen, um eine Wiederholung zu vermeiden?
18. Entfalten die Verfahrensvoraussetzungen Wirkung?
19. Behindern die Verfahrensvoraussetzungen zu sehr?
20. Welche Schutzmechanismen werden administrativ eingehalten, auch wenn sie nicht im Gesetz stehen?
21. Stehen Voraussetzungen und Wirkungen in einem angemessenem Verhältnis?

4 Die Evaluierung

Bei der eigentlichen Evaluierung erschien es wichtig, die angesprochenen Fragen auch wirklich zu behandeln, deswegen wurde bei allen Normen sachlich das gleiche Gerüst angelegt, das den Zweck hatte, die relevanten Fragen auch wirklich abzuarbeiten. Mitunter wurden die Fragen dann auf die Besonderheiten der Eingriffsgrundlage hin spezifiziert. Der Aufbau ergab sich aus den Vorüberlegungen und war daher vom Sachverständigen vorgegeben worden. Die Bearbeitung war aufgeteilt. Die kursiven Teile wurden von der Behörde vorgeschrieben, der Rest vom Sachverständigen. Der gemeinte Aufbau lautete:

1. Normtext
2. Darstellung der Ziele der Norm: Entstehungsgeschichte/Zwecke der Norm/Hauptziele/Nebenziele/Fernziele (gemeinsame Erstellung)
3. Bisherige Evaluationsergebnisse der Norm
4. Bisherige rechtliche Bewertungen der Norm
5. Wirkung der Norm allgemein – Darstellung der Anwendung
   a. Darstellung des Rechts
   b. Darstellung der konkreten praktischen Verfahren
6. Wirkungsweise – Effektivität
   a. Anzahl der durchgeführten Maßnahmen und der davon Betroffenen
   b. Voraussetzungen, unter denen die Norm angewendet wurde
   c. Verhältnis der tatsächlichen zu den rechtlich möglichen Anwendungen
   d. Darstellung der Ergebnisse der durchgeführten Maßnahmen gem. § 5a Abs. 1 VSG NRW
   e. Möglichkeiten der Verbesserung der Effektivität (Wirkungsweise)
7. Wirkungsweise – Effizienz
   a. Kosten der Maßnahme
   b. Darstellung der sich durch die Maßnahmen ergebenden Auswirkungen auf die Betroffenen
   c. Darstellung der den Grundrechtseingriff kompensierenden Maßnahmen
   d. Möglichkeiten des effektiveren Grundrechtsschutzes bei gleichbleibender Effizienz im Rahmen der Evaluierung
   e. Möglichkeiten der Verbesserung der Effizienz (Nutzen-/Kosten-Verhältnis)
8. Bewertung der Norm und ihrer Anwendung
   a. Verwaltungswissenschaftliche Bewertung
   b. Verfassungsrechtliche Bewertung
   c. Verfassungspolitische Bewertung
9. Handlungsempfehlung.

5 Die Wirkung der Evaluation

Der Gesetzgeber folgte den Vorschlägen des Evaluationsberichts weitgehend und verlängerte gemäß den Vorschlägen die relevanten Normen. Er hob die Befristung bei der GPS-Überwachung aber anders, als der Evaluationsbericht es vorschlug, nicht auf.[37] Auf diese Weise verschob der Gesetzgeber gewissermaßen die politische Entscheidung in die Zukunft. Es darf vermutet werden, dass dies geschah, weil die gerade laufende große Reform schon im Blick war. Eine Wirkung erzielte die Evaluation aber auch bei der Verfassungsschutzbehörde selbst, weil diese den Schutz der Betroffenen vor nachteiligen Maßnahmen Dritter, die von dem Eingriff notwendig erfahren, verstärkt haben.

6 Was war anders als ursprünglich erwartet

Die Evaluation war klein, fein und angenehm. Der Auftrag, die Wirkung waren begrenzt und die Folgen der Evaluation nutzlos. Dies heißt aber nicht, dass es umsonst war. Verbessern könnte man bei den gegebenen Rahmenbedingungen wenig. Die Evaluation war durch die Rahmenbedingungen geprägt. Man könnte die Evaluation allerdings dadurch verbessern, dass man die Rahmenbedingungen verändert. Dies wäre denkbar, indem man mehr Zeit, mehr Geld und mehr Arbeit in die Evaluation investiert.

7 Gesamtergebnis

Die Evaluation des VSG NRW war eine Evaluation, die zu dem Zeitpunkte, zu dem sie erstellt wurde, vermutlich nicht mehr in Auftrag gegeben worden wäre. Dazu hatten sich die Rahmenbedingungen zu sehr verändert. Dem Gesetzgeber schwebte eine Gesamtrevision vor, die aber aus Zeitgründen mit der Evaluation nicht mehr verbunden werden konnte. Durch die Verringerung des Interesses an der Evaluation durch das Parlament wurde die Gesetzesevaluation zu so etwas wie zu einer internen Selbstkontrolle, einer Compliance-Maßnahme mit Einbezug externen Sachverstands. In dieser Funktion hat sie vermutlich einiges bewirkt.

37 Gesetz v. 13. Dezember 2011 (GV. NRW. 684).

Von den Daten zur Empfehlung: Folgerungen aus der wirkungsbezogenen und der juristisch-normativen Evaluierung von Sicherheitsgesetzen

Matthias Kötter

1 Fragstellung: Was folgt aus der Evaluierung von Sicherheitsgesetzen?

Was aus der Evaluierung eines Gesetzes folgt, hängt ganz wesentlich davon ab, *was* unter Gesetzesevaluierung verstanden und *wie* das Gesetz evaluiert wird. Die Untersuchung, wie häufig oder mit welchen Folgen eine gesetzliche Regelung angewendet wurde, lässt andere Folgerungen zu als ein verfassungsrechtliches Gutachten. Die konkrete Fragestellung, die Bewertungskriterien und weitere Rahmenbedingungen sind bereits bei der Konzeptionierung der Evaluierung zu bestimmen. Hier entscheidet sich, welche Daten erhoben werden, welche Folgerungen sich daraus ergeben und welche Empfehlungen sich formulieren lassen und gegenüber wem. Das verweist auf die Entscheidungsmacht der für die Gesetzesevaluierung zuständigen Stelle, die den Evaluierungsauftrag konkretisiert und den Umfang der Analyse und den Maßstab der Diagnose festlegt, den organisatorischen Rahmen bestimmt und – soweit vorgesehen – den sachverständigen Kooperationspartner auswählt und zu guter Letzt über die Form der Veröffentlichung der Evaluierungsergebnisse und die Art der hieraus gefolgerten Empfehlungen entscheidet. Die zuständige Stelle unterliegt bei der Konzeptionierung und der Durchführung der Gesetzesevaluierung gesetzlichen Bindungen, die sich bei der Evaluierung der neueren Sicherheitsgesetze nicht zuletzt aus der gesetzlichen Evaluierungsklausel ergeben.

Wie das Beispiel des Art. 5 Abs. 2 des Gemeinsame-Dateien-Gesetzes (2006)[1] zeigt, enthält die Evaluierungsklausel meist jedoch nur wenig konkrete Vorgaben zum Inhalt und der Organisation der Evaluierung. Danach ist das Antiterrordateigesetz (ATDG) „fünf Jahre nach dem Inkrafttreten unter Einbeziehung

1 Gemeinsame-Dateien-Gesetz v. 22.12.2006 (BGBl. I S. 3409); zur Begründung s. BT-Drs. 16/2950.

eines wissenschaftlichen Sachverständigen, der im Einvernehmen mit dem Deutschen Bundestag bestellt wird, zu evaluieren." Die Regelung sagt nichts darüber, von wem die Evaluierung durchzuführen ist und wie und insbesondere welche gesetzlichen Regelungen im Einzelnen und auf welche Weise zu evaluieren sind.

Für die im März 2013 abgeschlossene Evaluierung des ATDG zeichnete die Bundesregierung verantwortlich.[2] Die Federführung bei der Vorbereitung und der Durchführung lag beim Bundesministerium des Innern (BMI), das die Details mit dem Bundesministerium der Justiz (BMJ) abstimmte und ein „Feinkonzept Evaluierung" entwickelte. Mit der Durchführung war das Berliner Beratungsunternehmen Rambøll beauftragt. Die Bundesregierung ging dabei von einem „von der Rechtstatsachenforschung und den Verwaltungswissenschaften geprägte[n] Begriff von Evaluierung" aus, den sie folgendermaßen umriss:

> „Eine (retrospektive) Gesetzesfolgenabschätzung bzw. Evaluierung ist ein in der Wissenschaft hinreichend definierter Begriff, der eine systematische und belastbare Erfassung von positiven und negativen Gesetzesfolgen (hier auch: Auswirkungen auf die Grundrechtspositionen Betroffener und Dritter) bzw. die Bewertung der Zielerreichung einer Regelung meint. Die Evaluierung ist ein Instrument, mit dem belastbare Erkenntnisse über Wirkung und Folgen eines Gesetzes gesammelt und analytisch aufbereitet werden, damit der politische Entscheidungsprozess auf einer soliden rationalen Basis aufsetzen kann."[3]

Unter Verweis auf die „kontroversen Diskussionen des Gesetzgebungsverfahrens im Jahr 2006" hatte die Bundesregierung den Evaluierungsauftrag so interpretiert, dass der „Gesetzgeber eine umfassende Analyse und Bewertung des Instruments der ATD im Hinblick auf seine gesetzlich definierte Zielsetzung und die damit in Zusammenhang stehende mögliche Einschränkung der Grundrechte Dritter intendiert, ohne jedoch weitere Bestimmungen über Gewichtung, Kriterien und Detaillierungsrad zu treffen."[4] Hieraus folgerte sie zwei übergreifende Fragestellungen: *Erstens* „[i]nwieweit … sich der Informationsaustausch zwischen den beteiligten Behörden und Diensten durch die ATD intensiviert [hat], und … dadurch deren Zusammenarbeit bei der Bekämpfung des internationalen Terrorismus verbessert

---

2 Bericht zur Evaluierung des Antiterrordateigesetzes, BT-Drs. 17/12665 (neu) v. 7.3.2013.

3 Bericht (Fn. 2), S. 6.

4 Ebd. Zur Debatte über die Evaluierung des Terrorismusbekämpfungsgesetzes und die Ausgestaltung der Evaluierungsklausel im Gemeinsame-Dateien-Gesetz s. BT-Plenarprotokoll 16/71, S. 7104, und die Anträge der Fraktionen von FDP (BT-Drs. 16/2671) und Bündnis 90/Die Grünen (BT-Drs. 16/2072).

[wurde]?", und *zweitens* „[i]nwieweit ... dabei die Grundrechte betroffener Personen gewahrt" wurden.[5]

Das BMI und das BMJ hatten sich außerdem darüber verständigt, dass „ergänzend zu der gesetzlichen Evaluierung" bzw. im Anschluss daran „ein weiterer externer Sachverständiger für die staatrechtswissenschaftliche Bewertung und Ableitung von Schlussfolgerungen aus den rechtstatsächlichen Untersuchungen tätig werden" sollte. Erst beides zusammen – gesetzliche Evaluierung und staatsrechtswissenschaftliches Zweitgutachten – sollte mit einer „Empfehlung der Bundesregierung für die weitere Gesetzgebung beim ATDG an den parlamentarischen Gesetzgeber" abschließen.[6] Der abschließende Bericht zur Evaluierung des Antiterrordateigesetzes wurde dem Bundestag im März 2013 vorgelegt, zur Einholung des „staatsrechtswissenschaftliche Zweitgutachtens" war es bis dahin – und ist es bis heute – nicht gekommen. Ende April 2013 erklärte das Bundesverfassungsgericht einzelne Vorschriften des ATDG für grundgesetzwidrig und gab Maßgaben für ihre weitere Anwendung vor.[7]

Die Evaluierung des ATDG verweist auf die neuralgischen Punkte jeder Gesetzesevaluierung, nicht nur im Sicherheitsrecht,[8] die im Folgenden in drei Schritten erörtert werden:

Was aus der Gesetzesevaluierung folgt, ist *erstens* eine Frage des Evaluierungsbegriffs, der sich nur zum Teil in Anlehnung an bestimmte Evaluierungstraditionen bestimmen lässt. Welche inhaltlichen und institutionellen Anforderungen bei der Evaluierung von Sicherheitsgesetzen zu beachten sind, ist vielmehr durch Auslegung der gesetzlichen Evaluierungsklausel zu bestimmen, wobei insbesondere verfassungsrechtliche Vorgaben zu beachten sind.

Hiermit eng verbunden ist *zweitens* die Frage nach der Analyseperspektive und den damit verbundenen Evaluierungskriterien. Die Unterscheidung der „gesetzlichen Evaluierung" von der „Erstellung eines staatsrechtswissenschaftlichen Zweitgutachtens" verweist bereits auf zwei unterschiedliche Perspektiven, aus denen Gesetzesevaluierung erfolgen kann.[9] Das ist zum einen die wirkungsbezogene

---

5 Bericht (Fn. 2), S. 8.

6 Bericht (Fn. 2), S. 7f.

7 BVerfG, U. v. 24.4.2013 – 1 BvR 1215/07.

8 Zur Verallgemeinerbarkeit der bei der Gesetzesevaluierung auftretenden Rechtsprobleme und ihrer Lösungen in andere Rechtsbereiche s. *Albers*, Evaluation sicherheitsbehördlicher Kompetenzen: Schritte von der symbolischen Gesetzgebung zum lernenden Recht, VerwArch 99 (2008), S. 481 ff., 499 ff.; *Ziekow/Debus/Piesker*, Leitfaden zur Durchführung von ex-post-Gesetzesevaluationen unter besonderer Berücksichtigung datenschutzrechtlichen Folgen, 2012, S. 17ff.

9 *Ziekow/Debus/Piesker* (Fn. 8), S. 28, unterscheiden insgesamt „sieben Bewertungsdimensionen, die bei Evaluationen eine Rolle spielen können": neben den Kosten, der Effizienz,

Gesetzesevaluierung, mit der sich Gesetze daraufhin überprüfen lassen, welche sozialen Folgen sie bewirken und inwieweit mit ihnen die vom Gesetzgeber verfolgten Ziele erreicht werden. Demgegenüber lassen sich aus der Perspektive einer juristisch-normativen Gesetzesevaluierung die rechtlichen Wirkungen von Gesetzen feststellen und prüfen, ob sich eine Regelung in das Gesamt der Rechtsordnung einfügt und ob sie den komplexen Anforderungen des Vorrangs der Verfassung genügt. Die Evaluierung von Sicherheitsgesetzen wird stets aus beiden Perspektiven zu erfolgen haben, allerdings gelingt es bislang kaum, diese zu einem einheitlichen Ansatz zu verklammern, der einheitliche Folgerungen zuließe.

Was aus der Gesetzesevaluierung folgt, hängt *drittens* davon ab, ob es gelingt, die Objektivität der Analyse hinreichend zu sichern. Die Evaluierung von Sicherheitsgesetzen soll das Wissen über die Wirkungen einzelner gesetzlicher Regelungen verbessern, wofür sie einen wissenschaftlich neutralen Standpunkt beanspruchen muss. Gesetzesevaluierung hat stets zur Folge, dass die zu evaluierenden Regelungen nachträglich (noch einmal) legitimiert oder in Frage gestellt werden. Insofern ist Gesetzesevaluierung selbst ein Instrument der und in der Politik, das die zuständige Stelle im Rahmen ihres Entscheidungsspielraums anwendet und das gesetzlich über die Evaluierungsklausel gesteuert wird. Aus Gründen der Rechtssicherheit und mit Blick auf die an die Evaluierung von Sicherheitsgesetzen zu stellenden verfassungsrechtlichen Anforderungen wären präzisere gesetzliche Regelungen angezeigt.

2 Ziele der Evaluierung von Sicherheitsgesetzen

Die besondere Aufmerksamkeit, die der Gesetzesevaluierung in jüngerer Zeit zuteil wird, kann im Zusammenhang mit einem weltweiten Trend zur Evaluierung politischer Strukturen und Programme gesehen werden, der zur wachsenden Bedeutung der Evaluierungsforschung auch in Deutschland beiträgt.[10] Die Evaluierung von Sicherheitsgesetzen lässt sich allerdings nur mit Blick auf die besondere Entwicklung der empirischen Rechtsforschung in der Bundesrepublik seit den

---

der Effektivität, der Akzeptabilität, der Praktikabilität und Neben- oder Folgeeffekten auch die Rechtsmäßigkeit der gesetzlichen Regelung.

10 Zum „Boom der Evaluation“ weltweit und in Europa und zur Entwicklung in Deutschland seit den 1990er Jahren s. *Stockmann/Meyer*, Evaluation: Eine Einführung, 2010, S. 38 ff.; und zum „Phänomen der so genannten Evaluitis“ insbes. im Wissenschaftsbereich s. *Schuppert*, Governance durch Wissen: Überlegungen zum Verhältnis von Macht und Wissen aus governancetheoretischer Perspektive, in: ders./Voßkuhle (Hrsg.), Governance von und durch Wissen, 2008, S. 259 ff., 283.

1970er Jahren und ganz besonders auf die verfassungsrechtliche Einbettung der Sicherheitsgesetzgebung verstehen.

Wenn die Bundesregierung bei der ATDG-Evaluierung auf den „von der Rechtstatsachenforschung und den Verwaltungswissenschaften geprägte Begriff von Evaluierung" abstellt und diesen mit der „(retrospektive[n]) Gesetzesfolgenabschätzung" gleichsetzt, dann ist dieser Bezug nahe liegend und richtig. Gleichwohl reicht er für die Konkretisierung der gesetzlich angeordneten Evaluierung von Sicherheitsgesetzen nicht aus. Denn Evaluierung in diesem Sinne ist ein Rechtsbegriff, dessen Inhalt durch Auslegung zu bestimmen ist. Dabei trägt der Wortlaut (Evaluierung = Beurteilung, Bewertung) für sich gesehen nichts zur Konkretisierung bei, und die Gesetzesbegründungen sind meist darauf beschränkt, die Regelung zu wiederholen.[11] Erforderlich ist deshalb eine systematische Auslegung, insbesondere im Hinblick auf die Vorgaben des Grundgesetzes.

2.1 Retrospektive Gesetzesfolgenabschätzung: Erlangung von Steuerungswissen

Der Begriff Gesetzesfolgenabschätzung verweist auf ein Bündel von Methoden, mit denen die zu erwartenden Wirkungen und Kosten eines geplanten Gesetzes prospektiv ermittelt werden.[12] Es handelt sich um ein die Gesetzgebung begleitendes Verfahren, dessen Durchführung heute für jedes neue Bundesgesetz vorgeschrieben ist (§ 43 I Nr. 5, § 44 der Gemeinsamen Geschäftsordnung der Bundesministerien GGO).[13] Die retrospektive Variante fragt nach bereits erzielten Wirkungen und

11 Für das Gemeinsame-Dateien-Gesetz s. BT-Drs. 16/2950, S. 25. Zu den vergleichbaren Fällen der Art. 22 Abs. 3 Terrorismusbekämpfungsgesetz (2002) und Art. 11 Terrorismusbekämpfungsergänzungsgesetz (2007) s. *Albers* (Fn. 8), S. 494 f. Mit der Novelle zum BVerfSchG vom 7.12.2011 (BGBl. 2011 I S. 2576) wurde ein umfangreicher Evaluierungsauftrag auch hinsichtlich des TBG, des TBEG, des BVerfSchG, des MADG, des BNDG und des SÜG mit Frist bis zum 1.10.2016 erteilt.

12 Grundlegend Hof/Lübbe-Wolff (Hrsg.), Wirkungen und Erfolgsbedingungen von Gesetzen (Wirkungsforschung zum Recht I), 1999; *Böhret/Konzendorf*, Handbuch Gesetzesfolgenabschätzung (GFA), 2001; Hof/ Karpen (Hrsg.), Möglichkeiten einer Institutionalisierung der Wirkungskontrolle von Gesetzen (Wirkungsforschung zu Recht IV), 2003. Einen Überblick bieten *Schuppert*, Gute Gesetzgebung, Beiheft 1 zur Zeitschrift für Gesetzgebung 2003, S. 25 ff.; und *Baer*, Rechtssoziologie, 2011, S. 250 ff.

13 S. hierzu *Köck*, Gesetzesfolgenabschätzung und Gesetzgebungsrechtslehre, VerwArch 93 (2002), S. 1 ff., 8 ff.

bewertet diese. Gesetzesevaluierung ist ein Mittel reflexiver Gesetzgebung,[14] das es – ganz im Sinne der neueren Evaluierungsforschung – ermöglicht, mit wissenschaftlichen Verfahren und unter Zugriff auf das Repertoire sozialwissenschaftlicher Forschungsmethoden Wissen über die Funktionsweise von Gesetzgebung und Gesetzesvollzug zu erlangen.[15]

Der konzeptionelle und methodische Ausgangspunkt der Gesetzesfolgenabschätzung liegt in der verwaltungswissenschaftlichen Forschung über die Wirkungsweise politischer Instrumente und der Implementation regulativer Politik in den 1970er Jahren in erster Linie in den Arbeiten von Renate Mayntz.[16] Diese – im besten Sinne „rechts-soziologische" – Forschung brachte ein umfangreiches sozial-empirisches und rechtswissenschaftliches Instrumentarium zur Analyse der Wirkungsweisen von Gesetzen hervor.[17] Sie fragte nach den Funktionsbedingungen der Steuerung mit den Mitteln des Gesetzesrechts, also danach, wie das Gesetz funktioniert, welche gesellschaftlichen Wirkungen es hat und ob sich die vom Gesetzgeber angestrebten Ziele mit dem Gesetz erreichen lassen. Ihr lag ein instrumentelles Verständnis von Gesetzgebung zugrunde, das bis heute auch in der Rechtswissenschaft und v. a. in der Rechtspolitik verbreitet ist.[18] Das Gesetz wird

---

14 S. bereits *Steinberg*, Evaluation als neue Form der Kontrolle final programmierten Verwaltungshandelns, Der Staat 15 (1976), S. 185 ff.; zur Governance-Perspektive *Schuppert* (Fn. 10), S. 283 f.; *Straßheim*, Die Governance des Wissens, in: Schuppert/Voßkuhle (Hrsg.) (Fn. 11), S. 49 ff., 66; und im Polizei- und Sicherheitsrecht *Albers*, Funktion, Entwicklungsstand und Probleme von Evaluationen im Sicherheitsrecht, in: dies./ Weinzierl (Hrsg.), Menschenrechtliche Standards in der Sicherheitspolitik: Beiträge zur rechtsstaatsorientierten Evaluierung von Sicherheitsgesetzen, 2010, S. 25 ff., 28 f.

15 Zu den Funktionen der Gesetzesevaluation vgl. *Albers* (Fn. 8), S. 484 ff.; *Ziekow/Debus/ Piesker* (Fn. 8), S. 26 ff.; *Kugelmann*, Die Evaluierung von Polizei- und Sicherheitsgesetzen, in diesem Band.

16 Zum Immissionsschutzrecht *Mayntz/u. a.*, Vollzugsprobleme im Umweltrecht, 1978; *dies.*, Implementation von regulativer Politik, in: dies. (Hrsg.), Implementation politischer Programme II, 1983, S. 50 ff., 52; s. dazu *Voßkuhle*, Neue Verwaltungsrechtswissenschaft, in: Hoffmann-Riem/u. a. (Hrsg.), Grundlagen des Verwaltungsrechts, Bd. 1, 2006, Rn. 10, 18 ff. m. w. N.

17 Zur Rechtstatsachenforschung auf der Schnittselle von Rechtssoziologie und politikwissenschaftlicher Verwaltungsforschung s. *Röhl*, Das Dilemma der Rechtstatsachenforschung, 1974; *Blankenburg*, Rechtssoziologie und Rechtswirkungsforschung, in: Plett/Ziegert (Hrsg.), Empirische Rechtsforschung zwischen Wissenschaft und Politik, 1984, 45 ff., 52 ff.; *Rottleuthner*, Einführung in die Rechtssoziologie, 1987, S. 31, 54 ff.; *Jann*, Praktische Fragen und theoretische Antworten: 50 Jahre Policy-Analyse und Verwaltungsforschung, PVS 50 (2009), S. 476, 483 f.

18 *Rottleuthner/Rottleuthner-Luther*, Recht und Kausalität, in: Cottier/Estermann/Wrase (Hrsg.), Wie wirkt Recht?, 2010, S. 17 ff., 18. Zur mit dem instrumentellen Gesetzgebungsverständnis eng verknüpften Steuerungsfunktion des Gesetzes Schuppert/Starck

danach in erster Linie als „Instrument zur Steuerung gesellschaftlicher Prozesse nach soziologischen Erkenntnissen und Prognosen" verstanden.[19] Unterstellt wird dabei eine Kausalbeziehung zwischen der Gesetzgebung und den von ihr bewirkten sozialen Veränderungen. Der Gesetzgeber versucht „mit Hilfe der Setzung von Rechtsnormen bestimmte Wirkungen als Ziele zu erreichen".[20]

Gesetzesanalyse in diesem Sinne ist im wesentlichen Grundlagenforschung,[21] und Gesetzesfolgenabschätzung ist ein praktischer Anwendungsfall dieser Forschung. In ihrer retrospektiven Variante kann sie Aufschluss geben über die (Un-) Wirksamkeit einer gesetzlichen Regelung und deren Gründe. Für die Evaluierung von Sicherheitsgesetzen greift ein Evaluierungsbegriff, der alleine nach den Steuerungswirkungen und der Effektivität einer Gesetzgebung fragt, jedoch zu kurz. Denn die Evaluierung von Sicherheitsgesetzen hat nicht allein die „Rückmeldung der Sicherheitsbehörden, ob eine gesetzliche Befugnis ‚funktioniert'", zum Ziel.[22] Vielmehr soll sie es dem Gesetzgeber ermöglichen, seiner vom Grundgesetz vorgegebenen Pflicht entsprechend zu kontrollieren, ob „die tatsächlichen Gegebenheiten und Entwicklungen den Einschätzungen und Prognosen entsprechen"[23], die der Gesetzgebung zugrunde gelegen hatten, und eine Norm gegebenenfalls zu revidieren, falls sich diese Annahmen im Nachhinein als nicht zutreffend erweisen.[24]

2.2 Evaluierung von Sicherheitsgesetzen: Aktualisierung des Eingriffswissens

Die Regelung neuer und/oder komplexer Sachverhalte erfolgt in der Regel unter Bedingungen der Ungewissheit. Das gilt für neue Bedrohungslagen genauso wie für Großtechniken oder für Neuregelungen im Bereich der Sozialversicherungssysteme.[25] Ungewissheit kann dabei hinsichtlich der Tatsachen bestehen, die die neue Situation und ihre Entwicklung und den hierauf gestützten Regelungsbedarf betreffen, aber auch hinsichtlich der Wirkungen von Gesetzen, die zur Regelung

(Hrsg.), Das Gesetz als zentrales Steuerungsinstrument des Rechtsstaates, 1998; *Schuppert*, Verwaltungswissenschaft, 2000, 461 ff.

19 BVerfGE 39, 1, 59.

20 *Rottleuthner/Rottleuthner-Luther* (Fn. 18), S. 18; s. a. *Rottleuthner* (Fn. 17), S. 36 ff., 39 f.

21 *Albers* (Fn. 14), S. 30 ff.

22 Treffend *Albers* (Fn. 8), S. 486; ebenso *Weinzierl*, Die Evaluierung von Sicherheitsgesetzen. Anregungen aus Menschenrechtlicher Perspektive, DIMR Policy Paper, 2006, S. 4.

23 *Albers* (Fn. 14), S. 30 ff.

24 BVerfGE 110, 141 (Rn. 67).

25 BVerfGE 49, 89 (Rn. 91 ff.); 103, 242 (Rn. 63).

solcher Sachverhalte und insbesondere zur Bewältigung der hiervon ausgehenden Probleme erlassen werden. Die Ungewissheit verbietet es dem Gesetzgeber nicht, überhaupt eine Regelung zu treffen, und zwar selbst dann nicht, wenn diese in Grundrechte eingreift. Allerdings kann die Einschätzungsprärogative, in deren Rahmen der Gesetzgeber die Tatsachen, die er seinen Entscheidungen zugrunde legt, selbst zu ermitteln und zu bewerten hat,[26] davon abhängig sein, dass der Gesetzgeber die tatsächliche Entwicklung beobachtet und in angemessenen zeitlichen Abständen überprüft, ob die im Zeitpunkt der Gesetzgebung zulässigerweise angenommene Tatsachengrundlage zutreffend ist und ob die erwünschten Gesetzeswirkungen erzielt werden. Erweisen sich die Annahmen als unzutreffend, kann daraus die Pflicht folgen, das Gesetz den tatsächlichen Gegebenheiten anzupassen, um seine Verfassungsmäßigkeit zu erhalten.[27] Andernfalls kann ein zunächst verfassungsmäßiges Gesetz infolge eines veränderten Erkenntnisstands verfassungswidrig werden.[28]

Die gesetzliche Evaluierungsklausel konkretisiert die verfassungsrechtliche Überprüfungspflicht. Sie kann Vorgaben darüber enthalten, wer die Evaluierung durchzuführen hat und in welchem Verfahren und auf welche Weise. Die Evaluierungsklausel ist dabei im Hinblick auf die verfassungsrechtliche Verpflichtung des Gesetzgebers auszulegen. Als Evaluierung können danach nur solche Praktiken und Verfahren gelten, die es dem Gesetzgeber ermöglichen, „zu angemessenen Zeitpunkten sachgerechte, also hinreichend umfangreiche, qualitativ richtige und sinnvoll aufbereitete Informationen über die tatsächlichen Sachverhalte und Entwicklungen sowie über die relevanten Wirkungen des Gesetzes zu erhalten“[29]. Denn nur diese ermöglichen es dem Gesetzgeber, sein Eingriffswissen in der verfassungsrechtlich gebotenen Weise zu aktualisieren.

Die Evaluierung von Sicherheitsgesetzen ist stets im Hinblick auf das konkret zu evaluierende Sicherheitsgesetz und die damit verbundene verfassungsrechtliche Gefährdungslage zu konzipieren. Eine „One size fits all“-Konzeption kommt hier nicht in Betracht. Lediglich auf einer abstrakten Ebene lassen sich Anforderungen formulieren, die bei der Durchführung der Evaluierung von Sicherheitsgesetzen zu beachten sind. Das betrifft einerseits konzeptionelle Fragen wie nach der Perspektive, aus der die Evaluierung erfolgt, nach ihrem Umfang und nach den Kriterien, die der Bewertung zugrunde gelegt werden, andererseits institutionelle Aspekte,

26 BVerfGE 50, 290 (Rn. 131).

27 Zu den Beobachtungs-, Überprüfungs- und Nachbesserungspflichten des Gesetzgebers BVerfGE 25, 1, 12 f.; 49, 89, 130; 88, 203, 309 ff.; 95, 267, 314; 97, 271, 292 f.; BVerfG, NJW 2002, 1638 f.

28 *Mayer*, Die Nachbesserungspflicht des Gesetzgebers, 1996, S. 101 ff.; *Albers* (Fn. 8), S. 484.

29 *Albers* (Fn. 14), S. 44.

die die Konzeptionierung und die Durchführung der Evaluierung prägen. Dazu rechnen die Aufgabenzuständigkeit oder Evaluierungsträgerschaft, die Gestaltung des Verfahrens und alle weiteren Rahmenbedingungen, die Einfluss auf die Evaluierung und darauf haben, welche Folgerungen sich aus ihr ziehen lassen. Alle diese Aspekte sind so zu bestimmen, dass der Gesetzgeber in der von der Verfassung gebotenen Weise erneut über das Sicherheitsgesetz entscheiden kann. Daneben können freilich noch weitere Fragen mitevaluiert werden; allerdings darf das nicht auf Kosten der verfassungsrechtlich zwingend gebotenen Fragestellungen gehen.[30]

Die zeitliche Befristung der Geltungsdauer von Gesetzen, deren „Verlängerung" – oder präziser: deren erneute Verabschiedung – an eine Evaluierung gekoppelt ist, wird – aus den USA kommend – auch als *Sunset Legislation* bezeichnet.[31] In der Sicherheitsgesetzgebung der letzten zehn Jahre ist die entsprechende Evaluierungsklausel zu einer Standardregelungen geworden.[32] Allerdings ist sie nicht Ausdruck eines allgemeinen Regelungsstandards in dem Sinne, dass „Evaluation und Befristung von Rechtsnormen *systematisch* in den Rechsetzungsprozess" integriert wären.[33] Denn dahinter steht nicht der – aus der Sicht der Gesetzgebungslehre höchst begrüßenswerte – Wille zu guter oder besserer Gesetzgebung.[34] Dahinter steht vielmehr die in Art. 1 III und Art. 20 III GG statuierten Bindung des Gesetzgebers an die Grundrechte und die verfassungsmäßige Ordnung. Diese prägt auch die Auslegung der Evaluierungsklauseln und die Konzeptionierung und Durchführung der Evaluierung von Sicherheitsgesetzen. In diesem Sinne ist Evaluierung keinesfalls nur ein Feigenblatt oder ein dekoratives Element heutiger Sicherheitspolitik. Das Instrument dient vielmehr einem effektiven Grundrechtsschutz, indem es erkennbar macht, dass ein Sicherheitsgesetz verfassungswidrig geworden ist.[35]

---

30 *Albers* (Fn. 8), S. 505; *dies.* (Fn. 14), S. 39 f.

31 *Veit/Jantz*, Sunset Legislation als Instrument der besseren Rechtsetzung: Wunderwaffe oder stumpfes Schwert?, S. 167, sprechen von „Gesetzen mit Verfallsdatum".

32 Nachweise bei *Albers* (Fn. 14), S. 481 f.; *Gusy/Kapitza*, Evaluation von Sicherheitsgesetzen. Eine Bestandsaufnahme, in diesem Band; *Kugelmann* (Fn. 15).

33 Zur Frage genereller Befristungs- und/oder Evaluationspflichten im US-amerikanischen Konzept der Sunset Legislation s. *Veit/Jantz* (Fn. 31), S. 171 ff.

34 *Schuppert* (Fn. 12), S. 4.

35 *Albers* (Fn. 8), S. 483.

3 Perspektiven der Evaluierung von Sicherheitsgesetzen

Bei der Konzeptionierung der Evaluierung von Sicherheitsgesetzen ist eine Entscheidung darüber zu treffen, aus welcher Perspektive und wie das gebotene Eingriffswissen erlangt werden soll. Zwei Perspektiven stehen sich dabei gegenüber, die jeweils unterschiedliche Folgerungen zulassen und verschiedene methodische Fragen aufwerfen: eine wirkungsbezogene und eine juristisch-normative Perspektive. Aus welcher Perspektive und wie die Evaluierung eines Sicherheitsgesetzes zu erfolgen hat, richtet sich immer danach, welche Informationen der Gesetzgeber benötigt, um seinen verfassungsrechtlichen Überprüfungspflichten nachkommen zu können. In der Praxis werden zumeist beide Perspektiven zur Anwendung kommen, was die Frage aufwirft, ob und wie sich die Ergebnisse zu einer einheitlichen Bewertung verbinden lassen.

3.1 Analyse kausaler Wirkungen von Sicherheitsgesetzen

Wie oben bereits beschrieben hat die Gesetzesevaluierung als Analyse kausaler Wirkungen von Gesetzen ihre Wurzeln bei der verwaltungswissenschaftlichen Implementationsforschung der 1970er Jahre. Sie kommt heute auch bei der Gesetzesfolgenabschätzung zur Anwendung. Sie zielt auf die von einem Gesetz kausal verursachten sozialen Veränderungen.[36] Kausalität wird dabei – unter Rückgriff auf sozial-empirische Modelle – angenommen, wenn sich eine Korrelation zwischen einer sozialen Erscheinung und einer dieser zeitlich vorausgehenden Gesetzgebung feststellen lässt und der Einfluss von Störfaktoren ausgeschlossen ist.[37] Die Gesetzgebung wird als Intervention verstanden, was die Möglichkeit des Vergleichs eröffnet, einerseits diachron zwischen der Situationen vor und nach der Gesetzgebung, andererseits synchron zwischen mehreren Regelungskontexten, in denen ein Gesetz zur Anwendung kommt.

Die Wirkungsforschung unterscheidet drei Arten von Fragestellungen, die jeweils unterschiedliche Folgerungen zulassen: die Implementationsanalyse, die

---

36 S. a. *Rottleuthner/Rottleuthner-Luther* (Fn. 18), S. 23.

37 *Schnell/Hill/Esser*, Methoden der empirischen Sozialforschung, 6. Aufl. 1999, S. 56. Zur wissenschaftstheoretischen Kritik an der Konstruktion von Kausalität in den Sozialwissenschaften s. *Bunge*, Kausalität, Geschichte und Probleme, 1959/1987, S. 299, 412 ff. *Rottleuthner/Rottleuthner-Luther* (Fn. 18), S. 20 f., 36 ff., sprechen von einer „‚kausalistischen' Redeweise". Zum normkonformen Verhalten, das nicht erst durch die Gesetzgebung bewirkt wird, s. *Geiger*, Vorstudien zu einer Soziologie des Rechts, 1964, S. 87.

Effektivitätsanalyse und die Analyse sonstiger Wirkungen. In der Evaluierungspraxis verschmelzen alle drei oft zu einem „ganzheitlichen Ansatz“[38], wie die Gesamtfragestellung bei der ATDG-Evaluierung zeigt.[39]

3.1.1 Implementationsanalyse

Die Implementationsanalyse ist auf die Anwendung und den Vollzug eines Gesetzes durch die Verwaltung und auf die Bedingungen gerichtet, die den Vollzug begünstigen oder beeinträchtigen.[40] Im Vergleich von Bundesländern oder auch Kommunen lässt sich so bei variierenden Implementationsbedingungen untersuchen, welche Bedeutung der Wortlaut eines Gesetze für die Auslegung und Anwendung durch die Verwaltung hat und welche Bedeutung flankierenden Regelungen wie normenkonkretisierende Richtlinien zukommt,[41] oder wie bei unbestimmten Rechtsbegriffen und weiten Ermessensspielräumen verfahren wird.[42] Die Begrenzung der Implementationsanalyse auf den staatlichen Innenbereich hat den Vorteil, dass sich eine quantitativ ermittelte Korrelation zwischen einer gesetzlichen Regelung und einem Verwaltungshandeln relativ einfach durch qualitative Anteile wie die Befragung einzelner Mitarbeiter nach ihren Handlungsmotiven ergänzen lässt, um Störfaktoren auszuschließen und zu einer Feststellung von Kausalität zu kommen.

Die Evaluierung des ATDG zielte ganz wesentlich auf die Frage der Implementation der einzelnen Regelungen. Zu untersuchen war u.a. der Grad der Umsetzung des Gesetzes im Hinblick auf die Errichtung, den Betrieb und den Nutzen der Antiterrordatei. Zur Anwendung kam dabei ein Mix an verschiedenen quantitativen und qualitativen Fragen, der statistische Verfahren ebenso umfasste wie Workshops mit den beteiligten Behörden, standardisierte Nutzerbefragung mittels elektronischer Fragebögen und Expertengespräche auf der Leitungs- und der Nutzerebene. Festgestellt wurde u.a., welche und wie viele Daten in welcher Kategorie der Antiterrordatei gespeichert wurden[43] und wie oft, von wem und aus welchen Gründen Suchabfragen durchgeführt wurden.[44]

38 *Ziekow/Debus/Piesker* (Fn. 8), S. 30.

39 Bericht (Fn. 2), S. 8-10.

40 *Rottleuthner* (Fn. 17); ausführlich und m.w.N. auch *Wrase*, Wie wirkt Recht?, SFB-Governance Working Paper Series No. 57, 2013, S. 7 ff.

41 S. dazu insbesondere die Studie von *Dose*, Die verhandelnde Verwaltung, 1997, S. 178, 425.

42 *Dose* (Fn. 41), S. 56 ff., 281 f.

43 Bericht (Fn. 2), S. 28 ff.

44 Bericht (Fn. 2), S. 42 ff.

Die Analyse der Implementation verschiedener Arten von sicherheitsgesetzlichen Regelungen lässt unterschiedliche Folgerungen zu. Wird wie beim ATDG die Implementation gesetzlicher Befugnisse untersucht, so sagt die Häufigkeit ihrer Anwendung nichts darüber aus, ob die vom Gesetzgeber verfolgten Ziele auch erreicht wurden (s. dazu 3.1.2), ob sie in verfassungsrechtlicher Hinsicht als erforderlich anzusehen ist und ob von ihr in grundrechtsschonender Weise Gebrauch gemacht wurde.[45] Dagegen hat die Feststellung der Implementation institutioneller und insbesondere prozeduraler Vorkehrungen zum Schutz von Grundrechten – wie die Trennung von Datenbeständen, die Zweckbindung von Daten, der Richtervorbehalt, oder die Beachtung von Verwertungsverboten[46] – durchaus Relevanz für die verfassungsrechtliche Bewertung des Gesetzes. Implementationshindernisse, die Umgehungspraktiken fördern, werden nur sichtbar, wenn über den engen Fokus der Implementation hinaus auch die Nebenwirkungen einer Regelung mit untersucht werden (s. dazu 3.1.3). Implementationsanalysen haben auch gezeigt, dass es einen großen Unterschied macht, ob ein Informationsrecht als Auskunftsanspruch ausgestaltet ist, der ein zusätzliches Tätigwerden verlangt, oder ob die Verwaltung zur Auskunftserteilung verpflichtet ist.[47]

3.1.2 Effektivitätsanalyse

Die Effektivitäts- oder Wirksamkeitsanalyse kann Auskunft darüber geben, inwieweit eine Gesetzgebung dazu beiträgt, die vom Gesetzgeber verfolgten Ziele zu erreichen. Dazu werden die gesetzgeberischen Ziele in Wirkungshypothesen übersetzt, die dann überprüft werden. Allerdings gestaltet sich die Bestimmung der gesetzgeberischen Ziele oft als sehr schwierig.[48] Dass der Gesetzgeber seine Ziele nicht explizit macht und dass sich diese kurzfristig ändern können und Gesetze oft Produkt eines politischen Kompromisses sind, ist ein Problem, das auch bei der Gesetzesauslegung auftritt und aus der Methodenlehre bekannt ist.[49] Dass das gesetzgeberische Ziel oft nur schwer festzustellen ist, erlaubt jedoch nicht die

45 *Rottleuthner/Rottleuthner-Luther* (Fn. 18), S. 27.

46 S. dazu auch *Albers* (Fn. 14), S. 43 f.

47 Zur Implementation sog. „Angebotsnormen" s. *Rottleuthner* (Fn. 17), S. 33.

48 Zu der besonderen Schwierigkeit bei final programmiertem Verwaltungshandeln s. *Steinberg* (Fn. 14), S. 207 m. w. N.

49 Aus dem Einwand, dass die Feststellung des gesetzgeberischen Willens stets daran scheitern müsse, dass kein einheitlicher Gesetzgeber existiere, der zur Bildung eines einheitlichen Willens fähig wäre, folgern die Anhänger einer objektiven Auslegungslehre, dass der Gesetzeszweck nur aus der jeweiligen Anwendungssituation und unabhängig von den Zielen der Mitglieder der Gesetzgebungskörperschaften ermittelt werden könne. Selbst eindeutigen Hinweisen auf die Zielsetzung soll danach nur indizielle Bedeutung

Annahme, dass der Gesetzgeber kein konkretes Ziel verfolgt habe und sich in dem Gesetz vielmehr ein objektiver Zweck verwirkliche.[50] Durch die Auswertung der Gesetzgebungsmaterialien ist die Zielsetzung vielmehr so genau wie möglich zu ergründen. Zur gesetzgeberischen Zielsetzung rechnen dabei alle explizit genannten Ziele, aber auch intendierte Nebenfolgen. Letzteres gilt bspw. für die Verbesserung des allgemeinen Sicherheitsgefühls, die bei der Verabschiedung von Sicherheitsgesetzen stets mit bezweckt, aber nur selten explizit genannt wird.[51] Mit Blick auf die Reichweite der Gesetzeswirkungen ist zwischen unmittelbaren Interventionswirkungen (Impact) und weitergehenden Folgen (Outcome) zu unterscheiden.[52]

Die Überprüfung der Wirkungshypothesen erfolgt im Wege des Pre-Post-Vergleichs. Idealerweise findet die erste Messung dabei bereits vor der Intervention, also der Gesetzgebung, statt. Störfaktoren lassen sich durch Mehrfachmessungen besser kontrollieren. Wird die Evaluierung erst vollständig nach dem Inkrafttreten des Gesetzes durchgeführt, kommt nur die Ex-post-facto-Analyse in Betracht. Der ursprüngliche Zustand muss dann nachträglich rekonstruiert und Störfaktoren müssen herausgerechnet werden.[53] Allerdings wird es niemals gelingen, alle Veränderungen im Zeitablauf, die andere Ursachen haben als die Gesetzgebung, vollständig zu eliminieren.[54]

Im Falle des ATDG war nach der Effektivität der Regelungen gefragt, zum einen hinsichtlich der Einrichtung der ATD und zum anderen hinsichtlich der Erreichung

---

zukomme, um ein Auslegungsergebnis zu bestätigen. S. dazu BVerfGE 1, 299, 312; 11, 126, 130; und *Rüthers*, Rechtstheorie, 4. Aufl. 2008, S. 489 ff.

50 So auch *Rüthers* (Fn. 49), S. 494.

51 Neben seiner instrumentellen Funktion ist das Gesetz – mit dem BVerfGE 39, 1, 59 – „auch bleibender Ausdruck sozialethischer und – ihr folgend – rechtlicher Bewertung menschlicher Handlungen; es soll sagen, was für den Einzelnen Recht und Unrecht ist." Wo Gesetze allerdings – wie bei der expressiven, deklaratorischen oder symbolischen Gesetzgebung – nur noch als Ausdruck einer Wertentscheidung oder der staatlichen Handlungsentschlossenheit dienen sollen, ohne dass weitergehende Steuerungswirkungen beabsichtigt wären, steht das instrumentelle Rechtsverständnis insgesamt in Frage. S. hierzu *Rottleuthner* (Fn. 17), S. 40, 70; *Wrase* (Fn. 40), S. 5. Zur rechtlichen Bewertung sog. symbolischer Sicherheitsgesetzgebung, die nur der Verbesserung des Sicherheitsgefühls dient und ansonsten unwirksam bleibt s. *Kötter*, Pfade des Sicherheitsrechts, 2008, S. 248 f.

52 Zu den Begriffen *Nullmeier*, Input, Output, Outcome, Effektivität und Effizienz, in: Blanke/u.a. (Hrsg.), Handbuch zur Verwaltungsreform, 2. Aufl. 2001, S. 357 ff.

53 Zum Problem der internen Validität von Ex-post-facto-Analysen s. *Schnell/Hill/Esser* (Fn. 36), S. 220, 222 ff.

54 Zur Verbindung mit einem synchronen Vergleich bspw. in zwei Bundesländern was die Untersuchung einer natürlichen Vergleichsgruppe zulässt s. *Rottleuthner/Rottleuthner-Luther* (Fn. 18), S. 25.

des übergreifenden Ziels der Bekämpfung des internationalen Terrorismus durch die Optimierung des Informationsaustauschs über eine zentrale Plattform bei gleichzeitiger Wahrung der Grundrechte der Maßnahmeadressaten und Dritter. Dabei kam ein Mix aus quantitativen und qualitativen Methoden zur Anwendung. Gewinnen ließen sich so Erkenntnisse über die Erreichung der unmittelbaren technischen Ziele, nicht jedoch hinsichtlich des übergreifenden Ziels der Abwehr terroristischer Straftaten. Dazu führte die Bundesregierung aus:

> „Während die statistischen Zahlen und auch die Erhebungen bei den Nutzern in Form von Fokusgruppen, Nutzerbefragung und Expertengesprächen eine mittlerweile konstant intensive Nutzung der ATD belegen, ist die quantitative Erfassung ihrer Wirkung und besonders die Identifikation von Ermittlungserfolgen, nach denen basierend auf Informationen in der ATD schwere Straftaten wie terroristische Anschläge vereitelt werden konnten, nicht möglich."[55]

Als Begründung führte die Bundesregierung an, dass sich die Erfolge personenbezogener Maßnahmen nur in der Gesamtschau mit Maßnahmen nach anderen Gesetzen zeigen, die nicht Gegenstand der ATDG-Evaluierung waren.[56] Ähnlich zurückhaltend blieb die Feststellung der Zielerreichung zur Frage der Grundrechtsrelevanz der ATD. Festgestellt wurde lediglich, dass „in der Systematik der ATD gewissermaßen eine ansteigende Intensität des Grundrechtseingriffs nachgezeichnet werden" könne. Im Bericht der Bundesregierung hieß es dazu:

> „Allerdings kann aus den empirisch ermittelten Nutzungszahlen, die gemäß der gewählten Methodik die Informationsbasis der vorliegenden Evaluierung sind, nicht zwingend die rechtliche Aussage zur Bemessung der verbundenen Grundrechtseingriffe abgeleitet werden. Insoweit wird die Nutzungshäufigkeit als ein Kriterium für die Einschätzung der Intensität eines Grundrechtseingriffs herangezogen; die Auseinandersetzung mit qualitativen Aspekten geht über den Fokus dieser Evaluierung hinaus. Daher sieht das zwischen BMI und BMJ abgestimmte Untersuchungsdesign ein Zweitgutachten mit eben dieser rechtswissenschaftlichen Ausrichtung vor."[57]

Selbst da, wo sich das gesetzgeberische Ziel eindeutig bestimmen lässt, kann der Nachweis seiner Erreichung mit dem Mittel dieses Gesetzes praktisch ausgeschlossen sein, bspw. weil das Ziel abstrakt formuliert und das Mittel nur Teil eines Bündels von Maßnahmen zu seiner Erreichung ist und die Analyse nicht auf die anderen Maß-

55 Bericht (Fn. 2), S. 48.

56 Bericht (Fn. 2), S. 48 f.

57 Zur Verletzung von Grundrechten durch das ATDG s. BVerfG, U. v. 24.4.2013 – 1 BvR 1215/07.

nahmen erstreckt ist.[58] Kein Ergebnis brachte die ATDG-Evaluierung außerdem in der Frage nach der Erreichung des übergeordneten Ziels der Herstellung von Sicherheit, was daran liegt, dass mit den für die Evaluierung einer gesetzlichen Regelung zur Verfügung stehenden Mitteln sich keine groß angelegten Studien zur sozialen Sicherheit oder Gerechtigkeit durchführen ließen.

3.1.3 Analyse sonstiger Wirkungen

Die Analyse der sonstigen Wirkungen einer Gesetzgebung[59] bezieht sich auf alle Veränderungen der sozialen Wirklichkeit, die sich auf die Gesetzgebung zurückführen lassen und die nicht schon von der Implementationsanalyse oder von der Effektivitätsanalyse umfasst werden. In erster Linie sind das die nicht-intendierten Nebenfolgen, also solche Gesetzesfolgen und Effekte, die so nicht vorhersehbar und jedenfalls nicht angestrebt waren.[60] In methodischer Hinsicht ist die Analyse sonstiger Wirkungen der Effektivitätsanalyse vergleichbar, allerdings fehlt es freilich an der gesetzgeberischen Zielsetzung als Prüfungsmaßstab, weshalb es erforderlich ist, denkbare Wirkungen zu antizipieren und in Wirkungshypothesen zu übersetzen, die anschließend überprüft werden können.

Bei der Evaluierung des ATDG sollte u. a. den folgenden Fragestellungen eine besondere Bedeutung zugemessen werden:

> „– einer Betrachtung von Aspekten, die Rückschlüsse auf Geeignetheit, Erforderlichkeit und Verhältnismäßigkeit des ATDG zulassen; – der Ermittlung von etwaigen weiteren positiven und negativen Nebenfolgen und anderen eingetretenen Effekten – das kann von Verhaltensänderungen der Nutzer über eine Verbesserung/Verschlechterung der gegenseitigen Akzeptanz bis hin zu grundrechtsrelevanten Veränderungen reichen“.[61]

Der Evaluierungsauftrag stellte ganz gezielt auf die Ermittlung solcher nicht-intendierter Nebenfolgen ab, denen eine besondere Bedeutung für die verfassungsrechtliche Bewertung zukommt. Die ausdrücklich genannten „Verhaltensänderungen der Nutzer“ beziehen sich bspw. auf die sog. Chilling Effects, also solche Folgen einer Gesetzgebung, die einen Freiheitsgebrauch durch Einschüchterung beschränken, ohne dass ein direkter Eingriff erfolgt.[62] Auch die Analyse sonstiger Wirkungen

58 *Rottleuthner* (Fn. 17), S. 71 ff.

59 *Wrase* (Fn. 40), S. 7, 10 f., spricht von „Wirkungsforschung im weiteren Sinne“.

60 *Ziekow/Debus/Pisker* (Fn. 8), S. 23; *Stockmann/Mayer* (Fn. 10), S. 69 f.

61 Bericht (Fn. 2), S. 9.

62 Zur rechtlichen Bedeutung von Realwirkungen von Gesetzen am Beispiel sog. Chilling Effects s. BVerfG E 65, 1, 43: „einschüchternde Wirkung“; BVerfG, NJW 2005, 1917 f.: „Grundrecht dient … dem Schutz vor einem Einschüchterungseffekt“; s. a. BVerfGE

ist allerdings auf sog. Realwirkungen beschränkt und untersucht keine Rechtswirkungen. Sie kann lediglich Material für die rechtlich-normative Beurteilung eines Gesetzes liefern.

3.2 Juristisch-normative Evaluierung von Sicherheitsgesetzen

Der wirkungsorientierten Perspektive gegenüber steht die juristisch-normative Evaluierung von Gesetzen, bei der die Analyse aus einer Innen- oder Teilnehmerperspektive auf das Recht erfolgt. Sie ist auf die Bestimmung und Untersuchung der Rechtswirkungen einer Gesetzgebung und nicht auf ihre Realwirkungen gerichtet. In den Worten des Leitfadens zur Gesetzesevaluation geht es dabei darum, die „rechtliche Regelung … auf ihre Vereinbarkeit mit höherrangigem Recht" zu überprüfen, wobei auch „Möglichkeiten zur Optimierung des Grundrechtsschutzes gesucht werden". Der zentrale (verfassungs-) rechtliche Bewertungsmaßstab im Bereich der Sicherheitsgesetzgebung ist der Grundsatz der Verhältnismäßigkeit, der eine angemessene Relation zwischen dem mit dem Gesetz verfolgten Zweck und den von ihm verkürzten Freiheitsgewährleistungen vorschreibt.

Auch wenn die wirkungsbezogene Analyse teilweise als Regelfall der Gesetzesevaluierung bezeichnet wird,[63] handelt es sich bei der juristisch-normativen Evaluierung von Gesetzen um eine praktisch bedeutsame selbständige Variante. Denn es handelt sich um ein wissenschaftliches Verfahren zur Bewertung von Gesetzen. Die Bewertung erfolgt am Maßstab der verfassungsmäßige Ordnung und insbesondere am Vorrang des Verfassungsrechts, an den Grundrechten und dem Prinzip der Verhältnismäßigkeit.[64] Es kommen keine sozialwissenschaftlichen Methoden zur Anwendung, sondern die Methoden der systematischen Gesetzesauslegung und -anwendung, wie sie in der vom Pluralismus im Bundesstaat, dem Zusammenspiel von Verfassungsrecht und einfachem Gesetzesrecht, dem Vorrang des Europarechts und der Einbeziehung des Völkerrechts geprägten Mehrebenenkonstellation anerkannt sind.

In diesem Sinne zielte beispielweise das ergänzend zur Evaluierung des ATDG anzufertigende „staatsrechtswissenschaftliche Zweitgutachten" auf die rechtli-

120, 378 (Rn. 78): „allgemeine Einschüchterungseffekte"; s. a. *Grimm*, Die Meinungsfreiheit in der Rechtsprechung des Bundesverfassungsgerichts, NJW 1995, 1697, 1703: „abschreckender Effekt";

63 So ausdrücklich *Kugelmann* (Fn. 15), S. 161, für den die „rein normative Beurteilung eher der seltene Ausnahmefall" ist.

64 *Kugelmann* (Fn. 15), S. 161.

che Bewertung des Gesetzes. Und die im März 2013 von der Bundesregierung eingesetzte „Kommission zur Überprüfung der Sicherheitsarchitektur und -gesetzgebung in Deutschland nach dem 11. September 2001“[65] sollte diese verfassungsrechtliche Bewertung der Gesetze vornehmen. Ihr Auftrag war es, „die Entwicklung der Gesetzgebung zur Terrorismusbekämpfung in der Bundesrepublik Deutschland kritisch … [zu] untersuchen und hieraus Schlussfolgerungen für die Gesetze zum Vorgehen gegen Terrorismus im weitesten Sinne und für die künftige Ausgestaltung der Sicherheitsarchitektur in Deutschland …[zu] ziehen“.[66] Das zielte im Kern auf eine „kritische Gesamtschau der verschiedenen Behörden und ihres Zusammenwirkens sowie der Entwicklung ihrer Aufgaben und Befugnisse, insbesondere unter dem Gesichtspunkt von Überschneidungen und Mehrfachzuständigkeiten“. Für die Prüfung war eine „übergeordnete rechtsstaatliche Perspektive“ vorgegeben, wobei die Ergebnisse früherer Evaluierungsstudien Berücksichtigung finden sollten. In methodischer Hinsicht unterschied sich das nicht von einer verfassungsrechtlichen Überprüfung der Gesetze,[67] und eigene empirische Studien der Kommission waren auch gar nicht vorgesehen.[68] Der von der Kommission vorgelegte Bericht und die darin vorgelegten Empfehlungen für die Gesetzgebung und für die weitere Entwicklung der Sicherheitsstruktur in Deutschland bestätigen diese Einschätzung.

An die juristisch-normative Evaluierung von Sicherheitsgesetzen sind besondere verfassungsrechtliche Anforderungen zu stellen. Die juristisch-normative Bewertung eines Gesetzes ist nur dann Evaluierung in diesem Sinne, wenn sie eine verbesserte Bewertung der Tatsachen und/oder der Maßnahmefolgen ermöglicht. Zu bedenken ist, dass die (verfassungs-)rechtliche Bewertung eines Gesetzes bereits im Vorfeld seines Erlasses zu erfolgen hat. Die juristisch-normative Bewertung nach der relativ kurzen Geltungsdauer von fünf Jahren dürfte oft keine neuen Erkenntnisse bringen. Sie kann dennoch ihre Berechtigung haben, um „in regelmäßigen Abständen gründ-

65 Die Einrichtung der Kommission war bereits am 17.8.2011 im Zusammenhang mit der Verlängerung des Terrorismusbekämpfungsergänzungsgesetz (TBEG) beschlossen worden, wegen der zwischenzeitlichen Aufdeckung der NSU-Mordserie verzögerte sie sich aber bis März 2013. Der gut 300-seitige „Bericht der Regierungskommission zur Überprüfung der Sicherheitsgesetzgebung in Deutschland“ wurde am 28.8.2013 vorgelegt.

66 Bericht (Fn. 65), S. 1.

67 Wie sie das BVerfG erst kürzlich für die verfahrensbeendenden Absprachen – U. v. 19.3.2013 – 2 BvR 2628/10 u. a. (Deal)- und das ATDG – U. v. 24.4.2013 – 1 BvR 1215/07 – durchgeführt hat.

68 Und eine Bewertung aus einer vom Verfassungsrecht losgelösten theoretischen oder philosophischen Perspektive wäre nur zu erwarten gewesen, wenn der Auftrag dies ausdrücklich klargestellt hätte. S. a. *Kugelmann* (Fn. 15), S. 161.

lich zu prüfen, ob die Befugnisse sich als effektiv, notwendig und verhältnismäßig erwiesen haben“[69], um bspw. ein gewandeltes Grundrechtsverständnis oder neue Gefährdungspotenziale infolge von additiven Grundrechtseingriffen auf der Grundlage mehrerer Eingriffsbefugnisse abzubilden.[70] Eine Aktualisierung der verfassungsrechtlichen Bewertung kann dann auch schon nach einer kürzeren Zeit angezeigt sein. Die Regierungskommission hatte immerhin eine legislative Entwicklung über einen Zeitraum von mehr als 10 Jahren zu bewerten.[71]

Die juristisch-normative Evaluierung von Sicherheitsgesetzen ermöglicht es, die Vereinbarkeit einer Regelung mit anderen gesetzlichen Vorgaben und insbesondere mit dem Verfassungsrecht festzustellen. Mit den dabei anzuwendenden Methoden der Gesetzesauslegung und der Systematisierung der Rechtsordnung lassen sich jedoch keine Informationen über die Rechtswirklichkeit gewinnen, was nicht nur den Vollzug des Gesetzes betrifft, sondern auch die Frage, inwieweit die gesetzgeberischen Ziele mit seinen Mitteln erreicht werden. Um solche Fragen valide beantworten zu können, führt an einer empirischen Analyse kein Weg vorbei.

3.3 Folgerungen aus der und für die Evaluierung von Sicherheitsgesetzen

Eine adäquate Evaluierung von Sicherheitsgesetzen ist weder nur mit sozial-empirischen noch nur mit juristisch-normativen Mitteln möglich. Die wirkungsbezogene empirische Analyse lässt vielfach nicht unmittelbar rechtlich-normative Schlussfolgerungen zu. Ob die häufige Anwendung einer Norm für ihre fortdauernde Notwendigkeit oder die seltene Anwendung für ihre Entbehrlichkeit sprechen, sind Wertungsfragen, die der Gesetzgeber – ausgehend von der durch die Evaluierung gewonnenen empirischen Grundlage und unter Berücksichtigung der

---

69 Der Bundesbeauftragte für den Datenschutz, Tätigkeitsbericht 2011/12, BT-Drs. 17/13000 v. 24.4.2013, S. 91, hat die umfassende Evaluierung der Sicherheitsgesetze gefordert und darauf hingewiesen, wie wichtig es sei, „die vom Gesetzgeber gewählten legislativen Mittel insgesamt in ihren Wechselwirkungen zu berücksichtigen und nicht nur die Folgen des einzelnen Gesetzes („Überwachungsgesamtrechnung“). Die Evaluierung muss anhand einer umfassenden Sachverhaltsauswertung die tatsächlichen – auch mittelbaren – Auswirkungen aus die Betroffenen analysieren.“

70 Zum Gefährdungspotenzial, das additiven Grundrechtseingriffen innewohnt s. BVerfG, U. v. 12.4.2005, 2 BvR 581/01, 2. Leitsatz.

71 Zu den Problemen und Voraussetzungen einer internen Evaluation s. *Ziekow/Debus/Piesker* (Fn. 8), S. 20.

rechtlichen Maßstäbe – zu beantworten hat.[72] Die rechtliche Bewertung kann nicht ohne einen Ausgriff auf die Vollzugswirklichkeit und die von der Gesetzgebung bewirkten sozialen Folgen erfolgen. Denn erst das Wissen über die faktische Anwendung des Gesetzes und seine Wirkungen mag zur Revision der ursprünglichen verfassungsrechtlichen Bewertung führen und Gesetzesänderungen erforderlich machen, wenn sich bspw. herausstellt, dass eine Regelung das erstrebte Ziel nicht bewirkt, oder dass sie unerwünschte (Neben-)Wirkungen hat und Grundrechte der Maßnahmeadressaten oder Dritter verletzt.

Die Abhängigkeit der juristisch-normativen Bewertung von der Rechtsanwendungswirklichkeit wird bei der Überprüfung eines Gesetzes am Maßstab des Verhältnismäßigkeitsgrundsatzes deutlich. Sowohl die Feststellung der Geeignetheit einer Regelung zur Erreichung eines gesetzgeberischen Ziels als auch die ihre Erforderlichkeit im Vergleich mit anderen gleichermaßen geeigneten Regelungen erfordern Feststellungen über die tatsächlichen Wirkungen des Gesetzes. Anders als bei der Verabschiedung eines Gesetzes genügt es bei seiner Evaluierung nicht, sich auf die Einschätzungsprärogative des Gesetzgebers[73] hinsichtlich zu erwartender Folgen zurückzuziehen. Denn es geht ja gerade darum, die tatsächlichen Annahmen, auf denen eine solche Einschätzung beruht, zu verifizieren oder zu korrigieren. Erweist sich ein Gesetz als ungeeignet oder als nicht erforderlich, gilt es als unverhältnismäßig und damit als nicht zu rechtfertigender Eingriff in das betroffene Grundrecht.

Lässt sich die Geeignetheit oder die Erforderlichkeit eines Gesetzes nicht nachweisen, bedeutet das aber keineswegs, dass das Gesetz unverhältnismäßig wäre. Selbst in Fällen, in denen sich die Wirksamkeit eines Gesetzes mit den Mitteln der empirischen Wirkungsanalyse nicht feststellen lässt, folgt daraus weder, dass der Gesetzgeber das Ziel nicht verfolgen darf, noch dass die gesetzte Regelung ungeeignet und deshalb unverhältnismäßig ist. Vielmehr kann dann weiterhin von der Einschätzungsprärogative des Gesetzgebers auszugehen sein. Je größer jedoch die Eingriffswirkung ist, desto strengere Anforderungen sind an die Überprüfungspflichten des Gesetzgebers zu stellen. Dass die Geeignetheit eines Gesetzes noch immer nicht nachweisbar, das Gesetze aber trotzdem verhältnismäßig ist, wäre dann nur mit deutlich höherem Aufwand zu begründen.

---

72 Eine Liste von Kriterien für die Evaluierung nennt *Weinzierl* (Fn. 22), S. 6. Zu anderen relevanten Maßstäben neben der Gesetzmäßigkeit s. den umfassenden Überblick bei *Pitschas*, § 42 Maßstäbe des Verwaltungshandelns, in: Hoffmann-Riem u. a. (Hrsg.), Grundlagen des Verwaltungsrechts, Bd. 2, 2. Aufl. 2012, 1689 ff.; s. a. *Ziekow/Debus/Piesker* (Fn. 8), S. 28.

73 BVerfGE 50, 290 (Rn. 131).

Um die Eingriffsintensität und die Verhältnismäßigkeit einer gesetzlichen Regelung bestimmen zu können, ist die Praxis der Durchführung der durch sie legitimierten Maßnahmen, insbesondere deren Streubreite[74] und typische Nebenfolgen, zu untersuchen. Soweit zum Schutz von Grundrechten prozedurale und andere institutionelle Sicherungen – wie ein Richtervorbehalt oder Benachrichtigungspflichten – vorgesehen sind,[75] ist außerdem zu untersuchen, inwieweit diese Schutzvorkehrungen die ihnen zugewiesenen Funktionen auch angemessen erfüllen können.[76] Wiederum haben zunächst empirische Feststellungen zu erfolgen, an die sich eine juristisch-normative Bewertung der Angemessenheit anschließt.

Die Feststellung, dass die von einer gesetzlichen Regelung vorgegebenen Grenzen für zulässiges Handeln in der Praxis nicht beachtet werden und sich neben dem Gesetz eine informale, nicht rechtmäßige Praxis herausgebildet hat, erfordert eine empirische Analyse der von der Regelung adressierten Wirklichkeit.[77] Rechtspolitisch tut sich dann die Möglichkeit auf, die etablierte Praxis gesetzlich abzubilden und so zu „legalisieren" (was freilich die allgemein angenommene Kausalität zwischen Gesetzgebung und gesellschaftlicher Praxis umkehrt!), was bspw. infolge der Volkszählungsentscheidung des BVerfG von 1983 geschah, als es flächendeckend zur Verabschiedung von Informationserhebungs- und -verarbeitungsgesetzen kam.[78] Empfehlungen für Regelungsalternativen und insbesondere über mildere funktionale Äquivalente lassen sich nur abgeben, wenn bei der Evaluierung eines Gesetzes auch Alternativverläufe prospektiv mit untersucht wurden.[79]

Gefordert ist also in den Regel beides: die sozial-empirische Ermittlung der Vollzugswirklichkeit eines Gesetzes und die rechtlich-normative Bewertung v.a. im Hinblick auf grundrechtliche Gewährleistungen. Die Überschreitung von Gesetzgebungskompetenzen oder die Überschneidung von Behördenzuständigkeiten,

74 BVerfGE 115, 320 (Rn. 117 ff.).

75 BVerfGE 103, 279 (Rn. 269 ff., 288 ff.); BVerfG, U. v. 24.4.2013 – 1 BvR 1215/07 Rn. 213 (ATDG).

76 *Albers* (Fn. 14), S. 43.

77 Erst die empirische Untersuchung des Wirklichkeitsausschnitts, den das Gesetz regeln soll, kann eine neben dem Gesetzesvollzug liegende informale Praxis verdeutlichen, wie das Bsp. des Deals im Strafprozess gezeigt hat, s. dazu BVerfG, U. v. 19.3.2013 – 2 BvR 2628/10 u.a., Rn. 48 f.

78 *Kloepfer*, Der Vorbehalt des Gesetzes im Wandel, JZ 1984, 685 ff., 689: „Verrechtlichungsekstase"; s. dazu *Kötter* (Fn. 51), S. 183.

79 *Rottleuthner/Rottleuthner-Luther* (Fn. 17), S. 25.

die sich alleine mit den Mitteln der Gesetzesauslegung feststellen lassen, mögen Ausnahmen von dieser Regel bilden.[80]

In diesem Sinne erfordert die Evaluierung von Sicherheitsgesetzen eine weitere Verfeinerung von Ansätzen, die die wirkungsbezogene und die juristisch-normative Perspektive so aufeinander beziehen, dass sich sowohl rechtliche als auch reale Wirkungen zeigen und letztlich die gebotene juristisch-normative Bewertung der Rechtsanwendungspraxis und ihrer Wirkungen möglich wird. Entweder-oder-Ansätze sind dagegen nicht zielführend. Nur ein integrativer Ansatz – wie er bspw. schon in dem Speyerer Leitfaden zur Gesetzesevaluation für Gesetze mit datenschutzrechtlicher Relevanz zum Ausdruck kommt[81] – kann dem Gesetzgeber das Wissen vermitteln, das für die Neubewertung der Angemessenheit einer gesetzlichen Regelung erforderlich ist, ob als Bestätigung der gesetzgeberischen Entscheidung oder als Hinweis auf Nachbesserungsbedarf. Damit stellt sich die weitere Ausarbeitung eines solchen integralen Konzepts als das zentrale Desiderat einer rechtswissenschaftlichen Forschung zur Evaluierung von Sicherheitsgesetzen dar.

4 Objektivität der Evaluierung von Sicherheitsgesetzen

Bei der Erstellung von Gesetzesvorlagen der Bundesregierung werden auch die tatsächlichen Feststellungen über die gesellschaftliche Wirklichkeit, die von dem Gesetz geregelt werden soll, und über die zu erwartenden Gesetzesfolgen in und von den zuständigen Fachministerien besorgt (gem. §§ 42-44 und 45 GGO) und unterliegen dabei keinen besonderen Anforderungen in methodischer Hinsicht. Bei der Evaluierung von Sicherheitsgesetzen dürfte diese Praxis dagegen regelmäßig nicht ausreichen, um die verfassungsrechtlich gebotene Intensität und Qualität der Prüfung zu gewährleisten. Denn die sich aus dem Schutz der Grundrechte ergebende Pflicht zur Aktualisierung des Eingriffswissens stellt um so strengere Anforderungen an die Überprüfungspflichten des Gesetzgebers, je größer die Eingriffswirkung ist. Danach geboten ist die Anwendung geeigneter Verfahren zur Ermittlung des Eingriffswissens und ihre Anwendung in geeigneter Weise. Die Geeignetheit eines Verfahrens folgt alleine aus der Validität des mit ihm gewonnenen Wissens über die Wirkungen der Gesetze.

80 Zu diesen rein juristisch-normativ zu beurteilenden Fragestellungen, die im Zentrum des Auftrags der Regierungskommission standen s. Bericht (Fn. 65), S. 1, 9.

81 Ausführlich *Ziekow/Debus/Piesker* (Fn. 8), S. 120 ff.

Gerade im Hinblick auf die Eingriffe in das informationelle Selbstbestimmungsrecht, wie sie typischerweise von Sicherheitsgesetzen ausgehen, werden regelmäßig nur wissenschaftliche Verfahren den hohen Anforderungen genügen. Diese Annahme wird durch die Wortwahl des Gesetzgebers bestätigt, der zur Überprüfung der Anwendungswirklichkeit der Sicherheitsgesetze eine Evaluierung oder Evaluation und nicht bloß eine Prüfung oder Neubewertung anordnet und damit auf ein wissenschaftliches Verfahren verweist. Die jüngeren Evaluierungsklauseln – wie in § 5 Abs. 2 des Gemeinsame-Dateien-Gesetzes – sehen sogar ausdrücklich die Einbeziehung eines wissenschaftlichen Sachverständiger vor. Die Durchführung eines wissenschaftlichen Verfahrens und die hiermit verbundene Erwartung wissenschaftlicher Objektivität sollen die notwendige Sachlichkeit und Neutralität und Qualität der Analyse sichern.[82] Das gilt für empirische Analysedesigns genauso wie für juristische Gutachten, die gleichermaßen den Standards der Wissenschaftlichkeit genügen müssen.[83] Die verfassungsrechtliche Pflicht des Gesetzgebers zur Überprüfung von Sicherheitsgesetzen führt so zur Forderung nach einem wissenschaftlichen Evaluierungsverfahren, das die notwendige Objektivität der Analyse gewährleisten kann.

Allerdings ist folgendes zu bedenken: Die Evaluierung von Sicherheitsgesetzen findet stets im politischen System und für dieses statt.[84] Sie dient der Kommunikation von Politik. Indem sie die Funktionalität einer gesetzlichen Regelung empirisch belegen soll, kann sie Gesetzgebungsentscheidungen nachträglich rationalisieren und noch einmal legitimieren oder Änderungsbedarf aufzeigen, in rechtlicher wie in (rechts-) tatsächlicher Hinsicht. Dadurch schafft Gesetzesevaluierung ein wiederkehrendes Forum für Gesetzeskritik. Die Evaluierung von Sicherheitsgesetzen ist ein Instrument der und in der Politik der inneren Sicherheit. Die Verabschiedung eines Gesetzes verbunden mit einer Evaluierungspflicht ist oftmals das Ergebnis einer Aushandlung und eines politischen Kompromisses.

Die Spannung, die aus dem Objektivitätsideal einerseits und der politischen Funktion der Evaluierung von Sicherheitsgesetzen andererseits folgt, ist in allen

---

82 Vgl. *Stockmann/Meyer* (Fn. 10), S. 56: Nützlichkeit und Wissenschaftlichkeit.

83 Zu den – keineswegs kanonisierten – Qualitätsstandards der Wissenschaftlichkeit im öffentlichen Recht s. *Schulze-Fielitz*, Was macht die Qualität öffentlich-rechtlicher Forschung aus?, in: Jahrbuch des Öffentlichen Rechts der Gegenwart 50 (2001), S. 1 ff. Den Wissenschaftsanspruch der Rechtswissenschaft skizziert das vom Wissenschaftsrat erstellte Gutachten „Perspektiven der Rechtswissenschaft in Deutschland. Situation, Analysen, Empfehlungen" (v. 9.11.2012), S. 28 f.

84 *Sack*, Sicherheitsgesetzgebung, Evaluation und die Legislative, in diesem Band; Zum Spannungsverhältnis von Politik und Evaluation s. a. *Stockmann/Meyer* (Fn. 10), S. 11 , 55 ff.

Phasen der Evaluierung zu bedenken.[85] Die Evaluierung von Sicherheitsgesetzen ist keine Grundlagenforschung, die alleine an wissenschaftlichen Maßstäben orientiert wäre. Es handelt sich vielmehr um einen besonderen Fall gesetzlich angeordneter Auftragsforschung.[86] Der zuständige Evaluierungsträger beauftragt den wissenschaftlichen Sachverständigen mit der Durchführung und legt den zeitlichen und finanziellen Rahmen fest, unter denen diese erfolgt. Um unter diesen Umständen wissenschaftliche Objektivität zu ermöglichen, ist auf die klare Trennung der Verantwortlichkeiten und Aufgabenzuständigkeiten der beteiligten Stellen zu achten. Die alleine wissenschaftlichen Maßstäben folgenden Teile der Evaluierung sind danach deutlich von den Teilen zu trennen, die in erster Linie nach politischen Präferenzen entschieden werden. Alle Vorgaben, unter denen die Evaluierung stattfindet, sind darüber hinaus möglichst transparent zu machen, damit die wissenschaftliche Analyse nachvollziehbar bleibt.

Das Transparenzgebot bezieht sich vor allem auf die wegweisenden Vorentscheidungen, die in der *Konzeptionierungsphase* der Evaluierung zu treffen sind. Sie steht unter der Federführung der zuständigen Evaluierungsträgerin, die die Fragestellung zu konkretisieren, den Sachverständigen auszuwählen und zu beauftragen und die weiteren Rahmenbedingungen – insbesondere den zeitlichen Rahmen der Studie aber auch das Honorar des Sachverständigen – zu bestimmen hat. Die hier erfolgenden Festlegungen sind entscheidend dafür, welche Daten dann im Rahmen welches Forschungsdesigns erhoben werden können und an welchen Kriterien die Interpretation der Ergebnisse zu erfolgen hat.[87] Die Evaluierung des ATDG, die unter Federführung des BMI und in Abstimmung mit dem BMJ durchgeführt wurde, ist ein beredtes Beispiel für den weiten Entscheidungs- und Handlungsspielraum, der der Evaluierungsträgerin – hier der Bundesregierung[88] – in dem vom Verfassungsrecht und der Evaluierungsklausel vorgegebenen Rahmen zukommt.

Die Bedeutung dieser Vorentscheidungen zeigt sich schon bei der Auswahl des Sachverständigen, die keinesfalls nur ein Wettbewerbsproblem darstellt. Die „Einbeziehung eines wissenschaftlichen Sachverständigen“ stellt bislang meist die einzige Konkretisierungen der Evaluierungsklauseln dar, die aber immer noch

85 Zur unterschiedlichen Benennung der Phasen der Gesetzsevaluierung s. *Böhret/Konzendorf* (Fn. 12), S. 257 ff.; *Stockmann/Meyer* (Fn. 10), S. 159; *Ziekow/Debus/ Piesker* (Fn. 8), S.11 ff.

86 Woraus sich u. a. die Frage ergibt, inwieweit Gesetzesevaluierung in diesem Sinne das datenschutzrechtliche Forschungsprivileg (§ 40 I BDSG) beanspruchen kann!

87 *Ziekow/Debus/Piesker* (Fn. 8), S. 28.

88 S. dagegen *Weinzierl* (Fn. 22), S. 6, die den „Gesetzgeber selbst für den verantwortlichen Träger der Entscheidung“ hält. Zum „Spektrum der denkbaren Evaluationsträger“ *Albers* (Fn. 14), S. 46.

weiter gehender Präzisierung bedürfte. Denn es macht einen großen Unterschied, ob mit der Durchführung ein Sozialwissenschaftler oder eine Verfassungsrechtlerin beauftragt wird. Die Frage, welche Qualifikation der Sachverständigen dafür haben muss, würde sich freilich anders stellen, wenn die Evaluierungsklausel das Ziel der Evaluierung konkreter benennen und damit deutlich machen würde, welche Fragestellung von ihr umfasst sein sollen.

Wird auf dieser Grundlage der Auftrag an den Sachverständigen erteilt, so hat die *Durchführungsphase* der Evaluierung – also der Prozess von der Erhebung der Daten über ihre Auswertung und Interpretation bis hin zur Formulierung von Empfehlungen[89] – idealerweise unter dessen alleiniger Federführung zu stehen. Er hat alle anstehenden Forschungsfragen in eigener Verantwortung und alleine nach den Maßgaben der Wissenschaftlichkeit zu beantworten. Um ihn – ganz im Sinne des „scientific self-restraint" (Kugelmann) – zu entlasten, ist sein Entscheidungsspielraum entsprechend auf Forschungsfragen zu beschränken. Denn nur so ist gewährleistet, dass das Ergebnis des wissenschaftlichen Teils der Evaluierung nachvollziehbar und hinreichend objektiv bleibt. Erforderlich ist hierfür, dass die Fragestellung klar und der Sachverständige zu ihrer alleinigen Beantwortung in der Lage ist. Bei der Evaluierung des ATDG war das Gegenteil der Fall. Hier kam es durchgängig in allen Phasen zur Zusammenarbeit von BMI und dem ausgewählten sachverständigen Unternehmen, was die geforderte Neutralität der Analyse zwar nicht ausschloss, aber doch erheblich gefährdete:

> „Es zeigte sich bereits während der Strukturierung der Evaluation, dass eine effektive Methodenberatung [durch das sachverständige Unternehmen – M.K.] vor allem eine detailliertere Kenntnis der Datenlage erfordert und die Wahl der Untersuchungsmethoden auf die faktischen Abläufe des Betriebs und der Nutzung der ATD abzustimmen ist. Ebenso waren konzeptionelle Vorschläge zum Vorgehen so früh wie möglich auf ihre praktische Umsetzbarkeit hin mit dem BMI abzustimmen. Vor diesem Hintergrund wurde ein stärker iteratives Vorgehen in der Zusammenarbeit gewählt, bei dem das BMI sich stärker an konzeptionellen Arbeiten beteiligte, die wiederum durch Rambøll Management Consulting qualitätsgesichert wurden, und Rambøll Management Consulting stärker als ursprünglich geplant an der Informationserhebung beteiligt war."[90]

Ist die Arbeit des Sachverständigen bis hin zur Formulierung von Empfehlungen abgeschlossen, kommt es in der *Verwertungsphase* zur Nutzung der Evaluierungsergebnisse. Hier bilden dann wieder politische Erwägungen den Maßstab. Die Verwertung der Ergebnisse aus der Evaluierung von Sicherheitsgesetzen ist ganz

89 Anders *Ziekow/Debus/Piesker* (Fn. 8), S. 14, die das der „Auswertungsphase" zuschlagen.

90 Bericht (Fn. 2), S. 7.

wesentlich in der Neubewertung dieser Gesetze durch den Gesetzgeber zu sehen. Erforderlich ist es hierfür, dass der Gesetzgeber umfassend über alle für diese Entscheidung relevanten Ergebnisse der Evaluierung unterrichtet wird.

Um die Objektivität der Evaluierung von Sicherheitsgesetzen unter den Bedingungen der innenpolitischen Auseinandersetzung zu gewährleisten, erscheint eine Konkretisierung der Evaluierungsklausel im Einzelfall angezeigt. Bisher ist dort weder geregelt, bei wem die Evaluierungsträgerschaft liegt, noch welche Ziele mit der Evaluierung verfolgt und welche Fragestellungen von ihr umfasst werden.[91] Wenigstens über diese grundlegenden Bedingungen, unter denen die Evaluierung von Sicherheitsgesetzen stattfindet, müsste der verfassungsrechtlich in der Pflicht stehende Gesetzgeber wohl selbst entscheiden.

5 Fazit

Die vorgetragenen Überlegungen lassen sich in fünf Punkten zusammenfassen:

Erstens: Soweit die Evaluierung von Sicherheitsgesetzen gesetzlich vorgeschrieben wird, ist der Rechtsbegriff „Evaluierung“ durch Auslegung zu bestimmen. Welche Anforderungen bei der Evaluierung zu beachten sind, folgt dabei in erster Linie den Vorgaben, die sich aus den Grundrechten für die Verfassungsmäßigkeit von solchen Gesetzen ergeben, bei deren Erlass Ungewissheit hinsichtlich der den Regelungsbedarf begründenden Tatsachen oder ihrer konkreten Wirkungen besteht.

Zweitens: Während die Gesetzesevaluierung aus einer wirkungsbezogenen Perspektive Schlussfolgerungen über die tatsächlichen Wirkungen eines Gesetzes und darüber zulässt, inwieweit das gesetzgeberische Ziel mit ihm erreicht wird, verweist die normativ-juristischen Perspektive vor allem auf die verfassungsrechtliche Bedeutung eines Gesetzes. Als Gesetzesbegriff kann Evaluierung beide Perspektiven umfassen. Weder die reine Wirkungsanalyse noch das empiriefreie verfassungsrechtliche Gutachten lassen die umfassende Bewertung eines Sicherheitsgesetzes zu. In der Regel ist vielmehr eine Verklammerung der Perspektiven geboten.

Drittens: Gesetzesevaluierung gewinnt ihre Berechtigung aus der wissenschaftlichen Objektivität ihrer Durchführung, und zwar unabhängig davon, mit welcher Fragestellung und aus welcher Perspektive sie erfolgt. Gleichzeitig handelt es sich stets um ein Mittel der und in der Politik. Dieses Spannungsverhältnis erfordert eine

91 Zu den Einzelheiten s. den Antrag der FDP Bundestagsfraktion v. 21.9.2006, BT-Drs. 16/2671; und *Albers* (Fn. 14), 39 ff.; *dies.* (Fn. 8), S. 505 ff.

strenge Trennung der Konzeptionierung und der Durchführung der Evaluierung und der Verwertung der gewonnenen Ergebnisse.

Viertens: Das eröffnet den Blick auf ein Bündel von strukturellen Entscheidungen, die bereits bei der Konzeptionierung der Gesetzesevaluierung zu treffen sind und deren Ergebnis stark vorprägen. Wenn die zuständige Evaluierungsträgerin die Fragestellung konkretisiert, Vorgaben für die Interpretation der Daten und den Bewertungsrahmen liefert, den sachverständigen Partner auswählt und die Rahmenbedingungen festlegt, unter denen die Gesetzesevaluierung schließlich erfolgt, hat sie einen Entscheidungsspielraum, der lediglich von den gesetzlichen Vorgaben begrenzt wird.

Fünftens: Damit aus der Evaluierung von Sicherheitsgesetzen die verfassungsrechtlich gebotene Aktualisierung des Eingriffswissens folgen kann, erscheint es geboten, dass der Gesetzgeber die Evaluierungsklausel im Einzelfall dahingehend konkretisiert, dass sich ihr grundlegende Regelungen darüber entnehmen lassen, in welcher Zuständigkeit und zu welchem Zweck und auf welche Weise die Evaluierung erfolgen muss.

Politische Evaluationsprozesse in Gesetzgebungsverfahren zur Videoüberwachung öffentlicher Räume

Darstellung anhand des empirischen Vergleichs von Brandenburg, Hessen und Nordrhein-Westfalen

Jens Lanfer

1 Einleitung und methodischer Rahmen der Untersuchung

Ausgehend von einer internationalen Trend wurde in den 1990er Jahren deutschlandweit die Policy ‚Videoüberwachung öffentlicher Räume'[1] (im Folgen als VÜ bezeichnet) politisch diskutiert. Diese Policy ist eine Reaktion auf die zunehmende gesellschaftliche Bedeutung des Wertes ‚Sicherheit'[2] und die steigenden bürgerschaftlichen Erwartungen an eine staatliche Sicherheitsgewährleistung[3]. Wenn Sicherheit verstärkt eingefordert wird, meint dies über die konkrete Gefahrenabwehr hinaus immer häufiger, dass Straftaten und konkrete Gefahren sowie individuelle Unsicherheitsgefühle in kommunalen Räumen (insbesondere Orte des Transits)[4] bereits im Vorfeld verhindert werden sollen.[5] Im Jahr 2000 wurden die drei Län-

1 Vgl. allgemein zur VÜ *Büllesfeld*, Polizeiliche Videoüberwachung öffentlicher Straßen und Plätze zur Kriminalitätsvorsorge, 2002; *Hempel/Metelmann* (Hrsg.), Bild – Raum – Kontrolle; *Kohl*, Videoüberwachung, in: Lange (Hrsg.): Wörterbuch zur Inneren Sicherheit, 2006, S. 356-360.

2 Überblick bei *Groenemeyer*, Wege der Sicherheitsgesellschaft, in: ders. (Hrsg.), Wege der Sicherheitsgesellschaft, 2010, S. 9-22 und *Singelnstein/Stolle*, Die Sicherheitsgesellschaft, 2006.

3 Überblick bei *Lange/Ohly/Reichertz*, Auf der Suche nach neuer Sicherheit – Eine Einführung, in: ders. (Hrsg.), Auf der Suche nach neuer Sicherheit, 2008, S. 11-20.

4 Zusammenfassende Darstellung bei *Wehrheim*, Die überwachte Stadt, 2012, S.147-157.

5 Der Paradigmenwechsel bezieht sich dabei auf die „Verlagerung von Polizeiaufgaben von der reaktiven, sozusagen repressiven Tätigkeit hin zur Prävention. (...) Die reaktive Polizei schreitet erst ein, wenn eine Straftat geschehen ist oder unmittelbar bevorsteht, die präventive Polizei wird schon im Vorfeld tätig, um eine noch recht nebulose Gefahr abzuwehren." *Bußjäger*, Rettungsabschuss, Videoüberwachung und Folterverbot, Zeitschrift für öffentliches Recht (62) 2007, S. 432.

der Brandenburg, Hessen und Nordrhein-Westfalen (NRW) in Deutschland zu Wegbereitern für die Initiierung von Programmformulierungsprozessen, um die VÜ gesetzlich zu regeln. Dabei erschien die Policy den Gesetzesbefürwortern als sinnvolle Ergänzung bestehender Sicherheitsprogramme zur Verhinderung von ‚Kleinkriminalität' in den (Groß-)Städten und den Gegnern als übermäßig grundrechtseinschränkend im Verhältnis zu den geringen Wirkungen und negativen Nebeneffekten. Der Policy-Konflikt bezog sich somit primär auf die Frage, *ob der Einsatz von VÜ präventiv Straftaten in kommunalen ‚Kriminalitätsräumen' effektiv und effizient abwehrt.* Während der Gesetzgebungsprozesse in den Ländern wurden deshalb von den Policy-Gegnern Evaluationen eingefordert, um Informationen über die Wirkungen (Rechtsmäßigkeit, Effektivität, Akzeptanz, Praktikabilität, Neben-/Folgeeffekte, Kosten und Effizienz)[6] des Gesetzes insgesamt und einzelner VÜ-Maßnahmen erheben, politisch bewerten und überprüfen zu können. Evaluationen als systematische Untersuchungen des Nutzens oder Wertes der Gesetze oder Maßnahmen können einerseits infolge eines mehr oder weniger systematisch gewonnenen Erfahrungswissens von Akteuren aus Politik und Verwaltung als sogenannte ‚Alltagsevaluationen' durchgeführt werden. Andererseits können sie auch in Form von wissenschaftlichen ex-post-Evaluationen durch (summative Evaluationen als Erfolgskontrollen und Wirkungsanalysen)[7] anhand präzise festgelegter Kriterien von (unabhängigen) Experten als systematisch objektivierende Verfahren erfolgen.[8] Ob und wie politische Evaluationen in den drei Ländern durchgeführt wurden, war jedoch von den Strukturen der jeweiligen Policy-Prozesse (Problemdefinition, Agenda-Setting, Programm(re-)formulierung und -implementation)[9] abhängig. Die Formen der Policy-Prozesse und der hiervon abhängigen Kapazitäten politischer Evaluationsprozesse beziehen sich grundsätzlich auf die Funktion zur Herstellung (Formulierung und Anwendung) kollektiv bindender Entscheidungen und können nur als Folge spezifischer Rationalitäten des politischen Systems verstanden werden.[10] Der Zweck von Evaluationsprozessen des politischen Systems ist zwar auch,

---

6 *Ziekow u. a.*, Leitfaden zur Durchführung von ex-post-Gesetzesevaluationen unter besonderer Berücksichtigung der datenschutzrechtlichen Folgen, 2012, S. 28 f.

7 Vgl. *Wollmann*, Kontrolle in Politik und Verwaltung: Evaluation, Controlling und Wissensnutzung, in: Schubert/Bandelow (Hrsg.), Lehrbuch der Politikfeldanalyse 2.0, 2009, S. 382 f.; *Albers/Weinzierl* (Hrsg.), Menschrechtliche Standards in der Sicherheitspolitik, 2010.

8 Vgl. *Ziekow* (Fn. 6), S. 16.

9 *Jann/Wegrich*, Phasenmodell und Politikprozesse: Der Policy Cycle, in: Schubert/Bandelow (Hrsg.), Lehrbuch der Politikfeldanalyse 2.0, 2009, S. 75-114.

10 Vgl. *Lange/Schenck/Heinrich*: Formulierung, Implementation und Evaluation von kriminalpolitischen Programmen, in: Lange (Hrsg.), Kriminalpolitik, 2008, S. 149; *Jann/*

aber häufig nicht vorrangig, die Optimierung politischer Entscheidungen für die gesellschaftliche Problemlösung als sogenannte ‚Sachpolitik'. Vornehmlich sind sie machtpolitische Instrumente[11] und folgen primär der politischen Funktion, wenngleich die Evaluationsergebnisse sinngemäß auch wissenschaftlich oder rechtlich informieren können. Die Policy-Prozesse erscheinen aus dieser Perspektive weniger als politische Bearbeitungsprozesse gesellschaftlicher Probleme, sondern vielmehr als „Problemhandhabungsprozesse"[12], die abhängig von den konkurrierenden Überzeugungen und Einflusspotenzialen der involvierten Akteure die Problemaspekte, Problemlösungsalternativen und dadurch letztlich die Überprüfungs- und Bewertungsmöglichkeiten für die politischen Entscheidungen selektieren.

Vor diesem Hintergrund untersucht der folgende Beitrag durch einen Vergleich der Policy-Prozesse zur Einführung der VÜ in den drei untersuchten Ländern den Zusammenhang zwischen den politischen Interessen- und Einflussstrukturen und den hieraus hervorgehenden spezifischen Formen der politischen Evaluationsprozesse. Für die Untersuchung anleitend ist die These, dass Evaluationen policy-relevante Informationen hervorbringen können, die für die Interessendurchsetzung politischer Akteure grundsätzlich riskant sind,[13] sodass die Bedeutung von politischen Evaluationen während der Policy-Prozesse erst dann zunimmt, wenn die Komplexität für die politischen Entscheidungen nicht durch andere politische Strukturen hinreichend reduziert werden kann.

Die Grundlage für die Untersuchung bilden sowohl die Auswertung von qualitativen Befragungen mit 26 politischen Akteuren aus Politik, Verwaltung, Wissenschaft, Verbänden und Datenschutz, die in den drei Ländern einen policy-relevanten Einfluss auf die (Re-)Formulierung der Gesetze zur VÜ hatten, als auch die Analyse von

---

Wegrich (Fn. 9), S. 98.

11 Wenn Evaluationen primär als machtpolitisches Instrument in den politischen Prozessen Bedeutung erlangen, besteht gleichzeitig nicht vorrangig ein Erkenntnisinteresse daran, ob Gesetze oder einzelne Maßnahmen die politisch intendierte Wirkung erreichen. Vgl. *Jann/Wegrich* (Fn. 9), S. 98.

12 *Huber*, Allgemeine Umweltsoziologie, 2011, S. 191.

13 Vgl. *Lange/Schenck/Heinrich* (Fn. 10), S. 150.

Parlamentsdokumenten.[14] Unter Verwendung des Advocacy Coalition Framework[15] (ACF) werden aus den empirischen Daten die Interessen- und Einflussstrukturen aus den miteinander konkurrierenden Akteurskoalitionen sowie den Koalitionsressourcen beschrieben (Kap. 3), um hierdurch die verschiedenen Formen der politischen Evaluationsprozesse in den Ländern zu erklären. Weil dabei insbesondere die politische Ressource der policy-relevanten Informationen von zentraler Bedeutung ist, wird abschließend rekonstruiert, wie die Akteurskoalitionen mit ihren Ressourcen jeweils auf den Informationsbedarf, die Informationserzeugung und Informationsdeutung Einfluss nehmen konnten. (Kap. 4).

2 Die gesetzlichen Regelungen der drei untersuchten Länder

Die Policy VÜ zeichnet sich dadurch aus, dass die gefahrenabwehrenden Behörden der Länder verdachtsunabhängige Bildaufzeichnungen von BürgerInnen im öffentlichen Raum anfertigen können, um sowohl vorsorgend als auch konkret Gefahren durch Straftaten abzuwehren. Obwohl personenbezogene Anhaltspunkte für eine Gefährdung der öffentlichen Sicherheit für die Anordnung nicht erforderlich sind, ist die Maßnahme gleichwohl grundrechtsrelevant und greift in das Recht auf informationelle Selbstbestimmung (Art. 2 I i.V.m. Art. 1 I GG) ein.[16] Dieser Eingriff hat zudem ein erhebliches Gewicht, weil eine Vielzahl von BürgerInnen verhaltensunabhängig in den Wirkungsbereich der Maßnahme geraten können.[17] Für die Anordnung der VÜ durch die gefahrenabwehrenden Behörden waren entsprechend Eingriffsermächtigungen notwendig, die in den drei untersuchten

14 Die Daten wurden während des vom Bundesministerium für Bildung und Forschung (BMBF) geförderten Projektes ‚Sicherheitsgesetzgebung' (Teilprojekt ‚Videoüberwachung') gemeinsam mit Herrn Ivaylo Katsarov von der Universität Bielefeld erhoben. Das Projekt wurde im Projektzeitraum 2010-2012 gemeinsam von den Universitäten Witten/Herdecke (Projektleiter Prof. Dr. Hans-Jürgen Lange) und Bielefeld (Projektleiter Prof. Dr. Christoph Gusy) aus politikwissenschaftlicher bzw. rechtswissenschaftlicher Perspektive interdisziplinär durchgeführt.

15 *Sabatier/Weible*, The Advocacy Coalition Framework: Innovations and Clarifications, in: Sabatier (ed.), Theories of the Policy Process, 2010, S. 189-222.

16 *Collin*, Die Videoüberwachung von Kriminalitätsschwerpunkten, Juristische Schulung 2006, S. 494.

17 Vgl. *Füth*, Erfahrungen mit Evaluierungsprozessen in Nordrhein-Westfalen am Beispiel der präventiv-polizeilichen Videoüberwachung, in: Albers/Weinzierl (Hrsg.), Menschrechtliche Standards in der Sicherheitspolitik, 2010, S. 57 f.

Ländern im Jahr 2000 durch die Gesetze § 31 Abs. 2 Brandenburgisches Polizeigesetz (BbgPolG), § 14 Abs. 3 und 4 Hessisches Gesetz über die öffentliche Sicherheit und Ordnung (HSOG) und § 15a Polizeigesetz des Landes Nordrhein-Westfalen (PolG) geschaffen wurden. Länderübergreifend lassen sich die Programme zur VÜ als Präventionsprogramme einer ‚neuen Sicherheit'[18] definieren, die präventiv vorbeugend/schützend objektive und subjektive Sicherheit herstellen sollen[19] und in die Dynamik kommunaler Räume in der Weise steuernd eingreifen, dass die sicherheitsrelevanten Verhaltensweisen der sich hier aufhaltenden Personen (sowohl der potenziellen Straftäter als auch der BürgerInnen) intendiert beeinflusst werden. Im Detail lassen sich die Gesetze anhand der Aspekte (1) ‚Zweck- und Ortsbindung', (2) ‚Zeitraum der Datenspeicherung', (3) ‚anordnende Behörde', (4) ‚Berichtspflichten der anordnenden Behörde' und der (5) ‚Befristung des Gesetzes' miteinander vergleichen:

1. In den gesetzlichen Formulierungen sind Bildaufzeichnungen von öffentlich zugänglichen Räumen zur Gefahrenabwehr dann möglich, wenn an diesen Orten Straftaten begangen wurden und aus Erfahrung zu erwarten ist, dass hier auch zukünftig Straftaten begangen werden. Diese ‚Zweck- und Ortsbindung' der Maßnahme bezieht sich auf die Abwehr von Gefahren und Straftaten in sogenannten ‚Kriminalitätsräumen' (§ 31 Abs. 2 Bbg PolG, § 14 Abs. 3 HSOG, § 15a Abs. 1 PolG NRW). Bei den ‚Kriminalitätsräumen' handelt es sich um solche öffentlichen Räume[20], die im Vergleich zu anderen öffentlichen Räumen *in der jeweiligen Kommune* als stark kriminalitätsbelastet und generell bei der Bürgerschaft als ‚unsicher' bewertet werden.

18 *Gusy*, Vom neuen Sicherheitsbegriff zur neuen Sicherheitsarchitektur, Verwaltungsarchiv (101) 2010, S. 309-333.

19 Diese Gefahrenvorbeugung kann auch als präventive Wende bezeichnet werden, weil sie von einer Abwehr konkreter Gefahren zu unterscheiden ist. Vgl. hierzu *Heinrich/Lange*, Erweiterung des Sicherheitsbegriffs, in: Lange/Ohly/Reichertz (Hrsg.), Auf der Suche nach neuer Sicherheit, 2008, S. 257 f. Nach Heger kann auch die Unterscheidung zwischen alter und neuer Strafpraxis unterschieden werden: „Einerseits soll Videoüberwachung Straftaten verhindern (*Prävention: new penology*) und andererseits dient sie auch der Strafverfolgung (*Repression: old penology*)". *Heger*, Die Entwicklung der Sicherheitsgesellschaft am Beispiel der Videoüberwachung am Wiener Schwedenplatz, in: Groenemeyer (Hrsg.), Wege der Sicherheitsgesellschaft, 2010, S. 345. Herv. im Orig. Für die befragten politischen Akteure der untersuchten Länder ist die Strafverfolgung jedoch nur ein sekundärer Effekt.

20 „Unter ‚öffentlichen Räumen' werden frei zugängliche Straßen und Plätze verstanden, nicht jedoch der gesamte öffentlich zugängliche Raum, zu dem z. B. auch das Innere von Behörden oder privaten der Öffentlichkeit zugänglichen Geschäftsräumen wie Kaufhäuser oder Banken gehören." *Kohl* (Fn. 1), S. 356.

2. Die Speicherung der aufgezeichneten Daten ist in Brandenburg bis 48 Stunden (§ 31 Abs. 2 BbgPolG), in Hessen bis zu zwei Monate (§ 14 Abs. 1 HSOG) und in NRW bis zu 14 Tage (§ 15a Abs. 3 PolG NRW) möglich, wenn diese nicht für die Verfolgung von Straftaten und Ordnungswidrigkeiten (nur Hessen und Brandenburg) benötigt werden.
3. Die Anordnungskompetenz der Maßnahme obliegt in Brandenburg dem Innenministerium auf Vorschlag des Behördenleiters (§ 31 Abs. 2 Bbg PolG), in Hessen den Polizeibehörden und den (kommunalen) Gefahrenabwehrbehörden (§ 14 Abs. 3 und 4 HSOG) und in NRW dem/der BehördenleiterIn als PolizeipräsidentIn oder LandrätIn (§ 15a Abs. 3 PolG NRW).
4. Während die Voraussetzung der angeordneten Maßnahme in Hessen nach zwei Jahren überprüft werden müssen, um diese fortzusetzen (§ 14 Abs. 3 HSOG), beläuft sich die Befristung in NRW auf ein Jahr. Eine Maßnahmenverlängerung ist in NRW aufgrund eines Nachweises der weiteren Erforderlichkeit über eine polizeiliche Dokumentation möglich (§ 15a Abs. 4 PolG NRW). In Brandenburg muss der anordnende Innenminister jährlich dem parlamentarischen Innenausschuss über jede Maßnahme durch Angaben über Ort und Dauer der jeweiligen Maßnahme und die hierfür jeweils zugrunde liegenden Lageerkenntnisse und die insoweit erwarteten Straftaten berichten (§ 31 Abs. 2 Bbg PolG).
5. In den Bundesländern Brandenburg und NRW waren die Gesetze zur VÜ auf fünf Jahre befristet, um die Erforderlichkeit der Maßnahme nach Ablauf der Befristung politisch zu bewerten. Während das Gesetz in Brandenburg infolge eines Evaluationsprozesses im Innenausschuss positiv bewertet und ohne erneute Befristung bestätigt wurde, wird in NRW die Gesetzesbefristung (§ 15a Abs. 5 PolG NRW) nach der Gesetzesnovellierung im Jahr 2003 regelmäßig erneuert. Nach einer politischen Evaluation und der Bestätigung des Gesetzes im Jahr 2008 wurde das Gesetz auf weitere fünf Jahre befristet und wird im Jahr 2013 erneut evaluiert. In Hessen ist das Gesetz nicht expressiv verbis befristet, sondern muss im Rahmen einer grundsätzlichen Befristung einer Mehrzahl der hessischen Gesetze durch das Innenministerium evaluiert werden.

Diese kurze Zusammenfassung der gesetzlichen Regelungen zeigt grundsätzlich vergleichbare Gesetzesinhalte in den drei Ländern, die sich nicht wesentlich hinsichtlich des Zweck- und Ortsbezugs unterscheiden. Stärkere Abweichungen zeigen sich jedoch bei den Zeiträumen der Datenspeicherung, den Anordnungskompetenzen und Maßnahmenbefristungen: Während die gesetzlichen Regelungen in Brandenburg und NRW explizit polizeiliche Dokumentationen über die Maßnahme zur Überprüfung der weiteren Erforderlichkeit einfordern, müssen diese in Hessen durch die Polizei und den Kommunen nicht expressis verbis erbracht werden. Zudem erfolgt die Überprüfung der Maßnahmen nur in Brandenburg durch das Parlament.

3 Akteurskoalitionen, belief systems und politische Ressourcen

Unter Verwendung des ACF werden im Weiteren die erhobenen empirischen Daten insbesondere aus den qualitativen Befragungen dahingehend ausgewertet, dass die Akteurskoalitionen und deren belief systems (Kap. 3.1.) als auch die Koalitionsressourcen (politische Macht, administrative Macht, finanzielle Mittel, öffentliche Unterstützung, policy-relevante Informationen, Einfluss auf die Policy-Eliten) (Kap. 3.2.) rekonstruiert werden können. Hierdurch werden die Policy-Strukturen beschrieben, durch die die politischen Evaluationsprozesse in den Ländern formen.

3.1 Akteurskoalitionen und belief systems

Durch die Auswertungen der Befragungen und Dokumentenanalysen in den drei untersuchten Ländern lassen sich länderübergreifend die zwei Akteurskoalitionen der ‚*Policy-Befürworter*' und ‚*Policy-Gegner*' identifizieren, die jeweils die folgenden Akteure umfassen:

Die CDU lässt sich infolge ihrer parteipolitischen Positionierungen der Koalition der Policy-Befürworter zuordnen. Sie forderte als Opposition in NRW das Gesetz zur Einführung der VÜ ein und initiierte die Gesetzgebungsprozesse in Brandenburg und Hessen. Im Weiteren waren auch die Innenminister der drei Länder unabhängig von ihrer Parteizugehörigkeit Befürworter der Policy. Weil insbesondere die CDU vom Argument der Personaleinsparung durch den Einsatz von VÜ Abstand genommen hatte, zeigten sich auch die Polizeigewerkschaften offiziell als Befürworter der Maßnahme. Nach Angaben mehrerer Befragten aus den drei Ländern begrüßten eine Mehrzahl der OberbürgermeisterInnen parteiunabhängig die VÜ oder forderten diese auch teilweise von den Ländern ein.

Demgegenüber waren die Parteien ‚Bündnis 90/Die Grünen' – vertreten in den Landesparlamenten Hessen und NRW – und ‚Die Linken' im brandenburgischen Parlament eindeutige Policy-Gegner. Die Landesdatenschutzbeauftragten lassen sich insbesondere in NRW, aber auch in gemäßigter Form in Brandenburg und Hessen ebenfalls der Gegner-Koalition zuordnen. Obwohl sie in den drei Ländern explizit oder implizit an der Programmformulierung beteiligt waren, bestand ihr Interesse vornehmlich darin, möglichst weitgehende datenschutzrechtliche Regelungen in die Gesetze einzubringen.

Die SPD, FDP und die polizeilichen Vertreter zeigten sich in den drei Ländern hingegen unspezifisch. Ein Teil der SPD-Landtagsfraktionen positionierte sich gegen und ein Teil für die VÜ. Obwohl die FDP der Policy grundsätzlich eher ablehnend gegenüberstand, folgte die Partei einer eher opportunistischen Strategie und votierte in den Regierungskoalitionen mit der CDU in Hessen und NRW (nach Regierungsbildung im Jahr 2008) nicht gegen die geplanten Gesetzesinhalte. In Brandenburg war die FDP während der Policy-Prozesse nicht im Landesparlament vertreten. Die polizeilichen Vertreter wurden in den Policy-Prozessen vornehmlich durch die Polizeipräsidenten der Länder repräsentiert, die als politisch-administrative Akteure im Politikfeld Innere Sicherheit sowohl Einfluss auf die Programmformulierung als auch insbesondere auf die Programmimplementation und -evaluation nehmen konnten. Die Befragungen mit einigen Polizeipräsidenten zeigten, dass diese – auch wenn sie die VÜ angeordnet hatten – keiner klaren Policy-Überzeugung folgten, sondern die Maßnahmen eher anwendungsorientiert (orts- und deliktsgebunden) reflektierten. (vgl. Abbildung 1)

Die Akteure aus den Koalitionen der Befürworter und Gegner vertraten jeweils koalitionsabhängig dieselben und im Verhältnis zueinander konkurrierende belief systems. Ein belief system hat eine dreigliedrige hierarchische Struktur[21]: Die deep core beliefs sind die umfassendsten und stabilsten Überzeugungen, die allgemeine und weitreichende (nicht auf die Policy und das Politikfeld begrenzte) Wertprämissen der Akteure umfassen. Während sich die Policy-Befürworter an der basalen Wertprämisse ‚Sicherheit' orientierten und im Rahmen der Politikfeldfunktion ‚Gewährleistung von Innerer Sicherheit' stärker die Abwesenheit von Gefährdungen und Risiken der öffentlichen Sicherheit und Ordnung im Sinne der staatlichen Herstellung von Sicherheit betonten, bezogen sich die Policy-Gegner stärker auf die individuelle Freiheit und betonten die Bewahrung der Bürgerrechte vor unverhältnismäßigen staatlichen Einschränkungen. Pointiert formuliert unterschieden sich die beiden Policy-Koalitionen durch ihre grundsätzlichen Orientierungen an ‚kollektiver Sicherheit' und ‚individueller Freiheit' und damit der ‚wertpolitischen Generaldebatte'[22] im Politikfeld Innere Sicherheit. Mit diesen basalen Werten korrespondierten die in ihrer Reichweite auf einzelne Policies

---

21 Vgl. *Sabatier/Weible* (Fn. 15), S. 194-196.

22 Zur Entgegensetzung der gesellschaftlichen Wert ‚Freiheit' und ‚Sicherheit' als auch die Überführung beider Begriffe ineinander siehe bereits *Kaufmann*: Sicherheit als soziologisches und sozialpolitisches Problem, 1970, S. 32-45. In dieser Diskussion wird insbesondere auf den leerformelhaften Charakter beider Begriffe hingewiesen, die jedoch Kapazitäten für die konkurrierenden Wertprämissen der Politik bereithalten.

beschränkten Policy-Überzeugungen (policy core beliefs). Diese sind für die Struktur der Policy-Prozesse von zentraler Bedeutung, weil sie die Policy-Konflikte ausformen, an denen sich die Akteurskoalitionen ausrichten, um ihre Interessen politisch durchzusetzen. Die sekundären Überzeugungen bezeichnen schließlich die dritte und in der Reichweite eng begrenzte Ebene des belief systems. Sie umfassen Überzeugungen, die politisch-administrative (Detail-)Regelungen im Kontext spezifischer Implementationsbedingungen betreffen. Die drei Ebenen des beliefs systems unterscheiden sich letztlich in ihrer Resistenz gegenüber Veränderungen. Während die deep core-Überzeugungen bei neuen Informationen nahezu nicht und die Policy-Überzeugungen nur sehr schwierig verändert oder ersetzt werden, weil diese stark normativ geprägt sind und die hiermit verbundenen Überzeugungen von einer Vielzahl von Policy-Akteuren gestützt werden, können sich hingegen die sekundären Überzeugungen aufgrund der geringeren Reichweite und stärkeren Kontextorientierung wesentlich schneller und leichter verändern.[23]

3.1.1 Policy- und sekundäre Überzeugungen der Befürworter-Koalition

Aus den Befragungen der politischen Akteure, die der Koalition der Befürworter zugerechnet werden können, ergaben sich die folgenden *Policy-Überzeugungen*:

Die Effekte der VÜ wurden von allen Policy-Befürwortern mit einer mehr oder weniger starken Effektabstufung positiv hervorgehoben, wobei einige Befragte explizit mit einer ‚Effekthierarchie' (primär, sekundär und Neben-Effekt) argumentierten. Weil das Land die VÜ nur zur Gefahrenabwehr gesetzlich regeln kann, stand entsprechend der gefahrenabwehrende Effekt bei den befragten Policy-Befürwortern im Vordergrund. Sie vertraten die Position, dass die Maßnahme allgemein und vor allem gegen Eigentumsdelikte (wie Diebstahl und Raub) eine gefahrenabwehrende/straftatenverhütende Wirkung habe und aufgrund ihrer *Abschreckungseffekte* generell die Entdeckungswahrscheinlichkeit steigere. Es wurde zudem betont, dass die VÜ eine Ergänzung der polizeilichen Aufgabenerledigung darstelle, weil das Polizeipersonal nicht ausreiche, um die Abwehr von konkreten Gefahren in den ‚Kriminalitätsräumen' zu garantieren. Von diesem Primäreffekt ausgehend, könne zudem eine *verbesserte Straftatenverfolgung* als sekundärer Effekt erreicht werden, wenn von Straftätern bei der Tatausführung Bilder aufgezeichnet werden, die für das Strafverfahren als Beweismittel verwendet werden können. Schließlich stelle auch die *Reduzierung des Unsicherheitsgefühls* der BürgerInnen einen Nebeneffekt der Maßnahme dar. Durch die VÜ könnten sich die BürgerIn-

23 Vgl. *Sabatier/Weible* (Fn. 15), S. 194.

nen in den videoüberwachten kommunalen ‚Kriminalitätsräumen' bzw. in den sogenannten ‚Angsträumen' wieder angstfrei bewegen.

Lediglich ein befragter Policy-Befürworter aus Hessen sah in der Maßnahme das Potenzial, die *Effizienz* des polizeilichen Handelns zu steigern. Durch die VÜ sollten demnach Personalkapazitäten freigesetzt werden, die in polizeilichen Aufgabenbereichen mit höherer Priorität verwendet werden könnten.

Die Befürworter verweisen insgesamt nur in einem geringen Maß auf konkrete positive Ergebnisse der Maßnahme infolge einer polizeilichen und – in Hessen – kommunalen Anwendung, sodass den *sekundären Überzeugungen* im belief system eher eine marginale Bedeutung zukommt. Dies insbesondere deshalb, weil nur wenige polizeiliche Erfahrungen mit der VÜ und valide empirische Erkenntnisse durch Evaluationsstudien vorliegen, durch die positive Maßnahmeneffekte abgeleitet werden können. Betont werden von allen Policy-Befürwortern insbesondere die Erfolge von VÜ in Großbritannien (vor allem London). In Bezug auf Deutschland wurden von der Mehrheit der Policy-Befürworter die positiven Ergebnisse der ersten polizeilichen VÜ in Leipzig und von den hessischen Policy-Befürwortern die Maßnahme in der Stadt Frankfurt am Main gegen die dortige Drogenszene angeführt.

Policy-Befürworter	**tendenziell/unspezifisch**	**Policy-Gegner**
CDU	SPD	‚Bündnis 90/Die Grünen'
Innenminister	Polizeipräsidenten	‚Die Linken'
Polizeigewerkschaften (GdP, DPolG, BDK)	FDP	Landesdatenschutzbeauftragte
Oberbürgermeister		

Abb. 1 Die politischen Akteure je Akteurskoalition in Brandenburg, Hessen und NRW

3.1.2 Policy- und sekundäre Überzeugungen der Gegner-Koalition

Die befragten Policy-Gegner in den drei Ländern vertraten hingegen die folgenden *Policy-Überzeugungen* insbesondere als direkte Argumente gegen die pauschalen Effekterwartungen (‚Effekthierarchie') der Policy-Befürworter:

Die enge Kopplung der VÜ an die Abwehr konkreter Gefahren könne nicht gewährleistet werden. Zwar sei eine räumliche Nähe der Polizeibehörden zu den Kameras häufig vorhanden, um konkrete Gefahren abwehren zu können, aber das Polizeipersonal stehe in nicht ausreichender Anzahl zur Verfügung, um die Monitore zu beobachten. Vielmehr sei dies eine ‚Nebentätigkeit' der Beamten in der

Polizeibehörde, sodass die Monitore beispielsweise neben dem Publikumskontakt nur sporadisch in Augenschein genommen werden. Während die Policy-Befürworter dem raumbezogenen Impuls der VÜ aus den o.g. Überzeugungen eine gefahrenabwehrende Wirkung pauschal zusprachen, wurde dieser von den Policy-Gegnern vollständig abgelehnt. Sie bezogen sich dabei auf die *Verdrängungseffekte*, durch die Straftäter aus videoüberwachten in angrenzende kommunale Räume oder auch in andere Städte ausweichen. Dadurch lasse sich höchstens nur das Straftatenaufkommen in den videoüberwachten Räumen reduzieren, aber nicht die kommunale Kriminalität insgesamt. Dies verdränge insbesondere Drogenkonsumenten lediglich in angrenzende Räume. Darüber hinaus zeige die VÜ *Vermeidungseffekte*, sodass die gefahrenabwehrenden Effekte sich nur kurzzeitig einstellen und die Straftäter ihrerseits verschiedene Maßnahmen ergreifen, um nicht erkannt oder entdeckt zu werden. Schließlich habe die VÜ auch keinen präventiven Effekt bei *Affekt- und Gewaltdelikten*, weil diese Straftaten (insbesondere Körperverletzungsdelikte) häufig mit einer stark emotionalen Erregung verbunden sind, sodass die Straftäter die Entdeckungswahrscheinlichkeit nicht rational abwägen und sich somit der straftatenverhütende Effekt nicht einstelle. Allenfalls bei Eigentumsdelikten (wie Diebstahl, Raub, Sachbeschädigung) sei eine präventive Wirkung denkbar. Einige Policy-Gegner kritisierten, dass die VÜ weitaus kostenintensiver wäre als der Einsatz von Polizeibeamten. Vor dem Hintergrund der Grundrechtseinschränkung vieler unbeteiligter BürgerInnen in den Kriminalitätsräumen seien die Maßnahmen deshalb grundsätzlich *nicht verhältnismäßig* und auch *nicht effizient*.

Als Ausdruck der *sekundären Überzeugungen* führten die befragten Policy-Gegner Beispiele aus der von ihnen beobachteten Implementationspraxis an. Kritisiert wurden die mangelnde Kontrolle der Monitore durch die Polizei in allen drei untersuchten Ländern, die kontra-produktiven Effekte der Maßnahme bei der Abwehr von Betäubungsmittelkriminalität im ‚Ravensberger Park' in Bielefeld, die Ineffizienz der Maßnahme gegen Fahrraddiebstähle im nordrhein-westfälischen Coesfeld oder auch am Potsdamer Bahnhof in Brandenburg. Von Policy-Gegnern in Hessen und Brandenburg wurde schließlich auch die Auslegung von ‚Kriminalitätsräumen' durch die hessischen Kommunen und den brandenburgischen Innenminister kritisiert, die häufig zu großzügig ausfalle.

3.1.3 Orts- und deliktspezifische Abwägung durch die polizeilichen Vertreter

Jenseits der beschriebenen belief systems der Befürworter- und Gegner-Koalitionen argumentierten die befragten polizeilichen Vertreter nicht vor dem Hintergrund von Überzeugungen, sondern implementationsorientiert-abwägend. Die Policy VÜ wurde hinsichtlich ihrer einsatzkonzeptionellen Vor- und Nachteile diskutiert und eine enge argumentative Verzahnung zwischen der Maßnahme und den orts- und deliktspezifischen Effekten hergestellt.

Grundsätzlich kritisch reflektierten die polizeilichen Vertreter die gefahrenabwehrenden Effekte der Maßnahme im Sinne der allgemeinen Gefahrenvermeidung, wenn die VÜ nicht vornehmlich zur Abwehr konkreter Gefahren eingesetzt werde. Dadurch bestehe das Risiko eines Vertrauensverlustes in die Polizei, wenn die BürgerInnen auf ein sofortiges Einschreiten der Polizei vertrauen, dies jedoch aufgrund der mangelnden Beobachtung der Monitore nicht gewährleistet werde. Insbesondere die Polizeipräsidenten aus NRW sahen den politischen Druck zur Anwendung der Maßnahmen von den Oberbürgermeistern kritisch. Die kommunalpolitische Intention sei insbesondere die Vermeidung von Unsicherheitsgefühlen durch die symbolische Wirkung der Maßnahme und berücksichtige weniger die polizeiliche Intention, dass die Maßnahme entsprechende Effekte zeigen müsse. Einmal angeordnet sei es darüber hinaus schwierig, die Maßnahme wieder einzustellen, weil die polizeiliche Führung dann für die Folgen von Straftaten verantwortlich gemacht werden könne, die durch die VÜ möglicherweise hätten verhindert werden können. Zudem seien die aufgezeichneten Bilder für die Straftatenverfolgung häufig nicht als Beweis verwendbar, weil die Qualität der Aufnahmen aufgrund der Örtlichkeit und der Kamerapositionen nicht mit privaten Videoaufzeichnungen (etwa am Bankautomat oder an Tankstellen) vergleichbar wären.

Die befragten Polizeipräsidenten, die die Maßnahme angeordnet hatten, hoben die folgenden positiven Effekte hervor: Als polizeiliches Aufklärungsinstrument leiste die Maßnahme Überblicksaufnahmen. Dadurch könnten konkrete Gefahren in nur schlecht einsehbaren Räumen frühzeitig erkannt und gegebenenfalls auch eine Ausweitung von einzelnen Straftaten wie Körperverletzungsdelikte zu Folgestraftaten wie Massenschlägereien verhindert werden. Die kontinuierliche Überwachung von Kriminalitätsschwerpunkten helfe zudem dabei, das ‚Dunkelfeld' zu erhellen und eine realistischere Kriminalitätsstatistik anzufertigen, weil nicht jede Straftat (wie Fahrraddiebstähle oder einfache Körperverletzungen) von den BürgerInnen zur Anzeige gebracht werde. Die Verdrängungseffekte seien nicht nur ein Problem der VÜ, sie könnten auch polizeistrategisch genutzt werden, um auf Kriminalitätsräume so einzuwirken, dass sich hier große Ansammlungen von potenziellen Straftätern oder Personengruppen, die das Sicherheitsgefühl beeinträchtigen (Betäubungsmittelkonsumenten, Rechtsradikale etc.), sukzessive auflösen und auf andere Räume verteilen. Dadurch ließen sich Kriminalitätsräume mit konzentrierter Straftatenbelastung und somit auch kommunale ‚Angsträume' verhindern.[24]

3.2 Akteurskoalitionen und politische Ressourcen

Die so strukturierten belief systems der Akteurskoalitionen ‚Policy-Befürworter' und ‚Policy-Gegner' streben danach, die Überzeugungen ihrer Akteure im politischen Prozess durchzusetzen. Dies gelingt umso effektiver, je umfangreicher eine Koalition über policy-relevante Ressourcen verfügt. Für die weitere Untersuchung sind die folgenden sechs Ressourcen[25] relevant: die formale (1) politische und (2) administrative Macht, Policy-Entscheidungen kollektiv bindend herzustellen, (3) finanzielle Mittel, (4) öffentliche Unterstützung, (5) Unterstützung durch Policy-Eliten und (6) policy-relevante Informationen. Um den beiden Akteurskoalitionen in den drei untersuchten Ländern jeweils die politischen Ressourcen zuordnen zu können, erfolgt im Weiteren eine kurze Rekonstruktion der Policy-Prozesse vor dem Hintergrund der empirischen Daten (qualitative Befragungen, Analyse parlamentarischer Dokumente). Dabei konzentriert sich die empirische Beschreibung zunächst auf die ersten vier Ressourcen, weil die Unterstützung durch die Policy-Eliten – als Ausdruck der koalitionsunabhängigen Positionen der polizeilichen Vertreter – in Verbindung mit den policy-relevanten Informationen anschließend einer tiefergehenden Analyse unterzogen wird.

Von den Policy-Befürwortern und insbesondere von den CDU-Landtagsfraktionen wurde ein starkes Agenda-Setting für die VÜ vor dem Hintergrund der Problemdefinition einer zunehmenden ‚Klein- und Straßenkriminalität' (wie Diebstahl, Körperverletzungen, Betäubungsmitteldelikte) in (Groß-) Städten und den hiermit verbundenen ‚Angsträumen' und Unsicherheitsgefühlen der BürgerInnen betrieben. Nach Angaben der befragten Akteure erhielt die CDU hierfür

---

24 Für die ausführliche Diskussion vgl. LT NRW Drs. 13/766.

25 Die weiteren politischen Ressourcen der Akteurskoalitionen orientieren sich weitgehend an die von Sabatier/Weible vorgeschlagen Ressourcen ‚formal legal authority to make policy decisions', ‚public opinion', ‚information', ‚mobilizable troops (Policy-elites)' und ‚financial resources'. Vgl. *Sabatier/Weible* (Fn. 15), S. 201-204. Neben den begrifflichen Anpassungen wurde eine wesentliche Veränderung der zuerst genannten Ressourcen vorgenommen, die in politische und administrative Macht unterteilt wird, um die verschiedenen Rationalitäten von Politik (im engeren Sinne) und Verwaltung (im weiteren Sinne) zu beschreiben. Zur Unterscheidung von Politik (i. e. S.) und Verwaltung (i. w. S.) des politischen Systems vgl. *Grunow*, Politik und Verwaltung, in: Dammann/Grunow/Japp (Hrsg.), Die Verwaltung des politischen Systems, 1994, S. 29-39.

von den BürgerInnen, den lokalen Medien und den OberbürgermeisterInnen eine breite öffentliche Unterstützung.

In *Hessen* setzte sich die CDU-Landtagsfraktion mit dem Gesetzesentwurf zur VÜ durch. Die FDP als Regierungspartner und eigentlicher Policy-Gegner formulierte keine eigenen Bedingungen an die gesetzliche Ausgestaltung. Verfasst wurde der Gesetzesentwurf vom CDU-geführten Innenministerium in Zusammenarbeit mit dem Landesdatenschutzbeauftragten, dessen Formulierungen für das gültige Gesetz aus dem Jahr 2000 weitgehend übernommen wurden. Durch die Kooperation mit dem Datenschutzbeauftragten erzeugte das Innenministerium sowohl eine stärkere politische Akzeptanz bei den Oppositionsfraktionen (SPD, ‚Bündnis 90/Die Grünen') als auch eine datenschutzrechtliche Absicherung für die polizeiliche Anwendung. Der Gesetzgebungsprozess in Hessen lässt sich somit als ‚durchsetzungsorientiert' typisieren.

In *Brandenburg* initiierte der CDU-Innenminister die Gesetzgebungsprozesse zur VÜ. Die regierungsbildende SPD-Fraktion stand noch vor dem Eindruck des relativ starken Verlustes an Wählerstimmen bei der vorangegangenen Landtagswahl und versuchte die potenziellen (innen)politischen Erfolge der CDU zu begrenzen. Zudem waren einige SPD-Landtagsabgeordnete aufgrund der Erfahrungen mit dem politischen Regime in der DDR gegenüber staatlicher Überwachung kritisch. Sie ‚opponierten' somit policy-unspezifisch und regierungsintern gegen das geplante Programm und zwangen den Innenminister zu Kompromissen. Als regierungsinterner Kompromiss wurde das im Jahr 2000 parlamentarisch beschlossene Gesetz auf fünf Jahre befristet. Demgegenüber vertrat die Landtagsfraktion ‚Die Linke' klar ablehnende Policy-Überzeugungen. Auch in Brandenburg wurde der Datenschutzbeauftragte teilweise in die Programmformulierung einbezogen – im Vergleich zu Hessen fanden seine Vorschläge aber nur begrenzt Eingang in den Gesetzestext. Der Gesetzgebungsprozess in Brandenburg kann als ‚aushandlungsorientiert' typisiert werden.

In *NRW* bildete sich die Regierung aus einer Koalition zwischen SPD und ‚Bündnis 90/Die Grünen'. Obwohl die Fraktion ‚Bündnis 90/Die Grünen' die Policy klar ablehnte, wurde aufgrund des anhaltenden Agenda-Settings der CDU-Landtragfraktion und der Forderungen der Kommunen zur Einführung der VÜ sowie des einsetzenden Wahlkampfes ebenfalls ein Gesetzgebungsprozess eingeleitet, um hierdurch den Forderungen nach Einführung der VÜ der Policy-Befürworter vorwegzugreifen und dadurch ein Wahlkampfthema zu verhindern. Insbesondere durch den politischen Druck aus der Fraktion ‚Bündnis 90/Die Grünen' initiierten die Regierung durch zwei zentrale Policy-Entrepreneure in Koordination mit dem Innenministerium und der Datenschutzbeauftragen einen Gesetzgebungsprozess. Dieser zeichnete sich dadurch aus, dass eine parlamentarische und öffentliche Kenntnisnahme vermieden und das Gesetz ‚getarnt' durch das „Gesetz zur Änderung des Datenschutzgesetzes Nordrhein-Westfalen" (sogenanntes Omnibusgesetz) parlamentarisch am 9. Mai 2000 verabschiedet wurde, um Gegenpositionen der CDU-Opposition, die weitergehende polizeiliche Anordnungskompetenzen einforderte,[26] nicht zuzulassen und die Überzeugungen der eigenen Wähler nicht zu enttäuschen. Gleichzeitig wurde der § 15a Abs. 4 PolG NRW in der Weise formuliert,[27] dass die Maßnahme nur bei ‚Straftaten von erheblicher Bedeutung' (u. a. gefährliche Körperverletzung, schwerer Diebstahl, Raubdelikte, gewerbsmäßiger Drogenhandel)[28] angeordnet werden durfte. Dadurch sollte die Implementation der polizeilichen VÜ praktisch verhindert werden (intendierte ‚Null-Implementation'). Der erste Gesetzgebungsprozess in NRW lässt sich somit als ‚vermeidungsorientiert' charakterisieren. Erst nach einer Gesetzesnovellierung im Jahr 2003 wurde das Gesetz durch anhaltenden politischen Druck von Seiten der CDU und der rechtlich unsicheren Implementationspraxis in Bielefeld u. a. dahingehend verändert, dass die Maßnahme bereits bei der „wiederholten Begehung jeglicher Straftaten (z. B. auch schon bei einfachen Diebstahldelikten)"[29] polizeilich angeordnet werden konnte. Die regierungsbildende Fraktion ‚Bündnis 90/Die Grünen' koppelte die Implementation aber mit umfangreichen administrativen Auflagen (polizeiliche Dokumentationen und Berichterstattung des Innenministeriums an das Parlament über die Effekte der Maßnahme nach einem Jahr) und befristete das Gesetz auf fünf Jahre. Aber insbesondere die zusätzlich eingeführte einjährige Frist zur Überprüfung der Maßnahme widersprach den Überzeugungen der CDU-Fraktion, die entsprechend auch dieses Gesetz ablehnte. Der Gesetzesnovellierungsprozess gestaltete sich, anwendungsorientiert'.[30]

Durch die Rekonstruktion der Gesetzgebungsprozesse lassen sich den beiden Akteurskoalitionen die folgenden politischen Ressourcen zuordnen:

In Brandenburg und Hessen kam den Policy-Befürwortern durch die mehrheitsbildenden Fraktionen *politische Macht*, Entscheidungen kollektiv bindend herbeizuführen, als wichtige Ressource zu. Die oben beschriebene bürgerschaftliche Akzeptanz gegenüber der VÜ sorgte zudem für eine *öffentliche Unterstützung* der Agenda-Setting- und Gesetzgebungsprozesse in den Ländern.

---

26 Vgl. LT NRW Drs. 12/4780, S. 66 f.

27 Vgl. Gesetzestext des § 15a PolG vom 9. Mai 2000 im Gesetzes- und Verordnungsblatt für das Land Nordrhein-Westfalen, Nr. 30 vom 30. Mai 2000, S. 459.

28 *Boers*, Polizeiliche Videoüberwachung in Bielefeld, 2004, S. 6.

29 *Boers* (Fn.28), S. 5.

30 Ausführlichere Beschreibung des Gesetzgebungs- und Novellierungsprozesses zur VÜ in NRW bei *Lanfer*, Die Dominanz der Verwaltung im Politikfeld Innere Sicherheit, in: Lange/Wendekamm (Hrsg.), Sicherheitskultur, 2013, i. e.

- Durch die allgemeine parteipolitische Konkurrenz mit der CDU war die SPD insbesondere in Brandenburg und für den Koalitionspartner ‚Bündnis 90/Die Grünen' in NRW ein wichtiger Akteur für die Policy-Gegner, weil auch sie über politische Macht verfügten, um entweder ihre Policy-Überzeugungen durchzusetzen oder zumindest diejenigen der Policy-Befürworter zu begrenzen.
- Die Innenminister unterstützten die Policy-Befürworter durch ihre *administrative Macht*. Hiermit ist neben dem generellen Einfluss auf das Implementationsfeld insbesondere die Verfügung über *finanzielle Mittel* zur Durchführung der Maßnahme verbunden. Der Einfluss auf das Implementationsfeld durch die Innenminister wurde jedoch durch die Anordnungskompetenz der Polizeipräsidenten und Landräte in NRW und zusätzlich auch durch die kommunalen Behörden in Hessen begrenzt.
- Die Datenschutzbeauftragten der Länder hatten gegenüber den sonstigen politischen Akteuren einen Informationsvorsprung insbesondere bzgl. der rechtlichen Ausgestaltung und der Wirkung der Policy durch kontinuierliche länderübergreifende Kontakte zu anderen Datenschutzbeauftragten.[31] Dadurch unterstützten sie die Gegner-Koalition mit *policy-relevanten Informationen* gegen die Effekthypothesen der Befürworter.

Länder/Koalitionen	Policy-Befürworter	Policy-Gegner
Brandenburg	Politische Macht Administrative Macht Finanzielle Mittel Öffentliche Unterstützung	Politische Macht Policy-relevante Informationen
Hessen	Politische Macht Administrative Macht Finanzielle Mittel Öffentliche Unterstützung Policy-relevante Informationen	
Nordrhein-Westfalen	Administrative Macht Finanzielle Mittel Öffentliche Unterstützung	Politische Macht Policy-relevante Informationen

Abb. 2 Verteilung der Ressourcen auf die beiden Advocacy-Koalitionen

31 Die Befragungen mit den Datenschutzbeauftragten der drei untersuchten Länder verdeutlichten die vielfältigen Informations- und Kontaktstrukturen. Auch in institutionalisierter Form koordinierten sich die Datenschutzbeauftragten zur Policy VÜ öffentlicher Räume durch die 59. Konferenz der Datenschutzbeauftragten des Bundes und der Länder vom 14./15. März 2000.

Diese Verteilung der politischen Ressourcen auf die Akteurskoalitionen (vgl. Abbildung 2) zeigt in Brandenburg und Hessen ein klar asymmetrisches Bild zugunsten der Policy-Befürworter und in NRW zumindest einen Ressourcenvorteil, sodass die Gesetze zur VÜ in den untersuchten Ländern von den Befürwortern durchgesetzt werden konnten.

4 Die politischen Evaluationsprozesse in den drei untersuchten Ländern

Vor dem Hintergrund der Ressourcendefizite waren für die Policy-Gegner insbesondere die Ressourcen wichtig, die vornehmlich erst während der Policy-Prozesse Bedeutung erlangten und weniger an formalen Voraussetzungen (Ämter und Stellen) gebunden, also nicht bereits formal ‚verteilt' waren. Hierfür eigneten sich vor allem die ‚policy-relevanten Informationen', die gleichsam die politischen Evaluationsprozesse fundierten. Die Informationen verweisen auf die Maßnahmeneffekte, die für die Policy-Gegner eine mangelnde Wirksamkeit und Unverhältnismäßigkeit der Maßnahme belegen sollten. Weil die bisherigen wissenschaftlichen Evaluationsstudien international und insbesondere zu den Maßnahmen in Großbritannien eine Vielfalt an Methoden und Ergebnissen[32] hervorbrachten, eröffneten die Evaluationsstudien in Deutschland potenziell die Gelegenheit für die Gegner, ihre Policy-Kritik öffentlichkeitswirksam zu thematisieren. Unter Verwendung der anderen Ressourcen versuchten sie entsprechend den Informationsbedarf infolge der Programmformulierungsprozesse (Kap. 4.1.) anzumelden, die Informationserzeugung infolge der Implementationsprozesse (Kap. 4.2.) auszuweiten und – wenn eine intensive Auseinandersetzung mit den gewonnenen Daten politisch ermöglicht wurde – auf die Informationsdeutung infolge der formalen Evaluationsverfahren (als eigentliche ‚Evaluationsphase') (Kap. 4.3.) deutungsmächtig einzuwirken. Entsprechend riskant waren die politischen Evaluationsprozesse und in diesem Rahmen insbesondere die unabhängigen wissenschaftlichen Evaluationen für die Befürworter, weil die relativ pauschale Effekthypothese wissenschaftlich überprüft werden kann und dabei policy-relevante Informationen gewonnen werden, die die

32 Vgl. u. a. *Ditton*, Public support for town centre CCTV schemes: Myth or reality?, in: Norris/Morgan/Armstrong (eds.), Surveillance, Closed Circuit Television and Social Control, 1998, S.221-228; *Flight/Heerwaarden/Soomeren*, Does CCTV displace crime?, in: Gill (Hrsg.), CCTV, 2003, S. 93-107; *Welsh/Farrington*, Crime Effects of Closed Circuit Television Surveillance on Crime, 2008.

Implementation einzelner Maßnahmen oder die gesetzlichen Regelungen insgesamt in Frage stellen könnten.

4.1 Konstruktion von Informationsbedarf durch politische Macht: Programmformulierung

Die Frage, *ob* Informationsbedarf besteht und das Gesetz zur VÜ evaluiert wird, kann grundsätzlich nur vor dem Hintergrund der Verteilung der politischen Ressourcen in den drei untersuchten Ländern beantwortet werden. Dabei besteht folgender Zusammenhang: Je umfangreicher die Policy-Befürworter politische Ressourcen zur Durchsetzung ihrer Interessen einsetzen konnten, desto geringer fielen die Evaluationsauflagen in den Gesetzgebungsprozessen aus.

In *Hessen* bestand nur ein geringer policy-relevanter Informationsbedarf über die Wirkung der VÜ als Folge des ‚durchsetzungsorientierten' Gesetzgebungsprozesses und wegen eines weiteren Zugewinns an politischer Macht durch die CDU, die in der Legislaturperiode 2003-2008 die Landesregierung alleine stellte und eine Ausweitung der VÜ in Hessen forcierte.[33] Dadurch sollte den Policy-Gegnern keine Möglichkeit zur Infragestellung der pauschalen Effekthypothese geboten werden. Der geringe Informationsbedarf der CDU führte dazu, dass keine explizite Evaluationsklausel für das Gesetz formuliert wurde und für die VÜ kein exklusiver Evaluationsauftrag bestand, der sowohl politische Aufmerksamkeit und Erwartungen an eine umfangreichere Datengrundlage für das parlamentarische Evaluationsverfahren befördern hätte können. Infolge eines Kabinettsbeschluss vom 16. Oktober 2001 gilt in Hessen für sämtliche Gesetzesentwürfe der Landesregierung eine Befristung von fünf Jahren. Für die weitere Geltung der Gesetze sind politische Evaluationen vorgesehen, die von den zuständigen Fachressorts durchgeführt werden müssen.[34] Vor diesem Hintergrund hatten die Policy-Gegner grundsätzlich wenig Gelegenheit, eine unabhängige politische Evaluation öffentlichkeitswirksam einzufordern. Neben der geringen politischen Einflussnahme aufgrund von mangelnden Ressourcen reduzierte diese Situation die Einflussnahme der Policy-Gegner auf den Informationsbedarf zusätzlich. Darüber hinaus sind auch die Wirkungskontrollen der Maßnahmen durch die polizeilichen Selbstevaluationen im Vergleich zu Brandenburg und NRW gering. Die anordnenden Behörden müssen nach einem Zeitraum von zwei Jahren die Maßnahmen evaluieren und dadurch deren weitere Erforderlichkeit gegenüber dem Innenministerium belegen.

---

33 Vgl. LT Hessen Drs. 16/320 und LT Hessen Drs. 17/512.

34 Vgl. LT Hessen Drs. 16/4635.

In *Brandenburg* konnte die CDU das Gesetz im Rahmen des ‚aushandlungsorientierten' Policy-Prozesses nur mit Zustimmung des Koalitionspartners SPD verabschieden. Zu dem Kompromiss zwischen den Regierungspartnern, der zu einer gesetzlichen Regelung mit einer Gesetzesbefristung auf fünf Jahre mit einer Evaluation durch ein unabhängiges wissenschaftliches Institut führte, wurde in der Gesetzesbegründung folgendes ausgeführt:

> „Die Untersuchungen über die Effekte der Videoüberwachung sind meist nicht sehr umfassend und kommen zu uneinheitlichen Ergebnissen. *Dass innerhalb des überwachten Gebietes die Kriminalität zurückgeht, ist unbestritten*, aber *Gewöhnungs- und Verdrängungseffekte sind kaum erforscht.* (…) Deshalb sollte die Videoüberwachung in Brandenburg erstmals in Deutschland durch eine Evaluation durch unabhängige Wissenschaftler überprüft werden. Auch die Erfahrungen in anderen Bundesländern sollten einbezogen werden."[35]

Deutlich wird, dass die Effekthypothese der Policy-Befürworter pauschal akzeptiert und gleichzeitig die Kritik der Policy-Gegner bzgl. der Gewöhnungs- und Verdrängungseffekte aufgenommen wurde. Weil die einzelnen Maßnahmen jeweils auf zwei Jahre befristet sind, müssen die Polizeibehörden so wie in Hessen Berichte über die Wirkung der VÜ anfertigen. Das Innenministerium verwendet diese Datengrundlage, um den Innenausschuss über die Wirkungen der VÜ in Brandenburg zu berichten.

Die erste gesetzliche Regelung zur VÜ in *NRW* beinhaltete weder eine Gesetzesbefristung, die obligatorisch mit einer politischen Gesetzesevaluation verbunden ist, noch explizite polizeiliche Dokumentationspflichten. Nach Angaben eines Befragten Policy-Entrepreneurs war dies ein Versäumnis der Policy-Gegner, deren Ziel vielmehr in dem oben beschriebenen beschleunigten Gesetzgebungsverfahren bestand, um die ‚implementationsvermeidende' gesetzliche Regelung durchzusetzen. Eine polizeiliche Selbstevaluation oder auch eine wissenschaftliche Evaluationsstudie stand demnach nicht im Fokus des Interesses. Zunächst ohne Auftrag des Innenministeriums, das eine Evaluation nach Angaben befragter politischer Akteure verhindern wollte, erfolgte aber dennoch eine unabhängige wissenschaftliche Evaluation der Maßnahme in Bielefeld durch Bücking/Kubera[36]. Als Ergebnis des gesetzlichen Novellierungsprozesses im Jahr 2003 müssen die anordnenden Polizeibehörden über die Wirkung der VÜ jährlich an das Innenministerium durch relativ umfangreiche und standardisierte Selbstevaluationen berichten.

---

35 LT Brandenburg Drs. 3/2162-B, S. 3 (Herv. vom Verf.).

36 *Bücking/Kubera*, Eine digitale Streifenfahrt …, 2004.

Die Rekonstruktionen zeigen, dass die Ressource ‚politische Macht' in Hessen und zunächst auch in NRW dazu führte, dass der Informationsbedarf niedrig war, weil Befürworter und Gegner vornehmlich ihre Policy-Überzeugungen durchsetzen wollten. Während der Informationsbedarf in Hessen somit als *gering* bewertet werden kann, änderte sich durch die Gesetzesnovellierung in NRW der Informationsbedarf der Policy-Gegner, weil von der vermeidungsorientierten politischen Strategie Abstand genommen wurde. Dadurch bestand ein *mittlerer* Informationsbedarf, weil im Unterschied zu Brandenburg keine wissenschaftliche Evaluationsstudie in Auftrag gegeben wurde. Demgegenüber teilten sich in Brandenburg die Policy-Befürworter und -Gegner die politische Macht infolge der Regierungskoalition, sodass hier ein *hoher* Informationsbedarf zur Auflösung eines politischen Konflikts angemeldet wurde. Zusammenfassend lässt sich also beobachten, dass die Entscheidungskomplexität in Hessen und zunächst auch in NRW durch die politische Macht vollständig reduziert wurde. In Brandenburg und später auch in NRW wurde die Entscheidungskomplexität zum Teil aufrechterhalten bzw. wieder hergestellt, sodass Informationen über die Wirkungen der VÜ erzeugt werden mussten, damit eine weitere Reduktion der policy-spezifischen Entscheidungskomplexität erfolgen konnte.

4.2 Einfluss auf die Informationserzeugung durch administrative Macht: Implementation

Durch die Ressource ‚administrative Macht' nehmen die Innenminister als Policy-Befürworter Einfluss auf die Informationserzeugungen in den drei untersuchten Ländern. Vor dem Hintergrund des spezifischen Informationsbedarfs wird im Weiteren rekonstruiert, wie und in welchem Ausmaß policy-relevante Informationen in den drei untersuchten Ländern erzeugt werden.

Nach Angaben mehrerer befragter politischer Akteure stellte sich in *Hessen* aufgrund der allgemeinen Gesetzesbefristungen und der hiermit verbundenen Vielzahl der politischen Evaluationsverfahren eine parlamentarische Routine ein, die mit einer geringen parlamentarischen und öffentlichen Aufmerksamkeit für die zu evaluierenden Gesetze einhergeht. Exemplarisch hierfür steht die Äußerung eines Befragten:

> „Nachdem mehrere Sicherheitsgesetze vom Bundesverfassungsgericht aufgehoben sind, sind die hessischen Gesetzgeber bereit zu sagen (…): Machen wir eine ‚Experimentierklausel'. (…) Dieses Vorgehen ist aber nur insoweit vernünftig, wie auch die Evaluation des Gesetzes vernünftig ist. Das zeigt ja auch die allgemeine Befristung vieler hessischer Gesetze durch die CDU/FDP-Koalition nach dem Motto: Wir haben

> viel zu viel Gesetze, wir müssten diese mal hinterfragen. Da kommt diese Befristung her. Als dann immer häufiger Gesetze automatisch verlängert wurden und dann als Begründung im Gesetzentwurf oft stand, das ist das Ergebnis der Evaluierung, das Gesetz muss verlängert werden (…). Aber dass man so einzelne Maßnahmen evaluiert, das ist derzeit überhaupt noch nicht drin."

Die einzelnen VÜ-Maßnahmen sind formal nach einem Zeitraum von zwei Jahren durch die anordnende Behörde zu evaluieren. Die Dokumentation der durch die Kommunen und die Polizei durchgeführten VÜ beschränkte sich auf Beschreibungen der Straftatenentwicklungen in den videoüberwachten Räumen, die auf Basis der polizeilichen Kriminalstatistik erstellt wurden. Obwohl das Innenministerium auf die Defizite dieser Datengrundlage hinwies, verkündete sie im Jahr 2002 einen Erfolg der VÜ. Demnach hätten die VÜ-Maßnahmen in der Stadt Hofheim a. Ts. (Busbahnhof), Frankfurt am Main (Konstabler Wache) und Fulda (Bahnhofsvorplatz) einen deutlichen Rückgang der Fallzahlen bewirkt. Gleichzeitig seien Verdrängungseffekte nicht eingetreten oder durch polizeiliche Begleitkonzepte verhindert worden.[37] Nach Eigendarstellung des hessischen Innenministeriums leisten die gegenwärtig eingesetzten zehn VÜ mit insgesamt 38 Kameras bei sieben Polizeipräsidien einen Beitrag dazu, „dass die registrierten Straftaten an videoüberwachten öffentlichen Plätzen in Hessen im Jahr 2007 um 45,8 v. H. im Vergleich zum Vorjahr zurückgegangen sind"[38]. Gegenüber diesen Erfolgsmeldungen bezog sich die Kritik der Policy-Gegner gemäß der Policy-Überzeugungen auf die Verdrängungseffekte, die durch die VÜ insbesondere gegen die Betäubungsmitteldelikte auftreten und nicht hinreichend durch die polizeilichen Wirkungsanalysen berücksichtigt werden. Deshalb forderten die Oppositionsparteien FDP und ‚Bündnis 90/Die Grünen' im Jahr 2003 einen objektiven Bericht über die Wirkung von VÜ, um sich hierüber im Innenausschuss fachlich zu beraten.[39] Umfangreichere und detaillierte Berichte der anordnenden Behörden oder eine wissenschaftliche Evaluation wurden vom Innenministerium jedoch nicht initiiert. Nach Angaben eines Befragten müssen die VÜ-Maßnahmen dem hessischen Datenschutz nicht gemeldet werden, sodass eine datenschutzrechtliche Überprüfung nur vereinzelt erfolgen könne. Ein Befragter kritisierte zudem die rechtlichen Unsicherheiten und teilweise auch die Ignoranz gegenüber den Zweckbestimmungen (insbesondere bei der Definition von kommunalen Kriminalitätsräumen) zur Anordnung der VÜ bei den Kommunen. Um diese Situation zu vermeiden, wird die Mehrzahl der VÜ, die von den kommunalen Verwaltungsbehörden angeordnet werden, in Kooperation

37 LT Hessen Drs. 15/4718, S. 13-15.

38 LT Hessen Drs. 17/512.

39 LT Hessen Plenarprotokoll 16/14, S. 856 f.

mit der hessischen Polizei nach dem Motto ‚Kommune finanziert – Polizei betreibt' geplant und durchgeführt, sodass Abweichungen von den Anordnungsvorschriften vermieden werden könnten. Ergänzend hierzu hat das Landeskriminalamt Hessen einen Leitfaden[40] zur Durchführung der VÜ in öffentlichen Räumen ausgearbeitet.

In *Brandenburg* holte der Innenminister bereits im Gesetzgebungsprozess von den Polizeipräsidenten Informationen über geeignete Implementationsorte ein. Die zunächst geplanten 15 Orte wurden jedoch auf vier Kriminalitätsräume in den Kommunen Erkner, Potsdam und Bernau (jeweils Hauptbahnhof) und vor einer Diskothek in Rathenow beschränkt und zwischen November 2001 und Februar 2002 angeordnet. Die unabhängige wissenschaftliche Evaluation[41] der vier VÜ erfolgte im Jahreszeitraum von 2002 bis 2005.[42] Evaluiert wurde die Videoüberwachung insbesondere hinsichtlich der Wirkung auf die Kriminalitätsentwicklung in den überwachten Räumen und auf das Sicherheitsgefühl der BürgerInnen. Die Evaluationsstudie kam zum Ergebnis,

> „dass die Videoüberwachung als ein effektives Instrument der präventiven Sozialkontrolle angesehen werden kann. Insgesamt wird in allen teilnehmenden Orten bezüglich der videoüberwachten Räume ein deutlicher Rückgang der registrierten Kriminalität beobachtet. Dieser Rückgang kann einerseits nicht auf eine generellen Rückgang der Kriminalität (ausgedrückt zum Beispiel in der Häufigkeitszahl) zurückgeführt werden, andererseits wird er auch nicht durch erkennbare Verdrängungseffekte in anderen Bereichen der einbezogenen Städte kompensiert."[43]

Die Auswirkungen der Maßnahmen auf ein nachhaltiges und stabiles Sicherheitsempfinden der BürgerInnen bleiben jedoch auch durch die Studie unklar, sodass durch die Evaluatoren angenommen wird, dass eine punktuelle Maßnahme wie die

---

40 Hessisches Landeskriminalamt, Handlungsempfehlung für die Errichtung und den Betrieb von Videoüberwachungsanlagen im öffentlichen Raum, Stand: 01/2008.

41 Die Evaluationsforschung wurde durch Bornewasser für die kriminologisch-soziologische Gutachten und Classen für das juristische Gutachten (beide Ernst-Moritz-Arndt Universität Greifswald) durchgeführt. Vgl. hierzu *Bornewasser/Classen/Stolpe* (Hrsg.), Videoüberwachung öffentlicher Straßen und Plätze, 2008. „Für das Teilprojekt der ‚Wirtschaftlichkeitsuntersuchung' konnte zunächst das ‚Institut für Management und Organisation e.V. Potsdam (IMO)' gewonnen werden. Der Projektvertrag wurde am 28.06.2002 abgeschlossen. Während der Untersuchungen wurde jedoch festgestellt, dass die Erfolge der polizeilichen Arbeit einer klassischen Wirtschaftlichkeitsanalyse nicht zugänglich sind. Der Vertrag mit dem IMO wurde deshalb in beiderseitigem Einvernehmen im Dezember 2004 aufgelöst." LT Brandenburg Drs. 4/2057.

42 Vgl. *Bornewasser*, Evaluation der Videoüberwachung, in: Hempel/Metelmann (Hrsg.), Bild – Raum – Kontrolle, 2005, S. 235-254

43 *Bornewasser* (Fn. 42), S. 241f.

VÜ keine Effekte auf das allgemeine Sicherheitsbefinden der kommunalen Bürgerschaft habe.[44] Betont wurde, dass sich die präventiven Effekte der Maßnahme nur aus der Dynamik des sozialen Umfelds und der polizeilichen Organisation ergeben, sodass die Reduktionseffekte von Straftaten zunächst auf öffentlichkeitswirksame Maßnahmen und begleitende Pressearbeit zurückzuführen sind, die Maßnahme an sich zu einer stärkeren polizeilichen Observation durch Polizeistreifen geführt und insgesamt die Polizeibeamten motiviert habe.[45]

> „Dadurch ergibt sich das Problem, daß systembedingte Schwankungen die tatsächlichen Effekte der Videoüberwachung überlagern, wodurch sie kaum voneinander zu trennen sind. Selbst optimal angelegte Evaluationsstudien werden solche Invaliditäten kaum ausschließen können."[46]

Über die Ergebnisse der vergleichenden wissenschaftlichen Evaluationsstudie und polizeilichen Dokumentationen berichtete der Innenminister dem Parlament im Zuge der Entscheidung über eine Gesetzesentfristung im Jahr 2006. Während die SPD unter Verweis auf die Evaluationsstudie die positiven Wirkungen der Videoüberwachung betonte und zusammen mit der CDU-Landtagsfraktion letztlich eine Gesetzesentfristung im Parlament beschloss, kritisierte die Fraktion ‚Die Linke' als Policy-Gegner die folgenden Aspekte: Die Definition der für die VÜ ausgesuchten kommunalen Räume als Kriminalitätsräume durch das Innenministerium sei hinsichtlich der Deliktanzahl genauso wie die Definition der an den videoüberwachten Räumen angrenzenden Orte zur Analyse der Verdrängungseffekte nicht plausibel. Dadurch wurde implizit eine Einflussnahme des Innenministeriums auf die Wirkungsanalyse kritisiert. Im Weiteren wurden auch die nicht hinreichende Überwachung der Monitore durch die Polizeibeamten, die Unverhältnismäßigkeit der VÜ in Bezug zur Kriminalitätsbelastung der ausgewählten Implementationsorte, die zu hohen Kosten sowie die mangelnde Wirkung der VÜ auf die Steigerung der Sicherheitsgefühle der BürgerInnen kritisiert.[47]

In *NRW* bestand vom Innenminister ein Interesse für die Implementation der VÜ auch nach dem ersten restriktiven Gesetz im Jahr 2000, weil der Nutzen der Maßnahmen demonstriert werden sollte. Nach Angaben einiger Befragter warb der Innenminister bei den Polizeipräsidenten für die Maßnahme – zunächst jedoch ohne Erfolg. Lediglich ein Polizeipräsident in Bielefeld interessierte sich für die Maßnahme, die sodann in finanzieller Kooperation mit der Kommune

44 Vgl. *Bornewasser* (Fn. 42), S. 246.

45 Vgl. *Bornewasser* (Fn. 42), S. 251 f.

46 *Bornewasser* (Fn. 42), S. 253.

47 LT Brandenburg, Plenarprotokoll 4/26, S. 1784 f.

insbesondere gegen die Betäubungsmittelkriminalität im Bielefelder ‚Ravensberger Park' umgesetzt wurde. Die Maßnahme musste im Jahr 2002 eingestellt werden, weil die Begründung zur Abwehr von Straftaten mit erheblicher Bedeutung nicht mehr aufrechterhalten werden konnte. Nach der Gesetzesnovellierung im Jahr 2003 konnte aber die Maßnahme zur Abwehr von ‚einfachen' Straftaten wieder aufgenommen werden. Eine wissenschaftliche Evaluation war vom Innenministerium nicht geplant. Nach Angaben von zwei Befragten verfolgte das Innenministerium vielmehr die Strategie, die wissenschaftliche Evaluation der Videoüberwachung in Bielefeld aufgrund der Präventionsorientierung methodisch als ‚nicht durchführbar' darzustellen, um vermutlich negative Ergebnisse zu vermeiden. Eine wissenschaftliche Evaluation erfolgte dennoch unter der wissenschaftlichen Leitung von Hans-Jörg Bücking von der Fachhochschule für öffentliche Verwaltung NRW (Standort Bielefeld) ohne Auftrag und finanzielle Zuwendung des Innenministeriums. Wie auch in Brandenburg konnten jedoch keine empirischen Erhebungen vor der Implementation in Bielefeld durchgeführt werden.[48] Die vorläufige Einstellung der Maßnahme im Jahr 2003 war aus der Perspektive der wissenschaftlichen Evaluation jedoch vorteilhaft, weil die Wirkung der VÜ auf den Kriminalitätsraum (Kriminalitätsentwicklung, Unsicherheitsgefühle) durch einen Vorher-Nachher-Vergleich analysiert werden konnte. Die Studie zeigt, dass bereits die öffentliche Diskussion um die Videoüberwachung eine Einstellungs- und Verhaltensveränderung bei den BürgerInnen zum Kriminalitätsraum hervorrufen kann.[49] In diesem Sinne wirkt die Videoüberwachung auch dann, wenn Überwachung noch nicht oder nicht mehr stattfindet, weil sich die BürgerInnen über die tatsächliche Anwendung im Unklaren sein können.[50] Nachdem die erste Evaluationsstudie zu einem positiven Ergebnis kam und zusätzliche empirische Erhebungen erfolgen sollten, finanzierte das Innenministerium die weitere Forschung in Bielefeld. Zusätzlich zu dieser

48 Das kriminologische Gutachten von Boers zu den Möglichkeiten einer empirischen Begleitforschung der polizeilichen VÜ im Ravensberger und Rochdale Park in Bielefeld im Auftrag des nordrhein-westfälischen Innenministerium kam zum Ergebnis, dass aufgrund der bereits vor Beginn der Begleitforschung durchgeführten Maßnahmen signifikante Veränderungen im Dunkelfeld der Kriminalität oder bei der Kriminalitätseinstellungen (insbesondere Kriminalitätsfurcht und Vermeideverhalten) im Rahmen einer methodisch zuverlässigen quasi-experimentellen Pretest-Posttest-Untersuchung nicht mehr festgestellt werden [kann – der Verf.]." *Boers*, Polizeiliche Videoüberwachung in Bielefeld, 2004, S. 71.

49 *Bücking/Kubera* (Fn. 36), S. 23f.

50 Neben Unklarheiten der BürgerInnen über den Status der formalen Anordnung zeigte sich in Bielefeld, dass nach Beendigung der Maßnahme im Jahr 2008 die Hinweisschilder, die im ‚Ravensberger Park' auf die polizeiliche VÜ aufmerksam machten, mit einer großen zeitlichen Verzögerung entfernt wurden.

Maßnahme wurden nach der Gesetzesnovellierung weitere drei VÜ-Maßnahmen in Düsseldorf (Innenstadt, ‚Bolker Stern'), Coesfeld (Fahrradständer am Bahnhof) und Mönchengladbach (Altstadt) polizeilich angeordnet, wobei gegenwärtig nur noch die Maßnahmen in Düsseldorf und Mönchengladbach aufrechterhalten werden. Nach Angaben einer befragten Person entwickelte das Innenministerium in Zusammenarbeit mit den Polizeibehörden, die die Maßnahme angeordnet hatten, ein umfangreicheres standardisiertes Berichtswesen, um die einzelnen polizeilichen Selbstevaluationen in NRW für einen Maßnahmenvergleich bei der späteren politischen Evaluation abzustimmen und über die gefahrenabwehrenden Effekte hinaus auch Verdrängungseffekte, (Un-)Sicherheitsempfindungen der BürgerInnen und orts- und deliktspezifische Implementationsbedingungen in die polizeilichen Dokumentationen aufzunehmen. Für die weitere Geltung des Gesetzes erforderliche politische Evaluation im Jahr 2008 übermittelte das Innenministerium einen Evaluierungsbericht als Zusammenstellung der polizeilichen Dokumentationen der vier VÜ-Maßnahmen. Der Evaluierungsbericht kam zu dem Ergebnis, dass die Maßnahmen positive Wirkungen sowohl auf die Reduzierung des Straftatenaufkommens in den Kriminalitätsräumen bei gleichzeitig geringen Verdrängungseffekten als auch auf die Steigerung der Sicherheitsempfindungen bei den BürgerInnen habe. Die politischen Evaluationsverfahren in NRW bezogen sich auf die wissenschaftliche und polizeiliche Evaluation und erfolgten durch den parlamentarischen Innenausschuss im Rahmen der Gesetzesnovellierung im Jahr 2003 und infolge der Gesetzesbefristung als Überprüfung der weiteren gesetzlichen Erforderlichkeit im Jahr 2008.

Die Rekonstruktionen der Informationserzeugung während der Implementationsprozesse in den drei Ländern zeigen, dass in Hessen die erforderlichen Daten aufgrund des fehlenden politischen Informationsbedarfs nur auf Grundlage der stark fehleranfälligen polizeilichen Kriminalstatistik erhoben wurden. Spezifische Orts- und Deliktanalysen durch eine polizeiliche oder kommunale Selbstevaluation und ein auf dieser Grundlage landesweit gültiges standardisiertes Berichtswesen für eine vergleichende Bewertung der Maßnahmen in Hessen wurden vom Innenministerium nicht forciert. Zudem verfolgte die Landesregierung nicht explizit eine politische Evaluation, durch die die Wirkung der Maßnahmen und der Policy insgesamt unabhängig wissenschaftlich evaluiert und politisch diskutiert wurde. Die eindeutige Ressourcendominanz ermöglichte es den Policy-Befürwortern, nicht nur das Gesetz, sondern auch die Effekthypothese im Policy-Prozess durchzusetzen.

In Brandenburg hatten die Policy-Gegner demgegenüber mehr Ressourcen zur Verfügung, um den Entscheidungsprozess zur Einführung der VÜ zu beeinflussen und eine unabhängige wissenschaftliche Evaluation sämtlicher Maßnahmen im Land einzufordern. Zu den hierdurch erzeugten policy-relevanten Informationen über die Wirkung der VÜ wurde zwar politisch Stellung genommen – eine politische Diskussion erfolgte jedoch nur in einem geringen Ausmaß. Der Policy-Prozess in Brandenburg zeigt, dass Daten zwar in einem relativ großen Umfang erzeugt wurden, jedoch hieraus die policy-relevanten Informationen vor dem Hintergrund der belief systems gebildet wurden, sodass Gegenargumente der Policy-Gegner durch die Studie nicht hinreichend geklärt und Einflussnahmen der Policy-Befürworter durch das Innenministerium (administrative Macht) auf die Implementation zugunsten von positiven Evaluationsergebnissen nicht ausgeschlossen werden konnten.

In NRW war hingegen die Ressourcenverteilung auf die beiden Akteurskoalitionen symmetrischer und der Entscheidungsprozess deshalb komplexer. Durch die Policy-Gegner wurden ein hoher Informationsbedarf und eine umfangreiche Informationserzeugung durch eine relativ detaillierte polizeiliche Selbstevaluation forciert – ein umfangreicher Evaluationsauftrag wie in Brandenburg erfolgte jedoch nicht. Gegenüber den beiden anderen Ländern charakterisierte sich der politische Evaluationsprozess in NRW vielmehr durch interaktionsorientierte Bewertungen im Innenausschuss. Die weitere Analyse rekonstruiert deshalb die dynamischen Informationsausdeutungen während der Ausschusssitzungen zwischen den Policy-Befürwortern, Policy-Gegnern und den polizeilichen Vertretern.

4.3 Einfluss auf die Informationsdeutung durch Diskurse: Evaluationsprozesse in NRW

Die politische Diskussion vor dem Hintergrund der polizeilichen Selbstevaluationen und der wissenschaftlichen Evaluationsergebnisse über die VÜ-Maßnahme in Bielefeld bildeten die Grundlage der politischen Diskussionen im Innenausschuss. Die Ausschussteilnehmer waren Abgeordnete des Landesparlaments und die geladenen Sachverständigen (Vertreter von Polizeibehörden, des Landkreistages, Gewerkschaften sowie Datenschutzbeauftragte und Wissenschaftler). Die folgende Untersuchung bezieht sich auf zwei Ausschussanhörungen, die im Jahr 2003 anlässlich der Gesetzesnovellierung und im Jahr 2008 zur Gesetzesüberprüfung infolge der gesetzlichen Befristung stattfanden. In beiden Ausschussanhörungen standen die Wirkungen der VÜ im Sinne der Effektivität (vor allem die gefahrenabwehrende Wirkung im Zusammenhang mit Verdrängungseffekten, aber auch die Verhältnismäßigkeit vor allem im Zusammenhang mit Effizienzbewertungen) und die Implementationsbedingungen für die Anordnung (Definition von ‚Kriminalitätsbrennpunkten', Abwehr konkreter Gefahren und der hierzu benötigte Personaleinsatz) im Vordergrund.

4.3.1 Die politische Evaluation um Jahr 2003

Der Evaluationsprozess im Jahr 2003 erfolgte zur Gesetzesnovellierung des § 15a PolG NRW. Bei der hierzu angesetzten Ausschussanhörung vertraten die CDU-Abgeordneten und die Vertreter der Polizeigewerkschaften als Policy-Befürworter und Abgeordnete von ‚Bündnis 90/Die Grünen' und Datenschutzbeauftragte als Policy-Gegner die Überzeugungen entsprechend der belief systems. Während aber die Datenschutzbeauftrage bei der Anhörung für die Abschaffung des Gesetzes votierte, positionierten sich die Policy-Entrepreneure der rot-grünen Regierungskoalition für eine anwendungsorientierte Ausgestaltung unter starker Berücksichtigung datenschutzrechtlicher Aspekte. Vor dem Hintergrund der bereits oben beschriebenen Gründe sollte durch den von der Regierung initiierten Novellierungsprozess überprüft werden, ob die implementationsvermeidende gesetzliche Regelung zugunsten erweiterter polizeilicher Anordnungsmöglichkeiten (bereits bei ‚einfachen' Straftaten gegen ‚Straßenkriminalität') in der Weise reformuliert werden kann, dass auch die Policy-Überzeugungen der Gegner (insbesondere der Fraktion ‚Bündnis 90/Die Grünen') hierdurch bewahrt werden können. Die polizeilichen Vertreter (Polizeipräsidenten) argumentierten hingegen erfahrungsbezogen-anwendungsorientiert.

Durch die schriftlichen und mündlichen Stellungnahmen während der Anhörung vertrat die Mehrheit der Policy-Befürworter pauschal und die polizeilichen Vertreter erfahrungsgemäß die Überzeugung, dass die VÜ insbesondere aufgrund des Abschreckungseffekts bei den Straftätern eine präventive bzw. gefahrenabwehrende Wirkung habe. Demnach bestehe kein Zweifel an den präventiven und abschreckenden Effekten von VÜ[51] und es stehe fest, dass die Videografie ein geeignetes Mittel zur Gefahrenabwehr sei, objektiv Sicherheit schaffe und das subjektive Sicherheitsgefühl der Bevölkerung verbessere.[52] Zur Bestärkung ihrer Effekthypothese verwiesen sie auf die Evaluationsergebnisse und polizeilichen Erfahrungen mit der VÜ in Großbritannien, Bielefeld und Leipzig. Der von der Polizeidirektion in Leipzig als Sachverständige geladene Sachverständige betonte die positiven Erfahrungen mit der VÜ in Leipzig. Die hierzu angefertigten polizeilichen Dokumentationen (Selbstevaluation) zeigen vor allem eine starke Reduzierung der Diebstähle von/an/aus Kraftfahrzeugen an drei überwachten Orten in dem Jahreszeitraum 1996-2002, wobei der Effekt jedoch auf andere Delikte nicht feststellbar sei oder geringer ausfalle. Die Maßnahmen waren eingebunden in ein polizeiliches Gesamtkonzept, bei dem neben der VÜ in den Kriminalitätsräumen auch die uniformierte und

---

51 Vgl. LT NRW Drs. 13/766, S. 6.

52 Vgl. LT NRW Drs. 13/766, S. 16.

zivile Präsenz von Polizeibeamten stark erhöht wurde.[53] Deutlich wird aus der polizeilichen Dokumentation allerdings nicht, ob auch die stärkere Polizeipräsenz in Leipzig insgesamt einen Effekt auf die geringe Kriminalitätsbelastung hatte.

Gegenüber diesen Positionen betonten die Policy-Gegner und anwesenden Wissenschaftler, dass die Wirkung von VÜ in Deutschland nicht wissenschaftlich valide belegt sei und erfahrungsabhängige polizeiliche Bewertungen zwar zu Genüge vorlägen, aber wissenschaftliche Ergebnisse nicht ersetzen können. Von den Policy-Gegnern wurde in diesem Zusammenhang auch die Evaluationsstudie von Bücking/Kubera zur Maßnahme in Bielefeld wegen ihrer methodischen Defizite kritisiert. Die Studie beruhe auf einer zu schmalen Datenbasis und habe vor Beginn der Maßnahme keine ausreichende Analyse des Kriminalitätsraums und der Sicherheitsgefühle der BürgerInnen vornehmen können.[54] Der als Sachverständige geladene Polizeipräsident aus Köln kritisierte, dass durch die Studie keine Kontrollräume einbezogen wurden, durch die die Wirkung der VÜ im Vergleich zu nicht überwachten Orten hätte beurteilt werden können. Die Bewertung der Maßnahmenwirkung sei zudem nicht möglich, weil die VÜ in ein polizeiliches Gesamtkonzept eingebunden sei, sodass nicht festgestellt werden könne, ob beispielsweise nicht auch die erhöhte polizeiliche Präsenz in den videoüberwachten Orten zu einer Reduktion von Straftaten führe.[55] Die wissenschaftlichen Evaluationsstudien zu den Videoüberwachungsmaßnahmen in Großbritannien kämen nach Meinung der Policy-Gegner und dem anwesenden Wissenschaftler aufgrund verschiedener Methodik und Untersuchungsgegenstände zu sehr unterschiedlichen Ergebnissen. Dennoch zeigten neuere Studien, dass die Effekte von VÜ angezweifelt werden müssten. Aber auch bei potenziell positiven Ergebnissen sei eine Übertragung der Erkenntnisse auf die VÜ in deutschen Kommunen aufgrund von wenig vergleichbarer Bedingungen nicht möglich. Aus diesen Gründen sprachen sich die Policy-Gegner für eine weitere unabhängige wissenschaftliche Evaluation der zukünftigen Maßnahmen in NRW aus.[56]

Neben der Kritik an der pauschalen und erfahrungsbezogenen Effekthypothese der Befürworter und polizeilichen Vertreter wurden von den Policy-Gegnern – entsprechend den Policy-Überzeugungen – auch die Probleme von Verdrängungseffekten insbesondere bei der Betäubungsmittelkriminalität und Fragen zur ‚Scheinsicherheit' infolge mangelnder Kapazitäten für die Abwehr konkreter Gefahren in die Diskussion eingebracht. Demgegenüber diskutierten die anwesen-

53 Vgl. LT NRW Drs. 13/2492.

54 Vgl. LT NRW Drs. 13/766, S. 5 f., 10 f.

55 Vgl. LT NRW Drs. 14/1855.

56 Vgl. LT NRW Drs. 13/766.

den Polizeipräsidenten, die die VÜ angeordnet hatten, die Verdrängungseffekte orts- und deliktbezogen. So sei einerseits eine Konzentration der polizeilichen Aufgabenerledigung auf spezifische Orte und Kommunen nicht zu vermeiden und andererseits könne die Verdrängung von spezifischen Straftätern in anderen städtischen Räumen auch polizeistrategischen Nutzen haben, weil dann ortsabhängige Tatgelegenheiten nicht mehr bestehen und die Gefahrenabwehr und Strafverfolgung effektiver durchzuführen sei. Als ein allgemeineres Argument zur Kompensation der Verdrängungseffekte insbesondere bei Drogensüchtigen im öffentlichen Raum betonten insbesondere die Vertreter der Polizeigewerkschaften als Policy-Befürworter Gesamtkonzepte unter polizeilicher Leitung, in die die VÜ eingebunden und mit beispielsweise sozialpolitischen Programmen der Stadt abgestimmt werden müsste.

Bei dem ersten politischen Evaluationsprozess wird deutlich, dass die politischen Akteure auf empirische Daten über die Wirkung von VÜ in einem nur geringen Ausmaß zurückgreifen konnten, weil die policy-relevanten Informationen nicht erzeugt oder die Ergebnisse der Evaluationsstudie von den Gegnern nicht akzeptiert wurden. Für die Ausdeutung der Maßnahmeneffekte waren folglich die delikt- und ortsspezifischen (Implementations-)Erfahrungen der polizeilichen Vertreter dominant. Die stärker anwendungsorientierten Informationen der polizeilichen Vertreter führten letztlich dazu, dass sowohl der ‚flächendeckende' Einsatz der VÜ als Befürchtung der Policy-Gegner verhindert, als auch die gesetzliche Ermöglichung der Maßnahme gegen die ‚Straßenkriminalität' als Interesse der Befürworter gewährleistet wurde. Somit änderten die Policy-Gegner ihre *sekundären Überzeugungen* und beurteilten die Maßnahme *in Abhängigkeit von der spezifischen Orts- und Deliktstruktur* positiv. Entsprechend äußerte sich ein befragter Policy-Gegner zum Novellierungsprozess:

> „[Die Evaluationsstudie – der Verf.] wurde zu Recht kritisiert. Die war nicht wirklich (…) aussagekräftig. Weil wir eben genau diese Abwägung, die wir treffen mussten, nicht aussagekräftig belegen konnten, in die eine wie in die andere Richtung (…) Kann es so ein Instrument an ausgewiesenen Kriminalitätsbrennpunkten wirklich sein zur Gefahrenabwehr? Wo rechtfertigt das dann die Eingriffe? Die Frage blieb letztlich offen. (…) Wir hatten zu wenig empirisches Material und da sag ich, war es strategisch klug, da nicht ideologisch ranzugehen. (…) Jetzt kann man streng sagen, einige Maßnahmen gehen nach dem Gesetz eigentlich nicht. Weil letztlich die Gefahrenabwehr, wenn man die Zahlen ansieht, nicht wirklich nachweisbar ist. (…) Aber durch die Videoüberwachung ist die Polizei einfach schneller am Ort. (…) Nach der reinen Lehre dürften die das da nicht machen. Sag ich ganz ehrlich. Aber es erleichtert das Geschäft. Also die politische Diskussion ist rationaler geworden. (…) Die rationale Bewertung bezieht sich natürlich auf die ortsspezifische Deliktstruktur."

Die Abhängigkeit der policy-relevanten Informationen von der Orts- und Deliktstruktur führte letztlich dazu, dass zwar die polizeilichen Anordnungsmöglichkeiten der Maßnahme erweitert, aber andererseits mit vielfältigen Dokumentations- und Berichtspflichten der anordnenden Behörde belegt und eine Gesetzesbefristung bis zum Jahr 2008 mit einem erneuten politischen Evaluationsauftrag eingeführt wurden. Obwohl eine größer angelegte wissenschaftlich unabhängige Evaluation von der Datenschutzbeauftragten, einem polizeilichen Vertreter und zwei wissenschaftlichen Vertretern explizit eingefordert bzw. empfohlen wurde, erwarteten die Policy-Befürworter und ein polizeilicher Vertreter aufgrund der pauschalen bzw. erfahrungsorientierten Effektannahme von einer solchen Studie keine neuen Erkenntnisse.[57] Letztlich verzichtete die Regierung auf eine wissenschaftliche Evaluation der Maßnahmen.

4.3.2 Politische Evaluation im Jahr 2008

Im Jahr 2008 wurde das Gesetz durch die Fünf-Jahres-Befristung ungültig und für die Entscheidung über die weitere gesetzliche Erforderlichkeit wurde ein politisches Evaluationsverfahren im Innenausschuss in Form einer erneuten Anhörung eröffnet. Die Policy-Gegner hatten indessen auch die Ressource der politischen Macht an die Policy-Befürworter verloren, weil nach der Landtagswahl im Jahr 2005 eine Regierungskoalition aus CDU und FDP gebildet wurde. Die Möglichkeit für die Policy-Gegner Einfluss auf die Policy und die zukünftige Ausgestaltung des Gesetzes zu nehmen, war somit formal wesentlich geringer und die Einflussnahme auf die Informationsdeutung bildete letztlich die einzige politische Ressource.

Der anlässlich der Gesetzesbefristung vom Innenministerium angefertigte Evaluierungsbericht über die VÜ-Maßnahmen in NRW[58] auf Grundlage der jährlichen polizeilichen Berichte war die einzige Datengrundlage für die politische Evaluation.[59] Der Evaluierungsbericht beschrieb die Implementationsbedingungen (Örtlichkeit, Projektlaufzeit, installierte Kameras und Monitore, Sach- und Personalkosten, Koordinierung mit anderen Maßnahmen) und die Straftatenentwicklung in den videoüberwachten ‚Kriminalitätsräumen' der Städte Bielefeld, Coesfeld, Düsseldorf und Mönchengladbach. Dabei wurde die Anzahl der Straftaten in einem kommunalen Kriminalitätsraum vor und nach Durchführung der VÜ und

57 Vgl. LT NRW Drs. 13/766, S. 3, 7, 16.

58 Vgl. LT NRW, Drs. 14/1628.

59 Die Evaluationsergebnisse aus Brandenburg wurden hingegen nicht thematisiert, obwohl während der politischen Evaluation im Jahr 2003 auf die zukünftigen Ergebnisse dieser Studie von den Policy-Gegnern explizit verwiesen wurde. Vermutlich sind die Gründe hierfür die positiven Effektbewertungen der VÜ durch die Evaluationsstudie und die Bestärkung der Policy-Überzeugungen der Befürworter.

durch eine jährliche Erfassung der Straftaten relativ zu der Gesamtanzahl in der Kommune im Zeitraum von fünf Jahren tabellarisch beschrieben. Zudem umfasste die Wirkungsanalyse auch die Verdrängungseffekte und das Sicherheitsgefühl. Als Ergebnis bewerteten die polizeilichen Selbstevaluationen die Effekte der VÜ positiv, weil das Straftatenaufkommen in den videoüberwachten Orten effektiv reduziert werden konnte und aus polizeilichen Erfahrungen und Einschätzungen heraus Verdrängungseffekte nicht bestehen und das Sicherheitsgefühl der BürgerInnen in den Kriminalitätsräumen gesteigert werde. Insgesamt stellten die Polizeibehörden jedoch fest, dass für die Bewertung der VÜ die ausschließliche Betrachtung der Anzahl von Straftaten an den Kriminalitätsbrennpunkten nicht ausreiche:

> „Sie lassen keine Aussagen darüber zu, ob registrierte Straftaten ungestört ausgeführt werden konnten oder ob der Tathergang nicht doch aufgrund der polizeilichen Videoüberwachung und eines sich ggfs. anschließenden Zugriffs anders verlaufen ist. Letzteres ist aber genau der Tatbestand, der nach Angaben der Polizeibehörden den Erfolg der Videobeobachtung überwiegend ausmacht.“[60]

Im Unterschied zu den polizeilichen Daten aus Leipzig, Hessen und Brandenburg zeigen die polizeilichen Dokumentationen in NRW teilweise keinen oder zumindest einen weit geringeren Effekt der VÜ auf die Straftatenentwicklungen in den Kriminalitätsräumen. Die Policy-Gegner nahmen den Evaluierungsbericht des Innenministeriums deshalb zum Anlass, um die beschriebenen positiven Effekte zu kritisieren.[61] Aus diesem Grund bestand die Opposition im Innenausschuss auf eine politische Evaluation, die dann im Rahmen einer Sachverständigenanhörung durchgeführt wurde.

Die während der Ausschussanhörung anwesenden Policy-Gegner (Datenschutzbeauftragte, SPD-Abgeordneter) als auch der erneut als Sachverständige geladene Wissenschaftler Bücking bewerteten die polizeiliche Dokumentation in ihren schriftlichen und mündlichen Stellungnahmen als nicht ausreichend und defizitär, um Aussagen über die Wirksamkeit der Maßnahme zu treffen.[62] Die Datenschutzbeauftragte übte durch ihre Stellungnahme[63] starke Kritik an der polizeilichen Dokumentation[64] und an den sich hierauf begründenden positiven Rückschlüssen über die Maßnahmeneffekte durch das Innenministerium.[65] Der

60 LT NRW Drs. 14/1628, S. 29.

61 Vgl. LT NRW Drs. 14/614.

62 Vgl. LT NRW Drs. 14/1845, LT NRW Drs. 14/640, S. 6, 11, 14.

63 Vgl. LT NRW Drs. 14/1628.

64 Vgl. hierzu Ziffern 15a.0 ff. VV PolG NRW.

65 Vgl. LT NRW Drs. 14/1845.

Bericht könne den erforderlichen Eignungsnachweis für eine Weitergeltung der gesetzlichen Bestimmung generell nicht erbringen, weil es an belastbaren Vergleichszahlen für die Zeit vor den Maßnahmen fehle, die videoüberwachten Orten nicht ins Verhältnis zu ‚Vergleichsräumen' in derselben Stadt oder zur allgemeinen städtischen Kriminalitätsentwicklung gesetzt werden, besondere Ereignisse für die Bewertung der Kriminalitätsentwicklung (Karneval, große Stadtfeste u. ä.) keine Berücksichtigung finden, der Einfluss anderer Maßnahmen im Rahmen des Gesamtkonzepts nicht analysiert werde, keine oder eine nur unzureichende Prüfung der Verdrängungseffekte stattfinde und kein differenzierter Vergleich mit anderen Orten im Stadtgebiet mit ähnlicher Kriminalitätsstruktur oder mit der städtischen Gesamtentwicklung erfolge.[66] Vor diesem Hintergrund forderten die Datenschutzbeauftragte und der wissenschaftliche Vertreter Bücking explizit eine unabhängige wissenschaftliche Evaluationsstudie der Maßnahme in NRW ein. Auch der als Sachverständige geladene Kölner Polizeipräsident äußerte sich zu den nicht aussagekräftigen Evaluationsergebnissen:

> „Wissen wir überhaupt, ob das, was wir tun, auch eine Wirkung hat? Oder tun wir es einfach, obwohl wir gar nicht wissen, ob es eine Wirkung hat? Mir wäre es schon wichtig, einmal zu untersuchen, welche Wirkung das hat, was die Polizei tut, und ob man damit überhaupt eine Antwort auf die Probleme geben kann."[67]

Insgesamt wurden von den AusschussteilnehmerInnen unabhängig von deren Policy-Überzeugungen die folgenden Schwierigkeiten bei der Evaluation von VÜ hervorgehoben:

- Anhand von Kriminalstatistiken lasse sich die Wirkung von VÜ häufig dann schwierig messen, wenn Interventionskräfte durch die Maßnahme Straftaten verhindern können, die dann nicht in der Statistik aufgenommen werden, und durch eine Erhellung des Dunkelfelds Straftaten erst durch die VÜ polizeilich registriert werden.[68]
- Die Straftaten in den videoüberwachten Kriminalitätsräumen sind häufig zu gering, um die Wirkung der VÜ messen zu können.[69]

---

66 Vgl. LT NRW Drs. 14/1845, S. 1-4.

67 LT NRW Drs. 14/1845, S. 28.

68 Vgl. LT NRW Drs. 14/1845, S. 7, 23.

69 Vgl. LT NRW 13/766, S. 6; so auch *Bücking/Kubera* (Fn. 36), S. 46.

- Unzureichend und unspezifisch ist auch die Datengrundlage zur Bewertung des Kriminalitätsraums und der Straftatenentwicklung durch die polizeiliche Vorgangsverwaltung und Vorgangsbearbeitung.[70]
- Die Nachhaltigkeit von erfolgreichen Maßnahmeneffekten auf die videoüberwachten Kriminalitätsräume sei ungewiss.[71]
- Die Effekte auf das Sicherheitsgefühl der BürgerInnen, die für die Policy-Befürworter von großem Interesse sind[72], lassen sich nur mit größeren Schwierigkeiten evaluieren.[73] Bei der polizeilichen Selbstevaluation sind vornehmlich sporadische Meinungsabfragen und individuelle Eindrücke der Polizeibeamten relevant.[74] Bei der wissenschaftlichen Evaluation zur Maßnahmen in Bielefeld ließen sich Vorher-Nachher-Vergleiche nicht plausibel durchführen, weil die Begleitforschung erst nach Anordnung der Maßnahme einsetzte[75] und der öffentlich-mediale Diskurs über die VÜ bereits eine antizipatorische präventive Wirkung[76] („Placebo-Effekt") gezeigt habe.
- Weil die VÜ in einem polizeilich-kommunales Gesamtkonzept eingebunden wird, können die Erfolge und Defizite der VÜ-Maßnahmen nicht valide beschrieben werden, weil auch die (Neben-)Effekte anderer polizeilicher Maßnahmen wie die einfache Streifentätigkeit auf den Kriminalitätsraum einwirken.[77] Weil die Kriminalität ein multifaktorielles Phänomen sei, könne man nicht ein einziges Segment wie die VÜ aus der Kriminalitätsbekämpfung herausgreifen und dann auf dieser Grundlage eine Wirkungsanalyse erstellen, die den Effekt zahlenmäßig abbilde. Dies könne nicht funktionieren und sei unwissenschaftlich. Wenn aber dennoch eine massive Reduktion der Straftaten um bis zu 50 % in den Krimi-

70 Vgl. ebd., S. 21, 25 f.; vgl. *Bücking/Kubera* (Fn. 36), S. 53-74.

71 Vgl. LT NRW Drs. 14/640, S. 8.

72 Hingegen konnte in der Evaluationsstudie zu den Maßnahmen in Brandenburg keine solchen Effekte auf das Sicherheitsgefühl festgestellt werden: „Entgegen den landläufigen Erwartungen zeigt die Videoüberwachung bislang jedoch wenig Auswirkungen auf das Sicherheitsempfinden der Bürger in Bernau und Rathenow. Im Bereich der subjektiven Empfindungen bleibt vorläufig unklar, wie punktuelle Maßnahmen ein allgemeines Gefühl beeinflussen und wie stabil und situationsübergreifend diese Gefühle sind." *Bornewasser*, Evaluation der Videoüberwachung, 2005, S. 246.

73 Vgl. LT NRW Drs. 14/640, S. 12, 33 f.; nach der Studie von *Bornewasser/Classen/Stolpe*, Videoüberwachung öffentlicher Straßen und Plätze, 2008 zeigen sich hingegen keine nachweisbaren Effekte auf das Sicherheitsempfinden.

74 Vgl. LT NRW Drs. 14/1628.

75 Vgl. *Boers* (Fn. 48); so auch Bücking in der Ausschussanhörung im Jahr 2003, vgl. LT NRW Drs. 13/766, S. 13.

76 Vgl. *Bücking/Kubera* (Fn. 36), S. 316.

77 Vgl. LT NRW Drs. 14/640, S. 17, Drs. 13/766, S. 15.

> nalitätsräumen durch eine Evaluation nachgewiesen werde, sei die logische, fast zwingende Schlussfolgerung, dass die VÜ in NRW ‚flächendeckend' zum Einsatz kommen müsse. Dies wolle jedoch niemand, sodass die Frage über die Anwendung von VÜ sich nicht alleine an Zahlen orientieren dürfe.[78]

Die starke Kritik an der polizeilichen Selbstevaluation als auch die methodischen Schwierigkeiten und Defizite bei der Evaluation von VÜ-Maßnahmen im Allgemeinen führten dazu, dass die Datengrundlage für die weitere politische Evaluation im Jahr 2008 nur in einem geringen Ausmaß policy-relevante Informationen für oder gegen die Effekthypothese bereitstellte. Durch die Informationsdeutung konnten die Policy-Gegner somit zwar eine Bestätigung der Effekthypothese durch Policy-Befürworter verhindern, aber die VÜ-Effekte nicht gleichzeitig widerlegen. Der Status quo des Policy-Konflikts wurde demnach aufrechterhalten und die Policy-Überzeugungen der Befürworter blieben unverändert stabil: Ein Abgeordneter der CDU-Fraktion, der die präventive Wirkung der Maßnahme pauschal für unbestritten hielt,[79] als auch die Vertreter der GdP und der DPolG traten als Policy-Befürworter demnach nicht nur für den Fortbestand der gesetzlichen Regelung ein, sondern forderten darüber hinaus auch eine Erweiterung der polizeilichen Anordnungsbefugnisse.[80] So sollten die VÜ nicht nur in ‚Kriminalitätsräumen' eingesetzt werden, sondern auch bereits zur Vermeidung solcher Räume. Außerdem betonte der Vertreter der GdP, dass das Sicherheitsgefühl nicht nur als Nebenaspekt neben der primären gefahrenabwehrenden und der sekundären straftatenverfolgenden Wirkung behandelt werden dürfe, sondern primäre Bedeutung haben solle.[81]

Stärker noch als bei dem politischen Evaluationsprozess im Jahr 2003 argumentierten die polizeilichen Vertreter orts- und deliktspezifisch und unterstützten wiederum keine der beiden Policy-Überzeugungen: Nach dem Bielefelder Polizeipräsidenten sei die VÜ speziell an Orten wie dem Ravensberger Park in Bielefeld für eine Gefahrenabwehr geeignet. Der Kölner Polizeipräsident habe in Köln hingegen keine geeigneten Kriminalitätsräume. Aus einer betont sachorientierten Position stellte er fest, dass er die VÜ praktizieren würde, wenn er wüsste, dass sie etwas nütze. Aber das könne er in Köln nicht erkennen.[82]

---

78 Vgl. LT NRW Drs. 14/640, S. 19.

79 Vgl. LT NRW Drs. 14/640, S. 17.

80 Vgl. LT NRW Drs. 14/640, S. 4.

81 Vgl. LT NRW Drs. 14/640, S. 33 f.

82 Vgl. LT NRW Drs. 14/640, S. 8.

Im Unterschied zur politischen Evaluation aus dem Jahr 2003 wurden auch die Fragen der Effizienz der Maßnahme stärker diskutiert.[83] Hierin zeigten sich Argumente im Sinne der Effekthypothese der Policy-Befürworter, dass die VÜ die Polizeiarbeit entlaste und dadurch auch die Effizienz der Maßnahme steigere.[84] Gegenüber diesen Positionen zeigten sich wiederum orts- und deliktspezifische Gegenargumente, weil die Verhältnismäßigkeit der Maßnahme bei einem übermäßigen Ressourceneinsatz im Vergleich zu anderen polizeilichen Maßnahmen nicht gegeben sein könnte. Entsprechend betonte Bücking mit Verweis auf die Effizienzanalysen der eigenen Evaluationsstudie[85]:

> „Wenn man aber erkennt, dass Ressourcen fehlallokiert werden, weil Videoüberwachung nicht so viel bringt, wie sie kostet, müsste man sich – jedenfalls an einzelnen Standorten – ihren Einsatz überlegen."[86]

Als Ergebnis des politischen Evaluationsprozesses im Jahr 2008 wurde einerseits die von den Policy-Gegnern geforderte wissenschaftliche Evaluationsstudie durch den Innenminister (FDP) nicht in Auftrag gegeben, andererseits erfolgte aber auch keine weitere Anordnungsvereinfachung im Sinne der Policy-Befürworter, weil die politische Situation nach Angaben eines befragten politischen Akteurs folgende war:

> „Beim [zweiten – der Verf.] Evaluationsverfahren ‚Videoüberwachung' muss man sagen, war in weiten Teilen die Luft raus, weil die Signale [folgende – der Verf.] waren: ‚Wir machen jetzt hier nichts Dolles, sondern wir verlängern die bisherige Regelung.' Damit war halt bei den Beteiligten klar: Rot/Grün konnte nicht wirklich kraftvoll gegen die eigene Regelung opponieren (…). Die Christdemokraten durften nicht, weil die FDP im Ministerium war und in der Koalitionsvereinbarung stand dazu nicht wirklich etwas drin, was im Sinne der CDU war. Somit hatten die keinen Angriffspunkt. Und dann ist das Ding [gemeint ist der § 15a PolG NRW – der Verf.] halt – ja: ohne große Diskussion relativ schlicht behandelt und verlängert worden."

Die Rekonstruktion der Argumente in der Ausschussanhörung verdeutlicht, dass die Informationsausdeutung für die Policy-Gegner im politischen Evaluationsprozess in NRW von großer Bedeutung war. So konnte die positive Effektzuschreibung durch die polizeiliche Selbstevaluation abgelehnt und nochmals auf die Notwendigkeit einer umfassenden wissenschaftlichen Evaluationsstudie aufmerksam gemacht werden. Weil keine hinreichende Datengrundlage bestand, bezog sich die Wir-

83 Vgl. LT NRW Drs. 14/640, S. 4 f., 7, 9.

84 Vgl. LT NRW Drs. 14/640, S. 4 f., 9.

85 Vgl. *Bücking/Kubera* (Fn. 36), S. 293-311.

86 Vgl. *Bücking/Kubera* (Fn. 36), S. 7.

kungsanalyse so, wie beim politischen Evaluationsprozess im Jahr 2003 auch, auf die orts- und deliktspezifischen polizeilichen Bewertungen. Letztlich lassen sich dadurch zwar die Effekte einzelner Maßnahmen überprüfen, jedoch nicht die VÜ als Policy bzw. das Gesetz allgemein bewerten.

Für die politischen Evaluationsprozesse der Jahre 2003 und 2008 lässt sich zusammenfassen, dass die policy-spezifische Situation in NRW gegenüber den Policy-Prozessen in Brandenburg und Hessen zu Informationsdeutungen zwischen den Policy-Befürwortern und -Gegnern geführt hat. Die Ausdeutung der Informationen wurde durch zwei Policy-Eliten strukturiert: die Datenschutzbeauftragte und die polizeilichen Vertreter. Deren Bedeutung für die Informationsausdeutung lässt sich folgendermaßen zusammenfassen:

- Die Policy-Gegner profitierten stark von den policy-relevanten Informationen der Datenschutzbeauftragten. Diese machte bei beiden Anhörungen auf die methodischen Defizite der im Rahmen der Evaluation erhobenen Daten aufmerksam und relativierte damit die Bedeutung der polizeilichen und wissenschaftlichen Informationen, die den VÜ-Maßnahmen positive Effekte zuschrieben. Dadurch konnte die Effekthypothese der Policy-Befürworter von zunächst pauschalen hin zu orts- und deliktspezifischen Zuschreibungen verändert werden. Die verfügbaren Datengrundlagen als Ergebnis der wissenschaftlichen Evaluation und der polizeilichen Selbstevaluation reichten nicht aus, um die aus dem politischen Konflikt der Akteurskoalitionen erzeugte Entscheidungskomplexität hinreichend zu reduzieren.
- Mit einem starken Orts- und Deliktbezug werden die Vor- und Nachteile der VÜ von den polizeilichen Vertretern insbesondere hinsichtlich der Eignung als polizeiliches Einsatzmittel reflektiert. Hierbei sind spezifische Effekte und Nebeneffekte von Bedeutung, die nicht alleine durch quantitative Veränderungen der Straftaten in den videoüberwachten Räumen relativ zu der kommunalen Gesamtentwicklung beschrieben werden können. Somit zeigt sich in NRW, dass die Komplexität der politischen Entscheidung zur Ausgestaltung der VÜ vornehmlich durch die *erfahrungsbezogenen Informationen* der polizeilichen Vertreter reduziert wurde.

Die Positionen der polizeilichen Vertreter als Policy-Eliten konnten von keiner Akteurskoalition dominant zur Durchsetzung des belief systems beeinflusst werden, weil weder die pauschale Effekthypothese noch die pauschale Ablehnung unterstützt wurde. Als Ergebnis lässt sich bei beiden Anhörungen eine orts- und deliktspezifische Bewertung der VÜ-Maßnahmen beobachten, die eine Anpassung der belief systems auf der Ebene der sekundären Überzeugungen herbeiführte. Die

Annährung konnte jedoch nicht den Konflikt zwischen den Policy-Überzeugungen der beiden Akteurskoalitionen auflösen.

5 Zusammenfassung und Bewertung der politischen Evaluationsprozesse

Obwohl die Gesetzes- und Maßnahmenevaluationen in den gesetzlichen Regelungen insbesondere infolge einer Gesetzesbefristung formal vorgesehen waren, zeigen die Rekonstruktionen der Policy-Prozesse in den drei untersuchten Ländern eine im Verhältnis zu den anderen politischen Ressourcen nur geringe Relevanz der politischen Evaluationsprozesse. Ob die politische Evaluation allgemein von Bedeutung ist und wie die Informationserzeugung (Selbstevaluation oder wissenschaftliche Evaluation) erfolgt, ist vor allem abhängig von den belief systems der konkurrierenden Akteurskoalitionen und deren politischen Ressourcen. Während in Hessen der Informationsbedarf und die Informationserzeugung gering waren, weil die politischen Ressourcen der Policy-Befürworter die Entscheidungskomplexität hinreichend reduzierten, war es den Policy-Befürwortern in Brandenburg erst infolge der Informationserzeugung durch die unabhängig wissenschaftliche Evaluation möglich, das Gesetz entsprechend ihres belief systems zu formulieren. In NRW hingegen war die Verteilung der politischen Ressourcen ausgeglichener, sodass sich weder die Policy-Befürworter noch die Policy-Gegner durchsetzen konnten. Eine mit Brandenburg vergleichbare wissenschaftlich unabhängige Evaluation sämtlicher Maßnahmen wurde nicht in Auftrag gegeben, weil die politische Situation eine solche ressourcenintensive und für die Policy-Überzeugungen beider Koalitionen tendenziell ungewisse und dadurch riskante Informationserzeugung nicht erforderte. Stattdessen charakterisierten sich die politischen Evaluationsprozesse in NRW durch Informationsdeutungen der verfügbaren Daten. Während des politischen Konflikts in den beiden Ausschussanhörungen erzeugten und bewerteten vornehmlich die Datenschutzbeauftragte und die polizeilichen Vertreter als Policy-Eliten die policy-relevanten Informationen. Dadurch erwiesen sich letztlich die orts- und deliktspezifischen Erfahrungen und Einschätzungen der polizeilichen Vertreter im Vergleich zu den standardisierten und vornehmlich quantitativen Daten aus den wissenschaftlichen und polizeilichen Evaluationen als anschlussfähiger, um eine Annährung der belief systems herbeizuführen und einen eng begrenzten Kompromiss zu erreichen. Obwohl die hier zu beobachtenden Lernprozesse stark begrenzt waren, können sie dennoch als politikfeldtypisch bezeichnet werden: Wenn die politischen Wertprämissen in ihrer policy-typischen

Bedeutung zurückgehen (infolge geringerer öffentlicher Aufmerksamkeit wie in allen untersuchten Ländern oder zusätzlich durch eine forcierte Sachorientierung wie in NRW), greift die Dominanz der Verwaltung – auf Länderebene: der Polizei – als typisches Muster des Politikfelds Innere Sicherheit. Somit entwickelte sich aus der politischen Diskussion in NRW dynamisch eine polizeiliche Deutungsdominanz über das, was Sicherheit ist und welche Maßnahmen sich zur Sicherheitsherstellung eignen.[87] Jenseits einer unabhängigen wissenschaftlichen Analyse, die keinen policy-bezogenen Überzeugungen und Interessen folgt bzw. folgen sollte und die gegenüber einer politischen Einflussnahme während der Evaluation in einem weit stärkeren Ausmaß immunisiert ist, dominierten hier polizeipraktische Erfahrungen.

Die Folgerungen, die durch die Rekonstruktion der Policy-Prozesse für politische Evaluationsprozesse allgemein und v. a. auch für wissenschaftliche Evaluationen im Politikfeld Innere Sicherheit insgesamt abgeleitet werden können, sind sicherlich nicht originell, aber dafür konkret: Wenn die Entscheidungsprozesse im Politikfeld Innere Sicherheit von politischen Konflikten geprägt sind und die forcierten gesetzlichen Regelungen als Präventionsprogramme vielfältige Grundrechtseingriffe von BürgerInnen nach sich ziehen, so ist ein ergebnisoffenes Evaluationsverfahren angebracht, das hinreichende politische Komplexität durch die verschiedenen politischen und gesellschaftlichen Interessen gewährleistet.[88] Die Komplexität der politischen Kommunikation durch das ergebnisoffene Verfahren lässt sich erhöhen, wenn die politischen Ressourcen durch das Evaluationsverfahren ‚künstlich' zum Ausgleich gebracht werden und die Bedeutung von politischer und administrativer Macht zugunsten der Ressource policy-relevanter Informationen reduziert wird. Neben einer Gesetzesbefristung gekoppelt an einen verbindlichen Evaluationsauftrag, der möglichst durch eine unabhängige wissenschaftliche Institution erfolgen sollte, sind es Evaluationsobjekt, -maßstab und -instanz, die transparent und politisch gleichberechtig von sämtlichen Ausschussteilnehmern (parlamentarische Abgeordnete sowie administrative und wissenschaftliche Sachverständige) gemeinsam festgelegt werden sollten. Dadurch können die verschiedenen Policy-Überzeugungen und polizeilichen Erwartungen berücksichtigt werden. Hierfür müsste

87 Vgl. *Lanfer* (Fn. 30).

88 Dabei ist insbesondere im Politikfeld Innere Sicherheit die Berücksichtigung verschiedener Interessen im Vergleich zu anderen Politikfeldern wie der Sozial-, Gesundheits- oder Umweltpolitik von größerer Bedeutung, weil der Zugang zu den Entscheidungsprozessen für gesellschaftliche Akteure ohnehin sehr restriktiv ist. Vgl. *Heinrich/Lange*: Kriminalpolitik, politische Steuerung und wissenschaftliche Politikberatung; auch *Lanfer/Lange/Petersen*, Das Politikfeld „Innere Sicherheit" – Institutionen, Prozesse, Inhalte und Akteure in der politikwissenschaftlichen Analyse, in: Gerhold/Schiller (Hrsg.), Perspektiven der Sicherheitsforschung, 2012, S. 146.

die geplante Evaluationsstudie zwischen dem Innenausschuss und dem Evaluator abgestimmt werden, um eine einseitige Auftragsvergabe durch das Innenministerium zu vermeiden, weil ansonsten eine intendierte oder auch nicht-intendierte Einflussnahme auf die Informationserzeugung nicht ausgeschlossen werden kann. Der Vorteil dieses Evaluationsverfahrens ist vor allem die explizite und detaillierte Auftragsvergabe an die Evaluationsinstanz mit dem Ziel, für den Entscheidungsprozess und evtl. auch für die Auflösung des programmatischen Policy-Konflikts die relevanten Daten einzuholen. Durch eine entsprechend gezielte, transparente und verbindliche Informationserzeugung über eine unabhängige wissenschaftliche Evaluation wird die komplexitätsreduzierte, weil rein auf Koalitionsinteressen fixierte, Informationsausdeutung begrenzt: Die Evaluationsforschung erhält einerseits hinreichende Informationen vom Innenausschuss als politischer Auftraggeber, ohne dass wesentliche Fragen ausgeblendet werden. Andererseits bekommen die politischen Akteure valide und policy-relevante wissenschaftliche Ergebnisse, ohne dass Forschungsprozesse beeinflusst oder zurückgehalten werden. Befördert wird dadurch letztlich ein für die Ausschussteilnehmer expressiv und instrumentell zufriedenstellendes, legitimes Verfahren, das die Entscheidungskomplexität erhöht und sich nicht infolge der strittigen Informationserzeugungen auf den status quo der grundlegenden politischen Konflikte begrenzt. Zwar kann und soll hierdurch der Stellvertreterkonflikt im Politikfeld zwischen ‚individueller Freiheit' und ‚kollektiver Sicherheit' nicht aufgelöst werden. Wenn aber der Informationsbedarf, die Informationserzeugung und problemorientierte Informationsausdeutung durch ein legitimes Verfahren gewährleistet wird, lässt sich der Horizont von programmatischen Alternativen und das Potenzial lernabhängiger Synthesen zwischen den belief systems der Akteurskoaltionen erweitern.

Teil 2

Evaluation von Sicherheitsgesetzen: Evaluationspflichten und ihre Umsetzung

Sicherheitsgesetzgebung, Evaluation und die Legislative

Zu den Faktoren einer angemessenen Rezeption von Expertise

Detlef Sack

1 Einleitung

Am 15.5.2013 hat der Innenausschuss des Deutschen Bundestags einstimmig dem Vorschlag des Bundesinnenministeriums zugestimmt, das Deutsche Forschungsinstitut für Öffentliche Verwaltung (DFÖV) damit zu beauftragen, die Gesetze zur Terrorismusbekämpfung unter Leitung von J. Ziekow zu evaluieren. Ministerium und Innenausschuss folgen damit einem normativen Auftrag nach Art. 9 des Gesetzes zur Änderung des Bundesverfassungsschutzgesetzes und des Art. 11 des Terrorismusbekämpfungsgesetzes. In der Begründung zur Evaluationspflicht im letztgenannten Gesetz heißt es: „Die Evaluierung erfolgt auf wissenschaftlicher Grundlage unter Einbeziehung eines Wissenschaftlichen Sachverständigen. Die Sachverständigenauswahl erfolgt im Einvernehmen mit dem Deutschen Bundestag, dessen autonome Entscheidung es bleibt, welches Gremium daran zu beteiligen ist.“[1]

Mit dieser Beauftragung, über dessen Ergebnisse an dieser Stelle aus redaktionellen Gründen keine Aussagen getroffen werden können, sind einige Fragen verbunden, auf die in diesem Artikel eingegangen werden soll. Da es sich um eine Evaluation im Rahmen eines Gesetzgebungsprozesses handelt, ist zunächst zu klären, welche Funktion diese eigentlich in diesem legislativen Prozess hat. Im Rahmen des vorliegenden Bandes ist damit auch zu diskutieren, ob es Besonderheiten der Sicherheitsgesetzgebung gibt, die sie von ‚sonstiger' Gesetzgebung unterscheiden. Es schließen sich Fragen daran an, wer eigentlich an Evaluationen interessiert ist, welche Evaluationsverfahren existieren und mit welchen Problemen diese befasst sind. Wenn eine entsprechende gutachterliche Expertise beauftragt wird, liegt auch die Frage nahe, wie denn mit deren Ergebnissen umgegangen wird. Wie offen sind Politik und Verwaltung für Kritik und Verbesserungsvorschläge?

1 BT-Drs. 16/2921, S. 21.

Bei der Erörterung dieser Fragen ist der nachfolgende Artikel von einem grundsätzlichen Misstrauen gegenüber Evaluationen und einer um sich greifenden, teilweise ausgesprochen kurzatmigen Überprüfungs- und Bewertungskultur geprägt. Ein gewisser Adhocismus, also die gelegenheitsmäßige und diskontinuierliche Durchführung und Nutzung von Evaluationen, und ein erheblicher Aufwand von Berichterstattungspflichten bei gleichzeitiger Ressourcenknappheit in Organisationen nähren dieses skeptische Unbehagen. Darüber hinaus erscheint es mir wenn schon nicht unplausibel so doch sehr voraussetzungsvoll, dass durch die Messung der Effekte von Gesetzen und von Politikergebnissen die grundlegenden programmatischen Orientierungen und Normen von komplexen Akteuren und der Zweck von Organisationen geändert werden können. Auf diese Probleme der Evaluation komme ich zurück. Meine Überlegungen sind jedoch auch von einem Misstrauen gegenüber dem Misstrauen getragen. Eine grundsätzliche Ablehnung von Rationalisierungsanstrengungen in der Gesetzgebung und evidenzbasierter Politik ist eine recht wohlfeile Haltung, die nun ihrerseits einer alleinigen Orientierung von Politik an Aspekten des Machterhalts und -strebens zumindest implizit Vorschub leistet. Evaluationen sind also auch ein notwendiges Element von Deliberation und demokratischer Politik.

Auf Grundlage dieser misstrauisch eingefärbten Haltung zielt das nachfolgende Papier darauf ab, die Probleme und Möglichkeiten von Gesetzesevaluation in den Blick zu nehmen. Dies soll unter besonderer Berücksichtigung der Sicherheitspolitik geschehen. In einem ersten Schritt werden Evaluationen in den Rahmen der Sicherheitsgesetzgebung eingeordnet. Es geht dabei wesentlich darum sich zu vergegenwärtigen, welche Eigenschaften das Politikfeld der Inneren Sicherheit aufweist. In diesem Zusammenhang ist die Spannung zwischen Freiheit und Sicherheit, die einen grundsätzlichen Normenkonflikt beinhaltet und damit ein eher hohes Niveau des politischen Streits mit sich bringt, von besonderer Bedeutung. Hier ist bereits die grundlegende These des Beitrags angelegt, dass ein hohes Konfliktniveau in einem Politikfeld den Weg zu einer angemessenen Rezeption der gutachterlichen Expertise verstellen kann und interessengeleiteter Verarbeitung Vorschub leistet. In einem zweiten Schritt werden vier Beweggründe für Evaluationen skizziert, nämlich die Legitimierung politisch-administrativer Maßnahmen, das fachliche Motiv, Wissen zu produzieren und Lernprozesse zu initiieren, der normative verfassungsrechtliche Druck zur Begutachtung der Gesetzgebung und schließlich die Interessen von Organisationen, etwa von Regierung, Parteien oder Verbänden, sich durch Evaluation gut darzustellen. Eine besondere Rolle wird in diesem Zusammenhang dem Parlament zugewiesen, für dessen Kontrolltätigkeit gegenüber der Exekutive wie auch für dessen eigene Lernprozesse bei der Regulierung Evaluationen essentiell sind. Nach einer Typisierung der Evaluationen im Bereich der Sicherheitspolitik werden die unterschiedlichen Akzeptanz- und Rezeptionsweisen skizziert, etwa die interessenpolitische Nutzung von Evaluationsergebnissen, den konstruktiven Umgang im Hinblick auf Veränderung und Lernen oder etwa die weitgehende Ignoranz. In diesem Zusammenhang werden drei Faktoren identifiziert, die auf die jeweilige Rezeption wirken. Dazu gehören das Konfliktniveau in dem entsprechenden Politikfeld, die Qualität der Expertise und die Ressourcenausstattung der beteiligten Organisationen. Im Fazit wird der Vorschlag für eine langfristige Vergabe von Evaluationen unterbreitet, der wesentlich davon ausgeht, dass das Parlament, nicht die Ministerien diese organisieren sollten. Es handelt sich hier insgesamt um eine politik- und verwaltungswissenschaftliche Bearbeitung des Themas, nicht um eine juristische.[2]

2 Besonderheiten der Sicherheitsgesetzgebung und die Rolle von Evaluationen

Im Vergleich zu anderen Politikfeldern und Handlungsarenen (etwa der Arbeitsmarkt-, der Gesundheits-, der Bildungs-, der Technologie-, der Raumentwicklungspolitik, der Verwaltungsreformen und der Sozialen Arbeit) gehört das Politikfeld der Inneren Sicherheit zu den ‚Spätgeborenen' der Evaluationsforschung[3], auch wenn es mittlerweile durchaus bemerkenswerte Fortschritte gegeben hat.[4] Bevor ich auf die Motive, Typen und Rezeptionsmöglichkeiten eingehe, die mit Evaluationen verbunden sind, verorte ich diese im besonderen Prozess der Gesetzgebung in der Sicherheitspolitik. Dieser Vorgehensweise liegt die Einschätzung zugrunde, dass die Merkmale eines Politikfeldes und der in diesem stattfindenden legislativen Akte eine Eigenlogik aufweisen, welche sich auch auf die Rolle von Evaluationen auswirkt. Zur Bestimmung des Charakters einer Gesetzgebung kommen zunächst drei Eigenschaften in den Blick, nämlich die temporale Struktur, die gebietskörperschaftliche Kompetenzverteilung bzw. das institutionelle Gefüge und das (zu erwartende) Konfliktniveau.[5]

---

2 Vgl. dazu *Albers*, Die Verfassungsrechtliche Bedeutung der Evaluierung neuer Gesetze zum Schutz der Inneren Sicherheit, in: Deutsches Institut für Menschenrechte, Menschenrechte – Innere Sicherheit – Rechtsstaat. Konferenz des Deutschen Instituts für Menschenrechte, 27.06.2005, S. 21-36; *Gusy/Kapitza*, in diesem Band.

3 Vgl. zu den Feldern *Widmer u. a.*, Evaluation. Ein systematisches Handbuch, 2009.

4 *Gusy/Kapitza*, in diesem Band.

5 Die nachfolgenden Überlegungen sind auf drei Workshops des BMBF geförderten Verbundprojektes ‚Sicherheitsgesetzgebung [SIGG]', geleitet von *C. Gusy* und *H.J. Lange*,

Beginnen wir mit der *temporalen Struktur* der Sicherheitsgesetzgebung: Grundsätzlich wird Evaluation in den Politikwissenschaften als eine Stufe des sog. Policy-Zyklus ausgewiesen. Dieser unterteilt sich – analog zur Gesetzgebung – in die Stufen Problemdefinition, Agenda-Setting, Entscheidungsfindung, Implementation, Evaluation und Terminierung.[6] Die grundlegende Annahme ist die, dass eine Gesetzgebung rational und in zeitlicher Reihenfolge abläuft, also zunächst ein gesellschaftliches Problem definiert und artikuliert wird, dieses auf die politische Tagesordnung gesetzt wird, Lösungsmöglichkeiten entwickelt, diskutiert, abgewogen und in einem legitimen Verfahren entschieden werden, die entsprechenden Regulierungen und Maßnahmen realisiert und danach wissenschaftlich hinsichtlich ihrer Wirkungen bewertet werden. Dieser Bewertung folgt entweder die Abschaffung der Maßnahme bzw. die Aufhebung der Regulierung (Terminierung) oder deren grundlegende Korrektur. Evaluation ist hier konstitutives Element in einem chronologischen, in Phasen orientierten Prozess. Die Überprüfung der Programme nach deren Realisierung und Implementation dient der Verbesserung der Regulierung; sei es durch inkrementelle Novellierung, grundlegende Reformen oder Abschaffung.

Ohne an dieser Stelle zu tief gehen zu können, so sind doch zumindest folgende Kritikpunkte an diesem Modell festzuhalten. Es hat zunächst keine analytische, sondern lediglich eine beschreibende Qualität, insoweit es keine logisch-notwendige Verbindung zwischen den Phasen ausweist. Empirisch ist festzustellen, dass es häufig Fälle von ‚Kurzschlüssen' gibt, also das Überspringen bestimmter Phasen, wenn etwa ohne Evaluation eine Novellierung erfolgt oder wenn neue Problemdefinitionen ohne Realisierung vorheriger Programme vorgenommen werden. Überdies wird mit dem Modell eine rationalistische Grundannahme verfolgt, nämlich die das Politik ‚problemlösungsorientiert' sei.[7] Die Unzufriedenheit mit der empirischen wie auch der konzeptionell-analytischen Reichweite des Modells, das als gleichsam grundlegend für die temporale Struktur der formalen Gesetzgebung angelegt ist, hat dazu geführt, dass in den Politikwissenschaften in den letzten Jahren ein anderes Modell der temporalen Struktur vermehrt beachtet worden ist, nämlich das

---

vorgestellt worden. Ich bedanke mich bei den Teilnehmer/innen dieser Workshops für Anregungen und Kritik. Die Überlegungen gehen zudem auf intensive Diskussionen mit *C. Gusy* zurück.

6 Vgl. *Jann/Wegrich*, Phasenmodelle und Politikprozesse. Der Policy Cycle, in: Schubert/Bandelow (Hrsg.), Lehrbuch der Politikfeldanalyse 2.0, 2009, S. 75-113; *Jantz/Veit*, Bessere Rechtsetzung durch Befristungs- und Evaluationsklauseln?, 2010.

7 Vgl. *Czada*, Neuere Entwicklungen der Politikfeldanalyse, in: Kongressbeiträge zur politischen Soziologie, Politischen Ökonomie und Politikfeldanalyse polis 39, 1998, S. 47-66; *Mayntz*, Zur Selektivität der steuerungstheoretischen Perspektive, MPIfG Working Paper 1/2, 2001, S. 1-10; *John*, Analyzing Public Policy, 2012, S. 17-28.

Multiple-Streams Konzept. Dieses schließt an jenem, in den frühen 1970er Jahren vorgestellten organisationssoziologischen Konzept der zeitlichen Parallelität von Strömen an.[8] Das heißt, es wird davon ausgegangen, dass Probleme, Problemlösungen und machtpolitische Auseinandersetzungen eigenlogisch nebeneinander herlaufen und nur gelegenheitsweise gekoppelt werden. Macht und Interessenpolitik läuft für sich, die Entwicklung von technischen Lösungen folgt der Dynamik technologischer Entwicklung, Problematisierungen erfolgen fortlaufend.[9] Es kommt bei bestimmten Gelegenheiten und wenn politische Unternehmer die entsprechende Energie aufbringen und ein hinreichendes Durchsetzungsvermögen haben, zur Verbindung zwischen diesen Strömen. Es geht an dieser Stelle nicht um eine eingehende Diskussion, welches der beiden Modelle der temporalen Struktur der Gesetzgebung überzeugender ist, sondern bescheidender zunächst um zwei Punkte: In dem Multiple-Streams Konzept kommt erstens Evaluation anders als im Policy-Zyklus eine nachrangige Rolle zu, da ja Problem und Problemlösung weitgehend entkoppelt sind. Bestenfalls ist das Wissen aus der überprüfenden Expertise eine Ressource zur Durchsetzung seitens politischer Unternehmer. Eine andere Möglichkeit ist – das Paradebeispiel ist hier der Prüfbericht des Bundesrechnungshofes zur Vermittlungstätigkeit der damaligen Arbeitsämter aus dem Jahr 2002 – dass die Evaluation eine Gelegenheit ist, die von politischen Unternehmern genutzt werden kann (oder auch nicht). Die Bedeutung der Expertise ist kontingent, also stets auch anders möglich. Zweitens sind bei der Analyse der Sicherheitsgesetzgebung beide Möglichkeiten einer temporalen Struktur in Erwägung zu ziehen. Es entscheidet sich empirisch, ob diese eine Problemdefinition als Ausgangspunkt hat oder – wie offenkundig im Fall des IMSI-Catchers – eine technische Lösung.[10]

Sicherheitsgesetzgebung ist – damit komme ich zur *Kompetenzverteilung* im europäischen Mehrebenenregieren und zum institutionellen Gefüge – die Sache der Bundesländer, des Bundes und der Europäischen Union.[11] Das traditionelle Governance-Regime im deutschen kooperativen Föderalismus kennt die star-

8 *Cohen u. a.*, A Garbage Can Model of Organizational Choice, Administrative Science Quarterly, 1972, S. 1-25.

9 *Kingdon*, Agendas, Alternatives and Public Policies, 1995; *Zaharidades*, The Multiple Streams Framework. Structure, Limitations, Prospects, in: Sabatier (Hrsg.), Theories of the Policy Process, 2007, S. 65-92; *Rüb*, Multiple-Streams-Ansatz. Grundlagen, Probleme und Kritik, in: Schubert/Bandelow (Hrsg.), Lehrbuch der Politikfeldanalyse 2.0, 2009, S. 348-376.

10 Dieses Beispiel wurde von *A. Bötticher* und *A. Kapitza* im Rahmen des SIGG-Projektes untersucht.

11 *Gusy/Schewe*, Die polizeiliche und justizielle Zusammenarbeit, in: Weidenfeld (Hrsg.), Die Europäische Union. Politisches System und Politikbereiche, 2011, S. 314-336; *Gusy*, Sicherheitsgesetzgebung, KritV 2012, S. 252-255.

ke Stellung der Bundesländer, eine ausdifferenzierte Gewaltenverteilung, eine deutliche Exekutivlastigkeit und einen erheblichen und andauernden Koordinationsbedarf.[12] Mit dem „Raum der Freiheit, der Sicherheit und des Rechts"[13] und den grundrechtlichen Bestimmungen im Lissabon Vertrag ist ein wesentlicher Europäisierungsschub erfolgt.[14] Im europäisierten kooperativen Föderalismus mit der vertikalen Verteilung von Kompetenzen und stetigen Erfordernissen zu Vermittlung, Kompromissen und Anpassungen stellen sich Evaluationen einerseits ganz praktische Erhebungsprobleme, da Daten – in durchaus sehr unterschiedlicher Qualität und Zugänglichkeit – von unterschiedlichen Stellen vorgehalten werden. Der Datenzugang wird überdies dadurch beeinträchtigt, dass im Politikfeld der Inneren Sicherheit Geheimhaltungserfordernisse geltend gemacht werden (können), die den Datenzugang deutlich erschweren. Das ‚übliche' Erhebungsproblem im europäisierten kooperativen Föderalismus wird durch eine politikfeldspezifische institutionelle Besonderheit (Geheimhaltung von Daten aus ermittlungstechnischen Gründen) deutlich verschärft. Im Umgang mit Evaluationsergebnissen ergeben sich bei vertikaler Politikverflechtung wiederum erhebliche Schwierigkeiten bei der Zuordnung der politischen Verantwortlichkeit. Welchen Regierungen und welchen Körperschaften sind gute oder schlechte Leistungserbringung zuzuordnen? Überdies hat die Europäisierung auch dazu geführt, dass die Evaluationsmaßstäbe eben nicht mehr allein durch die nationalstaatlichen Einrichtungen bestimmt werden, sondern nunmehr stets einem Vergleich mit dem regulatorischen Niveau und der administrativen Praxis der anderen Mitgliedsstaaten standhalten müssen. Wie in anderen Politikfeldern auch kommt im Zuge der ‚Harmonisierung' mitgliedsstaatlicher Gesetzgebung eine transnationale komparative Qualität ins Spiel. Die Anpassungen an die europäische Vorratsdatenspeicherungsrichtlinie, deren deutliche Varianz und die Bestrebungen der Europäischen Kommission zur Vereinheitlichung der regulatorischen Niveaus in den Mitgliedsstaaten zeigen, dass a.) Evaluation nunmehr einem transnationalem Vergleichsmaßstab zu genügen hat

---

12 Vgl. *Sack*, Regieren und Governance in der Bundesrepublik Deutschland, 2013, S.171-204.

13 Art. 3 Abs. 2 EUV.

14 Zur vorherigen Europäisierung des Politikfeldes der Inneren Sicherheit vgl. *Aden*, Hartmut, Polizeipolitik in Europa: Eine interdisziplinäre Studie über die Polizeiarbeit in Europa am Beispiel Deutschlands, Frankreichs und der Niederlande, 1998; *Knelangen*, Europäisierung und Globalisierung der Polizei, Aus Politik und Zeitgeschichte 48 (2008), S. 33–38; *Lavenex/Wallace*, Justice and Home Affairs: Towards a ‚European Public Order'?, in: Wallace u. a. (Hrsg.), Policy-Making in the European Union, 2005, S. 457–480.

und b.) sich Evaluation als politisches Mittel der Disziplinierung erweisen kann.[15] Festzuhalten ist im Zusammenhang jedoch auch, dass sich im europäisierten kooperativen Föderalismus ein Gutteil der Koordination durch lose gekoppelte Netzwerke von Experten vollzieht, die als fachliche Wissensproduktionsgemeinschaften an Evaluation und wechselseitigen Lernprozesse durchaus ein eigenes Interesse entfalten können.

Nach der temporalen Struktur der Gesetzgebung und der Verteilung von Kompetenzen im europäischen Mehrebenenregieren ist das *wahrgenommene Konfliktniveau* in dem Politikfeld von Belang. Die grundlegende Annahme lautet in diesem Zusammenhang, dass Evaluationen in einer Arena mit hohem Konfliktniveau eine andere Funktion einnimmt als in Politikbereichen mit einem breiten Konsens. Im erstgenannten Fall werden Evaluationen instrumentell in der machtpolitischen Auseinandersetzung genutzt. Im zweiten Fall können Evaluationen jene Lerneffekte mit sich bringen, die ihnen in der Politikwissenschaft mitunter zugesprochen werden.[16] Diese Überlegung schließt an einem Kernsatz der US-amerikanischen Politikwissenschaft an. Dieser lautet „Policy determines politics"[17]. Politische Programme sind mit bestimmten Erwartungen und mit Bewertungen verbunden, sie entsprechen (oder eben nicht) Nutzenkalkulationen oder bestimmten Werten. Die Grundüberlegung, die hinter dieser Annahme steckt, geht nun davon aus, dass die Politik in einer Arena umso konfliktreicher ist je deutlicher diese eine klar nachvollziehbare Umverteilung mit sich bringt.[18] Die Annahme ist vor dem Hintergrund der Auseinandersetzungen um sog. Biopolitiken (etwa um die Abtreibungsfrage) auf Wertkonflikte ausgeweitet worden.[19] Für das Konfliktniveau wichtiger als der antizipierte Nutzen sei die Entsprechung einer programmatischen Politik mit den grundlegenden Werten der entsprechenden Autoren und Adressaten. Je eher sich also eine Politik als Wertentscheidung darstellt, desto wahrscheinlicher sei ein hohes Konfliktniveau. Dabei betonen die entsprechenden Autoren, dass es sich um den wahrgenommen Nutzen oder Verstoß gegen grundlegende Werte handele.[20] Die

---

15 *Europäische Kommission*, Bericht der Kommission an den Rat und das Europäische Parlament: Bewertungsbericht zur Richtlinie über die Vorratsdatenspeicherung (Richtlinie 2006/24/EG) (KOM 2011/225), 18.04.2011

16 *Howlett u. a.*, Studying Public Policy. Policy Cycles & Policy Subsystems, 2009, S. 179-183.

17 *Lowi*, Four Systems of Policy, Politics, and Choice, Public Administration Review, 1972, S. 299.

18 *Lowi*, American Business, Public Policy, Case Studies and Political Theory, World Politics, 1964, S. 677-715; *Wilson*, American Government. Institutions and Policies, 1983.

19 *Windhoff-Héritier*, Policy-Analyse. Eine Einführung, 1987, S. 52-53.

20 *Windhoff-Héritier* (Fn. 19), S. 55.

entsprechenden Einschätzungen seien ein „Ergebnis von Definitionsprozessen“[21]. Es ist also wichtig, sich empirisch über die jeweiligen Deutungen der Maßnahmen bzw. der grundsätzlich Politikrichtungen in einem Feld zu vergewissern. Hier gibt es keinen Automatismus. Genauso ist aber festzuhalten, dass, sofern in einer Arena Maßnahmen als Wertentscheidungen oder Umverteilungen wahrgenommen werden, das Konfliktniveau entsprechend hoch ist und sich die Funktion der in Frage stehenden Evaluationen verändert: Ihnen kann in solchen Fällen kaum die Rolle einer Rationalisierung entsprechender Konflikte zukommen.

Was bedeutet diese Überlegung hinsichtlich der Merkmale des Politikfeldes der Inneren Sicherheit? Es gehört zu den wiederkehrenden Beschreibungen desselben, dass dieses mit einer Spannung zwischen Freiheit und Sicherheit in Verbindung gebracht wird.[22] Es handelt sich hier offenkundig um einen grundlegenden Normenkonflikt, der – wie im Juni 2013 die Berichterstattung zu den Überwachungsmaßnahmen US-amerikanischer und britischer Geheimdienste einmal mehr zeigte – medial aufgeladen werden kann und dem auch innerhalb der Parteienkonkurrenz und auf dem Stimmenmarkt offenkundig die Bedeutung einer wichtigen Konfliktlinie zukommt.[23] Die Evaluation von Sicherheitsgesetzen erfolgt innerhalb der, in der Parteienforschung wohlbekannten Konfliktlinie zwischen Libertarismus und Autoritarismus.[24] Das dem Politikfeld der Inneren Sicherheit bekannte Spannungsverhältnis zwischen Freiheit und Sicherheit[25] ‚übersetzt‘ sich in programmatische Positionen am Wählerstimmenmarkt. Diese Übersetzung kann und muss deshalb erfolgen, da es sich um normative Orientierungen handelt, welche soziale Milieus und ihr politisches Verhalten (darunter auch die Wahlentscheidung) maßgeblich prägen. Die gleichen sicherheitspolitischen Maßnahmen

---

21 *Benz*, Policies als erklärende Variable in der politischen Theorie, in: Benz/Seibel (Hrsg.), Theorieentwicklung in der Politikwissenschaft. Eine Zwischenbilanz, 1997, S. 303-322.

22 *Glaeßner*, Sicherheit in Freiheit. Die Schutzfunktion des demokratischen Staates und die Freiheit der Bürger, 2003, S. 77-96; *Gusy*, Vom neuen Sicherheitsbegriff zur neuen Sicherheitsarchitektur, Verwaltungs-Archiv. Zeitschrift für Verwaltungslehre, Verwaltungsrecht und Verwaltungspolitik, 2010, S. 309-333; *Callies*, Sicherheit im freiheitlichen Rechtsstaat. Eine verfassungsrechtliche Gratwanderung mit staatstheoretischem Kompass, ZRP 2002, S. 1-7.

23 *Neugebauer*, Politische Milieus in Deutschland, 2007; *Busch*, Kontinuität statt Wandel. Die Innen- und Rechtspolitik der Großen Koalition, in: Egle/Zohlnhöfer (Hrsg.), Die zweite Große Koalition. Eine Bilanz der Regierung Merkel 2005-2009, 2010, S. 403-432.

24 *Neugebauer* (Fn. 23), S. 403-432; *Kitschelt*, The Formation of Party Systems in East Central Europe, Politics & Society, 1992, S. 7-50; *Niedermayer*, Das Parteiensystem Deutschlands, in: Niedermayer u. a. (Hrsg.), Die Parteiensysteme Westeuropas, 2008, S. 109-133.

25 *Glaeßner* (Fn. 22).

werden von sozialen Gruppen mit verschiedenartigen Einstellungsmustern eben auch unterschiedlich bewertet und ggf. für Wahlpräferenz einbezogen. Wenn das so ist, dann geraten Evaluationen (und deren Rezeption) zu Programmen, die sich mit etwaigen Überwachungsmaßnahmen befassen[26] und die derzeit stark in der Spannung zwischen Sicherheit und Freiheit wahrgenommen und gedeutet werden, mutmaßlich eher in das Fahrwasser selektiver interessengeleiteter Nutzung und wertbeladener Interpretation als etwa Gutachten zum Gewaltschutzprogramm für Frauen oder zum Informationsfreiheitsgesetz, also zu Themen, bei denen ein größerer gesellschaftlicher und politischer Konsens anzunehmen ist.[27] Es ist also davon auszugehen, dass die Ausprägung des Konfliktniveaus in einem Politikfeld sich auf die Überprüfung entsprechender Maßnahmen und den Umgang mit entsprechenden Ergebnissen deutlich auswirken wird.

Durch bestimmte temporale Strukturen, verteilte und europäisierte Kompetenzen und in einigen Bereichen hohes Konfliktniveau ist also die Gesetzgebung im Feld der Inneren Sicherheit zu charakterisieren. Daraus ergeben sich Annahmen zum Stellenwert und zur Funktion von Evaluation. Evaluation ist dabei aber ein endogenes, also in der Sicherheitsgesetzgebung selbst angelegtes und auf sich selbst bezogenes Beobachtungsverhältnis. Anders formuliert: Die geplante gutachterliche Untersuchung im bislang beschriebenen und durch Evaluationsklauseln konkretisierten Sinne steht nicht alleine und ist nicht die einzige Bewertung, auf die Politik zu reagieren hat. Das erste, gleichsam externe Beobachtungsverhältnis besteht in der diskontinuierlichen Tagesordnung und Berichterstattung durch die Medien, die im Rahmen der medialen Eigenlogik durch die Skandalisierung entsprechender Ereignisse geprägt ist. Die Medienberichterstattung bestimmt nun zwar nicht direkt die Ressourcenlage in der Legislative und Exekutive, ihr Agenda Setting und ihre Filterwirkung können aber für die Parteien auf dem Wählerstimmenmarkt durchaus Konsequenzen haben; insbesondere im Hinblick auf die Themensetzung,

26 Z. B. *Kilchling/Kenzel*, Gutachten der kriminologischen Abteilung des Max-Planck-Instituts für ausländisches und internationales Strafrecht im Auftrag des Brandenburgischen Ministeriums des Innern, 2011; *Albrecht u. a.*, Schutzlücken durch Wegfall der Vorratsdatenspeicherung? Eine Untersuchung zu Problemen der Gefahrenabwehr und Strafverfolgung bei Fehlen gespeicherter Telekommunikationsverkehrsdaten, 2011; *Wolff*, Verfassungsrechtliche Bewertung des Terrorismusbekämpfungsergänzungsgesetzes (TBEG) und seiner Anwendung. Rechtsgutachten, 2011.

27 Z. B. *Bund-Länder-Arbeitsgruppe Häusliche Gewalt*, Auswertung der Evaluation des Gewaltschutzgesetzes. Empfehlungen für die Weiterentwicklung des Gewaltschutzrechtes sowie der Praxis seiner Anwendung, 2008; *Ziekow u. a.*, Evaluation des Gesetzes zur Regelung des Zugangs zu Informationen des Bundes. Informationsgesetz des Bundes im Auftrag des Innenausschusses des Deutschen Bundestages, 2012.

die Sichtbarkeit der Parteien und den Tenor der Berichterstattung.[28] Das zweite Beobachtungsverhältnis, in dem wiederum von außen, Bewertungsmaßstäbe und Einschätzungen an die Politik der Inneren Sicherheit herangetragen werden, besteht in einer (erweiterten) Verfassungsgerichtsbarkeit. Die Urteile des BVerG, in denen die Politik der jeweiligen Legislative und Exekutive bewertet wurden, sind Legion und etwa zur Vorratsdatenspeicherung, Sicherungsverwahrung oder der Anti-Terror-Datei wesentlich grundsätzlicher und maßgeblicher als es eine Gesetzesevaluation sein könnte.[29] Die konstitutionelle Supervision hat – etwa beim Beispiel der Sicherungsverwahrung – eine Anlagerung und Korrektur durch den EGMR erfahren. Derzeit sieht es so aus, dass auch der EuGH seine grundrechtliche Rechtsprechung und damit seine normative Evaluationskompetenz ausweiten wird. Das dritte Beobachtungsverhältnis ist durch unterschiedliche, weniger auf direkte Folgsamkeit denn auf Rechtfertigung programmierte Instrumente des Monitorings gegeben. Dazu sind etwa die Staatenberichterstattung im Rahmen des Universal Periodic Review zu zählen, in denen anhand der Berichte und in Anhörungen die Grundrechtseingriffe und das Schutzniveau in der Bundesrepublik bewertet werde. So hat die turnusgemäße Anhörung vor dem UN-Menschenrechtsausschuss am 25.4.2013 zu intensiven Nachfragen zur Aufklärung der NSU-Morde und rassistischer Tendenzen in der Bundesrepublik geführt.[30] Aber auch ereignis- oder standardbasierte komparative Instrumente zur Messung der Durchsetzung von Menschen- und Grundrechte sind hier zu nennen.[31] Das vierte Beobachtungsverhältnis, aus dem heraus Bewertungen an die Gesetzeslage und deren Wirkmächtigkeit herangetragen werden, ist dass der (transnational) organisierte Delinquenz und Kriminalität. Politischer Terrorismus, organisierte Kriminalität, Cyber- oder Finanzkriminalität tragen bestimmte funktionale Kriterien an die faktische Gesetzeslage heran. Die jeweiligen Suchbewegungen für die entsprechenden Aktivitäten sind davon geprägt,

28 *Boomgaarden/Semetko*, Nachrichten-Bias. Medieninhalte, Bevölkerungswahrnehmung und Wahlverhalten bei der Bundestagswahl 2009, Politische Vierteljahresschrift 2012, S. 454-476.

29 Vgl. zum Beispiel der Vorratsdatenspeicherung *Szuba*, Vorratsdatenspeicherung. Der europäische und deutsche Gesetzgeber im Spannungsfeld zwischen Sicherheit und Freiheit, 2011 und *Hornung*, Datenschutz nur solange der Vorrat reicht? Die Speicherung von Telekommunikationsverkehrsdaten als Problem der Abwägungskompetenz im Mehrebenensystem, in: Busch/Hofmann (Hrsg.), Politik und die Regulierung von Information, 2012, S. 377-407.

30 *Gusy*, Grundrechtsmonitoring. Chancen und Grenzen außergerichtlichen Menschenrechtsschutzes, 2011; *Sack/Kessler*, Weltorganisationen und Menschenrechtsmonitoring. Rechtfertigungspflicht in der Weltgesellschaft und inverse Effekte, in: Koch (Hrsg.), Weltorganisation, 2012, S. 101-127; *FAZ* 26.4.2013; *SZ* 26.4.2013.

31 *Landman/Carvalho*, Measuring Human Rights, 2010, S. 45-90.

Opportunitäten zu finden, die sich als vorteilhaft erweisen könnten. Auch darauf hat Politik im Feld der Inneren Sicherheit zu reagieren. Medienberichterstattung, Verfassungsgerichtsbarkeit, transnationales Menschenrechtsmonitoring und Kriminalitätsentwicklung ‚evaluieren' Sicherheitsgesetzgebung auf ihre jeweils eigene Weise: Deren Bewertungsmaßstäbe sind nicht zwingend, in Teilen sogar notwendig nicht deckungsgleich mit der beauftragten gutachterlichen Expertise.

3 Motive für Evaluationen zwischen Legislative und Exekutive

Die Begründung, warum Politik evaluiert wird, ist durchaus uneinheitlich. Es gibt nicht das *eine* Motiv; vielmehr sind verschiedene, durchaus in unterschiedlichen Kombinationen wirksame Motive relevant. Im Wesentlichen geht es allgemein zunächst um die Rechtfertigung von Politik, um Wissensproduktion und Lernprozesse, um normativen Druck und um Interessenpolitik.

Evaluationen können der *Legitimation von politischen Maßnahmen* dienen. Der Gesetzgebungsprozess ist geprägt von einem „Wechsel öffentlicher und nichtöffentlicher Stationen des Verfahrens, also seines Zuhörerkreises. Dieser Rhythmus erleichtert die Verwendung unerlaubter Motive zur Vereinfachung der Entscheidungslage und ermöglicht es, Herstellung und Darstellung von Konsens zu trennen. Dadurch ist es möglich, divergierende Reduktionsstile nacheinander zu verwenden [...]."[32] In unserem Zusammenhang dienen Evaluationen als ‚öffentliche Stationen' der Begründung des Nutzens der entsprechenden Regulierungen. Sie erhöhen damit die Output-Legitimation des politischen Systems bzw. sollen zu dessen Anstieg beitragen, also zur Rechtfertigung von Politik durch ‚gute Leistungen'. In diesem Zusammenhang ist darauf hinzuweisen, dass mit der Verwaltungsreformbewegung der ‚Better Regulation', die sich – zunächst im OECD-Kontext – eine Rationalisierung und Professionalisierung von Politik und Verwaltung auf die Fahnen geschrieben hat, der normative Anspruch erhöht worden ist, Evaluationen durchzuführen, um sich gegenüber Gesellschaft und Politik durch messbare Leistungserbringung zu rechtfertigen.[33]

Evaluationen können darauf ausgerichtet sein, *Lernprozesse* hervorzubringen und Wissen zu produzieren, sich also tatsächlich über den Nutzen und mögliche

32 *Luhmann*, Legitimation durch Verfahren, 1983, S. 189.

33 *Jantz/Veit* (Fn. 6); *Döhler/Wegrich*, Regulierung als Konzept und Instrument moderner Staatstätigkeit, Der Moderne Staat. Zeitschrift für Public Policy, Recht und Management, 2010, S. 31-52.

Korrekturen von Maßnahmen informiert zu verständigen.[34] Hier gäbe es ein intrinsisches Motiv – etwa in entsprechenden Expertennetzwerken – sich qualitativ zu verbessern bzw. externen Druck, etwas zu ändern. Ausschlaggebend ist hier die Orientierung an Fachlichkeit und an einer Gemeinschaft von Experten, die durch gemeinsame Qualitätskriterien definiert ist und in der Reputation auf Wissen fußt. In diesem Zusammenhang können die Befristung von Gesetzen und die Fixierung von Evaluationsklauseln durchaus der Unsicherheit von Abgeordneten bzw. der Exekutive geschuldet sein, die sich über die Risiken und (Neben-)Folgen ihrer Entscheidungen nicht im Klaren sind bzw. sein können und deshalb die Reversibilität der konkreten legislativen Akte und Maßnahmen gewährleisten wollen.

Evaluationen können verfassungspolitisch aufgegeben sein und damit aus einem *normativen Druck* erwachsen. Hervorzuheben ist hier die Rolle der konstitutionellen Supervision. So leitet das Bundesverfassungsgericht eine Prognose-, Beobachtungs- und Nachbesserungspflicht insbesondere aus grundrechtlichen Schutzpflichten ab:

> „Das Bundesverfassungsgericht gibt sich in Konstellationen besonders gesteigerter Ungewissheit aber nicht einfach damit zufrieden, dem Gesetzgeber Beurteilungsspielräume zuzuerkennen und auf die Korrekturpflichten aufgrund der permanenten Verfassungsbindung hinzuweisen. Die Lösung des Gerichts besteht vielmehr darin, das Gesetz zwar für verfassungsmäßig zu halten, den Gesetzgeber aber zugleich zu verpflichten, zu beobachten, ob die zugrunde gelegten Tatsachen und Prognosen tatsächlich zutreffend sind, und das Gesetz gegebenenfalls zu korrigieren. Es legt ihm also eine Beobachtungspflicht auf, die mit der Nachbesserungspflicht rechtlich verbunden ist, ihr vorhergeht und sie sowie die dahinter liegende permanente Verfassungsbindung des Gesetzgebers erst effektiviert. Beobachtungs- und Nachbesserungspflichten institutionalisieren Lernprozesse als notwendiges Gegenstück der gesetzgeberischen Kompetenz zur Festlegung neuer Eingriffsermächtigungen trotz bestehender Ungewissheit über Sachlagen und Regelungsfolgen."[35]

Evaluationen sind jedoch auch schlichte *Interessenpolitik*. Sie dienen dazu „to gain partisan political advantage".[36] Sie sind also eine Ressource in der politischen Auseinandersetzung zwischen Parteien und zwischen Verbänden. Durch gutachterliche Expertise soll in der Unterscheidung zwischen Regierung und Opposition, ersterer Versagen oder Erfolg bescheinigt werden. Verbände und Nichtregierungsorganisation legen Expertisen und Beurteilungen administrativer Praxis vor, um ihren jeweiligen Forderungen Nachdruck zu verleihen bzw. bestimmte Themen auf die politische Tagesordnung zu setzen. In den Bereich der Interessenpolitik fällt überdies die

34 *Howlett u. a.* (Fn. 16), S. 178-182; *Albers* (Fn. 2), S. 29.

35 *Albers* (Fn. 2), S. 28.

36 *Howlett u. a.* (Fn. 16), S. 179.

Evaluation als politische Kompromissformel: Weil sich parteipolitische Koalitionen oder Akteursbündnisse nicht einig sind, kann die Evaluationsklausel ein Bestandteil des politischen Kompromisses sein. Gemäß der Formel: Zunächst lenken wir hier ein, aber durch die Evaluation kommt die Gesetzgebung auf Wiedervorlage.

Diese vier Motive sind mutmaßlich nicht singulär oder in reiner Form vorzufinden. Realistischer ist die Annahme, dass es unterschiedliche Kombinationen von Motiven in den beteiligten Organisationen gibt und die Rollendefinitionen es erlauben, verschiedenen Bewegründen zu folgen. Diese wurden bislang nicht detailliert bestimmten Organisationen zugerechnet, was auch den Rahmen des Artikels überschreiten würde. Dennoch erlaube ich mir an dieser Stelle auf eine zentrale Differenz hinzuweisen, nämlich die zwischen Legislative und Exekutive. Mit dieser Differenz und dem innewohnenden Delegationsverhältnis sind wichtige Rollenbestimmungen bei der Evaluation der Sicherheitsgesetzgebungen verbunden: Regierung, Polizei und Verwaltung weisen eine deutlich geringere Neigung aus, sich bewerten zu lassen. Sie haben sich im bestehenden Regelwerk eingerichtet. Positiv könnte die Exekutive durch Evaluationen ihr technisches und organisatorisches Wissen verbessern und instrumentelle Anpassungen vornehmen. Die Exekutive muss aber das Aufdecken von Polizei- und Verwaltungsversagen befürchten. Der Prozess der Aufarbeitung des NSU-Terrorismus (maßgeblich durch das Parlament betrieben!) zeigt, dass jenseits individueller Fehler die Kombination aus Informationsblockaden im kooperativen Föderalismus gekoppelt mit institutionellem Rassismus das Schutzniveau eine bestimmte soziale Gruppe markant verschlechtert hat. Das ist ein klares Versagen der Exekutive. Ein Offenlegen solcher fehlender administrativer und polizeilicher Funktionalität zieht dann erkennbar den Druck für administrative Reorganisierung nach sich. Damit müssen Polizei und Verwaltung ihre bisherigen Routinen und ihre Ressourcenausstattung aufwendig verteidigen. Die politikfeldspezifische Besonderheit des Geheimhaltungspostulats mit dem Verweis auf Ermittlungen und Kriminalitätsbekämpfung können sich hier durchaus als exekutive Ressource erweisen, sich gegen Datenerhebungen im Rahmen der Evaluation zu sperren. Andererseits können sich Evaluationen dann durchaus als vorteilhaft erweisen, wenn die Exekutive diese dazu nutzen kann, neue Kompetenzen und Ressourcen aussichtsreich einzufordern. In Prinzip ist die Sichtweise der Exekutive nicht allein von Interessen am Organisationserhalt geprägt, sondern neigt im konkreten Fall der Sicherheitsgesetzgebung offenkundig dazu, „die Vollzugsinteressen der Sicherheitsbehörden im Vordergrund" zu stellen.[37]

37 Wolff (Fn. 26), S. 23. Zur Kritik an administrationsinternen Evaluationen des TBG und TBEG vgl. auch die Kritik des *Bundesbeauftragten für Datenschutz und Informationssicherheit* unter http://www.bfdi.bund.de/DE/Schwerpunkte/Terrorismusbekaempfung/Artikel/TBEG.html?nn=409954, (zuletzt aufgerufen: 3.6.2013).

Es ist somit insbesondere das *Parlament*, das sich, um seine Funktionen des Mitregierens und der Kontrolle aufrechtzuerhalten, für regelmäßige Evaluationen einsetzen muss.[38] Legislative und Exekutive stehen in einem Prinzipal-Agent zueinander. Im Rahmen rechtstaatlich verfasster Demokratien beauftragt das Parlament (Prinzipal) Regierung und Verwaltung (Agent) damit, Gesetze in angemessener Form umzusetzen und den Zweck des Gesetzes zu realisieren. Die Legislative wiederum kontrolliert die Implementation. Sie tut das notwendigerweise, da der Legislative bzw. den Mandatsträger/innen und den Parteien die Effekte der politischen Entscheidung zugerechnet und sie dafür von den Wähler/innen verantwortlich gemacht werden. Evaluation ist jene instrumentelle Handlung, durch die die Legislative ihre Position als Prinzipal aufrechterhält. Durch die Evaluationen wird das Parlament institutionell aufgewertet und schafft sich eine Legitimierung für und durch die mutmaßlich erforderliche Gesetzesnovellierung. Eingedenk der oben stehenden Erläuterungen ist das parlamentarische Verfahren mit seinen (semi-)öffentlichen Stationen der Beratung wie etwa Ausschusssitzungen, Anhörungen und Plenardebatten in der Tendenz auch offener für die Rezeption der Evaluationsergebnisse. Es ist aus der Rollenbestimmung heraus zu erwarten, dass das Parlament bzw. ein parlamentarisches Gremium eine maßgebliche Stellung bei der Beauftragung und Rezeption der Evaluation einnimmt.[39]

Hinsichtlich dieser – zugegebenermaßen idealtypischen – Rollendefinition (Parlament als Auftraggeber der Verwaltung kontrolliert durch Evaluation) zeichnet die Geschichte der Evaluationsklauseln in der deutschen Sicherheitsgesetzgebung ein etwas anderes und differenzierteres Bild: Ersichtlich ist im Zeitverlauf zunächst eine gewisse Präzisierung der Evaluationsklauseln und damit der Anforderung. So heißt es im Art. 5 Abs. 2 des Gemeinsame-Dateien-Gesetz vom 22.12.2006, dass die Errichtung der gemeinsamen Antiterrordatei „mit Ablauf des 30. Dezember 2017 außer Kraft tritt und „fünf Jahre nach dem Inkrafttreten unter Einbeziehung eines wissenschaftlichen Sachverständigen, der im Einvernehmen mit dem Deutschen Bundestag bestellt wird, zu evaluieren [ist]." Die gleiche Formulierung findet sich beispielsweise im Terrorismusbekämpfungsergänzungsgesetz vom 5.1.2007. Im Gesetz zur Änderung des Bundesverfassungsschutzgesetzes vom 7.12.2011 ist im Art. 9 zur Evaluierung dann die Rede von der „Einbeziehung eines oder mehrerer wissenschaftlicher Sachverständiger". Zugleich wird der Evaluationsauftrag quali-

38 Vgl. *Patzelt*, Parlamente und ihre Funktionen. Institutionelle Mechanismen und institutionelles Lernen im Vergleich, 2003.

39 Vgl. *Albers* (Fn. 2), S. 34. Im Verhältnis zwischen Legislative und Exekutive kann eine Evaluation jedoch auch eine lediglich expressive Funktion haben. Sie ist dann ein Element einer ‚Schaufensterpolitik', durch die sich die Legislative darstellt, ohne Gesetzgebung zu sein.

fiziert: „Bei der Untersuchung sind auch die Häufigkeit und die Auswirkungen der mit den Eingriffsbefugnissen verbundenen Grundrechteingriffe einzubeziehen und in Beziehung zu setzen zu der anhand von Tatsachen darzustellenden Wirksamkeit zum Zweck der Terrorismusbekämpfung." In der durch die Evaluationsklauseln konkretisierten Rollendefinition zwischen Legislative und Exekutive sind im Zeitverlauf folgende Veränderungen zu konstatieren: Zunächst wird mit der Einführung von Evaluationsklauseln durch das Parlament dessen Kontrollbefugnis routinisiert und auf Dauer gestellt. Die gutachterliche Expertise ist dann von der Exekutive bereitzustellen. In einem nächsten Schritt wird wissenschaftlicher Sachverstand in einer dritten, gleichsam rationalisierenden Rolle einbezogen. Dieser Sachverstand ist nun nicht allein im Einvernehmen mit der Legislative zu bestellen, sondern ihm werden von dieser wichtige Bewertungsmaßstäbe vorgegeben, die nicht zur Disposition gestellt werden können. Man kann die Einführung und die Entwicklung von Evaluationsklauseln also durchaus als einen Prozess der legislativen Aneignung und der Ausweitung der Kontrollfunktion des Prinzipals (und als Misstrauen gegenüber exekutiver Selbstkontrolle) lesen. Mit den konkreten Zuständigkeiten bei der Evaluation definiert das Parlament seine Rolle gegenüber der Verwaltung.

4 Evaluationen in der Sicherheitspolitik

Um welche Themen geht es bei diesen Evaluationen im Feld der Inneren Sicherheit? Evaluationen unterschiedlicher, das heißt parteilicher und wissenschaftlicher Autorenschaft (s. u.) liegen etwa vor zu Fragen des Gewaltschutzrechts, der Reorganisation der Polizei, zur Anwendung der Bundes- und Landesgesetze zur Datenerhebung und Überwachung der Telekommunikation. Eine schlagwortbasierte Suche (evaluation, assessment) bei den einschlägigen Ausschüssen des Europäischen Parlaments (DROI, JURI, LIBE und CRIM) sowie der DG Home Affairs weist als Themen von Evaluationen auf europäischer Ebene das Asylrecht und Grenzkontrollen, Maßnahmen gegen Menschenhandel, Datenspeicherung und -transfer, Überwachungstechnologien, den Umgang mit (insbesondere psychoaktiven) Drogen und Schritte der Bekämpfung der Organisierten Kriminalität und des Terrorismus wie auch den Umsetzungsstand des Tampere bzw. des Haager Programms und verschiedener organisatorisch-kompetenzrechtliche Aspekte (etwa zu parlamentarischen Aufsichtsrechten gegenüber Nachrichtendiensten) aus.

Soweit zu sehen ist, lassen sich oberhalb dieser Themen drei unterschiedliche Typen von Evaluationen bestimmen[40], die für die Sicherheitsgesetzgebung bedeutsam sind, nämlich den der spezifischen Leistungskontrolle, den der grundrechtlichen Abwägung und den der Wirksamkeit von Verhaltensstrukturierung. Wiederum ist zu betonen, dass die drei Typen sich nicht wechselseitig ausschließen; so ist die sozialwissenschaftliche Datenerhebung gemeinsam mit grundrechtlichen und normativen Erwägungen innerhalb einer Evaluation nicht nur gang und gäbe[41], sondern gleichsam eine notwendige Voraussetzung für die gutachterliche Expertise. Die idealtypische Trennung ist jedoch deshalb sinnvoll, weil ihr jeweils eigene Methoden und Probleme innewohnen.

Evaluationen der *konkreten Leistungen* bestehen im Grunde zunächst darin, mit Hilfe des gesamten Arsenals der sozial- und rechtswissenschaftlichen Methoden (z. B. quantitative Erhebungen, Interviews, Aktenauswertung) eine Bestandsaufnahme durchzuführen, etwa zur Anzahl der Verkehrsdatenabfragen, der IFG-Anfragen u. a. m. Ganz offenkundig zeigen sich hierbei (keineswegs untypische) Datenerhebungsprobleme, etwa weil Akten aus Datenschutz- oder Geheimhaltungsgründen nicht zugänglich sind oder sich die Verwaltung – hier offenkundig die Landesjustizverwaltungen – nicht im Stande sehen, im gegebenen Zeitraum Akten zur Verfügung zu stellen. Bei Interviews zeigen sich ebenfalls bekannte Datenerhebungsprobleme, nämlich im Kern dasjenige, dass Betriebswissen, Organisationsinteressen und Einschätzungen von befragten Experten kaum zu trennen sind. So erstaunt es beispielsweise kaum, wenn Polizeibeamte in Gesprächen hervorheben, dass sich aus (partiellen) Wegfall von auswertungsfähigen vorgehalten Telekommunikationsdaten Probleme ergeben können. Jede andere Aussage hätte überrascht. Die Besonderheit bei der Bewertung dieser (zumeist) quantitativen Bestandsaufnahme liegt darin, dass dem Datenmaterial kein erwartetes und quantifiziertes Leistungsprofil gegenüber steht. Die meisten Leistungen in der Sicherheitspolitik (Strafverfolgung, Schutz vor Kriminalität) sind nur bedingt quantifizierbar. Die Statistik kann sicher die Anzahl der bekannt gewordenen Straftaten und die Aufklärungsquoten ausweisen.[42] Die

40 Grundsätzlich zu Evaluationen: *Kuhlmann u. a.*, Leistungsmessung und -vergleich in Politik und Verwaltung, 2004; *Stockmann*, Evaluationsforschung. Grundlagen und ausgewählte Forschungsfelder, 2004; *Wollmann*, Evaluation in Public-Sector Reform. Concepts and Practice in International Perspective, 2003; *Wollmann*, Kontrolle in Politik und Verwaltung. Evaluation, Controlling und Wissensnutzung, in: Schubert/Bandelow (Hrsg.), Lehrbuch der Politikfeldanalyse 2.0, 2009.

41 Zum Folgenden insbesondere *Albrecht u. a., Kliching/Kenzel, Wolff* (Fn. 26), *Ziekow u. a.* (Fn. 27).

42 *Statistisches Bundesamt u. a.*, Datenreport 2011. Ein Sozialbericht für die Bundesrepublik Deutschland, 2011, S. 287-296.

allgemeine Erwartung richtet sich an dem Absinken der entsprechenden Raten aus. Die Evaluation von Gesetzen bezieht sich jedoch auf konkrete Maßnahmen, etwa Verkehrsdaten bei Strafverfolgung, Schutzräume bei häuslicher Gewalt, deren Effekte nur sehr vermittelt zum Tragen kommen. Auch beim Informationsfreiheitsgesetz ist die quantitative Erwartung im Grunde unklar: Ab wie vieler IFG-Anfragen pro Bundesbürger/in pro Jahr gilt das Gesetz als erfolgreich? Um das Problem anhand eines Unterschiedes deutlich zu machen: Bei funktionalen Privatisierungen im Gefängnisneubau, etwa in Hünfeld oder Bremervörde, können die Erwartungen eindeutig quantifiziert werden. Die JVA hat im Zeitraum x zu den Kosten y erstellt zu sein. Jede Unterschreitung der Kennziffern ist (zunächst) als Erfolg, jede Überschreitung als Problem anzusehen. Der quantitativen Bestandsaufnahme steht in diesem Fall ein a priori klar spezifiziertes und beziffertes Bewertungsprofil gegenüber. Das ist bei der Evaluation anderer sicherheitspolitischer Maßnahmen nicht der Fall: Manche Bestandsaufnahmen laufen – vielleicht notwendigerweise – in eine kriterienfreie Leere, da die Erwartung nicht konkretisiert werden konnte. Damit ist der Raum für die Deutung der Bestandsaufnahmen offen. Ja mehr noch, die Debatte um das subjektive Sicherheitsempfinden hat gezeigt, dass zwischen ‚tatsächlicher', also durch die Anzahl von Straftaten und Ordnungswidrigkeiten zu ermittelnder Gefährdung und der ‚Kriminalitätsfurcht' eine erhebliche Lücke klafft, sich also die Deutung der Situation von deren statistischer Beschreibung entkoppelt.[43]

Eine Besonderheit der Evaluation der Sicherheitsgesetzgebung ist die der *grundrechtlichen Abwägung*. Auf Basis der Bestandsaufnahme der Maßnahmen werden in einer juristisch-dogmatischen Vorgehensweise der entsprechende Rechtfertigungsbedarf und -druck ermittelt. Zu klären ist, ob etwaige Grundrechtseingriffe verhältnismäßig sind und ob sie den Standards der „Geeignetheit, Erforderlichkeit und Verhältnismäßigkeit"[44] genügen. Aus verfassungsrechtlicher Perspektive sind Evaluationen dazu da, Eingriffsbreite und -tiefe zu erfassen und in ein Verhältnis zum Grundrechtsschutz zu stellen. Sie sind „keine bloße Effektivitätskontrolle"[45]. Es handelt sich um eine „grundrechtsgerechte Evaluation"[46] Der wesentliche Bewertungsmaßstab für grundrechtliche Evaluationen ist das Übermaßverbot.[47] Dieser Maßstab markiert einen doch recht eindeutigen Unterschied zu Evaluationen, die auf eine effiziente Leistungserstellung oder eine sozialpolitische Effektivität bzw. die Strukturierung von Verhalten ausgerichtet sind. An dieser Stelle ist hinsicht-

43 Statistisches Bundesamt u. a. (Fn. 42), S. 297-301.

44 *Gusy/Kapitza* in diesem Band.

45 *Albers* (Fn. 2), S. 29.

46 *Albers* (Fn. 2), S. 30.

47 *Albers* (Fn. 2), S. 31-33.

lich der Rezeption dieser grundrechtlichen Evaluationen im politischen Raum zunächst festzuhalten, dass diese diskursiv kaum still zu stellen sind, solange keine konstitutionelle Rechtsprechung vorliegt. Abwägungsbelange können – durchaus exekutivlastig und partei- oder verbandspolitisch – in unterschiedliche Richtungen erfolgen. Eine solche Evaluation informiert die Debatte und fordert die Akteure heraus, aber sie orientiert die legislative Debatte im Grunde nur dort eindeutig und zweifelsfrei, wo sie auf letztinstanzliche Rechtstaatlichkeit verweisen kann. Sie leiht sich ihre Autorität gleichsam von der juridischen Supervision.

An der Schnittstelle zwischen Sicherheitsgesetzgebung und Sozialpolitik sind jene Evaluationen angesiedelt, die die *Strukturierung sozialen Verhaltens* in den Blick nehmen, dabei kann es etwa um die Erfolge von Bewährungshilfe und Jugendarbeit mit besonderen Gruppen, aber auch um die Arbeit mit Opfern von Straftaten gehen. Derartige Evaluationen beruhen auf den benannten statistischen Bestandsaufnahmen und sie gehen darüber hinaus, insofern sie die Effekte derselben auf soziale Gruppen und Individuen in den Blick nehmen. Das wesentliche Problem ist hier die Komplexität der Wirkungsgefüge. Einzelne administrative und politische Maßnahmen sind Bausteine in gesellschaftlichen Zusammenhängen, deren Auswirkungen sich nur durch eine umfassende Datenerhebung erschließen können.

Die drei Typen der Evaluationen im Feld der Sicherheitsgesetzgebung weisen je besondere Probleme auf. Mein Punkt ist an dieser Stelle, dass Evaluationen mit ihren jeweiligen Eigenschaften auf die Rezeption im politischen Raum wirken können. Sie sind grundsätzlich ein recht kompliziertes Geschäft. Sie können aber Qualität (und damit ihre Relevanz im Prozess der Gesetzgebung) auf zwei Wegen geltend machen: Einerseits durch eine umfassende sozialwissenschaftliche Bestandsaufnahme, andererseits durch eine juristisch-dogmatische Abwägung. Auffällig ist in beiden Fällen aber, dass für wichtige Bereiche einer Politik der Inneren Sicherheit – etwa im Unterschied zur Arbeitsmarkt- oder Infrastrukturpolitik – die Frage nach der Festschreibung klarer Evaluationskriterien[48] offen bleibt bzw. bleiben muss; entweder weil (bislang) die entsprechenden Erwartungen nicht quantifiziert wurden oder weil eine grundrechtliche Abwägung letztlich unter dem Vorbehalt der letztinstanzlichen Rechtsprechung steht. Beide Verfahren der Qualitätssicherung von Evaluationen finden Anwendung. Zu vermuten ist, dass eine Zurechnung von Qualität und damit die Akzeptanz der entsprechenden gutachterlichen Expertise auch von der fachkulturellen Prägung der jeweiligen Rezipienten abhängt. Eine grundrechtliche Abwägung wird Personen mit dem 2. Juristischen Staatsexamen mutmaßlich mehr beeindrucken als Personen mit wirtschafts- oder sozialwissenschaftlicher Ausbildung.

---

48 *Albers* (Fn. 2), S. 35.

5 Politiklernen und Rezeption von Evaluationsergebnissen

Wie wird mit den Ergebnissen von Evaluationen umgegangen? Zum Zeitpunkt der oben genannten Beauftragung der Evaluation der Sicherheitsgesetzgebung kommen in einem anderen Politikfeld die Ergebnisse einer umfassenden Evaluation an die Öffentlichkeit, nämlich im Feld der Familienpolitik. Es handelt sich dabei um das ambitionierte Projekt einer Ministerin (U. von der Leyen), das mit erheblichen Finanzmitteleinsatz und von verschiedenen Forschungsinstituten durchgeführt worden ist, um die Ergebnisse der Familienpolitik zu überprüfen, dessen Resultat in der Amtszeit einer anderen innerparteilich konkurrierenden Ministerin (K. Schröder) publiziert werden. Die Veröffentlichung der Ergebnisse fällt in den Vorwahlkampf, in dem sich die CDU, aus der beide Ministerinnen kommen, programmatisch bereits auf familienpolitische Maßnahmen festgelegt hat, mit denen sie den Wahlkampf bestreiten will. Die Evaluation bescheinigt gerade diesen Maßnahmen (Kindergeld und Ehegattensplittung) einen relativ geringen familienpolitischen Wirkungsgrad. Darf man nun der Berichterstattung glauben, in der sich anerkannte und an der Evaluation beteiligte Wissenschaftler namentlich zitiert zu Wort melden, dann werden die Presseveröffentlichungen zu den Evaluationsergebnissen aus dem Ministerium zensiert und es erfolgt eine politisch opportune Umdeutung der Evaluationsergebnisse.[49]

Damit ist eine von vier möglichen Umgangsweisen mit Evaluationen an einem Beispiel markiert, die in einer Meta-Analyse zum Umgang mit der Evaluation von Gesetzgebung identifiziert wurden[50], nämlich deren politischer Gebrauch im Parteienwettbewerb und in der Auseinandersetzung zwischen gesellschaftlichen Interessen. Evaluationen werden im politischen Konflikt eingesetzt bzw. in diesem instrumentalisiert, um bestehende Interessen durchzusetzen. Es lassen sich (idealtypisch) drei weitere Umgangsweisen identifizieren. Evaluationen können instrumentell genutzt werden. Sie dienen pragmatisch der Verbesserung der Wirkungsweise bestehender Instrumente und Regulierungen. Sie können kommunikativ gebraucht werden und einen Konsultationsprozess befördern bzw. diesen dienlich sein: Die Überprüfung gesetzlicher Maßnahmen „becomes a venue where policy actors communicate and conduct regulatory conversations."[51] Und sie können oberflächlich und desinteressiert zur Kenntnis genommen und damit von eigentlichem Organisations- und

---

49 *Der Spiegel* 27/2013, S. 18-21; *SZ* 23.6.2013

50 *Dunlop u.a*, The many uses of regulatory impact assessment. A meta-analysis of EU and UK cases, Regulation & Governance, 2012

51 *Dunlop u. a.* (Fn. 52), S. 27.

Akteurshandeln entkoppelt werden. Sie laufen gleichsam ins Leere.[52] Es ist wenig erstaunlich, dass – anschließend an die Erläuterungen zum Konfliktniveau bei der Gesetzgebung – der politische Gebrauch besonders dann zu erwarten ist, wenn es sich um Themen handelt, bei denen grundlegende Normen- bzw. gewichtige Umverteilungskonflikte bei öffentlicher Aufmerksamkeit gestritten wird. Die anderen Umgangsweisen sind eher jenen Politikfelder und instrumentellen administrativen Praktiken zuzuordnen, die ein niedriges Konfliktniveau aufweisen, in denen von politischen Akteuren (Parteien und Verbände) wenig programmatische Festlegungen vorgenommen wurden und die weniger im medialen Fokus stehen.[53]

Mit dem Begriff des ‚Policy-Learnings', hier im Folgenden schlicht als Politiklernen bezeichnet, sind verschiedene Konzepte mit der Lernfähigkeit der Politik befasst.[54] Diese Ansätze lassen sich zunächst in eine eher optimistische und eine eher pessimistische Variante unterteilen. Die erstgenannte Variante geht im Grunde davon aus, dass bei einer relativ gleich verteilten Ressourcenausstattung, einer offenen Situation und einer Bereitwilligkeit zum Lernen eine gemeinsame Wissensproduktion durch deliberative Verfahren ermöglicht werden kann, in denen auf Information (hier: die Evaluationsergebnisse mit einer hinreichenden Qualität) richtig eingegangen wird.[55] Das ist ein Mechanismus der Deliberation, der in den Wissensproduktionsgemeinschaften und ‚Fachbruderschaften' in den meisten Politikfeldern durchaus vorzufinden ist. Zwischen Exekutive, Legislative und Judikative und über die Ebenen von Ländern, Bund und Europäischer Union hinweg haben sich Netzwerke etabliert, die sich durch ihre Expertise definieren und in denen eine Rationalisierung von Politik und Verwaltung (auch) durch Evaluation zur sozialen Norm gehört. Diese sind an gutachterlichem Wissen durchaus interessiert.

Die eher pessimistische Variante geht davon aus, dass Politiklernen kaum und wenn überhaupt auf der Ebene der instrumentellen Anpassung an Umweltverän-

---

52 *Dunlop u. a.* (Fn. 52), S. 28.

53 Vgl. *Dunlop u. a.* (Fn. 52), S. 31-36.

54 *Bandelow*, Politisches Lernen. Begriffe und Ansätze im Vergleich, in: Schubert/Bandelow (Hrsg.), Lehrbuch der Politikfeldanalyse 2.0, 2009, S. 313-347; s. a. *Czada* (Fn. 7).

55 Vgl. *Saretzki*, Policy-Analyse, Demokratie und Deliberation. Theorieentwicklung und Forschungsperspektiven der „Policy Sciences of Democracy", in: Janning/Toens (Hrsg.), Die Zukunft der Policy-Forschung. Theorien, Methoden, Anwendungen, 2008, S. 34-54; *Bora/Münte*, Mikrostrukturen der Governance. Beiträge zur materialen Rekonstruktion von Erscheinungsformen neuer Staatlichkeit, 2012; *Fischer/Gottweis*, The Argumentative Turn Revisited. Public Policy as Communicative Practice, 2012.

derungen stattfindet.[56] Dies ist im Grunde auf drei Überlegungen zurückzuführen, die jeweils bestimmte Abwehrmechanismen gegenüber Evaluationsergebnissen beinhalten.

In seinen Überlegungen zum „appreciative system“ in Handlungsfeldern und einer „art of judgement“ hat G. Vickers zwischen einem „reality judgement“ als Problemdefinition, „value judgement“ hinsichtlich der (kompatiblen?) Normen und „instrumental judgement“ hinsichtlich der Leistungsfähigkeit einer ‚Lösung‘ bzw. eines Politikangebotes unterschieden. In eine Evaluation gehen also instrumentell-problemlösende, interessenorientierte wie auch wertgebundene Maßstäbe ein.[57] An dieser Stelle entscheidend – und das ist die erste Überlegung – ist die relativ starke Gebundenheit von Akteuren an bestimmte Werte und Normen, die es zu erhalten gilt. Diesen ideologischen Affinitäten kommt identitätsstiftender Charakter zu.[58] Die Akteure können also nicht anders, als Evaluationsergebnisse zu ignorieren oder grundsätzlich in Frage zu stellen, die gegen ihre zentralen Normvorstellungen verstoßen. In dem für das Politikfeld der Inneren Sicherheit grundsätzlichen Spannungsfeld zwischen Freiheit und Sicherheit liegt eine derartige Verankerung nicht nur nahe. Sie erscheint geradezu prägend für die Konstellation in dem Feld. Juristisch können entsprechende Abwägungen vorgenommen werden.[59] Es gilt jedoch auch zu beachten, dass politisch zwischen den beiden Normen eine zentrale programmatische Konfliktlinie der Parteipolitik verläuft.[60] Infragestellung von Evaluationsergebnissen und deren Ignorieren geht also auf die sozial-moralische Bindung der Akteure zurück, die für bestimmte Evaluationsergebnisse schlicht nicht offen sein können. Ihnen fehlt das Vermögen zu rationalisieren.

Es gibt dann zweitens jene Mechanismen der Rezeption von Evaluationsergebnissen, die auf Interessenorientierung basieren. Der Ausgangspunkt ist, dass bestimmte Bewertungen zu Veränderungen führen, die zu Ressourceneinbußen von Akteuren führen. Im Bereich der Parteipolitik geht es darum, publikumswirksam schlechte Ergebnisse dem politischen Gegner zuzurechnen bzw. zu vermeiden, dass einem

---

56 *Hall*, Policy Paradigms, Social Learning, and the State. The Case of Economic Policymaking in Britain, Comparative Politics, 1993, S. 275-296; *Sabatier*, Advocay-Koalitionen, Policy-Wandel und Policy-Lernen. Eine Alternative zur Phasenheuristik, in: Windhoff-Héritier (Hrsg.), Policy-Analyse. Kritik und Neuorientierung, 1993, S. 116-148.

57 *Vickers*, The Art of Judgement. A Study of Policy Making, 1995, S. 82-95.

58 Eine ähnliche Konzeptionalisierung findet sich bei *Sabatier* (Fn. 57).

59 *Callies* (Fn. 47); *Callies*, Gewährleistung von Freiheit und Sicherheit im Lichte unterschiedlicher Staats- und Verfassungsverständnisse, Das Deutsche Verwaltungsblatt 2003, S. 1096-1105.

60 *Neugebauer* (Fn. 23); *von Alemann*, Das Parteiensystem der Bundesrepublik Deutschland, 2012, S. 122-125.

unzureichende Leistungserfüllung zugerechnet wird. Das Feld der Inneren Sicherheit ist richtigerweise als eines bezeichnet worden, dass stark von symbolischer Politik geprägt sei,[61] in dem also auf mediale Ereignisse mit Schaufensterpolitik reagiert wird. Diese Form der Politik kann Evaluation kaum nutzen. Evaluation wird zum ‚blaming and shaming' gebraucht; das geschieht in der Regel ‚steinbruchartig', also mitnichten mit der vollen Würdigung derselben. Taugt die Evaluation in diesem Sinne nicht, dann wird sie ignoriert. Es sind jedoch auch kritische Ereignisse und Gelegenheitsfenster zu identifizieren, durch die Evaluation plötzlich gewichtig werden. Ein gutes Beispiel ist hier der Bericht zur Vermittlungspraxis des damaligen Bundesarbeitsamtes durch den Bundesrechnungshof Anfang 2002. Dieses Beispiel weist auch die Bedingungen aus, unter denen Evaluation zur Geltung kommen kann: Eine bestehende Einrichtung ist schon deutlich entlegimiert und eine Gruppe durchsetzungsstarker politischer Unternehmer nutzt die Evaluationsergebnisse zu einer Reform, die bereits angepeilt und durchdacht war.[62] Ebenfalls interessenorientiert, aber in der Verwaltung stattfindend sind dann jene mikropolitischen Prozesse, in denen Verwaltungseinheiten mit Evaluationsergebnissen strikt im Sinne des möglichen Nutzens für die entsprechende Verwaltungseinheit umgehen. Es geht hier ganz wesentlich um die inneradministrative Ressourcenallokation. In den entsprechenden Auseinandersetzungen zeigen sich die bereits benannten Mechanismen. Dazu kommt ein weiterer, nämlich der einer stillschweigenden Unterschlagung. Diesen beschreiben die Verwaltungswissenschaftler Pollitt und Boukaert als einen "built-in bias in reporting": „Successes are feted and failures concealed or just not talked about. Politicians and public servants do not generally go to conferences to tell the story of how their reform failed."[63]

Drittens ist auf eine mögliche Überforderung der Rezeptionsfähigkeit in Politik und Verwaltung hinzuweisen. Diese kann sich auf zwei, miteinander verbundenen Wegen ergeben. Erstens können die Rezipienten schlicht nicht über genügend Personal und sonstigen Ressourcen verfügen, um die Evaluation aufzunehmen, zu verarbeiten und die entsprechenden Ergebnisse auch angemessen umzusetzen.

---

61 *Lange*, Innere Sicherheit und der Wandel von Staatlichkeit, in: Schmidt/Zohlnhöfer (Hrsg.), Regieren in der Bundesrepublik Deutschland. Innen- und Außenpolitik seit 1949, 2006, S. 87-112.

62 Vgl. zum Beispiel *Klenk*, Vom Arbeitsförderungsgesetz zum Sozialgesetzbuch II und III. Pfadwechsel in der korporatistischen Arbeitsverwaltung?, in: Bothfeld u. a. (Hrsg.), Arbeitsmarktpolitik in der sozialen Marktwirtschaft. Vom Arbeitsförderungsgesetz zum Sozialgesetzbuch II und III, 2009, S. 205-219. Grundsätzlich zum Nutzen von Gelegenheitsfenstern und politischen Unternehmern vgl. Fn. 9.

63 *Pollitt/Bouckaert*, Evaluating public management reforms: An international perspective, in: Wollmann (Hrsg.), Evaluation in Public-Sector Reform. Concepts and Practice in International Perspective, 2003, S. 12-35.

Es besteht also ein organisationsinternes Ressourcenknappheitsproblem. Zweitens – hier greife ich auf die externen Beobachtungsverhältnisse zurück, die am Ende des Abschnitt 2 skizziert wurden – können die Umweltanforderungen so vielfältig und divergierend sein, dass die Aufrechterhaltung von Routinen und Selbst-Referenz und symbolische Schaufensterpolitik völlig plausible Haltungen sind. Die Evaluationsergebnisse können andere Botschaften enthalten als diejenigen, die von der Medienberichterstattung, der Verfassungsgerichtsbarkeit, dem transnationales Menschenrechtsmonitoring oder der Kriminalitätsentwicklung ausgehen. Die ungerichtete Vielfalt der Signale aus der Umwelt überfordert dann die Aufnahmebereitschaft in den beteiligten Organisationen. Im Anschluss an solche Überlegungen bestimmen Howlett u. a. den Umgang mit Evaluation durch zwei Variablen, nämlich einerseits durch die administrative Kapazität mit den Ergebnissen einer Überprüfung angemessen umzugehen. Dazu gehören Personal (und dessen Fähigkeiten), finanzielle Ressourcen und technische Ausstattung. Andererseits kommt der Charakter des Politikfeldes ins Spiel. Dieses wird als entweder geschlossen und übersichtlich bzw. als offen und hochkomplex unterschieden. Daraus wird abgeleitet, dass in einfachen und übersichtlichen Politikfeldern entweder oberflächliches Lernen oder (bei hohen administrativen Kapazitäten) ein eher technisches Lernen stattfinden wird. Bei einer hohen Komplexität des Politikfeldes seien eher Konflikte und parteiische Interpretationen der Evaluation zu erwarten, wenn geringe administrative Kapazitäten vorhanden seien. Ein umfassender Lernprozess sei dann anzunehmen, wenn in diesen komplexen Politikfeldern hohe administrative Kapazitäten vorhanden seien.[64]

Zieht man nun die bisherigen Überlegung mit dem Ziel zusammen, die ‚Faktoren' zu benennen, die auf die Rezeption von Evaluationen wirken, dann sind drei zu identifizieren, nämlich der Charakter der Gesetzgebung und des Politikfeldes, die Qualitätsmerkmale der Evaluation und die Ressourcenausstattung der beteiligten Organisationen. Mit diesen Faktorenbündeln sind wiederum bestimmte einfache *Grundannahmen* verbunden: Je konfliktreicher das Politikfeld bzw. die jeweilige politische Maßnahme desto schwerer ist eine Rationalisierung der Gesetzgebung durch Evaluationen. Je höher die Qualitätsstandards der jeweiligen Evaluation (umfassende Datenerhebung, Reliabilität der Methode, klare Evaluationskriterien) umso wahrscheinlich ist deren Akzeptanz und eine angemessene Rezeption. Je mehr Ressourcen denjenigen organisatorischen Einheiten zur Verfügung stehen, die die gutachterliche Expertise verarbeiten sollen, desto wahrscheinlicher sind Folgewirkungen der Evaluation. Diese Annahmen sind grundlegend, notwendig, aber nicht hinreichend! Sie sind deshalb nicht hinreichend, da diese drei Faktoren

64 *Howlett u. a.* (Fn. 13), S. 193-195.

untereinander in unterschiedlicher Weise kombiniert werden können. Unterstellt man weiterhin, dass jeder dieser Faktoren drei Ausprägungen haben kann (z. B. gut, mittel, schlecht), dann kommt man zu insgesamt 27 unterschiedlichen Kombinationen. Bereits dieses simple Rechenbeispiel verdeutlicht, dass a.) hinreichende Annahmen über die spezifische Rezeption der Evaluation mit weiteren Gewichtungen dieser Faktoren arbeiten müssen und dass b) Auftraggeber, Autoren und Adressaten von Evaluation mit erheblichen Unsicherheiten hinsichtlich der möglichen Wirksamkeit der Evaluationen konfrontiert sind. Anders formuliert: Selbst eine qualitativ herausragende Evaluation mit eindeutigen Befunden kann aufgrund der Konflikte im Politikfeld bzw. der mangelnden Ressourcenausstattung der beteiligten Organisation unbeachtet in der Schublade landen. Es liegt also keineswegs immer oder auch nur überwiegend an der Evaluation, welche Effekte sie hat.

6 Für die Parlamentarisierung der Evaluation – Fazit

„Das Vorhaben ist ein rechtsstaatliches Herkulesprojekt, aber die Bedingungen sind so, dass man verzweifeln könnte."[65] Die Rede ist hier von der Kommission zur „Sicherheitsarchitektur und Sicherheitsgesetzgebung in Deutschland nach dem 11. September 2001". Diese Kommission wurde von vier Personen geleitet, die jeweils vom Innen- und Justizministerium bestellt worden sind. In die Geschäftsstelle wurden Mitarbeiter der beiden Ministerien entsandt. Es gibt zwei ministerielle Arbeitsstäbe. Es können auch Expertisen vergeben werden. Bereits im August 2011 hatte das Kabinett insbesondere auf Betreiben der FDP die Einrichtung der Kommission beschlossen. Ihre Arbeit nahm sie dann im Januar 2013 auf. Diese sollte bis Ende der Legislaturperiode (September 2013) vorliegen. Der Arbeitsauftrag erstreckt sich auf die gesamte Sicherheitsarchitektur der Terrorismusbekämpfung.

Diese Kommission bekräftigt in Zuschnitt und Auftrag die eingangs formulierte Skepsis bezüglich Evaluationen. Das Missverhältnis zwischen Arbeitsauftrag und Ressourcenausstattung ist augenfällig. Der Zuschnitt der Kommission ist zudem auf Nicht-Einigung programmiert. Die gesamte Legislaturperiode der Union-FDP-Koalition war davon geprägt, dass die in der Aufteilung zwischen Innen- und Justizministerium verankerten wechselseitigen Kontroll- und Kompromissbeziehungen zwecks Balancierung zwischen Sicherheit und Freiheit, parteipolitisch aufgeladen war und zu Politikblockaden führte; mit der interessanten Nebengeschichte, dass sich Ministerien und Kabinett bei der Vorratsdatenspeicherung nicht einigen konnten

65 *Prantl* in *Süddeutsche Zeitung*, Herkules in der Waschanlage, 26./27.1.2013, S. 5.

und lieber darauf ausweichen, sich vor dem EuGH verklagen zu lassen. Wie zu Beginn des Artikels ausgewiesen hat der Innenausschuss des Deutschen Bundestags Mitte Mai 2013 einstimmig dem Vorschlag des Bundesinnenministeriums zugestimmt, einen Auftrag zur Evaluation der Gesetze zur Terrorismusbekämpfung zu vergeben. Weder zu den Ergebnissen der Kommission noch zu denen der gutachterlichen Expertise können hier aufgrund der zeitlichen Nähe Aussagen gemacht werden.

Evaluationen im Politikfeld der Inneren Sicherheit erfolgen weit überwiegend innerhalb der ‚klassischen' Normenkollision zwischen Freiheit und Sicherheit. Damit gehen zwei Besonderheiten einher, die die gutachterliche Expertise in dieser Arena von der in anderen unterscheiden, nämlich erstens die hohe Bedeutung der Grundrechtsabwägung und der juristisch-dogmatischen Methode und zweitens ein eher hohes Konfliktniveau, das sich hemmend auf die Akzeptanz und Rezeption der Evaluationsergebnisse auswirken kann. Letzteres erweist sich als einer der wesentlichen Faktoren bei der Bestimmung der Rolle von Evaluationen. Dazu kommt zweitens die Qualität der Expertise. Diesbezüglich wurde ausgewiesen, dass Geheimhaltungserfordernisse und fehlender Datenzugang sich ebenso als deren Achillesferse erweisen können wie unklare Evaluationsmaßstäbe. Der dritte Faktor ist schließlich der der organisatorischen Kapazitäten der beteiligten Einheiten, also der Fähigkeit Begutachtungsergebnisse verarbeiten und umsetzen zu können, aber auch der Ausstattung und Finanzierung der Expertise selber.

Evaluationen sind in der Sicherheitspolitik ein schwieriges Geschäft und gegen Datenerhebungsprobleme, Einfluss von Interessenvertretern und fehlende Akzeptanz im politischen Raum nicht gefeit. Gleichwohl können sie unter bestimmten Bedingungen Lernprozesse hervorbringen. Mein nachfolgender Verfahrensvorschlag für zukünftige Evaluationen setzt an dieser Überlegung an und wendet einige Schlussfolgerungen der vorstehenden Erörterung ins Pragmatische. Ich schließe an der Rollenbestimmung im Prinzipal-Agenten Verhältnis zwischen Legislative und Exekutive an. „Beobachtungs-, Evaluierungs- und Nachbesserungspflichten treffen den Gesetzgeber, nicht die Verwaltung."[66] Wenn die Evaluation als Element der Kontrollbefugnis des Parlamentes gilt, dann sollte dieses organisatorisch eine gewichtigere Rolle einnehmen[67] und damit der Weg weiter beschritten werden, der sich mit der Entwicklung der Evaluationsklauseln (s. o.) schon abzeichnet, nämlich der einer weiteren Aneignung der Evaluation durch die Legislative. Es könnte – das ist mein Verfahrensvorschlag – die Evaluierung der Sicherheitsgesetzgebung in einem großen Vergabeverfahren als Paket von sich aufeinander beziehenden

66 *Weinzierl*, Die Evaluierung von Sicherheitsgesetzen. Anregungen aus menschenrechtlicher Perspektive, 2006, S. 6.

67 Vgl. *Weinzierl* (Fn. 66), S. 6; *Albers* (Fn. 2), S. 35-36.

Maßnahmen für mehrere Jahre vergeben werden. Der Zeitraum sollte so gelegt sein, dass die Gutachtertätigkeit mindestens 1 ½ Legislaturperioden überdauert und die nächste Vergabe zur Mitte der Legislaturperiode und mit zeitlichem Abstand zu den Wahlen in Baden-Württemberg, Bayern, Hessen und Nordrhein-Westfalen stattfinden, um sie aus den ‚großen' Wahlkämpfen herauszuhalten und damit die interessenpolitischen Einflüsse zu minimieren. Die Vergabekommission sollte – um den Erfordernissen im kooperativen Föderalismus zu genügen – in ihrem Proporz zu jeweils zwei Dritteln aus Repräsentanten der parlamentarischen Innen- und Rechtsausschüsse und der Innen- und Justizministerien von Bund und Ländern bestehen. Das weitere Drittel ist von Staatsrechtler/innen und sozialwissenschaftlichen Methodikern zu besetzen. Über die Auftragsvergabe wird mit qualifizierter Mehrheit entschieden. Als Evaluationsträger kommen wissenschaftliche Institute ebenso in Betracht wie große sozialwissenschaftliche Forschungsinstitute oder Beratungsfirmen, wenn sie denn die Standards einer Evaluation einhalten können. Um die Qualität der Evaluation zu sichern, werden die Auftragnehmer darauf verpflichtet, ihre Methoden der Datenerhebung, -aufbereitung und -auswertung von einem wissenschaftlichen Beirat durchgängig kontrollieren zu lassen und in doppelt blinden Gutachtenverfahren bewerten zu lassen. Das sind die üblichen Verfahren der Qualitätskontrolle. Die konkrete Organisierung der Vergabe und der Qualitätskontrolle wäre – entgegen den bisherigen Gepflogenheiten – beim Wissenschaftlichen Dienst des Deutschen Bundestages anzusiedeln. Dieser Vorschlag besteht mithin im Kern darin, die Evaluation von den Ministerien in die Parlamente zu verlagern, den interessenpolitischen Einfluss zu minimieren und die Qualitätsanforderungen für die Expertise zu stabilisieren bzw. zu erhöhen. Dieser Vorschlag ist teuer. Das ist ein zutreffender Einwand. Aber der Einsatz finanzieller Ressourcen ist eben immer auch ein gültiger Gradmesser für die Ernsthaftigkeit von Anliegen, hier: von einem Anliegen der ‚Better Regulation' im Bereich der Sicherheitsgesetzgebung. Es liegt an den politischen Kräften der Legislative diese Ernsthaftigkeit unter Beweis zu stellen.

Die Evaluierung von Polizei- und Sicherheitsgesetzen

Dieter Kugelmann

1 Einleitung

Die Evaluation von Gesetzen des Polizei- und sonstigen Sicherheitsrechts ist eine junge Materie, deren Elemente, Ausgestaltung und Methoden sich im Fluss befinden.[1] Angestoßen wird die Entwicklung durch die Politik und damit im Ergebnis durch die gesetzgebenden Einrichtungen. Die 79. Konferenz der Datenschutzbeauftragten des Bundes und der Länder hat am 17./18. März 2010 einen Beschluss gefasst, in dem sie die „umfassende wissenschaftliche Evaluierung im Sicherheitsbereich" fordert. Im Rahmen einer Reihe von Gesetzgebungsverfahren sind Vorschriften über die Evaluierung von Gesetzen diskutiert worden und haben teilweise Eingang in die Gesetze selbst gefunden. Auf derart veranlassten Evaluationen soll im Folgenden der Schwerpunkt liegen, Evaluationen aufgrund wissenschaftlicher oder privater Initiative werden nur am Rande gestreift.

Gesetzgeber in Bund und Ländern, die sich des Instruments der Evaluation bedienen, versuchen damit die Intensität oder die Quantität von eingreifenden Maßnahmen der Behörden abzufedern. Das rechtsstaatlich begründete Ziel ist die Einhegung staatlicher Gewalt. Es sollen nur die Rechtsgrundlagen für wirklich notwendige Eingriffe in die Grundrechtssphäre des Einzelnen auf Dauer Bestand haben. Dies bedingt eine Überprüfung, ob die vorgenommenen Maßnahmen sich als effektiv und damit eben auch notwendig erwiesen haben.

Die Fragen der Sinnhaftigkeit und Notwendigkeit von Evaluationen stellen sich im Sicherheitsrecht deshalb besonders intensiv, weil es letztlich zuvörderst darum geht, ob im klassischen Eingriffsrecht und insbesondere im Recht der Informati-

1 *Albers*, Funktionen, Entwicklungsstand und Probleme von Evaluationen im Sicherheitsrecht, in: dies./Weinzierl (Hrsg.), Menschenrechtliche Standards in der Sicherheitspolitik, 2010, S. 25; *Gusy/Kapitza*, Evaluation von Sicherheitsgesetzen – eine Bestandsaufnahme, in diesem Band.

onseingriffe Normen notwendig sind und weiter Bestand haben. Die heimliche Überwachung von Bankkonten durch einen Nachrichtendienst oder die Erfassung von Kfz-Kennzeichen durch eine Polizeibehörde können eine Vielzahl von Bürgerinnen und Bürgern berühren und müssen auf ihre Rechtfertigung hin geprüft werden. Die Rechtspolitik ist dabei auf Expertise angewiesen.

2 Grundfragen

Die Evaluation von Sicherheitsgesetzen ist ein Element des „lernenden" Sicherheitsrechts. Als Teil der Fortentwicklung im Rahmen einer Selbstreflektion versucht die Evaluierung, eine rechtsstaatlich notwendige Fortentwicklung des Sicherheitsrechts zu gewährleisten und zugleich Grenzziehungen zu rechtfertigen. Nicht restlos geklärt sind die rechtlichen Maßstäbe der Überprüfung und die Einzelheiten der rechtlichen Methodik. Der Bundesdatenschutzbeauftragte hat eine umfassende, den Grundrechtsschutz und die Verhältnismäßigkeit eingehend berücksichtigende, Evaluierung von Sicherheitsgesetzen gefordert.[2] Eine zentrale Rolle für die Maßstabsbildung kann das Prinzip der Verhältnismäßigkeit spielen. Einzelheiten der Maßstabssetzung und Maßstabsbildung können von den unterschiedlichen gesetzlichen Rahmenbedingungen abhängen. Für die Gestaltung dieser Rahmenbedingungen, die der jeweilige Gesetzgeber im Einzelfall vorzuzeichnen hat, ist eine Reihe von Fragen zu klären.

2.1 Zuständigkeit für die Evaluation

Einerseits sind die gesetzlich vorgegebenen Evaluierungsvorschriften darauf ausgerichtet, dass politisch bewertet wird, wie rechtliche Normen gewirkt haben. Die politische Bewertung setzt allerdings eine rechtliche Bewertung voraus. Damit ist die Zuständigkeit für die Evaluierung Personen oder Gremien zu übertragen, die rechtliche und politische Kompetenz in sich vereinen. In der gesetzgeberischen Praxis sind unterschiedliche Erscheinungsformen der Evaluation zu beobachten. Es kommt eine Evaluation durch die Regierung selbst in Betracht. Angesichts der Notwendigkeiten der Geheimhaltung im Rahmen des Sicherheitsrechts liegt es nahe, dass Angehörige von Ministerien die Evaluierung selbstständig vornehmen. Dann

2 Tätigkeitsbericht 2009 und 2010 des Bundesbeauftragten für den Datenschutz und die Informationsfreiheit – 23. Tätigkeitsbericht – BT Drs. 17/5200, Ziff 7.1.

allerdings fehlt es an der externen Kontrolle, deren Sinn es ist, die Notwendigkeit und Erforderlichkeit von gesetzlichen Vorschriften gerade auch aus der Distanz zu prüfen. Die Ministerien, die selbst das Gesetz geschaffen haben oder an dessen Schaffung beteiligt waren, sind alleine ungeeignet, eine objektive Bewertung vorzunehmen, die auch in der Öffentlichkeit als objektiv wahrgenommen wird. Es bedarf also zumindest der Einbeziehung externen Sachverstandes.

In einigen Zusammenhängen wird die Lösung in der Hinzuziehung von Sachverständigen gesehen. Dies führt zu einer Mischform von Evaluation, indem in einem zuständigen Gremium sowohl Regierungsvertreter wie auch externe Sachverständige aus der Wissenschaft vertreten sind. Dann allerdings stellt sich sofort die Frage der Regeln, nach denen eine solche Evaluierung abläuft. Es kommt aber auch eine allgemeine Einschätzung der Notwendigkeit von Sicherheitsgesetzen in Betracht, die lediglich durch rechtsberatende externe Sachverständige vorgenommen wird. Die Regierungskommission zur Evaluierung der deutschen Sicherheitsarchitektur ist dafür ein besonders einprägsames Beispiel.

Nicht zu verkennen ist allerdings, dass rein externe Gremien auf die Informationsübermittlung durch die Ministerien und gesetzgebenden Organe angewiesen sind. Insbesondere geht es um die Information über die Durchführung und den Vollzug der Gesetze. Einschlägige Statistiken oder Bewertungen müssen zugänglich gemacht werden. Gerade hier können dann wiederum Geheimhaltungsaspekte eine Rolle spielen. Nicht zuletzt sind auch politische Rücksichtsnahmen in die Erwägungen einzubeziehen, die für eine Regierung oder ein Regierungsgremium selbstverständlich eine Rolle spielen können, allerdings gerade bei externen, wissenschaftlich geprägten Sachverstand nicht im Vordergrund stehen dürfen oder aber gar nicht berücksichtig werden sollten.

2.2 Maßstäbe

Dies wirft die Frage der Maßstäbe auf, die bei einer Evaluierung anzulegen sind. Grundsätzlich ist zunächst die einschlägige Evaluierungsvorschrift Ausgangspunkt. Damit obliegt es dem Gesetzgeber, der die Evaluierungsvorschrift schafft, auch zugleich Maßstäbe festzulegen, die im Rahmen der Evaluierung Anwendung finden müssen. Der Ball liegt im Feld des Gesetzgebers, der letztlich die Evaluierungsvorschrift als Kompensation für eine Erweiterung von Sicherheitsgesetzen vorschreibt. Je genauer die Maßstäbe sind, desto klarer ist der Auftrag an die evaluierenden Gremien. Allerdings ist in der Praxis eine allenfalls grobe Maßstabssetzung in den Vorschriften zu erkennen, teilweise fehlt sie ganz. Dies ist im Falle wissenschaftlicher Sachverständiger, die der Wissenschaftsfreiheit unterliegen, nachvollziehbar.

Allerdings bedürfen auch externe Sachverständige einer Zielsetzung, damit sie auf die Aufgabenstellung hin arbeiten können, die der Gesetzgeber selbst ihnen setzt. Es bedarf eines Auftrages. Dessen Ausfüllung wiederum kann in unterschiedlichen Formen und in unterschiedlichen Zusammensetzungen der zuständigen Gremien geschehen.

2.3 Methoden

Damit wird auch klar, dass die Methoden der Evaluierung unterschiedlich sein können. Die Methodik kann eher empirisch oder eher normativ geprägt sein. Es bedarf des empirischen Materials dann, wenn eine Vorschrift auf ihre Wirkung in die Praxis hinein untersucht werden soll. Dies ist der Regelfall. Die Methode hängt also vom Gegenstand der Evaluierung ab, kann allerdings auch normativ zu evaluieren sein, indem die Anwendung auf ihre Eingriffsintensität geprüft wird und man zu dem Schluss kommt, dass sie rechtlich unter Beachtung des Verhältnismäßigkeitsgrundsatzes nicht tragbar ist. Allerdings wird eine rein normative Beurteilung eher der seltene Ausnahmefall sein. In aller Regel wird es sich um eine von den Rechtstatsachen geprägte Evaluierung handeln. Damit stellen sich weitere methodische Fragen. Evaluation ist ein inzwischen gängiges Instrument in vielerlei Hinsicht. Neu ist dabei die Zusammenfassung unter dem Namen Evaluation. Dies hindert nicht, dass im Rahmen der Gesetzgebungslehre einschlägige ähnliche Erwägungen schon lange Gegenstand sowohl der wissenschaftlichen Diskussion wie der Rechtsprechung sind. Das Bundesverfassungsgericht selbst hat Beobachtung- und Nachbesserungspflichten in Fällen angemahnt, in denen die Exekutive unter Ungewissheit entscheiden soll.[3]

Die Gesetzesfolgenabschätzung ist ein Ansatz für Überlegungen zur Strukturierung zur Evaluation, obwohl sie als Teile des Gesetzgebungsverfahrens antizipativ ausgerichtet ist.[4] Als Referenzgebiete kommen weiter die Rechtstatsachenforschung oder die Folgenabschätzung in Bezug zur Nachhaltigkeit von Gesetzen in Betracht.[5] Die sozialwissenschaftliche Evaluationsforschung scheint für die konkrete Evaluation von Sicherheitsgesetzen bisher nur sehr allgemeine Hilfen bereitstellen zu können.[6]

---

3 BVerfGE 49, 89 (130 ff.).

4 *Gusy/ Kapitza*, Evaluation von Sicherheitsgesetzen – eine Bestandsaufnahme, in diesem Band.

5 *Windoffer*, Verfahren der Folgenabschätzung als Instrument zur rechtlichen Sicherung von Nachhaltigkeit, 2011.

6 *Gusy/ Kapitza*, Evaluation von Sicherheitsgesetzen – eine Bestandsaufnahme, in diesem Band.

Im Hinblick auf die Evaluierung von Sicherheitsgesetzen ist zu fragen, ob sich möglicherweise besondere Anforderungen ergeben. Diese können sich etwa daraus ergeben, dass die Geheimhaltungsbedürfnisse insoweit eine besondere Rolle spielen. Untersucht man etwa Rechtsschutzprobleme im Zusammenhang mit heimlichen Maßnahmen oder des Einhaltens von Benachrichtigungs- oder Mittelungspflichten, ist darauf Rekurs zu nehmen, wie diese Pflichten erfüllt wurden. Dazu bedarf es einschlägigen Datenmaterials, das wiederum Rückschlüsse auf die Vornahme von entsprechenden heimlichen Maßnahmen zulässt. Diese Besonderheiten sind allerdings erst auf einer zweiten Stufe zu berücksichtigen. Auf der ersten Stufe sind die allgemeinen Fragen von Gesetzesevaluationen einer näheren Besichtigung zu unterziehen. Letztlich ist Maßstab das Prinzip der Verhältnismäßigkeit. Es steht hier im Zusammenhang des Grundrechtsschutzes durch spezifische, vom Gesetzgeber angeordneten Qualitätssicherungsmaßnahmen. Evaluation kann durchaus als Instrument der Qualitätssicherung und Qualitätswahrung verstanden werden, wenn man hier auf die Qualität im Sinne von rechtsstaatlicher Qualität rekurriert. Eine andere Begründungsschiene wäre der Grundrechtsschutz durch Organisation und Verfahren. Die verfahrensrechtliche Absicherung von Normen, deren materielle Voraussetzungen eher weit oder deren Eingriffsintensität eher hoch ist, wird durch verschiedenste Regelungen vorgenommen. Richtervorbehalte oder Mitteilungspflichten an den Betroffenen sind hier ebenso zu nennen wie Verfahrensrechte des Einzelnen, die die Maßnahme begleiten. Bei Sicherheitsgesetzen wird aber gerade oftmals die Beteiligung des Betroffenen im laufenden Verfahren die Ausnahme sein. Damit kommt eine nachträgliche verfahrensrechtliche Absicherung durch die Evaluierung als Teil des Grundrechtsschutzes durch Verfahren in Betracht. In diesem Blickwinkel ist Evaluation ein Ausdruck prozeduraler Rationalität. Sie soll als Verfahrensvorkehrung gerade die Norm absichern beziehungsweise den Gesetzgeber in der Schaffung angemessener und verhältnismäßiger Bestimmungen anleiten.

3 Gesetzliche Regelungen von Evaluationen

Die Regelungen, die im Zusammenhang von Evaluationen von Bedeutung sind, können ausdrücklich Evaluationen vorschreiben. Dies ist aber eine neuere Entwicklung.[7] Häufiger sind Bestimmungen anzutreffen, die Berichtspflichten auferlegen. Teils handelt es sich lediglich um Befristungen der Geltungsdauer einer gesetzlichen

7 Einen umfassenden Überblick auf Bundesebene gibt die Antwort der Bundesregierung vom 19.10.2010 auf eine Kleine Anfrage, BT-Drs. 17/3335.

Regelung, deren Verlängerung dem Gesetzgeber obliegt. Zur Entscheidung benötigt er aber Informationen, die er von der Regierung anfordern kann. Einige Beispiele verdeutlichen diese Unterscheidungen.

Der Art. 13 Abs. 6 GG normiert Berichtspflichten der Bundesregierung gegenüber dem Bundestag bzgl. des Einsatzes technischer Mittel für Maßnahmen nach Art. 13 Abs. 3-5 GG. Der Bericht soll den Bundestag bei der Erfüllung seiner Kontrollaufgabe unterstützen.[8] Diese sind für den repressiven Bereich in § 100e StPO konkretisiert:

> „(1) Für die nach § 100c angeordneten Maßnahmen gilt § 100b Abs. 5 entsprechend. Vor der Veröffentlichung im Internet berichtet die Bundesregierung dem Deutschen Bundestag über die im jeweils vorangegangenen Kalenderjahr nach § 100c angeordneten Maßnahmen.
> (2) In den Berichten nach Absatz 1 sind anzugeben:
> 1. die Anzahl der Verfahren, in denen Maßnahmen nach § 100c Abs. 1 angeordnet worden sind;
> 2. die jeweils zugrunde liegende Anlassstraftat nach Maßgabe der Unterteilung in § 100c Abs. 2;
> 3. ob das Verfahren einen Bezug zur Verfolgung organisierter Kriminalität aufweist;
> 4. die Anzahl der überwachten Objekte je Verfahren nach Privatwohnungen und sonstigen Wohnungen sowie nach Wohnungen des Beschuldigten und Wohnungen dritter Personen;
> 5. die Anzahl der überwachten Personen je Verfahren nach Beschuldigten und nicht beschuldigten Personen;
> 6. die Dauer der einzelnen Überwachung nach Dauer der Anordnung, Dauer der Verlängerung und Abhördauer;
> 7. wie häufig eine Maßnahme nach § 100c Abs. 5, § 100d Abs. 4 unterbrochen oder abgebrochen worden ist;
> 8. ob eine Benachrichtigung der Betroffenen (§ 101 Abs. 4 bis 6) erfolgt ist oder aus welchen Gründen von einer Benachrichtigung abgesehen worden ist;
> 9. ob die Überwachung Ergebnisse erbracht hat, die für das Verfahren relevant sind oder voraussichtlich relevant sein werden;
> 10. ob die Überwachung Ergebnisse erbracht hat, die für andere Strafverfahren relevant sind oder voraussichtlich relevant sein werden;
> 11. wenn die Überwachung keine relevanten Ergebnisse erbracht hat: die Gründe hierfür, differenziert nach technischen Gründen und sonstigen Gründen;
> 12. die Kosten der Maßnahme, differenziert nach Kosten für Übersetzungsdienste und sonstigen Kosten.“

Der Bundestag hat ein Gremium für die parlamentarische Kontrolle nach Art. 13 Abs. 6 GG eingesetzt, das sich aus Mitgliedern der im Bundestag vertretenen Par-

---

8 *Fink*, in: Epping/Hillgruber, OK-GG, Art. 13, Rn. 25 (Stand 01.01.2013).

teien zusammensetzt. Das Gremium prüft, aufgrund des jährlich vom Bundestag zu erstattenden Berichts,[9] ob der Einsatz technischer Mittel zur Abhörung und Aufzeichnung, zur Aufklärung von Straftaten und zur Gefahrenabwehr wirksam ist. Ob erfolgte Abhörmaßnahmen gegen Bürger im Einzelfall rechtmäßig waren, überprüft das Gremium nicht. Hierfür sind die Verwaltungsgerichte zuständig.

3.1 Terrorismusbekämpfungsgesetz, Terrorismusbekämpfungsergänzungsgesetz

Die Sicherheitsdienste sind seit den Anschlägen des 11. September 2001 verstärkt mit Aufgaben im Kontext der *Bekämpfung des Terrorismus* betraut worden. Das Terrorismusbekämpfungsgesetz (TBEG) vom 9. Januar 2002 hat ihnen Ausweitungen ihrer Befugnisse gebracht.[10] Der Bundesnachrichtendienst verfügt nunmehr ebenso wie das Bundesamt für Verfassungsschutz (§ 8 Abs. 5 BVerfSchG) über die Befugnisse, bei Banken und Finanzunternehmen Informationen über Konten und Konteninhaber einzuholen sowie über Auskunftsbefugnisse gegenüber Luftverkehrsunternehmen und Unternehmen, die Dienstleistungen auf den Gebieten Post, Telekommunikation oder Teledienste erbringen (§ 2 Abs. 1a und § 8 Abs. 3a BNDG).

Gegenüber Telekommunikationsdienstleistern wurden dem Militärischen Abschirmdienst Befugnisse zugesprochen, um die Datenerhebung durch den verdeckten Einsatz technischer Mittel zu ermöglichen. Dafür müssen die Voraussetzungen des § 3 Abs. 1 des Artikel 10-Gesetzes erfüllt sein, also tatsächliche Anhaltspunkte für den Verdacht bestehen, dass schwerwiegende Straftaten geplant werden oder begangen wurden.[11] Im Vordergrund bei der Terrorismusbekämpfung stehen die Straftaten der Gründung oder Unterstützung einer terroristischen Vereinigung und allgemein Straftaten, die sich gegen die freiheitlich demokratische Grundordnung richten (§§ 3 Abs. 1 Nr. 6 Artikel 10-Gesetz). Eine effektive Bekämpfung des Terrorismus stellt hohe Anforderungen an die Kooperation der Sicherheitsbehörden untereinander, wobei der Datenschutz eine große Rolle spielt.[12]

Der Art. 22 Abs. 2 des Terrorismusbekämpfungsgesetzes lautet in der ursprünglichen Fassung: „Das Bundesverfassungsschutzgesetz, das MAD-Gesetz, das BND-Gesetz, das Artikel 10-Gesetz, das Sicherheitsüberprüfungsgesetz und

9 Für 2010: BT-Drs. 17/7008; für 2011: BT-Drs. 17/10601.

10 BGBl. 2002 I S. 361. Näher *Denninger*, StV 2002, S. 96; *Nolte*, DVBl. 2002, S. 573; zu den Wirkungen auf Ausländer *Kugelmann*, ZAR 2003, S. 96.

11 Unkritisch *Schafranek*, DÖV 2002, S. 846.

12 *Mehde*, JZ 2005, S. 815 (819 f.).

§ 7 Abs. 2 des BKA-Gesetzes gelten vom 11. Januar 2007 wieder in ihrer am 31. Dezember 2001 maßgeblichen Fassung (BT-Drs. 14/7386, S. 69)."

Die in Art. 11 TBEG vorgeschriebe Evaluation wurde unter Federführung des Bundesministeriums des Innern durchgeführt. Auf dieser Grundlage wurde das Terrorismusbekämpfungsergänzungsgesetz beschlossen, mit dem die Geltung der gesetzlichen Regelungen überwiegend verlängert wurde.

Das Gesetz zur Abwehr von Gefahren des internationalen Terrorismus durch das Bundeskriminalamt (BKA) vom 25. Dezember 2008 (BGBl. I S. 3083) schreibt eine Evaluation bis zum 1. Januar 2014 vor.

Eine gegenseitige Begutachtung durch Vertreter der EU-Mitgliedstaaten erfolgte nach dem Beschluss des Rates vom 28. November 2002 zur Schaffung eines Mechanismus für die Begutachtung der einzelstaatlichen gesetzlichen Regelungen zur Bekämpfung des Terrorismus und ihrer Anwendung (2002/996/JI; ABl. L 349 vom 24.12.2002, S. 1).

3.2 Gemeinsame-Dateien-Gesetz

Im Gemeinsame-Dateien-Gesetz[13] ist vor allem in Art. 1 die Errichtung einer Antiterrordatei im Antiterrordateigesetz (ATDG) geregelt. Sie wird gemeinsam vom Bundeskriminalamt, der Bundespolizeidirektion, den Verfassungsschutzbehörden des Bundes und der Länder, vom Militärischen Abschirmdienst, vom Bundesnachrichtendienst und dem Zollkriminalamt geführt. Diese Maßnahme ist Teil des Kampfes gegen den internationalen Terrorismus mit Bezug zur Bundesrepublik. Ziel ist der verbesserte Informationsaustausch zwischen den beteiligten Behörden.[14] Das Bundesverfassungsgericht hat mit Urteil vom 24. April 2013 (1 BvR 1215/07) das ATDG in seinen Grundstrukturen für mit der Verfassung vereinbar erachtet, einige einzelne Regelungen aber für verfassungswidrig erklärt.

Als eine intensive Form der Zusammenarbeit stellte der Aufbau einer Antiterrordatei eine neuartige Maßnahme dar, da eine Verbunddatei errichtet wurde, zu der eine Vielzahl unterschiedlicher Behörden Zugang hat. Vor dem Hintergrund des Gebotes der Trennung von Polizei und Nachrichtendiensten und wegen der möglichen Eingriffe war dies politisch umstritten. Dies führte zur Aufnahme der Notwendigkeit einer Evaluation.

Der Art. 5 Abs. 2 des Gemeinsame-Dateien-Gesetzes zur Evaluierung des in Artikel 1 enthaltenen ATDG lautet: „Artikel 1 tritt mit Ablauf des 30. Dezember

13 BGBl. 2006 I Nr. 66 S. 3409.

14 BT-Drs. 16/2950, S. 12 ff.

2017 außer Kraft und ist fünf Jahre nach dem Inkrafttreten unter Einbeziehung eines wissenschaftlichen Sachverständigen, der im Einvernehmen mit den Deutschen Bundestag bestellt wird, zu evaluieren." Das ATDG wurde evaluiert. Die Ergebnisse sind im Bericht der Bundesregierung vom 07.03.2013 zur Evaluierung des Antiterrordateigesetzes festgehalten (BT-Drs. 17/12665).

3.3 Gesetz zur Verbesserung der Bekämpfung des Rechtsextremismus

Mit Art. 1 schafft das Gesetz zur Verbesserung der Bekämpfung des Rechtsextremismus[15] das neue Rechtsextremismus-Datei-Gesetz (RED-G) zur Errichtung einer standardisierten zentralen Datei, an der die Bundespolizeibehörde, das Bundeskriminalamt, die Landeskriminalämter, die Verfassungsschutzbehörden des Bundes und der Länder sowie der Militärische Abschirmdienst beteiligt sind. Ziel ist es, den gewaltbezogenen Rechtsextremismus zu bekämpfen, indem der Datenaustausch und somit die Kommunikation zwischen den Behörden verstärkt und verbessert wird.[16]

Der Art. 3 Abs. 2 sieht die Evaluierung der Umsetzung des Art. 1 vor und beschreibt explizit den Maßstab dazu. Insbesondere sollen auch die Häufigkeit und Auswirkungen der mit der Datenverarbeitung verbundenen Grundrechtseingriffe einbezogen und in Beziehung zur Wirksamkeit der Bekämpfung des gewaltbezogenen Rechtsextremismus gesetzt werden.

3.4 Verfassungsschutzrecht

Der Art. 9 Gesetz zur Änderung des BVerfSchG vom 07.12.2011, BGBl. I S. 2576, lautet: „Die Anwendung der durch das Terrorismusbekämpfungsgesetz, das Terrorismusbekämpfungsergänzungsgesetz und dieses Gesetz geschaffenen und geänderten Vorschriften des Bundesverfassungsschutzgesetzes, des MAD-Gesetzes, des BND-Gesetzes und des Sicherheitsüberprüfungsgesetzes ist von der Bundesregierung vor dem 10. Januar 2016 unter Einbeziehung eines oder mehrerer wissenschaftlicher Sachverständiger, die im Einvernehmen mit dem Deutschen Bundestag bestellt werden, zu evaluieren. Bei der Untersuchung sind auch die Häufigkeit und die Auswirkungen der mit den Eingriffsbefugnissen verbundenen

15 BGBl. 2012 I Nr. 39 S. 1798.

16 BT-Drs. 17/8672, S. 10 ff.

Grundrechtseingriffe einzubeziehen und in Beziehung zu setzen zu der anhand von Tatsachen darzustellenden Wirksamkeit zum Zweck der Terrorismusbekämpfung. Die Sachverständigenauswahl muss dem Maßstab der Evaluierung gemäß Satz 2 Rechnung tragen."

Der § 5 Abs. 2 Nr. 2 VerfSchG NRW lautet: „Die Verfassungsschutzbehörde darf nach Maßgabe des § 7 zur Informationsbeschaffung als nachrichtendienstliche Mittel die folgenden Maßnahmen anwenden: 2. Observation, bei sicherheitsgefährdenden, geheimdienstlichen Tätigkeiten oder Bestrebungen im Sinne des § 3 Abs. 1 Nr. 1, 3 und 4 von erheblicher Bedeutung auch mit besonderen, für Observationszwecke bestimmte technischen Mitteln; Observationen, die länger als einen Monat ununterbrochen andauern, bedürfen der Genehmigung durch den Leiter der Verfassungsschutzbehörde[...]".

3.5 Landespolizeirecht

Die Landespolizeigesetze enthalten vereinzelt Befristungen der Geltungsdauer von Regelungen. Voraussetzung der Entfristung oder der Verlängerung ist dann ein Bericht über die Erfahrungen bei der Anwendung der Vorschrift.

Die Regelung der Videoüberwachung des § 15a PolG NRW tritt nach ihrem Absatz 5 am 31. Juli 2013 automatisch außer Kraft. Ein Vorschlag für die Verlängerung ist Teil des Gesetzentwurfes zur Änderung des Polizeigesetzes und des POG, der bis zum 1. Juli 2013 verabschiedet werden soll (LT-Drs. 16/2256). Das Ministerium des Innern und für Kommunales hat einen „Bericht zur Evaluierung des § 15a des Polizeigesetzes des Landes Nordrhein-Westfalen" erstellt und dem Landtag als Grundlage für seine Entscheidung zugeleitet. In dem Bericht werden die Maßnahmen dargestellt und auch bewertet.

Eine allgemeine Berichtspflicht statuiert § 68 PolG NRW, der besagt: „Die Landesregierung berichtet dem Landtag bis zum 31. Dezember 2014 und danach alle fünf Jahre über die Notwendigkeit des Fortbestehens dieses Gesetzes." Diese unspezifische Bestimmung einer generellen Berichterstattung über die Notwendigkeit des Polizeigesetzes entfaltet keine steuernde Wirkung.

Über die Anwendung der Regelung zur Kfz-Kennzeichenerfassung des § 19a Abs. 5 SächsPolG hat das Ministerium des Innern dem Landtag Bericht zu erstatten, wobei die Bestimmung wie folgt gestaltet ist: „Der Staatsminister des Innern berichtet dem Landtag jährlich über die Anzahl der Einsätze technischer Mittel nach Absatz 1 und deren Ergebnisse."

Für den verdeckten Einsatz technischer Mittel zur Überwachung und Aufzeichnung der Telekommunikation ordnet § 33b Abs. 11 BbgPolG eine Berichtspflicht des

Innenministers oder der Innenministerin an, die an die Dokumentationspflicht der Behörden über diese Maßnahmen (§ 33b Abs. 9 BbgPolG) anknüpfen kann, wobei die Bestimmung wie folgt gestaltet ist: „Die aufgrund einer Maßnahme nach Absatz 1, 3 und 6 erlangten personenbezogenen Daten sind besonders zu kennzeichnen. Sie dürfen für andere Zwecke verwendet werden, wenn dies zur Abwehr einer in Absatz 1 genannten Gefahr für die öffentliche Sicherheit oder für die Verfolgung von Straftaten nach § 100a Satz 1 der Strafprozessordnung erforderlich ist. Eine solche Änderung der Zweckrichtung ist festzustellen und zu dokumentieren(…). (11) Das für Inneres zuständige Mitglied der Landesregierung erstattet dem Ausschuss für Inneres des Landtages jährlich einen Bericht über jede Maßnahme. § 33a Abs. 9 gilt entsprechend."

Ein Beispiel für die Wahrnehmung der Berichtspflicht ist der Bericht des Ministers des Innern an den Ausschuss für Inneres des Landtages über bestimmte Maßnahmen der Datenerhebung auf Grund des Brandenburgischen Polizeigesetzes vom 21.12.2007 gerecht.[17]

Die Regelung der Kfz-Kennzeichenerfassung des § 36a BbgPolG enthält eine Berichtspflicht des Innenministers an den Landtag (§ 36a Abs. 3 BbgPolG) lautet: „Das für Inneres zuständige Mitglied der Landesregierung erstattet dem Ausschuss für Inneres des Landtages jährlich einen Bericht über jede Maßnahme, der Angaben enthält über deren Anlass, Ort und Dauer."

Die befristende Bestimmung des § 90 BbgPolG regelt das automatische Außerkrafttreten bestimmter tiefgreifender Eingriffsbefugnisse, z. B. der anlassbezogenen automatische Kennzeichenfahndung, mit Ablauf des Jahres 2015. Dabei ist eine Evaluierung nicht ausdrücklich vorgeschrieben.

Eine besonders anspruchsvolle Regelung ist § 100 POG RP, der eine Verpflichtung zur Evaluation bestimmter Regelungen gesetzlich festschreibt, wobei die Bestimmung wie folgt gestaltet ist: „(1) Die Landesregierung berichtet dem Landtag über die Wirksamkeit der Maßnahmen nach den §§ 29, 31, 31 b, 31 c, 31 e und 38 in der Zeit vom 1. April 2011 bis zum Ablauf des 31. März 2016. § 29 Abs. 8 und § 31 Abs. 7 Satz 2 bleiben unberührt. (2) Die Anfertigung des Berichts der Landesregierung erfolgt unter Mitwirkung einer Stelle, die eine wissenschaftlich fundierte Überprüfung der Maßnahmen gewährleistet. (3) Der Bericht der Landesregierung enthält Angaben insbesondere über Anlass und Zweck sowie Dauer und Ergebnis der Maßnahmen nach Absatz 1 im Berichtszeitraum. Personenbezogene Angaben sollen anonymisiert werden. Der Landesbeauftragte für den Datenschutz und die

17 http://www.daten-speicherung.de/data/bericht_ueberwachung_brandenburg_2007-12-21.pdf (gesehen 21.04.2013).

Informationsfreiheit ist vor der Zuleitung des Berichts an den Landtag zu unterrichten; er gibt eine Stellungnahme ab."

Derartig weit gehende Regelungen sind die Ausnahme. Teils wird die Vorgehensweise bevorzugt, eine bloße Berichtspflicht auf der Arbeitsebene oder durch weitere parlamentarische Dokumente auszugestalten und auf dieser Grundlage eine Evaluation vorzusehen.

3.6 Erfahrungen aus anderen Rechtsbereichen

Das Informations- und Kommunikationsdienste-Gesetz aus dem Jahr 1997 beinhaltete drei neue Gesetze: das Teledienstegesetz (Art. 1), das Gesetz über den Datenschutz bei Telediensten (Art. 2) und das Gesetz zur digitalen Signatur (Art. 3). Eine Evaluationsklausel enthielt das Gesetz nicht. Der Bundestag hat aber die Bundesregierung zu einer Evaluierung aufgefordert.[18] Die beiden erst genannten Gesetze wurden 2007 aufgehoben. Die Regelungen finden sich nun teilweise im Telemediengesetz wieder.

Der Jugendmedienschutz wird gesetzlich vor allem im Jugendschutzgesetz geregelt. Darüber hinaus gibt es den Jugendmedienschutz-Staatsvertrag und zahlreiche Vorschriften im Strafgesetzbuch. Evaluationsklauseln enthalten diese Gesetze nicht. Der § 20 Abs. 7 des Jugendmedienschutz-Staatsvertrages beinhaltet aber eine Prüfpflicht, die einen Rückgriff auf externe Informationen vorschreibt, wobei die Bestimmung wie folgt gestaltet ist: „Die Länder überprüfen drei Jahre nach In-Kraft-Treten dieses Staatsvertrages die Anwendung der Bestimmungen der Absätze 3 und 5 insbesondere auf der Grundlage des Berichts der KJM nach § 17 Absatz 3 und von Stellungnahmen anerkannter Einrichtungen Freiwilliger Selbstkontrolle und der obersten Landesjugendbehörden."

In der Protokollerklärung[19] der Länder zum Jugendmedienschutz-Staatsvertrag heißt es: „Jugendschutzgesetz und Jugendmedienschutz-Staatsvertrag werden innerhalb eines Zeitraums von 5 Jahren nach Inkrafttreten insgesamt überprüft. Dabei sind alle Erfahrungen auszuwerten, die hinsichtlich der Zuordnung der Regelungskompetenzen, der Geltungsbereiche von Bundesgesetz und Länderstaatsvertrag, der Praxistauglichkeit der zugrunde gelegten Jugendschutzkriterien, der Leistungsfähigkeit und Effizienz der Aufsichtsstruktur sowie der Einbeziehung von Einrichtungen der Selbstkontrolle angefallen sind. Die Überprüfung ist insbesondere nach den Kriterien vorzunehmen, inwieweit mit der Neuregelung eine Verbesserung

---

18 *Neuser*, Evaluierung von Gesetzen, DuD 1999, S. 284.

19 HmbGVBl. 2003, S. 40.

des Jugendschutzes erreicht wurde und ob die neue Struktur eine wirksame und praxisgerechte Aufsicht gewährleistet. Im Rahmen der Gesamtüberprüfung wird die in den beiden Regelwerken vorgesehene Aufgabenteilung zwischen Bundes- und Länderstellen evaluiert. Dies bezieht sich insbesondere auf die der Bundesprüfstelle übertragene Aufgabe der Feststellung jugendgefährdender Angebote. Darüber hinaus ist zu klären, ob das Verfahren der Indizierung als Mittel zum Umgang mit jugendgefährdenden Inhalten noch zeitgemäß ist oder ob ein anderes Vorgehen zum Schutz vor Jugendgefährdungen angezeigt ist."

Das Hans-Bredow-Institut für Medienforschung an der Universität Hamburg analysierte im Zeitraum von Oktober 2006 bis Oktober 2007 das Jugendschutzgesetz und den Jugendmedienschutz-Staatsvertrag.[20] Ein umfassender Endbericht stammt aus Oktober 2007.[21]

3.7 Zwischenfazit

Eine Berichterstattung oder Unterrichtung ist keine Evaluation. Diese Unterscheidung trifft ausdrücklich der § 20a PolG NRW, der den Zugriff auf Bestandsdaten nach § 113 TKG regelt und in Absatz 6 eine jährliche Unterrichtung des Landtages anordnet, dann aber in Absatz 7 zusätzlich eine Evaluierung nach drei Jahren unter Mitwirkung wissenschaftlichen Sachverstandes. Die Verlängerung von befristeten Regelungen durch den Gesetzgeber bedarf einer Entscheidungsgrundlage. Dies können Berichte der Regierung, die von den zuständigen Ressorts abgestimmt sind und Erfahrungen mit der Anwendung des Gesetzes wiedergeben. Damit werden die Grundlagen für die Behandlung eines Gesetzesvorschlags in den Ausschüssen und für die Beschlussfassung im Parlament verbreitert.

Solche Berichte genügen aber regelmäßig nicht den Maßstäben an eine wissenschaftliche fundierte Evaluation. Ein Element einer Evaluation ist die kritische Distanz. Diese Perspektive wird bei Berichten eines Innenministeriums über die Anwendung der Vorschrift eines Polizeigesetzes eher zurücktreten, bei der Evaluation unter Einbeziehung externen Sachverstandes aber notwendiger Teil der Bewertung sein. Eine Evaluation verursacht mehr Aufwand und höhere Kosten als die Erstellung eines Berichts.

Evaluationen werden nur selten im Gesetz selbst vorgesehen und ausgestaltet. Immerhin zeigt § 100 POG Rheinland-Pfalz (oben „POG RP", S. 11), dass dies

---

20 *Schulz*, Alles verändert Gesetze, Gesetze verändern nichts?, DÖV 2009, S. 1113.

21 http://www.daten-speicherung.de/data/bericht_ueberwachung_brandenburg_2007-12-21.pdf (gesehen 23.4.2013).

durchaus eine gesetzgeberische Option ist. Die Ausgestaltung durch Dokumente ohne Gesetzesrang herrscht bisher vor.

Anlass der Evaluationen ist oftmals die Einführung von Vorschriften der heimlichen Informationserhebung. Solche Vorschriften und weitere Bestimmungen mit erheblicher Eingriffstiefe wurden vielfach als Reaktion auf den internationalen Terrorismus eingeführt. Ein Schwerpunkt von Evaluationen liegt bei informatorischen Eingriffen durch die Sicherheitsbehörden. Es geht um die Überwachung der Telekommunikation oder das Funktionieren von Verbunddateien. Die hergebrachten physisch geprägten Befugnisse wie Gewahrsam oder Sicherstellung sind dagegen selten in Evaluationen oder Berichtspflichten einbezogen.

4 Inhaltliche Ansätze für Evaluationen

4.1 Verfassungsrechtliche Anforderungen

Die schweizerische Bundesverfassung trifft eine ausdrückliche Regelung in Art. 170 BV: „Die Bundesversammlung sorgt dafür, dass die Maßnahmen des Bundes auf ihre Wirksamkeit überprüft werden." Dabei handelt es sich um einen ausdrücklichen Hinweis auf die nachträgliche Prüfung und Erforschung der Wirksamkeit, der über eine bloße Berichterstattung hinausgeht.

Das Bundesverfassungsgericht hat dem Gesetzgeber in Situationen des Entscheidens unter Ungewissheit Beobachtungs- und Nachbesserungspflichten auferlegt. Der Gesetzgeber muss den Erkenntnisstand beobachten, um nachbessern zu können.[22] Für Regelungen des Polizeirechts haben auch Landesverfassungsgerichte solche Pflichten bestimmt.[23] In seinem Urteil zum ATDG vom 24. April 2013 hat das Bundesverfassungsgericht die Errichtung von Berichtspflichten über die Anwendung des ATDG ausdrücklich gefordert, um Transparenz und Kontrolle zu gewährleisten.[24] Die Berichte sollen vom BKA erstellt werden. Adressat sind sowohl das Parlament wie die Öffentlichkeit.

Die gesetzliche Evaluationspflicht kann eine Rolle bei der Beurteilung der Verfassungsmäßigkeit einer Regelung spielen. Denn eine Eingriffsbefugnis kann dann (noch) als verhältnismäßig erachtet werden, wenn durch eine gesetzliche

22 BVerfGE 49, 89 (130 ff.); 56, 54 (78 ff.); 88, 203 (309 ff.); 95, 267 (313 ff.); 97, 271 (292 f.).

23 VerfGH Sachsen, Urt. v. 14.5.1996, SächsVBl. 1996, S. 160 = JZ 1996, S. 957 = DVBl. 1996, S. 1423; VerfGH MV, Urt. v. 21.10.1999, DVBl. 2000, S. 262 (267) = DÖV 2000, S. 71.

24 BVerfG, U. v. 24.4.2013 – 1 BvR 1215/07, Rdnr. 221 f.

Evaluationspflicht ihre zeitlichen Wirkungen begrenzt sind und der Gesetzgeber seine Beobachtungspflichten erfüllt. Der Entscheidungsspielraum des Gesetzgebers wird durch eine Evaluation beeinflusst. Falls Bestimmungen für nicht notwendig oder nicht effektiv erachtet werden, ist eine Verlängerung ihrer Geltung ohne Gesetzesänderung politisch schwer begründbar.

4.2 Methodische Aspekte

Es lassen sich allgemeine Verfahren der Evaluation und grobe Prüfraster entwickeln. Allerdings muss jede Evaluierung gesondert erarbeitet werden. Die Gewichtungen und Bedingungen hängen von den gesetzgeberisch vorgegebenen Zielen der zu evaluierenden Regelungen ab und von den anzulegenden Kriterien.

Der Kern des Problems von Evaluationen liegt in der Bestimmung des Ziels des Gesetzes. Ob das Ziel erreicht ist, kann nur geprüft werden, wenn das Ziel möglichst genau bestimmt wird. Dies ist Aufgabe des Gesetzgebers, da er das Gesetz geschaffen und die Evaluation vorgesehen hat. Es ist aber vor allem auch deshalb Aufgabe des Gesetzgebers, weil nur er die Konsequenzen aus der Evaluation ziehen kann.

Die Personen, die Evaluationen durchführen, wollen und dürfen sich nicht an die Stelle des Gesetzgebers setzen. Sie können Alternativen in der Bewertung aufzeigen, Lücken darstellen oder Abwägungsmaterial vorstrukturieren. Teil der Evaluation muss aber eine rechtliche Bewertung sein, die ggf. auch die Rechtswidrigkeit oder Verfassungswidrigkeit von zu evaluierenden Normen benennt.

Die rechtliche Methodik besteht insbesondere in der Anwendung des Grundsatzes der Verhältnismäßigkeit:[25] Bei der Beurteilung, ob die Regelung geeignet war, um ihren Zweck zu erfüllen, spielt das Datenmaterial eine große Rolle. In die Beurteilung der Erforderlichkeit gehen bereits Wertungen ein, indem alternative Instrumente erörtert und geprüft werden. Falls diese nicht gesichert bewertet werden können, ist eine Prognose vorzunehmen, deren Absicherung offen dargelegt werden muss. Zur Beurteilung der Verhältnismäßigkeit im engeren Sinne ist die Eingriffstiefe in Verhältnis zur Zweckerreichung und damit auch der beabsichtigten präventiven Verhaltenslenkung zu setzen.

Dokumentation und Transparenz sind zentrale Elemente einer Evaluation. Daraus sollte auch hervorgehen, inwiefern ein Abgleichen mit Geheimhaltungsbedürfnissen vorgenommen wurde. Da der Gesetzgeber oft gar keine Kriterien der Untersuchung vorgibt, ist zunächst ein Prüfprogramm zu erarbeiten. Das Sicherstellen einer möglichst aussagekräftigen Datengrundlage kann in enger Kooperation

25 *Albers* (Fn. 1), S. 42 ff.

mit der Exekutive gewährleistet werden. Private oder externe Evaluationen haben hier Schwierigkeiten.

Die Befristung und die Notwendigkeit der Evaluierung sind oftmals Teil des politischen Kompromisses über das Sicherheitsgesetz. Dies war bei den Terrorismusbekämpfungsgesetzen ebenso der Fall wie beim ATDG oder beim BKAG. Da Mehrheiten wechseln und die Opposition zur Regierung werden kann oder umgekehrt, ist die Evaluierung ernst zu nehmen.

5 Funktionen der Evaluation von Sicherheitsgesetzen

Der Charakter von Evaluation im Sicherheitsrecht hängt von der dahinter stehenden Konzeption ab. Die Analyse von Governance-Elementen, die auf eine Optimierung der Institutionen und der Verwaltungsstrukturen zielt, ist eher sozialwissenschaftlich orientiert.[26] Auf dem Gebiet der Sicherheitsgesetze steht dagegen die rechtswissenschaftliche Orientierung im Vordergrund, die auf rechtsstaatliche Fortentwicklung der Gestalt und Anwendung von Gesetzen zielt. Die auf Initiative staatlicher Stellen durchgeführte Evaluation hat das Ziel, die Entwicklung von Sicherheitsgesetzen als rechtsstaatliche und möglichst grundrechtsschonende Instrumente zu befördern. Daraus leiten sich mehrere Funktionen der Evaluation ab.

Die Evaluation von Sicherheitsgesetzen hat die *Funktion der Grundrechtssicherung*. Aus der Sicht des Bürgers liegt hier ihre wichtigste Bedeutung. Allerdings kann sie diese Funktion nur erfüllen, wenn sie institutionell und inhaltlich effektiv ausgestaltet ist. Der Gesetzgeber muss dann die Konsequenzen aus einer Evaluation ziehen. Dies unterliegt der Kontrolle durch die Öffentlichkeit.

Die Evaluation von Sicherheitsgesetzen hat die *Funktion der Rechtfertigung gesetzgeberischen Handelns gegenüber der Öffentlichkeit*. Denn der Gesetzgeber begibt sich in eine Situation organisierter Beobachtung. Dadurch werden der Öffentlichkeit abgesicherte Informationen über gesetzliche Regelungen und deren Durchführung zur Verfügung gestellt. Die Bewertung dieser Informationen durch die Evaluationsinstanz erlaubt weitere Bewertungen durch die Öffentlichkeit.

Die Evaluation von Sicherheitsgesetzen hat die *Funktion, inhaltliche Kompromisse zwischen den Beteiligten des Gesetzgebungsverfahrens auszugleichen*. Parteien in einer Koalition oder aber Regierung und Opposition können sich auf materielle Regeln dann eher verständigen, wenn diese auf ihre Wirkung geprüft und entsprechend

26 Vgl. *Kuhlmann,* Die Evaluation von Institutionenpolitik in Deutschland: Verwaltungsmodernisierung und Wirkungsanalyse im föderalen System, in: Widmer (Hrsg.), Evaluation, 2009, S. 371.

evaluiert werden. Damit kann die Pflicht zur Evaluation Voraussetzung für das Entstehen des Gesetzes sein.

Die Evaluation von Sicherheitsgesetzen hat die *Funktion der Ermöglichung parlamentarischer Kontrolle.* Maßgebliche Akteure der Evaluation sind die Gesetzgeber in Bund und Länder, die der Evaluationsinstanz Vorgaben machen können, aber auch von deren Expertise und Ergebnissen profitieren sollen. Den Abgeordneten und Fraktionen insbesondere der Opposition stellt die Evaluation Tatsachen und Bewertungen zur Verfügung, die einen Beitrag zur Wahrnehmung ihrer Kontrollaufgabe leisten. Dies kann Auswirkungen auf inhaltliche Positionen haben, die noch eine Rolle spielen, wenn die Opposition zur Regierung wird.

Die Evaluation von Sicherheitsgesetzen hat die *Funktion der Ermöglichung exekutiver Selbstkontrolle.* Der gesetzgeberische Auftrag zur Evaluation geht regelmäßig an die Exekutive. Damit werden die Rechtsanwendung und deren Optimierung in die Reichweite der Evaluation einbezogen. Informationen der Exekutive können und müssen in die Betrachtung integriert werden. Eine gesetzlich vorgesehene Evaluation kann Rückwirkungen auf laufende exekutive Tätigkeit haben. Dies betrifft insbesondere auch das Informationsmanagement.

Evaluation als Element des „lernenden“ Sicherheitsrechts kann die weitere Gesetzgebung und damit die Rechtsentwicklung mitprägen. Allerdings ist sie ein voraussetzungsvolles Konzept. Angesichts der Gesetzmäßigkeiten des politischen Alltags sollte man die Erwartungen an die Evaluationen sicherlich nicht überspannen. Immerhin könnten irrationale Einflüsse und Einwirkungen vermindert werden. Die Evaluation hat die *Funktion der Steigerung von Rationalität in der Gesetzgebung und der Gesetzesanwendung.*

Legitimation durch Evaluation

Sicherheitsgesetzgebung im System parlamentarischer Arbeitsteilung

Julian Krüper

1 Sicherheit als Legitimationsproblem

1.1 Zum Ausgangspunkt: Die Evaluation des TBEG

Die parlamentarische Plenumsentscheidung dient der demokratischen Legitimation. In ihrer *idealen Dimension* vereint sie daher ein formales (Abstimmungs-) Element mit einem materialen (Wissens-) Element in dem Sinne, dass klar ist, worüber abgestimmt wird. In ihrer *realen Dimension* sind aber vom materialen Wissenselement der Entscheidung Abstriche zu machen, weil das Parlament erstens arbeitsteilig organisiert ist und Wissen daher in Arbeitsgruppen, Ausschüssen und Fachpolitiker-Runden departementalisiert aggregiert und verarbeitet wird. Zusätzliche Beschränkungen erfährt das Wissenselement der Entscheidung dadurch, dass in Fällen geheimschutzrelevanter Entscheidungen wichtige Unterlagen den Zugangshürden der Geheimschutzvorschriften unterliegen: Diese schließen Kenntnisnahme nicht aus, machen sie aber unwahrscheinlich. Dies wirft dann grundsätzliche Fragen auf, wenn durch die Einführung legitimationssteigernder Elemente wie etwa dem der *Gesetzesevaluation* das materielle Wissenselement der parlamentarischen Entscheidung von Verfassungs wegen gestärkt werden soll, wie es unter anderem beim Terrorismusbekämpfungsergänzungsgesetz der Fall war: Der Deutsche Bundestag novellierte mit Beschluss vom 5. Januar 2007 in einem Artikelgesetz, dem TBEG, eine Vielzahl von sicherheitsrelevanten Gesetzen, darunter das Bundesverfassungsschutzgesetz, das Terrorismusbekämpfungsgesetz, das MAD-Gesetz sowie das BND-Gesetz (BGBl. I 2007, Nr. 1, 2). Gem. Art. 11 TBEG sollten die vorgenommenen Änderungen spätestens zum Ablauf einer 5-Jahres-Frist nach Inkrafttreten des Gesetzes unter Beiziehung wissenschaftlichen Sachverstands einer Evaluation unterzogen werden. Gleichzeitig waren die Novellierungen selbst auf Dauer jener fünf Jahre befristet, um sicherzustellen, dass ihre etwaige Verlängerung und Veränderung auf Grundlage der Evaluation vorgenommen werden würde. Es ist also gerade das Junktim von Geltungsbefristung und Evaluation, mit dem eine informierte Entscheidung des Sicherheitsgesetzgebers erreicht werden sollte. Das TBEG schloss insoweit an ein paralleles Regelungsmodell des TBG an, das bereits selbst eine Evaluationspflicht statuierte, in dessen Folge es 2007 unter anderem zum Erlass des TBEG kam. Die Evaluation gem. Art. 11 TBEG wurde im Jahr 2011 durchgeführt unter Beteiligung der Beratungsfirma Rambøll. Ein Entwurf des Evaluationsberichts durch das BMI (unter Mitarbeit der Firma Rambøll) ist als Ausschussdrucksache den Mitgliedern des Innenausschusses übersandt worden (17 (4) 271). Zu einem endgültigen Evaluationsbericht der Bundesregierung ist es allerdings aufgrund von Differenzen in der Ressortabstimmung nicht gekommen. Gegenstand des Gesetzgebungsverfahrens zur Verlängerung des TBEG wurde also der BMI-Entwurf. Eine endgültige erneute Evaluation wird gegenwärtig diskutiert. Das eigentlich mit der Evaluation verfolgte Ziel – eine breite Informationsbasis für das Parlament zu schaffen – ist damit letztlich verfehlt, weil es nicht zu einer wirksamen Evaluation gekommen ist. Hinzu kommt, dass dem Evaluationskonzept seiner Idee nach ein raumgreifender Anspruch eines anspruchsvollen Grundrechtsmonitorings zugrunde liegt, der sich an den Strukturen der parlamentarischen Arbeitsteilung zu stoßen scheint. Dies wirft verschiedene Fragen auf, zunächst einmal die nach den Legitimationsaspekten parlamentarischer Entscheidungen generell, die nach der legitimatorischen Funktion (sicherheitsgesetzlicher) Gesetzesevaluationen und schließlich solche nach der Bestimmung und verfahrensmäßigen Operationalisierung legitimatorischer Sondersituationen im Parlament.

1.2 Doppelnatur der Legitimation

Sicherheitsfragen sind in einem doppelten Sinne Legitimationsfragen. Im Lichte der klassischen Staatszwecklehre bezieht der Staat seine Legitimation daraus, dem Einzelnen Sicherheit zu geben[1] – und zwar zunächst Sicherheit gegenüber dem übergriffigen Nachbarn.[2] Mit der ideengeschichtlichen Entwicklung einer (natur-) rechtsbegabten *persona moralis* (Pufendorf) legte man aber auch dem Leviathan selbst immer stärkere Fesseln an, damit der Einzelne auch vor diesem sicher sei. Sicherheitsgewährleistung wurde damit zu einer anspruchsvollen verfassungs-

1 *Isensee*, Staat und Verfassung, in: Isensee/Kirchhof (Hrsg.), Handbuch des Staatsrechts, Bd. II, 2004, § 15 Rn. 85.

2 *Hobbes*, Leviathan, Zweiter Teil, 17. Kapitel: Über Grund, Entstehung und Definition des Staates, 1970, S. 151 ff.

staatlichen Aufgabe,[3] in der die Rechte und Rechtsgüter, die der Staat zu schützen hat, gleichzeitig von ihm selbst geachtet werden müssen. Darin liegt bis heute die Wurzel des Spannungsverhältnisses von Freiheit und Sicherheit, das auszubalancieren nicht nur der Beruf unserer Zeit zur Sicherheitsgesetzgebung[4] ist. Legitimation gewinnt darin gewissermaßen eine doppelte Stoßrichtung, eine leistungs- und eine abwehrrechtliche: Der Staat und sein Handeln gewinnen ihre Legitimation durch die Erfüllung der leistungsrechtlichen Dimension, sie verlieren sie durch Missachtung der abwehrrechtlichen Dimension, die materiell vor allem durch den Grundsatz der Verhältnismäßigkeit staatlicher Eingriffsmaßnahmen praktisch wird. Während Legitimation in diesem Sinne auf den wirksamen, materiellen Schutz der betroffenen Rechte und Rechtsgüter abzielt, gewinnt Legitimation im Verfassungsstaat aber auch eine formelle Komponente. Denn formell garantiert die Verfassung die Legitimation staatlichen Handelns durch die Einforderung demokratischer und rechtsstaatlicher Grundsätze, namentlich durch den demokratischen Vorbehalt und den rechtsstaatlichen Vorrang des Gesetzes.[5]

1.3 Geltungstheoretische und institutionentheoretische Perspektive

Dabei erhebt das verfassungsrechtliche Instrumentarium zur Herstellung demokratischer Legitimation grundsätzlich einen *Allgemeinheitsanspruch*, seine Einhaltung ist gleichermaßen *notwendige* wie *hinreichende* Bedingung zur Herstellung der Legitimation gesetzgeberischen Handelns. Beispielhaft gesprochen differenzieren die formal-demokratischen Legitimationsanforderungen der Verfassung also nicht zwischen dem Erlass von Terrorismusbekämpfungs- und Ausbildungsförderungsgesetzen. Dies ist freilich nur die halbe, gewissermaßen geltungstheoretische Wahrheit, die sich in der parlamentarischen Wirklichkeit an den *institutionellen Strukturen parlamentarischer Willensbildung* und Entscheidungsfindung stößt. Die geltungstheoretische Perspektive auf demokratische Legitimation ist die einer *institutionellen Makroperspektive*, nach der die Entscheidung „des Parlaments"

3 *Morlok/Krüper*, Sicherheitsgewährleistung im kooperativen Verfassungsstaat, in: Lange/Ohly/Reichertz (Hrsg.), Auf der Suche nach neuer Sicherheit, 2009, S. 331 ff.

4 *Gusy*, Sicherheitsgesetzgebung, KritV 2012, S. 247 ff.

5 *Ossenbühl*, Vorrang und Vorbehalt des Gesetzes, in: Isensee/Kirchhof (Hrsg.), Handbuch des Staatsrechts, Bd. V, 2007, § 101 Rn. 1 ff., 11 ff.; *Stern*, Das Staatsrecht der Bundesrepublik Deutschland, Bd. I, 1984, S. 801 ff., 811; *Lerche*, Vorbehalt des Gesetzes und Wesentlichkeitstheorie, in: Merten/Papier (Hrsg.), Handbuch der Grundrechte, Bd. III, 2009, § 62 Rn. 1 ff.

legitimierende Wirkung hat. Demgegenüber offenbart die *institutionelle Mikroperspektive*, dass zwar formell das Plenum entscheidet, damit aber in einem qualifizierten Sinne keine Entscheidung des Parlaments als Gesamtverband getroffen worden sein muss. Denn die institutionelle Mikroperspektive zeigt für das moderne Parlament eine *Struktur der Arbeitsteilung*[6], die nicht allein die Vorbereitung der Plenarentscheidung, sondern oftmals auch diese selbst betrifft. Die allfälligen Klagen über das leere Parlamentsplenum haben hier ihre Wurzel. Jedoch liegt darin kein verfassungsrechtlicher Skandalbefund, weil die Funktionsfähigkeit der parlamentarischen Abläufe selbst verfassungsgeboten ist.[7] Arbeitsteilung ist insofern nicht bloß verfassungsrechtlich geduldet, sondern eine Form, in der das Parlament seine Organisationsautonomie *rechtlich wahrnehmen kann* und *tatsächlich wahrnehmen muss.* Die geltungs- und die institutionentheoretische Perspektive auf die Legitimationswirkung widersprechen sich also grundsätzlich nicht. Die Legitimationserwartungen an die parlamentarische Entscheidung werden daher auch dann erfüllt, wenn diese in einem arbeitsteiligen Prozess zustande kommen, an dem nur eine kleinere Zahl von Abgeordneten beteiligt ist. Darin liegt eine funktionale Beschränkung des Grundsatzes der Gesamtrepräsentation, nach dem *nur das Parlament insgesamt* Vertretung des Volkes ist.[8]

Während dieses Modell bei der Bewältigung des Parlamentsalltags bekannt und bewährt ist, kommt es immer wieder zu Entscheidungssituationen bzw. zu Entscheidungsfeldern, bei denen sich die Frage stellt, ob die institutionell gebotene Arbeitsteilung noch geeignet ist, hinreichend legitimierte Entscheidungen zu gewährleisten, oder ob eine Art ‚parlamentarisches Sonderverfahren' oder *andere Mechanismen der Legitimationssicherung* Platz greifen *müssen* oder es verfassungspolitisch *sollten.* Ein solches Entscheidungsfeld bildet die mittlerweile so apostrophierte *Sicherheitsgesetzgebung*, worunter im Allgemeinen jede Form sicherheitsrelevanter Gesetzgebung, im Besonderen aber vor allem die Gesamtheit aller Gesetzesvorhaben verstanden wird, mit denen nach „9/11" den Gefahren eines internationalen Terrorismus begegnet werden sollte.

---

6 *Morlok*, Informalisierung und Entparlamentarisierung politischer Entscheidungen als Gefährdungen der Verfassung?, VVDStRL 62 (2003), S. 37 (64 ff.); jüngst auch BVerfGE 130, 318 (348 f.) – 9er Gremium.

7 BVerfGE 4, 31 (40); 95, 408 (418); 130, 318 (348) – 9er Gremium; *Morlok*, in: Dreier (Hrsg.), Grundgesetz, Bd. II, 2006; Art. 38 Rn. 153.

8 BVerfGE 44, 308 (316); 56, 396 (405); 84, 304 (321); *Morlok*, in: Dreier (Hrsg.) (Fn. 7), Rn. 129.

2 Legitimationsstruktur parlamentarischer Kontrolle

2.1 Konkret-situative vs. abstrakt-programmierende Kontrolle

Im parlamentarischen Regierungssystem kommen dem Parlament verschiedene Funktionen zu. Zu diesen zählen im Kern die *Gesetzgebungs- und die Kontrollfunktion*.[9] Beide Funktionen werden im Zusammenspiel von verschiedenen parlamentarischen Akteuren wahrgenommen: einzelnen Abgeordneten, Abgeordnetengruppen, Fraktionen und Gesamtplenum sowie dem Präsidium. Typische Medien der Funktionswahrnehmung sind Informations-, Initiativ- und Beschlussrechte.[10]

Zwei Ausprägungen der parlamentarischen Kontrollfunktion lassen sich idealtypisch unterscheiden: *konkret-situative Kontrolle* und *abstrakte, durch gesetzgeberische Programmierung ausgeübte Kontrolle*. Gesetzgebungsfunktion und Kontrollfunktion sind mithin aufeinander bezogen. Situative Kontrolle ist dabei regelmäßig als konkrete Verhaltenskontrolle auf die Einhaltung eines normativen Programms gerichtet und wird etwa durch das Einfordern von Berichten über konkrete Tätigkeiten ausgeübt, beispielsweise vom parlamentarischen Kontrollgremium (PKGr) oder den G10-Kommissionen in Bund und Ländern.[11] Konkret-situative Kontrolle ist also stets nachgelagert. Demgegenüber ist Kontrolle durch Gesetzgebung sowohl *prospektive, programmierende Kontrolle* als auch *retrospektiv-sanktionierende Kontrolle*, wo sie etwa Vollzugserfahrungen verarbeitet und darauf (beschränkend oder ermöglichend) reagiert.

Beherrscht ist das parlamentarische Handeln dabei vom Grundsatz der demokratischen Öffentlichkeit,[12] der seinerseits ein legitimierender ist und beispielhaft in

---

9 *Morlok*, in: Dreier (Hrsg.) (Fn. 7), Rn. 37 ff., 41 ff.; *Trute*, in: von Münch/Kunig (Hrsg.), Grundgesetz, Bd. I, 2012, Art. 38 Rn. 10 f.; *Stern*, Das Staatsrecht der Bundesrepublik Deutschland, Bd. II, 1980, S. 51 f.; *Kißler*, Der Deutsche Bundestag, JöR 26 (1977), S. 39 (64 ff.).

10 *Klein*, in: Maunz/Dürig (Begr.), Grundgesetz, 68. Lfg. 2013, Art. 38 Rn. 55; *ders.*, Stellung und Aufgaben des Bundestages, in: Isensee/Kirchhof (Hrsg.), Handbuch des Staatsrechts, Bd. III, 2005, § 50 Rn. 36 ff.; *Kretschmer*, in: Schmidt-Bleibtreu/Hofmann/Hopfau (Hrsg.), Grundgesetz, 2011, Art. 38 Rn. 72 ff.

11 Zu letzterem am Beispiel des Landesrechts NRW etwa *Gusy*, Grundrechte und Verfassungsschutz, 2011, S. 15 ff.

12 *Dreier*, in: ders. (Hrsg.), Grundgesetz, Bd. II, 2006, Art. 20 (Demokratie) Rn. 83 f.; *Kißler*, Parlamentsöffentlichkeit: Transparenz und Artikulation, in: Schneider/Zeh (Hrsg.), Parlamentsrecht und Parlamentspraxis in der Bundesrepublik Deutschland, 1989, § 36 Rn. 6 ff.

Art. 42 Abs. 1 S. 1 GG zum Ausdruck kommt.[13] Beschränkungen parlamentarischer Informationsrechte sind daher gleichzeitig Beschränkungen einer demokratischen Kontrollöffentlichkeit und als solche rechtfertigungsbedürftig. Dabei lässt sich sagen, dass der Öffentlichkeitsanspruch an das parlamentarische Kontrollhandeln *umso größer* ist, je weitreichender die ausgeübte Kontrolle ist. Daher kann situative, retrospektive Kontrolle etwa durch die PKGr stärker geminderten Öffentlichkeitsanforderungen unterworfen werden als Maßnahmen prospektiv-determinierender Kontrolle. Das bedeutet, dass diejenige Kontrolle, die durch parlamentarische Gesetzgebung ausgeübt wird, strengen Öffentlichkeitsanforderungen unterliegt. Öffentlichkeit ist dabei nicht eine bloß formale Kategorie, sondern sie hat ein materielles Substrat, auf das sie sich bezieht, nämlich die konkrete Entscheidung und die materiellen Gründe, aus denen sie sich speist.[14] Es muss also nicht nur öffentlich sein, *was entschieden wurde*, sondern auch *warum*. Information und Wissen sind daher wesentliche Dimensionen parlamentarischer Kontrolle.[15]

2.2 Informiertheit als Voraussetzung von Kontrolle

Das Parlamentsrecht hat daher in seiner idealen Dimension als Erwartung, vielleicht sogar als Leitbild,[16] den informierten Abgeordneten[17] vor Augen. Das heißt: Voraussetzung für die Ausübung jeglicher Kontrolle ist eine hinreichende Informationsbasis der Abgeordneten. Dies kann das Parlamentsrecht in seiner realen Dimension indes nicht garantieren. Dass also die legitimationsspendende Wirkung des parlamentarischen Gesetzesbeschlusses in der Sache auch auf einer materiellen Willensbildung des einzelnen abstimmenden Abgeordneten beruht, ist erwartet, aber nicht einforder- oder sanktionierbar. Um Informiertheit zu gewährleisten, kennt das Parlamentsrecht abgeordnetenbezogene Informationsrechte. Grundsätzlich

---

13 *Morlok/Michael*, Staatsorganisationsrecht, 2013, Rn. 650 ff.

14 *Achterberg/Schulte*, in: von Mangoldt/Klein/Starck (Hrsg.), Grundgesetz, Bd. II, 2010, Art. 42 Abs. 1 Rn. 2; *Morlok*, in: Dreier (Hrsg.), Grundgesetz, Bd. II, 2006, Art. 42 Rn. 21.

15 S. dazu *Fassbender*, Wissen als Grundlage staatlichen Handelns, in: Isensee/Kirchhof (Hrsg.), Handbuch des Staatsrechts, Bd. IV, 2006, § 76; *Kißler* (Fn. 9), S. 65; *Brüning*, Der informierte Abgeordnete, Der Staat 43 (2004), S. 511 (512 ff.).

16 Zu Leitbildern im Allgemeinen *Volkmann*, Leitbildorientierte Verfassungsanwendung, AöR 134 (2009), S. 157 (158 Fn. 2, 161).

17 *Brüning* (Fn. 15), S. 511 ff.; zum „Leitbild des Abgeordneten" s. auch BVerfGE 118, 277 (327); *Linck*, Verfestigung des Leitbilds vom Berufsabgeordneten durch das BVerfG, NJW 2008, S. 24 ff.

reicht der *Informationsanspruch* der Abgeordneten[18] sehr weit und unterliegt nur unter bestimmten Voraussetzungen *sachlichen* oder *modalen Einschränkungen.* Sachliche Einschränkungen bestehen, soweit die Gegenstände des geltend gemachten Informationsanspruchs den sogenannten „Kernbereich der Exekutive"[19] betreffen. Modale Beschränkungen bestehen, soweit die Durchsetzung des Informationsanspruchs durch konkurrierende Belange mit beeinflusst ist, etwa durch die Geheimschutzvorschriften von Parlament und Regierung.[20] Wesentlicher noch als solche sachlichen und modalen Beschränkungen sind aber solche durch die arbeitsteilige Organisation des Parlaments, die zum Anspruch auf Informiertheit der Abgeordneten in Widerspruch treten können. Dieser lässt sich mildern, wenn man mit *Martin Morlok* einem überidealisierten und damit insuffizienzgeneigten Parlamentsideal ein realistisches Parlamentsbild entgegensetzt, das organisatorische Notwendigkeiten eines arbeitsteiligen Parlamentarismus nicht als legitimatorische Verlustgeschichte diskreditiert, sondern als funktionalen Gewinn für die Wahrnehmung der parlamentarischen Aufgaben erklärt und interpretiert.[21]

Gleichwohl verbleibt auch nach einer solchen, gewissermaßen aufklärerischen Läuterung ein signifikanter Rest jenes Parlamentsideals bestehen, nach dem die inhaltliche Identifikation der Abgeordneten mit dem beschlossenen Inhalt maßgeblich ist, um die beschlossene Form – also regelmäßig das Gesetz – zu legitimieren. Problematisch scheinen dann vor allem solche Konstellationen, in denen sachliche, modale und organisationale Beschränkungen des Informationsanspruchs *aufeinandertreffen und sich wechselseitig verstärken*, wie es im Entscheidungsfeld der Sicherheitsgesetzgebung vorkommt.

---

18 BVerfGE 44, 308 (320); *Klein*, Status des Abgeordneten, in: Isensee/Kirchhof (Hrsg.), Handbuch des Staatsrechts, Bd. III, 2005, § 51 Rn. 33; *Kotzur*, Informationsansprüche des Parlaments im demokratischen Verfassungsstaat, Jura 2007, S. 52 ff.; *Brüning* (Fn. 15), S. 518.

19 BVerfGE 67, 100 (139); 124, 78 (120); *Klein*, in: Maunz/Dürig (Begr.), Grundgesetz, 68. Lfg. 2013, Art. 44 Rn. 147; *Busse*, Der Kernbereich exekutiver Eigenverantwortung im Spannungsfeld der staatlichen Gewalten, DÖV 1989, S. 45 ff.; *Kotzur* (Fn. 18), S. 53.

20 *Jahn/Engels*, Geheimschutzordnung im Bundestag, in: Schneider/Zeh (Hrsg.), Parlamentsrecht und Parlamentspraxis in der Bundesrepublik Deutschland, 1989, § 20; *Glauben*, Der Schutz staatlicher und privater Geheimnisse im Spannungsfeld parlamentarischer Untersuchungen, DÖV 2007, S. 149 ff.

21 *Morlok* (Fn. 6), S. 67 ff.

3 Legitimationsaspekte der Gesetzesevaluation

3.1 Explizierung der Informationsdimension durch Evaluation

Ein den Bedingungen des modernen Parlamentarismus angepasstes Verständnis parlamentarischer Arbeits- und damit auch Informationsteilung gerät vor allem dann unter Bewährungsdruck, wenn aufgrund (verfassungsrechtlicher) Umstände die Erwartungen an die „Informiertheit" der parlamentarischen Entscheidungen und Entscheidungsträger wachsen.[22] Dies ist insbesondere dann der Fall, wenn die parlamentarische Kontrollverantwortung für beschlossene Gesetze verfassungsrechtlich durch die Auferlegung von Evaluationspflichten gesteigert ist.[23] Rechtswissenschaftliche Literatur[24] und Bundesverfassungsgericht[25] gleichermaßen haben nicht allein, aber auch für den Bereich der grundrechtsrelevanten Sicherheitsgesetzgebung eine begleitende gesetzgeberische Pflicht statuiert, die tatsächlichen Auswirkungen sicherheitsgesetzlicher Eingriffsbefugnisse im Sinne eines Grundrechtsmonitorings zu analysieren und zu bewerten.[26] Darin dokumentiert sich ein in der verfassungsgerichtlichen Rechtsprechung der vergangenen Jahre mehr und mehr betonter Gedanke, nämlich die *Rationalitätsanforderungen* an gesetzgeberische Gestaltungsentscheidungen zulasten der politischen Gestaltungsbefugnis zu steigern.[27] Dabei ist nicht die konkrete *Form* der Evaluation,

---

22 Zur verfassungsrechtlichen Herleitung von Evaluationspflichten vgl. den Beitrag von *Gusy/Kapitza* in diesem Band.

23 Zur Funktion von Evaluationen *Albers*, Die verfassungsrechtliche Bedeutung der Evaluierung neuer Gesetze zum Schutz der Inneren Sicherheit, in: Dt. Institut für Menschenrechte (Hrsg.), Menschenrechte - Innere Sicherheit - Rechtsstaat, 2006, S. 21 (29 f.).

24 *Bizer*, Evaluierung der Telekommunikationsüberwachung, in: Bäumler (Hrsg.), Polizei und Datenschutz, 1999, S. 131 ff.; *Hoffmann-Riem*, Freiheit und Sicherheit im Angesicht terroristischer Anschläge, ZRP 2002, S. 497 ff.

25 Etwa in BVerfGE 103, 242 (267 ff.); 110, 141 (158).

26 S. etwa *Meßerschmidt*, Gesetzgebungsermessen, 2000, S. 820 ff.; *Pabst*, Selbst und fremd auferlegte Beobachtungspflichten des Gesetzgebers, ZG 2012, S. 386 ff.

27 Vgl. für eine verfassungsrechtliche Kontextualisierung von Rationalitätsansprüchen *Krüper*, lawfirm - legibus solutus? Legitimität und Rationalität des Gesetzgebungsverfahrens beim „Outsourcing" von Gesetzentwürfen, JZ 2010, S. 655 ff.; für das sog. Gebot der Folgerichtigkeit etwa *Payandeh*, Das Gebot der Folgerichtigkeit: Rationalitätsgewinn oder Irrweg der Grundrechtsdogmatik?, AöR 136 (2011), S. 578 ff.; weiter dazu auch *Dann*, Verfassungsgerichtliche Kontrolle gesetzgeberischer Rationalität, Der Staat 49 (2010), S. 630 ff.

weniger noch sind bestimmte Spielarten von Evaluationsmethoden unmittelbar verfassungsrechtlich gefordert, allerdings hat sich das Instrument der Evaluation als Mittel der Informationsgewinnung und -bewertung zunehmend etablieren können; so unterliegen mittlerweile etwa weite Teile des nordrhein-westfälischen Landesrechts einem Evaluationsvorbehalt.[28]

Die Evaluation übernimmt in dieser Perspektive, insofern anders als etwa prospektive Instrumente der Gesetzesfolgenabschätzung (Technikfolgenabschätzung[29]), die Funktion einer retrospektiven Gesetzgebungsoptimierung[30] und ist damit im Hinblick auf *Grundrechtseingriffe* ein *politisches Handlungsinstrument* mit *verfassungsrechtlicher Funktion.*

3.2 Dynamische Verfassungsbindung

Verfassungsrechtlich lassen sich Beobachtungs- und Bewertungspflichten als Ausdruck der dynamischen Natur der Verfassungsbindung des Gesetzgebers verstehen. Die verfassungsrechtliche Nobilitierung von Evaluationspflichten verweist also auf die konstitutive wie konstitutionelle Abhängigkeit des einfachen Rechts von seinen tatsächlichen Wirkungsbedingungen. Ob ein Gesetz verfassungsgemäß oder verfassungswidrig ist, erweist sich also nicht schon im Moment seines Erlasses, sondern gegebenenfalls erst auf Dauer aus dem Zusammenspiel von gesetzlicher Regelung, exekutiver Handhabung und tatsächlichen Rahmenbedingungen.[31] Beobachtungs- und Nachbesserungspflichten sind also Ausdruck des Umstands, dass sich die Ergebnisse, die Normen produzieren, ändern können, wenn sich die tatsächlichen Bedingungen ihrer Anwendung ändern. Dabei wird auch die Relativität verfassungsrechtlicher Wertungen deutlich, die stets Wertungen in der Zeit sind.[32] Die Dynamisierung der Verfassungsbindung zielt dabei darauf, die Normativität der Verfassung über einen langen Zeitraum zu garantieren.

---

28 Z. B.: § 33 Verfassungsschutzgesetz NRW; § 27 Glücksspielstaatsvertrag NRW; § 23 Berufsqualifikationsfeststellungsgesetz NRW.

29 Vgl. *Mai*, Technik, Wissenschaft und Politik, 2011 (mit Studien zur Technikgovernance).

30 *Wimmer*, Dynamische Verwaltungslehre, 2010, S. 204 ff.

31 S. dazu für einen anderen Sachbereich etwa *Krüper*, Wahlrechtsmathematik als gesetzgeberische Gestaltungsaufgabe, JURA 2013, 1147 ff.

32 *Kirchhof*, Die Identität der Verfassung, in: Isensee/ders. (Hrsg.), Handbuch des Staatsrechts, Bd. II, 2004, § 21 Rn. 63.

3.3 Parlamentarische Legitimation zwischen Informiertheit und Arbeitsteilung

Daraus resultiert ein grundsätzliches Spannungsverhältnis, wenn nämlich einerseits *parlamentarische Arbeitsteilung* verfassungsrechtlich zulässig und geboten ist und andererseits *Konstellationen notwendiger besonderer Informiertheit* der parlamentarischen Entscheidungsträger verfassungsrechtlich bestehen. Dieses Spannungsverhältnis kann dabei nicht unter Hinweis darauf aufgelöst werden, dass die Ergebnisse aus Gesetzesevaluationen nur den arbeitsteilig damit befassten Abgeordneten bekannt werden. Das Bundesverfassungsgericht hat in seiner Entscheidung zum sogenannten 9er-Gremium über die durch das Spannungsverhältnis von parlamentarischer Arbeitsteilung einerseits und dem Grundsatz der Gesamtrepräsentation andererseits hergestellte gesamtparlamentarische Verantwortung geurteilt.[33] Diese gesamtparlamentarische Verantwortung ist Ausdruck des grundsätzlichen verfassungsstaatlichen Postulats der Allgemeinheit des Gesetzes.[34] Während dies vorrangig gemünzt ist auf die Geltungsdimension des Gesetzes – „gleiches Recht für alle" – ist ihm in Gestalt der „Allgemeinheit des Gesetzgebers"[35] auch eine institutionelle Dimension zu eigen. Allgemeinheit des Gesetzgebers in diesem Sinne verwirklicht sich dabei nicht allein durch gleiche im Sinne allgemeiner Partizipationsrechte der Abgeordneten, sondern wesentlich auch durch gleiche Informationsbestände. Die Allgemeinheit des Gesetzgebers verwirklicht sich also in der *Wissensdimension* parlamentarischen Handelns. Was bedeutet diese Spannungslage nun für die Legitimationswirkung des parlamentarischen Gesetzesbeschlusses?

3.4 Formelle und materielle Legitimationswirkung parlamentarischer Gesetzesbeschlüsse

Legitimationstheoretisch betrachtet zerfällt der parlamentarische Gesetzesbeschluss in einen formalen und einen materiellen Teil. Materiell legitimiert ist ein Gesetzesbeschluss, wenn er in den weiten Grenzen der Verfassung verbleibt und – je nach politischer Einschätzung – eine nicht willkürliche Regelung trifft. Diese materielle Seite des Plenarbeschlusses wird regelmäßig nicht im Plenum selbst hergestellt, sondern in den Ausschüssen durch die Arbeit der Fachpolitikerinnen und -politiker, die überwiegend nicht öffentlich stattfindet. Demgegenüber wird

33 BVerfGE 130, 318 ff. – 9er Gremium.

34 Umfassend dazu *Kirchhof*, Die Allgemeinheit des Gesetzes, 2010.

35 *Kirchhof*, (Fn. 34), S. 111 ff., 121 ff.; *Krüper*, (Fn. 27), S. 660 f.

durch den vollöffentlichen Plenarbeschluss eine formale Legitimation (Vorbehalt des Gesetzes) hergestellt, in der die Repräsentationsfunktion des Plenums zum Ausdruck kommt.[36] Eine Verschränkung beider Dimensionen ist im parlamentarischen Alltag über die Figur der Allgemeinheit des Gesetzgebers dadurch zu gewährleisten, dass die Entscheidungen unter dem *Gebot der Allgemeinheit der Informationsoptionen* der Abgeordneten stehen. Dem ist dadurch Genüge getan, dass die Abgeordneten in gleicher Weise Zugang zu Informationen haben, die relevant sind für den Gesetzgebungsprozess. Dem steht insbesondere nicht entgegen, dass gesetzgebungswesentliche Informationen nur in Ausschussdrucksachen enthalten sind, die *automatisch* nur den Mitgliedern des federführenden Ausschusses, nicht aber dem Plenum insgesamt zur Verfügung gestellt werden. Die Gleichheit des unmittelbaren (!) Informationszugangs steht also insoweit unter dem Vorbehalt der Arbeitsteilung. Dies gilt schon deshalb, weil der sich sonst beinahe zwangsläufig einstellende *„information overload"* aller Abgeordneten im höchsten Maße dysfunktionale Folgen zeitigen würde.[37]

Die formale Legitimation der parlamentarischen Entscheidung wird durch diese Form der Arbeits- und Informationsteilung nicht grundsätzlich in Frage gestellt. Die tatsächliche Informiertheit aller Abgeordneten ist insofern nicht verfassungsgeboten, sondern allein die Gewährleistung ihrer Informationsversorgung. Daraus folgt aber für die Praxis der parlamentarischen Gesetzgebung, dass arbeitsteilig entstandene Gesetzentwürfe aus sich selbst heraus verständlich und begründet sein müssen. Ein Gesetzentwurf mit Begründungslücken, Begründungsinkonsistenzen und Verweisen auf Begründungsquellen außerhalb seiner selbst genügt den Anforderungen an Informationsgewährleistung nicht. Dies gilt auch dann, wenn und soweit Gesetzentwürfe etwa auf Evaluationen einer sicherheitsgesetzlichen Vollzugspraxis gestützt sind, auch wenn etwaige Geheimschutzbelange berührt sind. Diese Forderungen bleiben dabei nicht bloß theoretische Postulate, sondern fügen sich ein in ein differenziertes Modell parlamentarischer Kontrolle und Öffentlichkeit. Im Einzelnen:

---

36 BVerfGE 130, 318 (342 f.) – 9er Gremium.

37 Zu diesem Zusammenhang etwa *Kißler*, Die Öffentlichkeitsfunktion des Deutschen Bundestages – Theorie, Empirie, Reform, 1976, S. 69 m.w.N.

3.5 Gestuftes Modell der parlamentarischen Öffentlichkeit

Bezieht man die arbeitsteiligen Strukturen des Parlaments zurück auf die dem Öffentlichkeitsgrundsatz unterliegende parlamentarische Kontrollfunktion, so ergibt sich aus dem Vorstehenden ein gestuftes Modell der parlamentarischen Öffentlichkeit.

Die *Öffentlichkeit des parlamentarischen Wissens* ist nach Maßgabe konkurrierender Verfassungsbelange ausgeformt (Kernbereichslehre, Geheimschutz). Quellen des Wissens sind Ausschuss- und Plenumsdrucksachen, Sachverständigengutachten, Berichte von Enquête-Kommissionen und Untersuchungsausschüssen, Stellungnahmen des Wissenschaftlichen Dienstes, Berichte und Auskünfte der Bundesregierung und der ihr nachgeordneten Behörden und das „Parlamentswissen" als das den einzelnen Abgeordneten zur Verfügung stehende Individualwissen.

Die *Öffentlichkeit des parlamentarischen Handelns* wird einmal durch die Plenaröffentlichkeit gewährleistet, deren rechtlich mögliche Aufhebung (Art. 42 Abs. 1 S. 2 GG) politisch praktisch ausgeschlossen ist. In der Sache wird sie durch die Öffentlichkeit der Beschlussvorlagen und ihrer Begründungen gewährleistet.

Die *Öffentlichkeit der Kontrolle des parlamentarischen Handelns* ist durch die mediale und die gerichtliche Öffentlichkeit gewährleistet. Sofern Beschränkungen in der Öffentlichkeit des parlamentarischen Wissens (Geheimschutz, Informationsdefizite) auf die Öffentlichkeit des parlamentarischen Handelns durchschlagen (etwa in Gestalt einer mangelhaften Begründung eines Gesetzentwurfes), trägt das erhöhte rechtliche Bestandsrisiko für das eigene Handeln das Parlament, weil kassierende Normenkontrollentscheidungen drohen. Politisch tragen die Regierungsfraktionen die öffentliche Verantwortung, für einen ggf. mangelhaften Entwurf einstehen zu müssen.

4 Legitimationsanforderungen in parlamentarischen Sondersituationen

4.1 Parlamentsalltag und Parlamentssondersituationen

Dieses Modell einer parlamentarischen Arbeits- und Informationsteilung ist geeignet, im parlamentarischen Alltagsgeschäft einen Ausgleich zwischen demokratischen Legitimationsanforderungen einerseits und organisatorischer Arbeits- und Entscheidungsfähigkeit andererseits zu gewährleisten. Dies schließt freilich nicht aus, dass es auch parlamentarische Sondersituationen gibt, an die von Verfassungs wegen besondere Anforderungen zu stellen sind, in deren Folge die Differenzierung von formeller und materieller Legitimationsdimension der parlamentarischen Entscheidung nicht mehr trägt und diese einander angenähert werden müssen. In solchen Situationen erstarkt die Funktion des Plenums als institutionelles Zentrum des Parlamentarismus. Die gewissermaßen *realistische* Organisationsdifferenzierung des Alltagsparlamentarismus wird dann von der symbolischen Dimension des Parlamentsplenums als der Gesamtvertretung, dem ‚Spiegel' des Souveräns überlagert. Aufgrund des spezifischen Gewichts der zu treffenden Entscheidungen wird in diesen Situationen eine *Heranführung der materiellen Legitimationsdimension an die formale Legitimationsdimension* erforderlich. Die Verfassung selbst sieht solche Situationen immer dort vor, wo sie die Wirksamkeit parlamentarischer Entscheidungen an qualifizierte Mehrheiten knüpft. Art. 79 Abs. 2 GG ist hier sprechendes Beispiel. Das Verfassungsgebot gleicher Informationsmöglichkeit aller Abgeordneten wandelt sich in diesen Situationen in ein Gebot der tatsächlichen Informiertheit, was faktisch schon durch die Notwendigkeit zur Anwesenheit im Plenum erzwungen wird. Das Gebot tatsächlicher Informiertheit ist auf seine Einhaltung hin freilich auch hier nicht überprüfbar: Das Grundgesetz verweist also auch in solchen Fragen auf Bedingungen seiner Wirksamkeit, die es selbst nicht garantieren kann.

Die Anordnung qualifizierter Mehrheiten trifft die Verfassung indes nur in wenigen, ausgewählten Fällen: Neben der Verfassungsänderungsmehrheit des Art. 79 Abs. 2 GG und der „Kanzlermehrheit" des Art. 63 Abs. 2 S. 1 GG etwa im Falle einer qualifizierten Zurückweisung eines Bundesratseinspruchs gegen ein vom Bundestag beschlossenes Gesetz, Art. 77 Abs. 4 GG.[38] Es handelt sich ganz überwiegend um *institutionell determinierte Sondersituationen*, wenn die Kreation von oder die Interaktion mit anderen Verfassungsorganen oder Grundsatzfragen demokratischer Herrschaft (Art. 42 Abs. 1 S. 2 GG) angesprochen sind, um *gemeinwohlbezogene Sondersituationen*, wo es um die Verfassungsänderung geht.

Insgesamt ist dem Grundgesetz damit ein hohes Grundvertrauen in die legitimierende Qualität auch solcher Entscheidungen zu entnehmen, die mit einfacher Mehrheit – und das bedeutet in der Praxis oft: mit der Mehrheit der Fachpolitiker – beschlossen werden. Dahinter steht die funktionale Überlegung, dass die tatsächliche (qualifizierte) Parlamentsmehrheit notfalls jederzeit aktualisiert werden könnte: Es entspricht insofern gerade auch den *institutionellen Eigeninteressen der Oppositionsabgeordneten*, auf die ständige Erzwingung einer tatsächlichen Mitgliedermehrheit in jeder Abstimmung zu verzichten: Die Chance auf einen Abstimmungssieg wäre

38 Für eine Übersicht *Krüper*, Das Glück der größten Zahl – Zum Mehrheitsprinzip als Funktionsregel im Verfassungsstaat, ZJS 2009, S. 477 (481).

gering und nur symbolisch, da von der Parlamentsmehrheit regelmäßig aufhebbar. Zudem wäre die letztlich fruchtlose Bindung von Arbeitsressourcen erheblich. Jede über die im Grundgesetze vorgesehen Situationen hinausgehenden, dogmatisch gewonnenen Situationen gesteigerter Legitimationsanforderungen muss dies berücksichtigen. Insbesondere ist bei der dogmatischen Einführung legitimatorischer Sondersituationen die Gefahr einer symbolischen Delegitimierung sonstiger Parlamentsentscheidungen zu begegnen.

Dass es über die im Grundgesetz selbst vorgesehenen Entscheidungen hinaus das *verfassungspolitische Bedürfnis* gesteigerter Legitimationswirkung parlamentarischer Entscheidungen geben kann, zeigt der Parlamentsbrauch breiter Mehrheiten etwa bei der Novellierung des Wahlrechts, bei Entscheidungen über die Abgeordnetendiäten oder bei außenpolitisch zentralen Entscheidungen. Das jeweils anzutreffende Bemühen, einen über die aktuelle Regierungsmehrheit hinausweisenden Konsens zu erzielen, lässt sich hier wie dort zwar verschieden begründen (beim Wahlrecht etwa wird durch den breiten Konsens das Problem der „Entscheidung mit strukturellem Kontrolldefizit“[39] jedenfalls zum Teil entschärft), im Kern aber basieren Begründungsvarianten alle darauf, dass das gesamte Plenum eine informierte und damit höher legitimierte Entscheidung trifft.

Eine Plenarentscheidung kann also auch außerhalb des Anwendungsbereichs der Verfassungsvorgaben zu den qualifizierten Mehrheiten *atypische Wirkungen und/oder grundlegende Bedeutung* haben, was dann eine Annäherung von formaler und materieller Legitimation der Entscheidung naheliegend macht. Dies wäre etwa, nimmt man aktuelle Beispiele in den Blick, bei Fragen des Budgetrechts der Fall, etwa im Rahmen der Euro-Rettung, oder bei grundsätzlichen Fragen der Europäischen Integration insgesamt. Hier sorgt indes schon Art. 23 GG dafür, materiellen Einfluss des Parlaments bereits bei der Anbahnung politischer Entscheidungen auf gubernativer Ebene zu sichern.

4.2 Sicherheitsgesetzgebung als Beispiel

Ohne weiteres unterfallen Akte der Sicherheitsgesetzgebung nicht den genannten Kategorien. Sicherheitsgesetzgebung zählt, etwa in Gestalt des allgemeinen Gefahrenabwehrrechts, seit jeher zu den Kernbeständen verwaltungsrechtlicher Eingriffsinstrumentarien,[40] ist als solches sowohl tatbestandsseitig wie auch unter Verhältnismäßigkeitsgesichtspunkten durch Gesetzgebung und Rechtsprechung

39 Dazu *Streit*, Entscheidung in eigener Sache, 2006, S. 179 ff.

40 *Gusy* (Fn. 4), S. 247 f.

ausgeformt und konstitutionalisiert worden. Das bedeutet etwa, dass die Grundrechtswesentlichkeit sicherheitsgesetzlicher Eingriffsbefugnisse allein eine legitimatorische Sondersituation nicht zu begründen vermag. Verfassungsrechtlich anders läge der Sachverhalt nur dann, wenn es zu atypischen und strukturellen Grundrechtsgefährdungen, gegebenenfalls unter Inkaufnahme geminderter demokratischer Kontrolle käme. Atypisch bzw. strukturell sind Grundrechtsgefährdungen dann, wenn die durch Gesetz zugelassenen Grundrechtseingriffe von großer Zahl und/oder übergroßer Intensität sind und sie aufgrund ihres regelmäßig sicherheitsrechtlich-nachrichtendienstlichen Kontextes nur einer *stark geminderten öffentlichen Kontrolle* unterliegen. Indes sind mehrheitsfähige Kriterien, nach denen sich eine solche Lage atypisch-struktureller Grundrechtsgefährdung feststellen ließe, jedenfalls gegenwärtig kaum ersichtlich. Ihre Entwicklung bedürfte insbesondere einer breiten, sachbereichsspezifischen empirischen Untersuchung der Wirkung von Eingriffstatbeständen (nicht nur) im Bereich der Sicherheitsgesetzgebung.

4.3 Mechanismen der Legitimationssteigerung

Wollte man das Vorliegen einer besonders legitimationsbedürftigen Entscheidungslage in Fällen vor allem nachrichtendienstlicher Sicherheitsgesetzgebung grundrechtlich für geboten halten, stellt sich die Frage, wie ein solches Legitimationsplus gewährleistet werden könnte. Grundsätzlich sind Situationen struktureller Grundrechtsgefährdungen bereits durch Art. 19 Abs. 2 GG verfassungsrechtlich abgedeckt. Indes konvergiert die Bedeutung dieser Vorschrift verfassungsrechtlich gegen Null.[41] Die Wesensgehaltsgarantie ist nur mehr verfassungstheoretische Größe geblieben,[42] nie aber verfassungsrechtlich erhebliche Kategorie geworden (zu beidem sogleich). Dies korrespondiert mit dem Befund, dass das Grundgesetz selbst nur äußerst sparsam gesteigerte Legitimationsanforderungen an parlamentarische Entscheidungen formuliert. Insofern lässt sich vorderhand festhalten, dass sich dogmatisch kaum überzeugend zusätzliche Fälle gesteigerter Mehrheitsanforderungen an parlamentarische Sicherheitsgesetzgebung begründen lassen. Die qualifizierte Mehrheit bleibt ein Sonderfall geschriebener verfassungsrechtlicher Anforderungen, der sich einer – analogen, entsprechenden, wertungsgemäßen – Erstreckung auf reguläre Gesetzgebungsentscheidungen entzieht. Allerdings sieht das Grundgesetz über die Anforderungen an Mehrheitsqualifikationen hinaus andere Mechanismen

41 *Jarass*, in: ders./Pieroth (Hrsg.), Grundgesetz, 2012, Art. 19 Rn. 9; *Dreier*, in: ders. (Hrsg.), Grundgesetz, Bd. I, 2013, Art. 19 II Rn. 8; *Remmert*, in: Maunz/Dürig (Begr.), Grundgesetz, 68. Lfg. 2013, Art. 19 II Rn. 47.

42 Grundlegend *Häberle*, Die Wesensgehaltgarantie des Art. 19 Abs. 2 GG, 3. Aufl. 1983.

vor, die grundrechtssichernde Funktion haben. Sie sind allerdings bislang weitgehend bedeutungslos geblieben, nämlich das Zitiergebot, Art. 19 Abs. 1 S. 2 GG, und die hier bereits benannte Wesensgehaltsgarantie, Art. 19 Abs. 2 GG.

4.3.1 Zitiergebot

In Betracht käme eine Verschärfung der Anforderungen, die das GG in Art. 19 Abs. 1 S. 2 GG in Form des Zitiergebots grundrechtswesentlicher Gesetzgebung stellt. Eine solche Verschärfung hat die Rechtsprechung des Bundesverfassungsgerichts gegen sich, die dem Zitiergebot praktisch auch den letzten seiner ohnehin wenigen Zähne gezogen hat.[43] Diese Verschärfung wäre bei Lichte betrachtet daher die bloße *Verwirklichung* dieses Gebotes, denn die „Verlustliste des Anwendungsbereiches des Zitiergebots“[44] ist lang. Wiewohl es einerseits verfassungsrechtlich legitime Gründe für Ausnahmen vom Zitiergebot gibt,[45] ist seine Entleerung andererseits nicht recht erklärlich. Denn der in der Verfassungsrechtsprechung zu findende Hinweis, als Formvorschrift müsse Art. 19 Abs. 1 S. 2 GG restriktiv ausgelegt werden, um nicht der völligen Entleerung anheim zu fallen, hat dabei nur eine vordergründige Plausibilität.[46] In seiner praktischen Handhabung hat er gerade zu jener Entleerung geführt, die zu vermeiden er vorgibt. Der nicht selten mit einer ‚subtextlichen Abwertung‘ versehene Hinweis, es handele sich bei Art. 19 Abs. 1 S. 2 GG „bloß“ und „ausschließlich“ um eine formale Sicherung,[47] ist gerade für den hier interessierenden Kontext von Bedeutung: Wenn die materielle Bedeutung eines grundrechtsbeschränkenden Gesetzes aufgrund arbeitsteiliger Parlamentsorganisation nur den damit befassten Fachpolitikern vollständig vor Augen stehen mag, gewinnen formale Schutzmechanismen umso größere Bedeutung. Arbeitsteilung und im Übrigen auch die (möglicherweise zunehmende) Informalisierung parlamentarischer Entscheidungsverfahren streiten daher für eine Kompensation der damit verbundenen materiellen Legitimationseinbußen durch formelle Sicherungsmechanismen. Dass der Verfassung dabei keine wirksamen Vorgaben zu entnehmen sind, wo und wie im eingreifenden Gesetz die Zitierklau-

43 *Axer*, Zitiergebot, in: Merten/Papier (Hrsg.), Handbuch der Grundrechte, Bd. III, 2009, § 67 Rn. 2; *Bethge*, Probleme des Zitiergebots des Art. 19 Abs. 1 Satz 2 GG, DVBl. 1972, S. 365 ff.

44 *Dreier*, in: ders. (Hrsg.), Grundgesetz, Bd. I, 2013, Art. 19 I Rn. 25.

45 Näheres bei *Dreier*, in: ders. (Hrsg.) (Fn. 44), Rn. 22 ff.

46 Einlassung etwa in BVerfGE 35, 185 (188).

47 Vgl. BVerfGE 28, 36 (46); 35, 185 (188); *Krebs*, in: von Münch/Kunig (Hrsg.), Grundgesetz, Bd. I, 2012, Art. 19 Rn. 14.

sel ihre Warn-, Informations- und Hinweisfunktion[48] entfalten soll,[49] sollte auch verfassungspolitisch einer Aufwertung des Zitiergebotes nicht entgegenstehen.

4.3.2 Wesensgehaltsgarantie

Neben der Verwirklichung des Zitiergebotes ließe sich auch an eine verfassungsrechtsdogmatische Operationalisierung der im Grundrechtstheoretischen verbliebenen Relevanz der Wesensgehaltsgarantie des Art. 19 Abs. 2 GG denken. Seine Interpretation könnte stärker als bislang umgestellt werden auf Lagen einer strukturellen Grundrechtsgefährdung beziehungsweise auf Eingriffssummierungen. Dabei ist zu gewärtigen, dass der unleugbare Funktionsverlust der Vorschrift auch damit zu tun hat, dass eine materiale Sicherung der Grundrechtsgeltung über den Grundsatz der Verhältnismäßigkeit weitreichend gewährleistet ist.[50] Wiewohl dieser maßgeblich ist für die Ausübung aller staatlichen Gewalt im Schutzbereich der Grundrechte, schützt er vor strukturellen Grundrechtsgefährdungen vor allem durch die Bindung des parlamentarischen Eingriffsgesetzgebers und prozessual durch die Möglichkeit zur prinzipalen und inzidenten Normenkontrolle. Führt man sich indes vor Augen, dass Adressaten der Wesensgehaltsgarantie nicht nur der parlamentarische, zu Eingriffen legitimierende Gesetzgeber, sondern auch andere Träger der Staatsgewalt sind,[51] werden, wenn auch nur mühsam, Anwendungsspielräume im Bereich der Exekutive sichtbar. Eine wirksame Operationalisierung der Wesensgehaltsgarantie bleibt daher eine zwar mögliche, aber wohl unwahrscheinliche Option.

4.3.3 Innerparlamentarische Informationspolitik

Eine niedrigschwelligere Lösung möglicher Legitimationskonflikte mag darin liegen, die eingeführte parlamentarische Arbeitsteilung in Situationen struktureller Grundrechtsgefährdungen zu relativieren, indem eine „proaktive" innerparlamentarische Informationspolitik implementiert würde, die sich nicht an Ausschusszugehörigkeiten orientierte und ein „Grundrechtsmonitoring" im gesamten Parlament fördern würde. Dies könnte praktisch so geschehen, dass exekutive Evaluationsberichte *grundsätzlich an alle Abgeordneten* verschickt

48 Zu den Funktionen statt vieler etwa *Enders*, in: Epping/Hillgruber (Hrsg.), Beck-OK GG, Edition 18, Art. 19 Rn. 15.

49 S. dazu etwa *Remmert*, in: Maunz/Dürig (Begr.), Grundgesetz, 68. Lfg. 2013, Art. 19 I Rn. 43 ff., 49 ff.; *Enders*, in: Epping/Hillgruber (Hrsg.) (Fn. 48), Rn. 16.

50 *Sachs*, in: ders. (Hrsg.), Grundgesetz, 2011, Art. 19 Rn. 33; *Dreier*, in: ders. (Hrsg.) (Fn. 41), Rn. 8.

51 *Dreier*, in: ders. (Hrsg.) (Fn. 41), Rn. 11; zum Verhältnis von Verhältnismäßigkeit und Wesensgehalt auch *Sachs*, in: ders. (Hrsg.) (Fn. 50), Rn. 42.

würden, gegebenenfalls als „besonders grundrechtsrelevant“ markiert. Freilich kann die Entscheidung darüber, welche Inhalte in diesem Sinne besonders legitimationsrelevant sind, aller objektiven verfassungsrechtlichen Erwartungen zum Trotz, nur das Parlament autonom treffen, etwa im jeweilig betroffenen Gesetz selbst. Allerdings unterläge auch eine autonome parlamentarische Bestimmung besonders legitimationsbedürftiger Entscheidungen der Erwartung, Kriterien ihrer Auswahl festzulegen. Dabei mag politische „Brisanz“ eines Regelungsfeldes ein Indiz bilden, allerdings keinen tauglichen rechtlichen Anknüpfungspunkt. Auch die Entscheidung für eine Gesetzesevaluation an sich vermag kein eindeutiges Indiz für die Notwendigkeit einer gesteigerten Legitimationsbedürftigkeit des sich darauf stützenden Plenarbeschlusses abzugeben, denn die Evaluation ist nur eine Möglichkeit für den Gesetzgeber, der (im Einzelfall verfassungsrechtlich gebotenen) Beobachtungs- und Nachbesserungspflicht nachzukommen. Zwar ist es die Funktion von Evaluationen im Sicherheitsbereich, eine Beurteilung der grundrechtlichen Auswirkungen eines Gesetzes zu erlangen. Diese ist aber vor allem deshalb von Belang, um die Effektivität von gesetzlichen Regelungen zu prüfen und Rückschlüsse auf etwaige Anpassungsnotwendigkeiten zu erhalten, die sich aus der Tatsachenlage ergeben. Evaluationen sind also berechtigter Ausdruck einer (gewachsenen) Grundrechtssensibilität, aber nicht zwingend ein Indiz für besonders intensive Grundrechtsgefährdungen, deren Rechtfertigung nach qualifizierten Legitimationsanforderungen verlangte. Zudem ist zu gewärtigen, dass eine mögliche weitergehende Konstitutionalisierung des Parlamentsinnenraums auf das tatsächliche *Problem informalen Ausweichens* stößt: Je strenger Verfahrensregeln sind, desto größer ist die Tendenz, sie zu umgehen oder ihnen nur formal Genüge zu tun. Daraus ergibt sich das Problem, dass gerade durch Anspannung der verfassungsrechtlichen Anforderungen an die Legitimation parlamentarischer Entscheidung eine Delegitimierung provoziert werden kann, da die Einhaltung dieser Anforderungen – sofern es um die Informiertheit der Abgeordneten geht – weder überprüft noch der Verstoß gegen sie sanktioniert werden kann.

5 Résumé

Sicherheitsgesetzgebung ist, wie jedes hoheitliche Eingriffshandeln, legitimationsbedürftig. Dabei genügt dem Vorbehalt des Gesetzes jede mehrheitlich getroffene parlamentarische Entscheidung, weitgehend unabhängig von ihrem Zustandekommen und der Zahl der sie tragenden Abgeordneten. Dabei kann das Parlament der dynamischen Natur der Verfassungsbindung dadurch Rechnung tragen, dass es

Gesetze befristet und ihren Vollzug evaluieren lässt, um eine etwaige Verlängerungsentscheidung auf adäquater Informationsgrundlage zu treffen. In besonderen Lagen struktureller Grundrechtsgefährdungen kann eine solche Evaluation, als *eine* von mehreren Möglichkeiten der Beobachtung und Überwachung, auch verfassungsrechtlich geboten sein.

Dabei ist nicht erforderlich, dass die Ergebnisse einer Evaluation allen Abgeordneten automatisch zugänglich gemacht werden. Vielmehr ist es verfassungsrechtlich hinreichend, wenn die Ergebnisse allen *zugänglich sind*, wobei sachliche und modale Beschränkungen der Zugänglichkeit aus konkurrierenden verfassungsrechtlichen Gründen (Geheimschutz, exekutiver Kernbereich) denkbar sind. Indes verlangt die Öffentlichkeit des parlamentarischen Wissens und Handelns, dass dort, wo auf bestimmte Wissensbestände für Begründungen zurückgegriffen wird, diese auch offengelegt werden. Defizite in der Öffentlichkeit des parlamentarischen Wissens und Handelns schlagen also auf der Ebene der Öffentlichkeit der Kontrolle insofern durch, als dass mangelhafte Normen der Verwerfung anheimfallen.

Freilich verweist die mögliche Verdichtung der gesetzgeberischen Verfassungsbindung hin zu einer *Beobachtungs- bzw. Evaluationspflicht* auf das offenbare verfassungsrechtliche Bedürfnis gesteigerter Legitimation bestimmter parlamentarischer Entscheidungen. Dahinter steht der Gedanke, dass die rein formale demokratische Legitimation der Parlamentsentscheidung (Vorbehalt des Gesetzes) in bestimmten Situationen durch eine materielle Legitimation angereichert werden muss. Anders formuliert: Die *informierte* Plenumsentscheidung soll rechtlich wahrscheinlicher gemacht werden. Weil das Maß der Informiertheit des einzelnen Abgeordneten aber weder rechtlich noch tatsächlich sicherzustellen ist, wählt die Verfassung den Weg, in ausgewählten Fällen qualifizierte Mehrheitserfordernisse zu verlangen, die die besondere Bedeutung der zu treffenden Entscheidung anzeigen. Die durch die größere Zahl der Abstimmenden bewirkte ‚numerische Legitimation' kann dabei die Informiertheit zwar nicht selbst gewährleisten, macht sie aber aufgrund des *Ausnahmecharakters* qualifizierter Mehrheiten wahrscheinlicher, weil davon auszugehen ist, dass die Abgeordneten wissen, worüber sie in diesen Sondersituationen abstimmen. Nach welchen Kriterien allerdings festgelegt werden soll, welche Abstimmungen gesteigert legitimationsbedürftig sind, ist nicht erkennbar.

Naheliegender ist demgegenüber, nach alternativen und handhabbaren Formen der Legitimationssteigerung zu suchen. In Betracht kommt verfassungsrechtlich eine Operationalisierung des Zitiergebotes, gegebenenfalls gar der Wesensgehaltgarantie, deren normative Kraft für Lagen struktureller Grundrechtsgefährdungen entfaltet werden müsste. Hier wäre allerdings zunächst die Verfassungsrechtswissenschaft am Zuge, die beide genannten Institute aus ihrer bloßen theoretischen Bedeutung herauslösen und neu dogmatisch aufschlüsseln müsste.

Darüber hinaus könnte eine Neuordnung innerparlamentarischer Arbeits- und Informationsprozesse dazu beitragen, die Aufmerksamkeit der Abgeordneten für besonders grundrechtsrelevante Entscheidungen zu steigern. Verfassungsrechtliche Vorgaben existieren hier aufgrund der Garantie der Parlamentsautonomie nicht und lassen sich auch kaum dogmatisch generieren. Zudem droht durch eine Überkonstitutionalisierung der parlamentarischen Arbeitsregeln stets das Aufkommen informaler Ausweichmechanismen, mit denen die strengeren Anforderungen umgangen werden können.

Teil 3
Auf dem Weg zu einem Evaluationsrecht?

Ex-post-Gesetzesevaluationen zur Ermittlung datenschutzrechtlicher Folgen

Alfred G. Debus und Axel Piesker

1 Einleitung

Bei Gesetzesevaluationen[1] handelt es sich um ein etabliertes und wichtiges Instrument zur Generierung von Erfahrungswissen, das mit einer Bewertung verknüpft wird. In Politik und Verwaltung haben sie in den letzten Jahren zunehmend an Bedeutung gewonnen und kommen mittlerweile in allen Politikfeldern und auf allen Politikebenen zum Einsatz.[2] Auch im Politikfeld der Inneren Sicherheit, das sich aufgrund der u. a. dort angesiedelten Aufgaben (Bekämpfung von Kriminalität, Terrorismus und politischem Extremismus)[3] durch besondere Geheimhaltungsanforderungen auszeichnet, werden Gesetzesevaluationen genutzt, um beispielsweise die Anwendung der im Zusammenhang mit der Umsetzung der Sicherheitspakete I und II[4] eingeführten Eingriffsbefugnisse zu kontrollieren und auf ihre Wirksamkeit hin zu überprüfen. Teils ergibt sich insoweit bereits eine Evaluierungspflicht aus

1 Die Begriffe „Gesetzesevaluation" und „Gesetzesfolgenabschätzung" werden in diesem Beitrag synonym verwendet.

2 *Knöpfel/Larrue/Varone/Veit*, Politikanalyse, 2011, 262-263; *Stockmann*, Einführung in die Evaluation, in: ders. (Hrsg.), Handbuch zur Evaluation, 2007, 25.

3 Vgl. hierzu *Stüwe*, Innere Sicherheit im Bundesstaat: Das Beispiel Deutschland, in: Detterbeck/Renzsch/Schieren (Hrsg.), Föderalismus in Deutschland, 2010, 295.

4 *Lange*, Innere Sicherheit, in: ders. (Hrsg.), Wörterbuch zur Inneren Sicherheit, 2006, 129-132.

dem Grundgesetz,[5] und immer häufiger wird auch die Pflicht zur Evaluierung in Evaluationsklauseln[6] der jeweiligen Gesetze verankert.

Problematisch ist in diesem Zusammenhang jedoch, dass (verbindliche) Verfahrensanforderungen und -standards – anders als bei der prospektiven Gesetzesfolgenabschätzung[7] oder bei der Ermittlung des Erfüllungsaufwands[8] – für die Durchführung von Ex-post-Gesetzesevaluationen weitgehend fehlen. Insbesondere für die Untersuchung der datenschutzrechtlichen Folgen – wie sie z. B. bei den o. g. Sicherheitsgesetzen auftreten – existierten bislang keine Handreichungen für die Praxis, welche die Durchführung einer Ex-post-Evaluation erleichtern könnten. Aus diesem Grunde hatte der Bundesbeauftragte für den Datenschutz und die Informationsfreiheit (BfDI) das Institut für Gesetzesfolgenabschätzung und Evaluation (InGFA) damit beauftragt, einen Leitfaden für die Durchführung von Ex-post-Gesetzesevaluationen[9] zu entwickeln, der besonders die Erfassung und Bewertung der datenschutzrechtlichen Folgen in den Blick nahm. Ziel dieses Beitrags ist es, einen kurzen Überblick über die allgemeinen Grundlagen der Gesetzesevaluation zu geben und die zentralen Aspekte des BfDI-Leitfadens vorzustellen.

---

5 Dazu ausführlicher *Ziekow/Debus/Piesker*, Die Planung und Durchführung von Gesetzesevaluationen, 2013, 26-28, und in diesem Tagungsband der Beitrag von *Gusy/Kapitza*, Evaluation von Sicherheitsgesetzen – Eine Bestandsaufnahme, Kapitel 3.1.

6 Siehe z. B. den mittlerweile aufgehobenen Art. 22 Abs. 3 Gesetz zur Bekämpfung des internationalen Terrorismus (Terrorismusbekämpfungsgesetz) v. 9.1.2002 (BGBl. I S. 361), Art. 11 Gesetz zur Ergänzung des Terrorismusbekämpfungsgesetzes (Terrorismusbekämpfungsergänzungsgesetz) v. 5.1.2007 (BGBl. I S. 2); Art. 5 Abs. 2 Gesetz zur Errichtung gemeinsamer Dateien von Polizeibehörden und Nachrichtendiensten des Bundes und der Länder (Gemeinsame-Dateien-Gesetz) v. 22.12.2006 (BGBl. I S. 3409); § 100b Abs. 5 und 6 sowie § 100e Strafprozeßordnung (StPO), zuletzt geändert durch Art. 3 Gesetz v. 23.4.2014 (BGBl. I S. 410), § 100 rheinland-pfälzisches Polizei- und Ordnungsbehördengesetz (POG), zuletzt geändert durch Art. 1 Gesetz v. 20.12.2013 (GVBl. S. 537). Dazu und zu weiteren Beispielen siehe: *Gusy/Kapitza*, Evaluation von Sicherheitsgesetzen – Eine Bestandsaufnahme, Kapitel 3.2; *Kugelmann*, Die Evaluierung von Polizei- und Sicherheitsgesetzen, in diesem Tagungsband, III. Zur Erstellung von Evaluierungsklauseln siehe *Ziekow/Debus/Piesker* (Fn. 5), 187-195.

7 Vgl. hierzu *Bundesministerium des Innern*, Arbeitshilfe zur Gesetzesfolgenabschätzung, 2009.

8 Vgl. hierzu *Statistisches Bundesamt*, Leitfaden zur Ermittlung und Darstellung des Erfüllungsaufwands in Regelungsvorhaben der Bundesregierung, 2012.

9 *Ziekow/Debus/Piesker* (Fn. 5).

2 Grundlagen der Gesetzesevaluation

Gesetzesevaluationen dienen dazu, den politisch Verantwortlichen in allen Phasen des Rechtsetzungsprozesses rechtzeitig adäquate Informationen über zu erwartende oder eingetretene Wirkungen (z. B. Kosten, Nutzen, Praktikabilität) einer Normierungsabsicht oder einer bestehenden Regelung zur Verfügung zu stellen.[10] Im Gegensatz zu *administrativen* und *politischen Evaluationen* zeichnen sich Gesetzesevaluationen – so wie sie in diesem Beitrag verstanden werden – dadurch aus, dass sie von Experten auf Grundlage wissenschaftlicher Methoden durchgeführt werden.[11] Mit ihrer Hilfe werden der Nutzen und die Folgen eines Gesetzes bzw. eines Gesetzentwurfs systematisch untersucht, wobei die erzielten Ergebnisse, Schlussfolgerungen und/oder Empfehlungen nachvollziehbar sein und auf empirisch gewonnenen Daten beruhen müssen.[12] Die Bewertung der mittels systematisch objektivierender Verfahren erhobenen Daten erfolgt dabei nicht willkürlich, sondern anhand präzise festgelegter Kriterien.[13] Darüber hinaus werden bei der Durchführung von Gesetzesevaluationen – soweit wie möglich – allgemeine Evaluationsstandards eingehalten, wie sie z. B. in Deutschland von der Gesellschaft für Evaluation (DeGEval) erarbeitet worden sind.[14]

2.1 Verantwortlichkeit für die Durchführung von Gesetzesevaluationen

Gesetzesevaluationen können danach unterschieden werden, wer für ihre Durchführung verantwortlich ist. *Interne Evaluationen* werden von der Organisationseinheit durchgeführt, die auch für die Erarbeitung von Regelungsalternativen bzw. eines Gesetzentwurfs zuständig ist. Diese Variante wird auch als Selbstevaluation bezeichnet und kommt vor allem bei der prospektiven Gesetzesfolgenabschätzung,

---

10 *Konzendorf*, Institutionelle Einbettung der Evaluationsfunktion, in Politik und Verwaltung in Deutschland, in: Widmers/Beywl/Fabian (Hrsg.), Evaluation, 2009, 31; *Jann/Wegrich*, Phasenmodelle und Politikprozesse: Der Policy Cycle, in: Schubert/Bandelow (Hrsg.), Lehrbuch der Politikfeldanalyse 2.0, 2009, 97; *Furubo/Sandahl*, A Diffusion Perspective on Global Developments in Evaluation, in: Furubo/Rist/Sandahl (Hrsg.), International Atlas of Evaluation, 2002, 3.

11 *Jann/Wegrich* (Fn. 10), 98.

12 *DeGEval*, Standards für Evaluation, 2008, 15.

13 *Stockmann*, Evaluation in Deutschland, in: ders. (Hrsg.), Evaluationsforschung, 2006, 16.

14 Vgl. hierzu ausführlich: *DeGEval*, Standards für Evaluation, 2008, 22-38.

die nach § 43 Abs. 1 Nr. 5 i.V.m. § 44 GGO[15] für jeden Gesetz- und Rechtsverordnungsentwurf durchgeführt werden muss, zum Einsatz. Der Vorteil dieses Vorgehens besteht darin, dass die Evaluatoren bereits über sehr gute Kenntnisse des Evaluationsgegenstands verfügen. Nachteilig hingegen ist, dass in der Regel das für die Durchführung eines solchen Vorhabens erforderliche Methodenwissen sowie die personellen Ressourcen nicht in ausreichendem Maße vorhanden sind. Schließlich können interne Evaluationen oft Zweifel im Hinblick auf die Neutralität der Evaluatoren aufkommen lassen.

Darüber hinaus können Gesetzesevaluationen auch von *externen* Institutionen (z. B. Universitäten, Forschungseinrichtungen, Unternehmensberatern) durchgeführt werden. Der Vorteil einer Auslagerung eines solchen Vorhabens besteht darin, dass die beauftragten Einrichtungen in der Regel über ein umfangreiches Methodenwissen sowie Erfahrungen mit der Durchführung von Evaluationen verfügen. Während bei Selbstevaluationen das Personal in der Ministerialverwaltung vor allem bei umfangreicheren Vorhaben schnell an seine Kapazitätsgrenze stößt, da ein solches Projekt zusätzlich zur laufenden Arbeit miterledigt werden muss, stellen die speziell hierfür beauftragten Einrichtungen Personal ab, das sich ausschließlich mit der Durchführung der Evaluation befasst. Zudem gewährleisten externe Evaluatoren eine Neutralität im Hinblick auf die Ergebnisse, die insbesondere bei Selbstevaluationen oft angezweifelt wird.[16] Vor allem bei größeren Projekten ist allerdings die Frage der Finanzierung zu klären. Je nach Umfang und Komplexität der zu bearbeitenden Fragestellung ist es erforderlich, entsprechende finanzielle Ressourcen bereitzustellen.[17]

Eine dritte Variante, die als Mischform bezeichnet werden kann, ist die *Methodenberatung*, die vor allem bei Evaluationsvorhaben in sensiblen Politikbereichen (z. B. bei der Evaluation des Antiterrordateigesetzes[18]) zum Einsatz kommt. Bei dieser Variante führt der externe Evaluator die Datenerhebung nicht selbst durch, sondern steht lediglich bei der Konzeption des Vorhabens und bei der Auswertung und Interpretation der Daten beratend zur Seite. Die eigentliche Datenerhebung erfolgt durch den Auftraggeber. Hier kann der Methodenberater jedoch Hilfestellung

15 Gemeinsame Geschäftsordnung der Bundesministerien, Stand: 1. September 2011.

16 Vgl. *Kugelmann*, Die Evaluierung von Polizei- und Sicherheitsgesetzen, in diesem Tagungsband, II. 1., der zumindest die Einbeziehung externen Sachverstandes fordert; *Wolff/Mundil*, Die Evaluation von Sicherheitsgesetzen, in: Möllers/van Ooyen (Hrsg.), Jahrbuch Öffentliche Sicherheit 2012/13, 2013, 331 (336).

17 *Stockmann*, in: ders. (Hrsg.) (Fn. 2), 61-62.

18 BT-Drs. 17/12665 (neu) v. 7.3.2013.

bei der Umsetzung des Qualitätsmanagements geben, um Fehler bei der Datenerhebung zu minimieren und damit die höchstmögliche Datenqualität sicherzustellen.[19]

2.2 Formen der Gesetzesevaluation

Im deutschsprachigen Raum werden drei Formen der Gesetzesevaluation[20] unterschieden, die in verschiedenen Phasen des Politikformulierungsprozesses verortet sind. Die *prospektive Gesetzesfolgenabschätzung (pGFA)* kommt in der Phase der Problemdefinition zum Einsatz, wenn es noch keine Überlegungen gibt, wie in einem Regelungsfeld ein Problem gelöst werden soll. In einem ersten Schritt werden mögliche Regelungsmodelle erarbeitet, während in einem zweiten Schritt die Folgen der Regelungsalternativen abgeschätzt und bewertet werden. Auf Basis einer vergleichenden Betrachtung dieser Ergebnisse wird die optimale Regelungsvariante ermittelt. Damit unterstützt die pGFA den Politikformulierungsprozess durch Systematisierung bei der Entwicklung von Regelungsalternativen und durch Abschätzungen ihrer jeweiligen Folgen in einer Phase, in der noch darüber nachgedacht wird, ob und in welcher Form eine rechtsförmige Regelung erfolgen könnte.[21]

Die *begleitende Gesetzesfolgenabschätzung (bGFA)* kommt zu einem späteren Zeitpunkt im politischen Entscheidungsprozess zum Einsatz. In der Politikformulierungsphase werden bereits vorformulierte Rechtssätze (z. B. von Referentenentwürfen) auf Vollzugspraktikabilität, Befolgbarkeit, Verständlichkeit, Kosten-Nutzen-Relationen und rechtliche Funktionalitäten geprüft. Bei der Analyse wird unterstellt, dass die Rechtvorschrift bereits in Kraft wäre. Hierzu kommen sowohl Testmethoden (Praxistests, Planspiele) als auch Prüfverfahren (Nutzwertanalyse, Schnittstellenanalyse, Funktionendiagramm, Standardkosten-Modell etc.) zur Anwendung.[22]

---

19 *Ziekow/Debus/Piesker* (Fn. 5), 30.

20 Vgl. hierzu ausführlich: *Böhret/Konzendorf*, Handbuch Gesetzesfolgenabschätzung (GFA), 2001; *Mader*, Die institutionelle Einbettung der Evaluationsfunktion in der Schweiz, in: Widmer/Beywl/Fabian (Hrsg.), Evaluation, 2009, 52-63; *Windisch*, Überblick über die Gesetzesfolgenabschätzung in Österreich und ihre Entwicklungstendenzen, in: Hensel/Bizer/Führ/Lange (Hrsg.), Gesetzesfolgenabschätzung in der Anwendung, 2010, 225-244.

21 *Böhret/Konzendorf* (Fn. 20), 5-88; *Sicko*, Erfüllen Gesetzesfolgenabschätzung und Gesetzesevaluation die verfassungsrechtlichen Anforderungen an das innere Gesetzgebungsverfahren? Überlegungen anlässlich des „Hartz IV-Urteils", Zeitschrift für Rechtssoziologie 2011, 31.

22 *Böhret/Konzendorf* (Fn. 20), 89-253; *Sicko* (Fn. 21), 31.

Mit Hilfe der *retrospektiven Gesetzesfolgenabschätzung (rGFA)* wird in der letzten Phase des politischen Entscheidungsprozesses – der Politikevaluierung – überprüft, inwieweit sich die Rechtsvorschriften in der Praxis bewährt haben. Im Wesentlichen geht es darum, ob die politischen Absichten mit dieser Regelung erreicht werden oder auch inwieweit nicht-intendierte Folgen auftreten. Die im Rahmen der rGFA gewonnenen Erkenntnisse über die Zielerreichung und die Wirkungen dienen den politischen Entscheidungsträgern als Grundlage dafür, die evaluierte Regelung ggf. zu novellieren, auszusetzen oder neu zu gestalten.[23] Aufgrund der unterschiedlichen Ansatzpunkte der drei GFA-Varianten stehen unterschiedliche Forschungsziele und Methoden im Vordergrund.[24] In allen Phasen ist zudem eine Eingrenzung des Evaluationsgegenstandes möglich. Je nachdem, welche zeitlichen und finanziellen Ressourcen zur Verfügung stehen bzw. welches Erkenntnisinteresse mit der Evaluation verfolgt wird, kann eine gesetzliche Regelung als Ganzes oder in bestimmten Teilen evaluiert werden. Darüber hinaus kann ein Evaluationsvorhaben auch unter einer fokussierten Fragestellung (z. B. im Hinblick auf die Erfassung der datenschutzrechtlichen Folgen) bearbeitet werden.[25]

2.3 Funktionen der Gesetzesevaluation

Gesetzesevaluationen helfen einerseits dabei, die Qualität von Normen zu verbessern, da mit ihrer Hilfe die tatsächlichen Folgen einer Rechtsvorschrift ermittelt werden. Andererseits dienen sie aber auch dazu, die Quantität von Normen zu reduzieren. So kann eine Gesetzesevaluation beispielsweise ergeben, dass rechtliche Bestimmungen als entbehrlich eingestuft werden. Die für die Ermittlung und Bewertung der Folgen benötigten Daten dienen der Politik als Entscheidungsgrundlage für ihr weiteres Vorgehen.[26] Die abschließende Entscheidung über den Umgang mit den gewonnenen Erkenntnissen muss dabei vom Gesetzgeber getroffen werden. Somit sollen Gesetzesevaluationen den politischen Entscheidungsprozess durch zusätzliche Informationen unterstützen, keinesfalls jedoch ersetzen.[27] Anknüpfend

23 *Böhret/Konzendorf* (Fn. 20), 255-313; *Sicko* (Fn. 21), 31-32.

24 *Konzendorf* (Fn. 10), 31-32.

25 *Ziekow/Debus/Piesker* (Fn. 5), 34.

26 *Karpen*, Gesetzgebungslehre – neu evaluiert, 2006, 42; *König*, Verwaltete Regierung, 2002, 435; *Sicko* (Fn. 21), 30.

27 *Bizer/Führ*, Responsive Regulierung – Anforderungen an die interdisziplinäre Gesetzesfolgenabschätzung, in: Bizer/Führ/Hüttig (Hrsg.), Responsive Regulierung, 2002, 1; *Fabian*, Nutzung der Evaluationsfunktion im Vergleich, in: Widmer/Beywl/Fabian (Hrsg.), Evaluation, 2009, 501.

an die Überlegungen der allgemeinen Evaluationsforschung lassen sich folgende Funktionen unterscheiden, die Gesetzesevaluationen erfüllen können:

1. *Erkenntnisfunktion*: Gesetzesevaluationen werden dazu genutzt, entscheidungsrelevante Informationen zu sammeln, die Auskunft über den Zielerreichungsgrad, die Akzeptanz oder die effiziente Umsetzung einer rechtlichen Regelung geben können. Dabei erfolgt die Erhebung von Daten mit dem Ziel, Erkenntnisse zu gewinnen, diese anhand vorher festgelegter Kriterien zu bewerten und daraus Steuerungsentscheidungen abzuleiten.[28]
2. *Kontrollfunktion*: Mit Hilfe von Gesetzesevaluationen werden in erster Linie Defizite identifiziert, um der Exekutive bzw. Legislative die Möglichkeit zu geben, entsprechend schnell steuernd einzugreifen. In diesem Zusammenhang werden auch Informationen gewonnen, die einen Hinweis darauf geben, wie die Adressaten ihre Aufgaben erfüllen bzw. ihren Verpflichtungen nachkommen.[29]
3. *Dialogfunktion*[30]: Durch Gesetzesevaluationen werden Informationen bereitgestellt, die einen offenen Dialog zwischen verschiedenen Stakeholdern ermöglichen. Gemeinsam können auf Grundlage der ermittelten Ergebnisse die bisherige Zusammenarbeit und mögliche Defizite bilanziert werden, um daraus Konsequenzen für die Gestaltung der weiteren Zusammenarbeit zu ziehen. Damit werden wichtige Voraussetzungen für einen gemeinsamen Lernprozess geschaffen, welcher der Weiterentwicklung einer gesetzlichen Regelung dienen soll.[31]
4. *Legitimierungsfunktion*: Gesetzesevaluationen dienen dazu, beabsichtigte bzw. bereits umgesetzte gesetzliche Regelungen zu legitimieren. Mittels der gewonnenen Daten und Erkenntnisse ist es möglich, überprüfbar nachzuweisen, mit welchem Input welcher Output und welche Wirkungen über die Zeit erzielt werden.[32]

---

28 *Stockmann*, in: ders. (Hrsg.) (Fn. 2), 37; *Stockmann*, in: ders. (Hrsg.) (Fn. 13), 20; *Sicko* (Fn. 21), 35; *Wolff/Mundil*, in: Möllers/van Ooyen (Hrsg.) (Fn. 16), 331 (332).

29 *Stockmann*, in: ders. (Hrsg.) (Fn. 2), 38; *Stockmann*, in: ders. (Hrsg.) (Fn. 13), 20; *Wolff/Mundil*, in: Möllers/van Ooyen (Hrsg.) (Fn. 16), 331 (332).

30 Stockmann bezeichnet diese Funktion in seinen neueren Werken (siehe Fn. 31) als „Entwicklungsfunktion", da er zusätzlich darauf hinweist, dass Evaluationen einen Beitrag zur Weiterentwicklung eines politischen Programms oder einer gesetzliche Regelung leisten können.

31 *Stockmann*, Wissenschaftsbasierte Evaluation, in: ders./Meyer (Hrsg.), Evaluation, 2010, 55 (73-74); *Stockmann*, in: ders. (Hrsg.) (Fn. 2), 38; *Stockmann*, in: ders. (Hrsg.) (Fn. 13), 20; *Sicko* (Fn. 21), 35.

32 *Stockmann*, in: ders. (Hrsg.) (Fn. 2), 38; *Stockmann*, in: ders. (Hrsg.) (Fn. 13), 20.

5. *Taktische Funktion*: Die Ergebnisse einer Gesetzesevaluation werden ausschließlich dazu verwendet, bestimmte politische Entscheidungen (z. T. sogar nachträglich) zu legitimieren, z. B. weil eine rechtliche Regelung abgeschafft oder beibehalten werden soll. Allerdings ist darauf hinzuweisen, dass sich eine solche Form kaum mit dem eigentlichen Zweck von Evaluationen vereinbaren lässt.[33]

2.4 Bewertungskriterien bei Gesetzesevaluationen

Zur Ermittlung der Wirkungen einer rechtlichen Regelung ist es notwendig, dass die Ziele der zu untersuchenden Regelung eindeutig zu identifizieren sind. Ansonsten ist eine Analyse des Zielerreichungsgrads kaum möglich.[34] Welche Bewertungskriterien zugrunde gelegt werden, hängt vom jeweiligen Erkenntnisinteresse ab. Grundsätzlich lassen sich sieben Bewertungsdimensionen unterscheiden, die bei Gesetzesevaluationen eine Rolle spielen können:

1. *Rechtmäßigkeit*: Die rechtliche Regelung wird auf ihre Vereinbarkeit mit höherrangigem Recht überprüft. In diesem Zusammenhang sollen auch Möglichkeiten zur Optimierung des Grundrechtschutzes gesucht werden.[35]
2. *Kosten*: Die Umsetzung einer rechtlichen Regelung wird auf Basis der tatsächlich anfallenden Kosten, die durch sie verursacht werden, bewertet.[36]
3. *Effizienz*: Bei der Effizienzbewertung steht die Frage im Mittelpunkt, ob eine rechtliche Regelung im Hinblick auf ihre Wirkungen in angemessener Relation zu den durch sie verursachten Kosten[37] steht.[38] Bei datenschutzrechtlichen Analysen erfolgt zusätzlich eine Berücksichtigung der Eingriffsintensität, die im Verhältnis zum Zielerreichungsgrad und den Kosten einer rechtlichen Regelung bewertet wird.

---

33 *Stockmann*, in: ders. (Hrsg.) (Fn. 2), 39; *Stockmann*, in: ders. (Hrsg.) (Fn. 13), 20-21; *Kevenhörster*, Politikwissenschaft. Band 2: Ergebnisse und Wirkungen der Politik, 2006, 35.

34 *Kevenhörster* (Fn. 33), 42.

35 *Ziekow/Debus/Piesker* (Fn. 5), 38.

36 *Kevenhörster* (Fn. 33), 42; *Böhret/Konzendorf* (Fn. 20), 256.

37 Bei der Bewertung sollten – sofern möglich – alle Folgekosten, die sich durch die Anwendung einer rechtlichen Regelung ergeben, berücksichtigt werden.

38 *Gollwitzer/Jäger*, Evaluation kompakt, 2009, 96-108; *Kevenhörster* (Fn. 33), 42; *Böhret/Konzendorf* (Fn. 20), 343; *Bogumil/Jann*, Verwaltung und Verwaltungswissenschaft in Deutschland, 2009, 179.

4. *Effektivität*: Mit Hilfe dieser Bewertungsdimension geht es darum zu klären, in welchem Umfang die ursprünglich angestrebten Ziele einer rechtlichen Regelung erreicht worden sind.[39]
5. *Akzeptanz*: Im Rahmen der Evaluation kann geprüft werden, inwieweit die Adressaten die rechtliche Regelung in der Praxis befolgen.[40]
6. *Praktikabilität*: Ein weiteres Kriterium, das bei der Bewertung berücksichtigt werden sollte, ist, inwieweit eine gesetzliche Regelung in der Vollzugspraxis umgesetzt werden kann.[41]
7. *Neben-/Folgeeffekte*: Zu überprüfen ist auch, welche Nebeneffekte durch eine gesetzliche Regelung verursacht werden. Dabei werden nicht-intendierte Effekte, die die Wirkung einer rechtlichen Regelung positiv oder negativ beeinflussen, genauso erfasst wie Folgewirkungen, die erst später auftreten, aber auf die rechtliche Regelung zurückzuführen sind.[42]

Abschließend ist festzuhalten, dass Ex-post-Gesetzesevaluationen in der Regel einen ganzheitlichen Ansatz verfolgen, der neben dem Zielerreichungsgrad weitere Kriterien bei der Analyse einer rechtlichen Regelung berücksichtigt. Hierzu zählt insbesondere die Erfassung und Bewertung von Nebenfolgen. Denn die Untersuchung der Zielerreichung eines Gesetzes alleine würde nur ein unvollständiges Bild liefern und könnte damit zu falschen Schlussfolgerungen führen. Vor allem die Erfassung der negativen Folgen relativiert unter Umständen eine positive Bewertung, die auf Grundlage eines hohen Zielerreichungsgrades erfolgte.[43]

---

39 *Kevenhörster* (Fn. 33), 42; *Böhret/Konzendorf* (Fn. 20), 349.

40 *Böhret/Konzendorf* (Fn. 20), 343.

41 *Böhret/Konzendorf* (Fn. 20), 256.

42 *Böhret/Konzendorf* (Fn. 20), 256; *Stockmann*, in: ders. (Hrsg.) (Fn. 2), 65-66; *Gollwitzer/Jäger* (Fn. 38), 89.

43 *Ziekow/Debus/Piesker* (Fn. 5), 40; *Wolff/Mundil*, in: Möllers/van Ooyen (Hrsg.) (Fn. 16), 331 (334).

3 Recht auf informationelle Selbstbestimmung als Beispiel für einen verfassungsrechtlichen Maßstab

3.1 Sachlicher Schutzbereich

Soweit keine anderen Grundrechte vorrangig zu prüfen sind,[44] bildet das Recht auf informationelle Selbstbestimmung das verfassungsrechtliche Prüfprogramm für Gesetze, die den Umgang mit personenbezogenen Daten tangieren. Zur *abwehrrechtlichen Dimension* betonte das Bundesverfassungsgericht im Volkszählungsurteil 1983: „Unter den Bedingungen der modernen Datenverarbeitung wird der Schutz des Einzelnen gegen unbegrenzte Erhebung, Speicherung, Verwendung und Weitergabe seiner persönlichen Daten von dem allgemeinen Persönlichkeitsrecht des Art. 2 Abs. 1 in Verbindung mit Art. 1 Abs. 1 GG umfasst. Das Grundrecht gewährleistet insoweit die Befugnis des Einzelnen, grundsätzlich selbst über die Preisgabe und Verwendung seiner persönlichen Daten zu bestimmen."[45] Voraussetzung für diesen Schutz ist, dass es sich um persönliche bzw. personenbezogene Daten handelt.[46] Dies deckt sich mit der Legaldefinition des § 3 Abs. 1 BDSG[47] und erfasst also „Einzelangaben über persönliche oder sachliche Verhältnisse einer bestimmten oder bestimmbaren natürlichen Person (Betroffener)".[48] Daneben umfasst das Recht auf informationelle Selbstbestimmung auch *objektiv-rechtliche Gewährleistungen*.[49]

44 Zur Ermittlung der relevanten Grundrechte siehe *Ziekow/Debus/Piesker* (Fn. 5), 77-91.

45 BVerfGE 65, 1 (43) – Volkszählung; in diesem Sinne bspw. auch: BVerfGE 115, 166 (188) – Strafprozessualer Zugriff auf Verbindungsdaten; 118, 168 (184) – Kontenabfrage; 120, 378 (397) – automatisierte Kennzeichenerfassung; *Jarass*, in: ders./Pieroth, Grundgesetz für die Bundesrepublik Deutschland, 12. Aufl. 2012, Art. 2 Rn. 42.

46 *Ziekow/Debus/Piesker* (Fn. 5), 94 unter Hinweis auf BVerfGE 65, 1 (43) – Volkszählung; 113, 29 (46) – Beschlagnahme von Datenträgern; 115, 166 (190) – Strafprozessualer Zugriff auf Verbindungsdaten; 115, 320 (350) – Rasterfahndung; 118, 168 (184) – Kontenabfrage.

47 Bundesdatenschutzgesetz, zuletzt geändert durch Art. 1 Gesetz v. 14.8.2009 (BGBl. I S. 2814).

48 In diesem Sinne: *Di Fabio*, in: Maunz/Dürig/Herzog/Scholz, Grundgesetz, Stand des Gesamtwerkes: Lfg. 70 Dezember 2013, Stand der Bearbeitung: Lfg. 39 Juli 2001, Art. 2 Abs. 1 Rn. 175; *Jarass* (Fn. 45), Art. 2 Rn. 43; *Ziekow/Debus/Piesker* (Fn. 5), 94.

49 Dazu *Ziekow/Debus/Piesker* (Fn. 5), 97-98.

3.2 Persönlicher Schutzbereich

Ob und inwieweit neben natürlichen Personen auch juristische Personen vom Recht auf informationelle Selbstbestimmung geschützt sind, ist umstritten. „Soweit der Menschenwürdebezug im Bereich der Intimsphäre maßgebend ist", kann sich eine juristische Person nicht darauf berufen, aber „soweit es auf Art. 2 Abs. 1 GG gestützt ist", sind keine überzeugenden Gründe gegen die Anwendbarkeit im Rahmen des Art. 19 Abs. 3 GG ersichtlich.[50]

3.3 Grundrechtsbeeinträchtigung

3.3.1 Konkrete Einwilligung als Ausschluss einer Grundrechtsbeeinträchtigung

Eine Beeinträchtigung des Rechts auf informationelle Selbstbestimmung ist ausgeschlossen, wenn eine ausreichend konkrete Einwilligung der Betroffenen vorliegt.[51] Soweit also eine gesetzliche Regelung den Umgang mit Daten von der Einwilligung der Betroffenen abhängig macht, liegt keine rechtfertigungsbedürftige Grundrechtsbeeinträchtigung vor.

3.3.2 Eingriffsintensität

Eingriffe in das Grundrecht auf informationelle Selbstbestimmung sind nach einer häufig verwendeten Formel des Bundesverfassungsgerichts die „unbegrenzte Erhebung, Speicherung, Verwendung und Weitergabe" personenbezogener Daten[52]. Die knappen Worte, mit denen das Bundesverfassungsgericht regelmäßig den Informationseingriff bejaht, legen den Schluss nahe, dass jeder Umgang mit personenbezogenen Daten die Eingriffsschwelle überschreitet.[53]

---

50 *Ziekow/Debus/Piesker* (Fn. 5), 99, unter Hinweis auf: BVerfGE 118, 168 (203) – Kontenabfrage; *Di Fabio* (Fn. 48), Art. 2 Abs. 1 Rn. 224; *Wilms/Roth*, Die Anwendbarkeit des Rechts auf informationelle Selbstbestimmung auf juristische Personen i. S. von Art. 19 III GG, JuS 2004, 577 (578).

51 *Di Fabio* (Fn. 48), Art. 2 Abs. 1 Rn. 228 f.; *Jarass* (Fn. 45), Art. 2 Rn. 54; *Ziekow/Debus/Piesker* (Fn. 5), 100.

52 BVerfGE 65, 1 (43) – Volkszählung; 67, 100 (143); 84, 239 (279); 115, 320 (341) – Rasterfahndung; in diesem Sinne auch: *Jarass* (Fn. 45), Art. 2 Rn. 53; *Ziekow/Debus/Piesker* (Fn. 5), 101.

53 In diesem Sinne auch: *Albers*, Umgang mit personenbezogenen Informationen und Daten, in: Hoffmann-Riem/Schmidt-Aßmann/Voßkuhle, Grundlagen des Verwaltungsrechts,

Je intensiver in das Grundrecht der informationellen Selbstbestimmung eingegriffen wird und je weniger offensichtlich die Eingriffsintensität ist, desto eher sollte eine Gesetzesevaluation mit einer dementsprechenden Prüfungsintensität (→ 4.2.) durchgeführt werden. Eine höhere Eingriffsintensität setzt nämlich strengere Anforderungen an eine hinreichend klare und bestimmte gesetzliche Regelung voraus (→ 3.4.2) und ist auch bei der Bewertung der Verhältnismäßigkeit des Eingriffs zu beachten (→ 3.4.3).[54]

Für die Eingriffsintensität ist die *Sensibilität der Informationen* zu berücksichtigen, auch wenn es „unter den Bedingungen der elektronischen Datenverarbeitung kein ‚belangloses' personenbezogenes Datum"[55] gibt.[56] Maßgebend ist, welche Persönlichkeitsrelevanz die Informationen haben, die von der Maßnahme erfasst werden.[57] Dabei gilt: „Der Schutz ist um so intensiver, je näher die Daten der Intimsphäre des Betroffenen stehen, die als unantastbarer Bereich privater Lebensgestaltung gegenüber aller staatlicher Gewalt Achtung und Schutz beansprucht".[58]

Außerdem bewirken eine Erhöhung der *Menge der verarbeitbaren Daten*, die auf konventionellem Wege gar nicht bewältigt werden könnte, und die Möglichkeiten der elektronischen Datenverarbeitung eine gesteigerte grundrechtliche Gefährdungslage.[59] Im Zusammenhang mit großen Datenmengen (z. B. Massenfunkzellenabfrage, fast 1 Million Handydaten von 300.000 Bürgerinnen und Bürgern)[60] bereitet die Ermittlung der *Anzahl und Auswahl der Betroffenen* bei der Evaluation einen großen Aufwand.[61] Häufig wird damit eine erhebliche Grundrechtsbeeinträchtigung begründet, dass ein Eingriff eine große Streubreite aufweist, wodurch eine Viel-

---

Band II, 2. Aufl. 2012, § 22 Rn. 59; *Bechler*, Informationseingriffe durch intransparenten Umgang mit personenbezogenen Daten, 2010, 32; *Ziekow/Debus/Piesker* (Fn. 5), 104.

54 *Ziekow/Debus/Piesker* (Fn. 5), 104-105, m. w. N.

55 BVerfGE 65, 1 (45) – Volkszählung; 115, 320 (350) – Rasterfahndung; 118, 168 (185) – Kontenabfrage.

56 *Bechler* (Fn. 53), 163-164; *Ziekow/Debus/Piesker* (Fn. 5), 105.

57 *Ziekow/Debus/Piesker* (Fn. 5), 105, unter Hinweis auf BVerfGE 115, 320 (347) – Rasterfahndung; 118, 168 (196-197) – Kontenabfrage.

58 BVerfGE 89, 69 (82-83); *Ziekow/Debus/Piesker* (Fn. 5), 105. Kritik dazu bei: *Starck*, in: von Mangoldt/Klein/Starck, Grundgesetz, Band I, 6. Aufl. 2010, Art. 2 Abs. 1 Rn. 16. Zur absoluten Schranke des Kernbereichs privater Lebensgestaltung (→ 3.4.1).

59 BVerfGE 65, 1 (42) – Volkszählung; 113, 29 (45-46) – Beschlagnahme von Datenträgern; 115, 320 (342) – Rasterfahndung; 120, 378 (398) – automatisierte Kennzeichenerfassung; *Ziekow/Debus/Piesker* (Fn. 5), 106.

60 Deutscher Bundestag, 17. Wahlperiode, 118. Sitzung, 01. Juli 2011, 13762-13777.

61 *Ziekow/Debus/Piesker* (Fn. 5), 108.

zahl von Personen[62], die den Eingriff nicht durch ihr Verhalten veranlasst haben, in den Wirkungsbereich der Maßnahme geraten kann.[63] Auch die *Umstände der Erhebung* sind für die Bewertung der Eingriffsintensität maßgeblich: Werden Daten aus öffentlich zugänglichen Quellen erhoben, so ist der Eingriff als solcher gering zu bewerten.[64] Dabei verstärkt grundsätzlich die Heimlichkeit einer staatlichen Eingriffsmaßnahme die Intensität des Eingriffs.[65] Ausnahmsweise kann umgekehrt auch die Offenheit einer Datenerhebung die Intensität des Grundrechtseingriffs steigern, wenn diese eine stigmatisierende Wirkung – wie beispielsweise bei einer offenen Observation – verursacht.[66]

Die Schwere des Eingriffs nimmt außerdem mit *potenziellen Folgeeingriffen beim Umgang mit den Daten* zu,[67] wobei auch die begründeten Befürchtungen der Grundrechtsträger zu berücksichtigen sind[68]. Demgegenüber ist eine objektiv nachteilige Verwendung und eine subjektiv empfundene Bedrohung umso unwahrscheinlicher, je höher der *Grad der Zweckbindung* ist.[69] Eine Lockerung der

---

62 Anders: Abweichende Meinung der Richterin *Haas*, in: BVerfGE 115, 371 (373): „Der Eingriff ist auch nicht deshalb besonders intensiv, weil die Daten einer Vielzahl von Personen erfasst und abgeglichen werden. Der Eingriff betrifft stets nur den Einzelnen. Entscheidend ist deshalb, wie einschneidend die Maßnahme für diesen ist"; i. d. S. auch *Horn*, Vorbeugende Rasterfahndung und informationelle Selbstbestimmung, DÖV 2003, 746 (748).

63 *Ziekow/Debus/Piesker* (Fn. 5), 107, m. w. N.

64 *Ziekow/Debus/Piesker* (Fn. 5), 109 unter Hinweis auf BVerfGE 120, 351 (361-362), wobei die Erhebung aus öffentlichen ausländischen Quellen nicht als Eingriff bewertet wurde.

65 BVerfGE 107, 299 (321) – Handy-Überwachung; 115, 320 (353) – Rasterfahndung; 118, 168 (197) – Kontenabfrage; 120, 274 (325) – Online-Durchsuchung; 120, 378 (402-403) – automatisierte Kennzeichenerfassung. In diesem Sinne auch: *Bechler* (Fn. 53), 166-167; *Deutsch*, Die heimliche Erhebung von Informationen und deren Aufbewahrung durch die Polizei, 1992, passim; *Jarass* (Fn. 45), Art. 2 Rn. 60a; *Schulz/Hoffmann*, Grundrechtsrelevanz staatlicher Beobachtungen im Internet, CR 2010, 131 (134); *Ziekow/Debus/Piesker* (Fn. 5), 109.

66 In diesem Sinne auch: *Guckelberger*, Die längerfristige Observation von Personen aus präventiv-polizeilichen Gründen, VBlBW 2011, 209 (212); *Ziekow/Debus/Piesker* (Fn. 5), 109.

67 BVerfGE 100, 313 (376) – Telekommunikationsüberwachung durch den BND; 113, 348 (382) – Polizeiliche Telekommunikationsüberwachung; 115, 320 (351) – Rasterfahndung; 118, 168 (197) – Kontenabfrage; *Bechler* (Fn. 53), 2010, 164-165; *Ziekow/Debus/Piesker* (Fn. 5), 110.

68 BVerfGE 100, 313 (376) – Telekommunikationsüberwachung durch den BND; 115, 320 (351) – Rasterfahndung; 118, 168 (197) – Kontenabfrage; *Ziekow/Debus/Piesker* (Fn 5), 110.

69 *Britz*, Schutz informationeller Selbstbestimmung gegen schwerwiegende Grundrechtseingriffe – Entwicklungen im Lichte des Vorratsdatenspeicherungsurteils, JA 2011, 81

Zweckbindung droht bei einem weiten *Kreis der datenverarbeitenden Stellen,* wobei insbesondere ein informationelles Trennungsprinzip zwischen Polizeibehörden und Nachrichtendiensten vom Bundesverfassungsgericht[70] anerkannt wurde. Die Zweckbindung ist außerdem bei längerer *Eingriffsdauer* gefährdet, weil das Risiko einer Nutzung der Daten für unvorhersehbare Maßnahmen in der Zukunft besteht.[71] Dieser Indikator für die Eingriffsintensität ist darüber hinaus klar und bestimmt gesetzlich fixierbar (z. B. sechsmonatige Vorratsdatenspeicherung) und empirisch relativ gut messbar. Außerdem ist eine lange Eingriffsdauer häufig auch mit besonders intensiven, *additiven Grundrechtseingriffen* verbunden.[72] „Grundsätzlich ist es möglich, dass verschiedene einzelne, für sich betrachtet geringfügige Eingriffe in grundrechtlich geschützte Bereiche in ihrer Gesamtwirkung zu einer schwerwiegenden Beeinträchtigung führen, die das Maß der rechtsstaatlich hinnehmbaren Eingriffsintensität überschreitet"[73]. Dabei bleibt jedoch das Problem, dass die (grund-)rechtliche Bewertung der Kumulation bislang nur unzureichend dogmatisch erfasst ist.[74]

3.4 Verfassungsrechtliche Rechtfertigung

3.4.1 Kernbereich privater Lebensgestaltung

Insbesondere durch additive Grundrechtseingriffe droht ein Eingriff in den Kernbereich privater Lebensgestaltung, den staatliche Stellen absolut zu beachten haben, weil sich dessen Schutz aus der Menschenwürde (Art. 1 Abs. 1 GG) ergibt.[75] Diesen

---

(83); *Ziekow/Debus/Piesker* (Fn. 5), 111.

70 BVerfG, Urt. v. 24.4.2013 – 1 BvR 1215/07, Rn. 123 – Antiterrordatei.

71 *Ziekow/Debus/Piesker* (Fn. 5), 112 unter Hinweis auf BVerfGE 120, 378 (408) – automatisierte Kennzeichenerfassung; BVerfGE 125, 260 (322 et passim) – Vorratsdatenspeicherung.

72 *Ziekow/Debus/Piesker* (Fn. 5), 112-114.

73 BVerfGE 123, 186 (265-266) – PKV Basistarif, unter Hinweis auf BVerfGE 112, 304 (319-320) – GPS-Observation; 114, 196 (247); *Ziekow/Debus/Piesker* (Fn. 5), 112.

74 Dazu *Ziekow/Debus/Piesker* (Fn. 5), 112-113, m. w. N.

75 BVerfGE 109, 279 (313) – akustische Wohnraumüberwachung; 113, 348 (390) – Polizeiliche Telekommunikationsüberwachung; 120, 274 (335) – Online-Durchsuchung; Datenschutzbeauftragte des Bundes und der Länder, Entschließung der 79. Konferenz vom 17./18. März 2010, 2; *Ziekow/Debus/Piesker* (Fn. 5), 115; ausführlich zur Herleitung: *Baldus*, Der Kernbereich privater Lebensgestaltung – absolut geschützt, aber abwägungsoffen, JZ 2008, 218-219.

Kernbereich hat das Bundesverfassungsgericht in seinem Urteil zur akustischen Wohnraumüberwachung wie folgt umschrieben:

> „Zur Entfaltung der Persönlichkeit im Kernbereich privater Lebensgestaltung gehört die Möglichkeit, innere Vorgänge wie Empfindungen und Gefühle sowie Überlegungen, Ansichten und Erlebnisse höchstpersönlicher Art ohne die Angst zum Ausdruck zu bringen, dass staatliche Stellen dies überwachen. Vom Schutz umfasst sind auch Gefühlsäußerungen, Äußerungen des unbewussten Erlebens sowie Ausdrucksformen der Sexualität.“[76]

3.4.2 Hinreichend klare und bestimmte gesetzliche Regelung

Eingriffe in das Recht auf informationelle Selbstbestimmung bedürfen einer verfassungsgemäßen gesetzlichen Grundlage, die den rechtsstaatlichen Geboten der Normenklarheit und Bestimmtheit[77] entsprechen muss.[78] Mit ansteigender Eingriffsintensität (→ 3.3.2) erhöhen sich die Anforderungen an eine klare und bestimmte Ermächtigungsgrundlage. Bei offenen Tatbestandsmerkmalen (z. B. „Bestrebungen, die sich gegen den Gedanken der Völkerverständigung richten“ in den Befugnissen des Terrorismusbekämpfungsgesetzes[79]) können diese Gebote erfordern, dass evaluiert wird, ob die Regelungen tatsächlich unter Berücksichtigung der Grundrechte eingeschränkt ausgelegt und eingesetzt werden.[80] Auch ist dabei zwischen dem individualisierten Umgang[81] und dem für statistische Zwecke[82] zu differenzieren.[83] Datenerhebungen, die etwa der Statistik und dem Verwaltungs-

---

76 BVerfGE 109, 279 (313) – akustische Wohnraumüberwachung; *Ziekow/Debus/Piesker* (Fn. 5), 116.

77 Zum Verhältnis von Rechtsklarheit und Bestimmtheit: *Debus*, Verweisungen in deutschen Rechtsnormen, 2008, 135 ff.

78 Z. B. BVerfGE 120, 378 (407) – automatisierte Kennzeichenerfassung; *Di Fabio* (Fn. 48), Art. 2 Abs. 1 Rn. 182; *Ziekow/Debus/Piesker* (Fn. 5), 118-119.

79 Zur Kritik daran siehe *Baldus*, Nachrichtendienste – Beobachtung völkerrechtswidriger Bestrebungen, ZRP 2002, 400 (402-403).

80 *Albers*, Die verfassungsrechtliche Bedeutung der Evaluierung neuer Gesetze zum Schutz der Inneren Sicherheit, in: Deutsches Institut für Menschenrechte (Hrsg.), Menschenrechte – Innere Sicherheit – Rechtsstaat, 2006, 21 (31); *Ziekow/Debus/Piesker* (Fn. 5), 118.

81 Dazu *Ziekow/Debus/Piesker* (Fn. 5), 119-120.

82 Dazu *Ziekow/Debus/Piesker* (Fn. 5), 121.

83 BVerfGE 65, 1 (45 ff.) – Volkszählung; *Ziekow/Debus/Piesker* (Fn. 5), 118.

vollzug dienen, würden tendenziell Unvereinbares miteinander verbinden, und mithin verfassungswidrig sein.[84]

3.4.3 Verhältnismäßigkeit

Der Grundsatz der Verhältnismäßigkeit verlangt, dass eine Grundrechtsbeschränkung von hinreichenden Gründen des Gemeinwohls gerechtfertigt wird, das gewählte Mittel zur Erreichung des Zwecks geeignet und erforderlich ist und bei einer Gesamtabwägung zwischen der Schwere des Eingriffs und dem Gewicht der ihn rechtfertigenden Gründe angemessen ist.[85]

Ein Mittel ist bereits dann *geeignet*, wenn mit seiner Hilfe der gewünschte Erfolg gefördert werden kann, wobei die Möglichkeit der Zweckerreichung genügt.[86] Die Anforderungen an die Geeignetheit einer Maßnahme und an den Grad der Sicherheit einer Prognose „steigen proportional zur Intensität der Freiheitsbeschränkung"[87]. Bei Anwendung eines sicherheitsbehördlichen Instruments kann die Geeignetheit etwa dadurch in Frage gestellt und deshalb zu evaluieren sein, dass die „Zielpersonen" ihre Kommunikationen selbst mit neuen (Stör-, Verschlüsselungs- oder Anonymisierungs-) Techniken schützen können, wie das Bundesverfassungsgericht[88] in seiner Entscheidung zur strategischen Telekommunikationsüberwachung durch den Bundesnachrichtendienst thematisiert hat.[89]

Ein Mittel ist *erforderlich*, „wenn der Gesetzgeber nicht ein anderes, gleich wirksames, aber das Grundrecht nicht oder doch weniger fühlbar einschränkendes Mittel hätte wählen können."[90] Dementsprechend ist der Umgang mit den Daten auf das zu dem bestimmten Zweck Erforderliche zu begrenzen.[91] Problematisch im Kontext der Datenvermeidung und -sparsamkeit erscheint insbesondere die Rasterfahndung, bei der bislang die Diskussion über diskriminierende Suchkriterien hinzutritt. Insoweit stellt sich die empirisch abzusichernde Frage, ob nicht-dis-

---

84 BVerfGE 65, 1 (62) – Volkszählung; *Di Fabio* (Fn. 48), Art. 2 Abs. 1 Rn. 186; *Jarass* (Fn. 45), Art. 2 Rn. 60a; *Ziekow/Debus/Piesker* (Fn. 5), 118-119.

85 Z. B. BVerfGE 71, 183 (196-197); 109, 279 (335-357) – akustische Wohnraumüberwachung; 115, 320 (345) – Rasterfahndung; 118, 168 (193) – Kontenabfrage; 120, 274 (318) – Online-Durchsuchung; *Jarass* (Fn. 45), Art. 2 Rn. 60 f.; *Ziekow/Debus/Piesker* (Fn. 5), 121.

86 Z. B. BVerfGE 117, 163 (188-189); *Ziekow/Debus/Piesker* (Fn. 5), 122.

87 SG München, SGb 1996, 134 (235); *Sodan*, in: ders., GG, 2. Aufl. 2011, Vorb. Art. 1 Rn. 64; *Ziekow/Debus/Piesker* (Fn. 5), 122.

88 BVerfGE 100, 313 (374-375) – Telekommunikationsüberwachung durch den BND.

89 *Albers* (Fn. 80), 31; *Ziekow/Debus/Piesker* (Fn. 5), 122-123.

90 BVerfGE 30, 292 (316); *Ziekow/Debus/Piesker* (Fn. 5), 123.

91 BVerfGE 65, 1 (46) – Volkszählung; *Ziekow/Debus/Piesker* (Fn. 5), 123-124.

kriminierende – insbesondere verhaltensbezogene – Suchkriterien nicht ebenso Erfolg versprechend sind.[92]

Zur Prüfung der *Angemessenheit* des Umgangs mit Daten hat das Bundesverfassungsgericht in seinem Beschluss zur Rasterfahndung ausgeführt:

> „Je gewichtiger die drohende oder erfolgte Rechtsgutsbeeinträchtigung und je weniger gewichtig der Grundrechtseingriff ist, um den es sich handelt, desto geringer darf die Wahrscheinlichkeit sein, mit der auf eine drohende oder erfolgte Verletzung des Rechtsguts geschlossen werden kann, und desto weniger fundierend dürfen gegebenenfalls die Tatsachen sein, die dem Verdacht zugrunde liegen (…). Die Anforderungen an den Wahrscheinlichkeitsgrad und die Tatsachenbasis der Prognose dürfen allerdings nicht beliebig herabgesenkt werden, sondern müssen auch in angemessenem Verhältnis zur Art und Schwere der Grundrechtsbeeinträchtigung und zur Aussicht auf den Erfolg des beabsichtigten Rechtsgüterschutzes stehen. Selbst bei höchstem Gewicht der drohenden Rechtsgutsbeeinträchtigung kann auf das Erfordernis einer hinreichenden Wahrscheinlichkeit nicht verzichtet werden. (…) Der Grundsatz der Verhältnismäßigkeit führt dazu, dass der Gesetzgeber intensive Grundrechtseingriffe erst von bestimmten Verdachts- oder Gefahrenstufen an vorsehen darf“[93].

3.4.4 Prozedurale Anforderungen

Der Grundsatz der Verhältnismäßigkeit alleine genügt nicht, um der Gefahr einer Verletzung des Persönlichkeitsrechts entgegenzuwirken, vielmehr ist Grundrechtsschutz auch durch prozedurale Vorkehrungen zu gewährleisten.[94] Dabei muss die *Datensicherheit* gewährleistet sein[95] und – soweit möglich – muss der Umgang mit den Informationen *transparent* erfolgen[96]. Außerdem hat zum *Schutz des Kernbereichs privater Lebensgestaltung* – soweit dies informationstechnisch und ermittlungstechnisch möglich ist – die Datenerhebung zu unterbleiben, und der Gesetzgeber hat weitergehend sicherzustellen, dass erhobene kernbereichsrelevante Daten unverzüglich – ohne Verwertung – zu löschen sind.[97] Allgemein dient auch

---

92 *Moeckli*, Diskriminierende Tendenzen moderner Sicherheitspolitik: Ansätze für eine Methodik der Evaluierung, in: Albers/Weinzierl (Hrsg.), Menschenrechtliche Standards in der Sicherheitspolitik, 2010, 115 (124); *Ziekow/Debus/Piesker* (Fn. 5), 124.

93 BVerfGE 115, 320 (360-361) – Rasterfahndung, dazu abweichende Meinung der Richter *Haas*, BVerfGE 115, 371 (380-381).

94 BVerfGE 65, 1 (44) – Volkszählung; 113, 29 (57-58) – Beschlagnahme von Datenträgern; 115, 320 (365) – Rasterfahndung; *Ziekow/Debus/Piesker* (Fn. 5), 128.

95 Dazu *Ziekow/Debus/Piesker* (Fn. 5), 129-130.

96 Dazu *Ziekow/Debus/Piesker* (Fn. 5), 130-131.

97 Dazu *Ziekow/Debus/Piesker* (Fn. 5), 131-132, unter Hinweis auf BVerfGE 120, 274 (338-339) – Online-Durchsuchung.

die *Beteiligung unabhängiger Stellen* durch Kontrolle von Datenschutzbeauftragten und durch Richtervorbehalte einem effektiven Schutz des Rechts auf informationelle Selbstbestimmung.[98] Außerdem sind die *Zweckbindung* und Geheimhaltung verfahrensrechtlich abzusichern.[99] Schließlich müssen mit Rücksicht auf das den *„additiven" Grundrechts*eingriffen (→ 3.3.2) innewohnende Gefährdungspotenzial beim Einsatz moderner, insbesondere dem Betroffenen verborgener, Ermittlungsmethoden besondere Anforderungen an das Verfahren beachtet werden. Dabei ist insbesondere eine verfassungsrechtlich unzulässige „Rundumüberwachung", mit der ein umfassendes Persönlichkeitsprofil erstellt werden könnte, zu verhindern.[100]

4 Vorgehensweise bei Ex-post-Gesetzesevaluationen

Der Ablauf einer Ex-post-Gesetzesevaluation kann in drei Phasen eingeteilt werden. Zunächst werden in der Konzeptionsphase (→ 4.1) alle für die Festlegung des Untersuchungsdesigns relevanten Entscheidungen getroffen. In der Durchführungsphase (→ 4.2) werden die zuvor festgelegten Schritte umgesetzt. Das Hauptaugenmerk liegt dabei auf der Erhebung der zur Bearbeitung des Evaluationsvorhabens erforderlichen Daten. Es kann sich – je nach Untersuchungsgegenstand – um quantitative und/oder qualitative Daten handeln. In der Auswertungsphase (→ 4.3) werden die gewonnenen Daten im Hinblick auf die Beantwortung der Evaluationsfragestellung aufbereitet und ausgewertet. Auf Basis der in dieser Phase gewonnenen Erkenntnisse werden Schlussfolgerungen gezogen und Handlungsempfehlungen formuliert, die dann dem Auftraggeber und ggf. anderen Adressaten in Form eines Abschlussberichts oder eines Workshops präsentiert werden.

4.1 Konzeptionsphase

Bei der Planung eines Evaluationsvorhabens ist in einem *ersten Schritt* zunächst zu klären, welche zeitlichen, finanziellen und personellen Ressourcen für die Durchführung des Vorhabens auf Seiten des Auftraggebers zur Verfügung stehen.

98 *Ziekow/Debus/Piesker* (Fn. 5), 132-133.

99 *Ziekow/Debus/Piesker* (Fn. 5), 134-135.

100 BVerfGE 112, 304 (319-320) – GPS-Observation; *Ziekow/Debus/Piesker* (Fn. 5), 135-136.

Auf Grundlage der Bestimmung der einzusetzenden Ressourcen kann dann das weitere Vorgehen geplant werden.[101]

Bevor es allerdings zur konkreten Festlegung des Untersuchungsdesigns kommt, sollte in einem *zweiten Schritt* eine Entscheidung darüber getroffenen werden, in welcher Form die Evaluation durchgeführt werden soll. Dabei ist zu beachten, dass die Evaluationsvarianten Unterschiede im Hinblick auf den Grad der Unabhängigkeit ihrer Durchführung aufweisen. Aufgrund der bereits skizzierten Defizite mit Blick auf die Neutralität und das methodische Knowhow bei internen Evaluationen sollte eine Evaluation von einer unabhängigen Stelle durchgeführt werden, da dies zu einer Steigerung der Überzeugungskraft und Qualität ihrer Ergebnisse und Schlussfolgerungen beitragen kann.[102]

Im *dritten Schritt* ist zu klären, welches Erkenntnisinteresse mit dem Evaluationsvorhaben konkret verfolgt wird. Als Orientierungspunkt dient hier die dem jeweiligen Gesetzentwurf beigefügte Begründung bzw. Zielsetzung. Auf dieser Grundlage lässt sich eine erkenntnisleitende Fragestellung ableiten, die bei einer externen Evaluation bzw. auch bei einer umfangreichen Methodenberatung idealerweise in enger Abstimmung mit dem Auftraggeber formuliert werden sollte. Bei der Evaluation von Eingriffsbefugnissen im Sicherheitsbereich ist beispielsweise von besonderem Interesse, welche datenschutzrechtlichen Auswirkungen bzw. Folgen die Anwendung einer gesetzlichen Regelung für die jeweiligen Adressaten hat.[103]

Der *vierte Schritt* dient der Abgrenzung des Evaluationsgegenstandes. Da eine gesetzliche Regelung ein sehr umfangreicher und unübersichtlicher Evaluationsgegenstand sein kann, ist es erforderlich, diesen weiter zu untergliedern und in gut abzugrenzende Maßnahmenbereiche zu unterteilen. Dieser Schritt trägt einerseits dazu bei, einen Überblick über die einzelnen in einem Gesetz verankerten Maßnahmen zu erhalten. Auf Grundlage der Feingliederung des Evaluationsgegenstandes kann dann eine Priorisierung der in die Evaluation einzubeziehenden Maßnahmen vorgenommen werden – insbesondere vor dem Hintergrund der für das Vorhaben zur Verfügung stehenden Ressourcen. Im Rahmen dieses Teilschritts sollte daher geklärt werden, ob die gesamte gesetzliche Regelung evaluiert werden soll oder ob eine oder mehrere Maßnahmen einer gesetzlichen Regelung näher untersucht werden sollen. Es ist jedoch wichtig, an dieser Stelle darauf hinzuweisen, dass der Evaluationsprozess thematisch nicht zu eng gefasst wird, da ansonsten die Gefahr

---

101 *Ziekow/Debus/Piesker* (Fn. 5), 140-144.

102 *Ziekow/Debus/Piesker* (Fn. 5), 144-147.

103 *Ziekow/Debus/Piesker* (Fn. 5), 147.

besteht, dass die nicht-intendierten Folgen nicht erfasst werden. Dieses Risiko sollte so weit wie möglich minimiert werden.[104]

Im *fünften Schritt* wird eine Analyse des Anwendungsbereichs des zu untersuchenden Gesetzes vorgenommen. Dabei sollen die Stakeholder identifiziert werden, die von der zu evaluierenden gesetzlichen Regelung betroffen sind (z. B. die für den Vollzug verantwortliche Verwaltung, Bürger, Unternehmen, Verbände). Ein solcher Stakeholder-Scan ist wichtig, da er Hinweise auf mögliche Datenquellen liefert, die für die Beantwortung der Evaluationsfragestellung unbedingt benötigt werden. Eine Einbeziehung aller relevanten Stakeholder soll verhindern, dass Probleme bzw. nicht-intendierte Folgen unberücksichtigt bleiben und somit auf Grundlage der unvollständigen Daten falsche Schlussfolgerungen gezogen werden. Denn dies kann zu falschen Handlungsempfehlungen und inadäquaten Reaktionen der politischen Entscheidungsträger führen, die wiederum die bestehenden Probleme ungelöst lassen oder sogar noch verstärken können. Zur Unterstützung des Evaluationsvorhabens kann es zudem hilfreich sein, einen Lenkungsausschuss einzurichten, der den Evaluationsprozess beratend unterstützt. Er fungiert somit als zusätzliche Instanz der Qualitätssicherung und schafft gleichzeitig die größtmögliche Transparenz im Evaluationsprozess.[105]

Im *sechsten Schritt* werden weitere Fragen formuliert, die die erkenntnisleitende Fragestellung ausdifferenzieren. Darüber hinaus werden Überlegungen angestellt, welche Indikatoren herangezogen werden können, um Veränderungen und Effekte einer gesetzlichen Maßnahme messbar machen zu können. Je nach Prüfkriterium müssen Indikatoren gefunden werden, mit denen der Zielerreichungsgrad, das Kosten-Nutzen-Verhältnis, die Praktikabilität und die Akzeptanz einer Regelung erfasst werden können. Bei der Untersuchung der datenschutzrechtlichen Folgen ist es in jedem Fall erforderlich, die Eingriffsintensität eines Gesetzes als Prüfkriterium zugrunde zu legen. Es ist jedoch notwendig, dass dieses Kriterium mit seinen Teilindikatoren für jedes Evaluationsvorhaben entsprechend spezifisch operationalisiert wird. Zudem ist es erforderlich, dieses Prüfkriterium in Relation zum Zielerreichungsgrad und zur Angemessenheit i. S. der juristischen Verhältnismäßigkeitsprüfung zu setzen, da dies bei jeder Evaluation berücksichtigt werden sollte. Aufgabe der Evaluatoren ist an dieser Stelle, politischen Entscheidungsträgern sämtliche Informationen zur Verfügung zu stellen. Von Evaluatoren kann nicht erwartet werden, eine politische Lösung vorzugeben, die nur noch übernommen

104 *Ziekow/Debus/Piesker* (Fn. 5), 147-148.

105 *Ziekow/Debus/Piesker* (Fn. 5), 148-149.

werden muss. Ihre Aufgabe kann lediglich sein, den politischen Entscheidungsträgern Handlungsalternativen vorzuschlagen.[106]

Beim *siebten Schritt* geht es darum zu klären, welche Daten für die Beantwortung der Evaluationsfragestellung benötigt werden. Zunächst sollte geprüft werden, ob auf Sekundärdaten (z. B. amtliche bzw. behördliche Statistiken) zurückgegriffen werden kann. Zur adäquaten Beantwortung der Evaluationsfragestellung ist es in der Regel jedoch erforderlich, zusätzlich Primärdaten zu erheben. Während quantitative Daten vor allem dazu geeignet sind, z. B. die Anwendungshäufigkeit einer gesetzlichen Regelung zu erfassen, können mit Hilfe qualitativer Daten z. B. Erkenntnisse zu nicht-intendierten Wirkungen oder möglichen Vollzugsproblemen gewonnen werden. Aber auch die Erfassung der Eingriffsintensität und Verhältnismäßigkeit einer gesetzlichen Regelung sollte nicht allein auf Basis quantitativer Daten erfolgen. Um eine möglichst breite Informationsbasis bereitstellen zu können, sollten im Rahmen eines Evaluationsvorhabens immer sowohl quantitative als auch qualitative Daten für die abschließende Bewertung herangezogen werden.[107]

Im *achten Schritt* ist zu prüfen, welche gesetzlichen Rahmenbedingungen für den Umgang von Daten bei der Evaluation zu beachten sind. Dabei müssen von der verantwortlichen Stelle (§ 3 Abs. 7 BDSG) neben den verfassungsrechtlichen Rahmenbedingungen (→ 3) und den bereichsspezifischen Regelungen für den Umgang mit Daten[108] allgemeine datenschutzrechtliche Grundsätze und spezielle Anforderungen für verschiedene Formen des Umgangs mit Daten beachtet werden. Zur Komplexitätsreduktion wird hier von den *Prämissen* ausgegangen, dass die verantwortliche Stelle eine öffentliche Forschungseinrichtung des Bundes (vgl. § 2 Abs. 1 bis 3, § 40 BDSG) ist, die nicht als öffentlich-rechtliches Unternehmen am Wettbewerb teilnimmt (vgl. § 12 BDSG). Außerdem wird vorausgesetzt, dass der Umgang mit den Daten den technischen und organisatorischen Regelungen (vgl. § 9 BDSG) genügt, vollständig in Deutschland abgewickelt wird und eine eventuell bestehende Meldepflicht des § 4d BDSG eingehalten wird.[109] Auch ist das BDSG nur auf den Umgang mit personenbezogenen Daten (§ 3 Abs. 1 BDSG) anwendbar.[110]

Der Umgang mit personenbezogenen Daten ist gem. § 4 Abs. 1 BDSG nur zulässig, soweit dies eine Rechtsvorschrift erlaubt oder anordnet oder der Betroffene

---

106 *Ziekow/Debus/Piesker* (Fn. 5), 149-150.

107 *Ziekow/Debus/Piesker* (Fn. 5), 150-151.

108 *Ziekow/Debus/Piesker* (Fn. 5), 151-154.

109 Vgl. *Ziekow/Debus/Piesker* (Fn. 5), 155.

110 *Ziekow/Debus/Piesker* (Fn. 5), 156.

eingewilligt (§ 4a BDSG)[111] hat (*Verbot mit Erlaubnisvorbehalt*). Zumeist enthalten Evaluationsklauseln keine speziellen Regelungen.[112] Überdies muss der sog. *Zweckbindungsgrundsatz* beachtet werden, der verfassungsrechtlich begründet ist (→ 3.3.2) und in vielen Datenschutzbestimmungen zum Ausdruck kommt (z. B. §§ 14, 28, 29, 31 BDSG), wobei eine Evaluation je nach Fallgestaltung unter dem Gesichtspunkt der gem. § 14 Abs. 3 BDSG erlaubten Nebenzwecke zulässig sein kann.[113] Außerdem sind die Grundsätze der *Datenvermeidung und Datensparsamkeit* (§ 3a BDSG) zu beachten. Bei der Evaluierung sind die Konkretisierungen dieser beiden Grundsätze in § 3a Satz 2 BDSG besonders relevant, wonach insbesondere personenbezogene Daten zu anonymisieren (vgl. § 3 Abs. 6 BDSG) oder zu pseudonymisieren (vgl. § 3 Abs. 7 BDSG) sind, soweit dies nach dem Verwendungszweck möglich ist und keinen im Verhältnis zu dem angestrebten Schutzzweck unverhältnismäßigen Aufwand erfordert. Dadurch wird allerdings das Analysepotenzial im Rahmen der Evaluation – je nach Bearbeitungszweck – mehr oder weniger eingeschränkt.[114]

Für das Beschaffen von Daten statuiert § 4 Abs. 2 Satz 1 BDSG den *Vorrang der Direkterhebung* beim Betroffenen. Davon kann eine Evaluierung abweichen, wenn die Voraussetzungen des § 4 Abs. 2 Satz 2 BDSG gegeben sind, insbesondere unter dem Gesichtspunkt des unverhältnismäßigen Aufwandes (§ 4 Abs. 2 Satz 2 Nr. 2 Buchst. b BDSG).[115] Weiter ist das *Erheben personenbezogener Daten durch öffentliche Stellen* zulässig, wenn ihre Kenntnis zur Erfüllung der Aufgaben der verantwortlichen Stelle erforderlich ist. Da eine Evaluierung grundsätzlich auf eine umfassende Folgenermittlung zielt, dürften fast immer auch Folgen im Zuständigkeitsbereich der evaluierenden Stellen gegeben sein; lediglich bei weiteren, mittelbaren Folgen dürfte die Erforderlichkeit der Erhebung von personenbezogenen Daten zu verneinen sein.[116] Sollen außerdem *besondere Arten personenbezogener Daten*, d. h. Angaben über die rassische und ethnische Herkunft, politische Meinungen, religiöse oder philosophische Überzeugungen, Gewerkschaftszugehörigkeit, Gesundheit oder Sexualleben (§ 3 Abs. 9 BDSG), erhoben werden, bedarf es eines besonderen Recht-

111 Zu den Anforderungen an eine Einwilligung siehe neben den Kommentaren zu § 4a BDSG auch speziell im Zusammenhang mit Forschungsvorhaben: *Metschke/Wellbrock*, Datenschutz in Wissenschaft und Forschung, 3. Aufl. 2002, 25-32 mit Formulierungsbeispielen auf 55-62.

112 *Ziekow/Debus/Piesker* (Fn. 5), 157.

113 *Ziekow/Debus/Piesker* (Fn. 5), 157-159.

114 *Ziekow/Debus/Piesker* (Fn. 5), 159-161.

115 *Ziekow/Debus/Piesker* (Fn. 5), 161.

116 *Ziekow/Debus/Piesker* (Fn. 5), 161-162.

fertigungsgrundes gem. § 13 Abs. 2 BDSG, welcher für eine Gesetzesevaluation wohl nur selten vorliegen dürfte.[117]

Die Voraussetzungen der Zulässigkeit des *Speicherns, Veränderns und Nutzens* (§ 3 Abs. 4 S. 2 BDSG) personenbezogener Daten zu dem Zweck, für welchen die Daten erhoben worden sind, entsprechen gem. § 14 Abs. 1 BDSG den soeben dargestellten Regelungen über die Erhebung von Daten gem. § 13 Abs. 1 BDSG, nur muss dabei beachtet werden, dass der Grundsatz der Erforderlichkeit auch in zeitlicher Hinsicht gilt. Soweit eine Zweckänderung vorliegt, ist vor allem eine Rechtfertigung über die Forschungsklausel des § 14 Abs. 2 Nr. 9 BDSG naheliegend. Dies setzt voraus, dass die Zweckänderung zur Durchführung wissenschaftlicher Forschung „erforderlich ist, das wissenschaftliche Interesse an der Durchführung des Forschungsvorhabens das Interesse des Betroffenen an dem Ausschluss der Zweckänderung erheblich überwiegt und der Zweck der Forschung auf andere Weise nicht oder nur mit unverhältnismäßigem Aufwand erreicht werden kann.“[118]

Zur Vermeidung der Anwendbarkeit der datenschutzrechtlichen Beschränkungen für eine Übermittlung gem. §§ 15, 16 BDSG hat sich das Verfahren über einen sog. Datentreuhänder, der als Vertrauensstelle zwischen Forschungseinrichtung und Betroffenen oder besitzende Behörde tritt,[119] herausgebildet. Auch können die Betroffenen in vielen Fällen von der datenbesitzenden Behörde angeschrieben und ein Fragebogen weitergeleitet werden. Außerdem können die Betroffenen um Einwilligung gebeten werden, ohne dass ihre Daten zuvor ohne ihre Kenntnis und ohne ihre Zustimmung an den Forscher übermittelt werden (sog. Adressmittlungsverfahren)[120].[121]

Auch wenn § 40 BDSG eine Sondervorschrift für die Verarbeitung und Nutzung personenbezogener Daten durch Forschungseinrichtungen zum Zwecke der wissenschaftlichen Forschung enthält, sind die Erlaubnistatbestände in den allgemeinen Zulässigkeitstatbeständen geregelt, die einzelne *Forschungsprivilegien* einräumen.[122]

Dem BDSG ähnliche Regelungen enthalten zumeist die für Landesbehörden geltenden *Landesdatenschutzgesetze*. Allerdings reichen die Forschungsprivilegien,

117 *Ziekow/Debus/Piesker* (Fn. 5), 162-163.

118 *Ziekow/Debus/Piesker* (Fn. 5), 163-164.

119 Vgl. *Bizer*, Der Datentreuhänder, DuD 1999, 392-395; *Metschke/Wellbrock* (Fn. 111), 41-44.

120 Vgl. *Metschke/Wellbrock* (Fn. 111), 40-41.

121 Dazu und zu den Übermittlungsvoraussetzungen gem. §§ 15, 16 BDSG: *Ziekow/Debus/Piesker* (Fn. 5), 165-166.

122 *Ziekow/Debus/Piesker* (Fn. 5), 166-167.

insbesondere die Möglichkeit der Forschung ohne Einwilligung des Betroffenen, häufig weiter.[123]

4.2 Durchführungsphase

Die zentrale Voraussetzung für die Durchführung einer Evaluation ist das Vorhandensein von Daten. Diese sind jedoch in der Regel nicht direkt und unmittelbar zugänglich, so dass sie im Rahmen der Evaluation beschafft, entsprechend aufbereitet oder aus unterschiedlichen Quellen zusammengestellt werden müssen. Die erhobenen Daten dienen dazu, Entwicklungen und Trends darzustellen, Schlussfolgerungen zu ziehen und schließlich Handlungsempfehlungen für die politischen Entscheidungsträger zu formulieren. Daher besitzt die Erhebung von Daten im Evaluationsprozess einen zentralen Stellenwert. Daten können in unterschiedlichen Formen und mit Hilfe verschiedener Verfahren erhoben werden. Soweit dabei personenbezogene Daten erhoben und verarbeitet werden, sind die Betroffenen nach Maßgabe des § 19a BDSG zu benachrichtigen. Neben quantitativen Daten, die in der Regel in Zahlform vorliegen (z. B. Fallzahlen) werden mit Hilfe sozialwissenschaftlicher Erhebungsmethoden auch qualitative Daten gewonnen, die oft in Textform vorhanden sind (z. B. Dokumente).[124] Bei der Datenerhebung sollte aus Effizienzgründen immer darauf geachtet werden, dass nur solche Daten gewonnen werden, die zur Beantwortung der Evaluationsfragestellung erforderlich sind. Somit erfolgt die Datenerhebung im Rahmen eines Evaluationsprozesses immer als eine selektive Informationsgewinnung, wobei diese so effizient wie möglich und so effektiv wie nötig erfolgen sollte.[125] Um möglichst aussagekräftige Ergebnisse zu erhalten und die Evaluationsfragestellung möglichst umfassend zu bearbeiten, sollte für eine Ex-post-Gesetzesevaluation immer der am besten geeignete Methoden-Mix gefunden werden.[126]

Die Durchführungsphase einer Ex-post-Gesetzesevaluation umfasst fünf Teilschritte. Im *ersten Schritt* werden die für das Evaluationsvorhaben relevanten Stakeholder (z. B. Normadressaten) ausgewählt. Sie sind eine wichtige Quelle zur Sammlung von Informationen, die zur Erfassung und Bewertung der datenschutzrechtlichen Folgen einer gesetzlichen Regelung herangezogen werden können.

---

123 *Ziekow/Debus/Piesker* (Fn. 5), 167-168.

124 *Behnke/Baur/Behnke*, Empirische Methoden der Politikwissenschaft, 2006, 34.

125 *Meyer*, Datenerhebung, Befragungen – Beobachtungen – Nicht-reaktive Verfahren, in: Stockmann (Hrsg.), Handbuch zur Evaluation, 2007, 224.

126 *Ziekow/Debus/Piesker* (Fn. 5), 169-171.

Nicht immer wird es möglich sein, alle relevanten Stakeholder einzubeziehen, so dass es vorab notwendig werden kann, mit Hilfe entsprechender Verfahren aus der Gesamtheit eine Teilmenge auszuwählen, bei der dann die erforderlichen Informationen erhoben werden.[127]

Der *zweite Schritt* in dieser Phase sieht vor, das gesamte Erhebungsinstrumentarium vor seinem Einsatz einem Pre-Test zu unterziehen, um es auf seine Praktikabilität, Verständlichkeit und Vollständigkeit zu prüfen. Dadurch können die verwendeten Erhebungsinstrumente auf Grundlage der gesammelten Erfahrungen soweit angepasst werden, dass damit Probleme und Fehler bei der eigentlichen Erhebung minimiert werden und die Qualität der zu gewinnenden Daten verbessert wird.[128]

Im *dritten Schritt* werden die zur Beantwortung der Evaluationsfragestellung erforderlichen Daten erhoben. Hier ist zwischen qualitativen und quantitativen Daten zu unterscheiden. Quantitative Daten zu datenschutzrechtlichen Folgen können z. B. aus Statistiken oder aber durch Befragungen (teilstandardisiert/standardisiert) gewonnen werden. Obwohl datenschutzrechtliche Folgen vor allem einen qualitativen Charakter aufweisen, ist es wichtig, auch die Häufigkeit ihres Auftretens in der Anwendungspraxis zu erfassen (Fallzahlenerhebung) und in die abschließende Bewertung mit einfließen zu lassen. Ein zentraler Indikator für die Untersuchung der datenschutzrechtlichen Folgen ist die Eingriffsintensität, die es für jedes Vorhaben neu zu operationalisieren gilt. Auf Grundlage einer ersten Analyse der quantitativen Daten, mit deren Hilfe sich ein Eindruck über Trends und Entwicklungen im Untersuchungsfeld verschafft werden kann, erfolgt dann die Untersuchung der qualitativen Aspekte der datenschutzrechtlichen Folgen einer Regelung (z. B. mittels Dokumentenanalyse, qualitativer Interviews).[129]

Der *vierte Schritt* sieht eine Überprüfung der erhobenen Daten vor, um zu vermeiden, dass falsche oder fehlerhafte Angaben während der Datenerhebung unentdeckt bleiben. Eine solche systematische Fehlerprüfung trägt dazu bei, die Qualität der erhobenen Daten zu verbessern.[130]

Im *fünften Schritt* findet eine Rückkoppelung der Erhebungsergebnisse mit dem Auftraggeber statt. Dies ermöglicht ggf. eine Nachsteuerung, falls sich z. B. bestimmte Stakeholder noch nicht an der Evaluation beteiligt haben, da der Auf-

127 *Ziekow/Debus/Piesker* (Fn. 5), 173-174; weiterführend *Behnke/Baur/Behnke* (Fn. 124), 129-150; *Meyer*, in: Stockmann (Hrsg.) (Fn. 125), 223.

128 *Ziekow/Debus/Piesker* (Fn. 5), 174.

129 *Ziekow/Debus/Piesker* (Fn. 5), 174-176.

130 *Ziekow/Debus/Piesker* (Fn. 5), 176.

traggeber diese noch einmal ansprechen und auffordern kann, die notwendigen Informationen zur Verfügung zu stellen.[131]

4.3 Auswertungsphase

In der Auswertungsphase geht es im Wesentlichen darum, die erhobenen Daten zu sichten und im Hinblick auf die Evaluationsfragestellung(en) auszuwerten, zu interpretieren und auf dieser Grundlage dann Schlussfolgerungen und Handlungsempfehlungen zu formulieren. Am Ende jeder Evaluation ist zudem erforderlich, das Vorgehen, die Auswertungsergebnisse und Schlussfolgerungen für die Adressaten entsprechend aufzubereiten. Hierfür sind vertiefende statistische Kenntnisse unbedingt erforderlich. Die Auswertungsphase lässt sich in folgende fünf Teilschritte untergliedern.

Im *ersten Schritt* werden die gewonnenen quantitativen Daten mit Hilfe statistischer Verfahren aufbereitet und ausgewertet. Neben einfachen univariaten statistischen Verfahren (Häufigkeitsverteilungen, Kreuztabellen, Korrelationen) können auch hochkomplexe multivariate Auswertungsverfahren zum Einsatz kommen (Faktorenanalysen, Clusteranalysen, Strukturgleichungsmodelle).[132] Die Anwendung dieser Verfahren setzt spezielle Kenntnisse der empirischen Sozialforschung voraus, um zuverlässige Ergebnisse und Schlussfolgerungen produzieren zu können.[133]

Im *zweiten Schritt* werden die gewonnenen qualitativen Daten mittels entsprechender Analyseverfahren aufbereitet und ausgewertet. Dabei ist zu beachten, dass die Antworten häufig über die eigentliche Fragestellung hinausgehen. Dennoch sollten diese Zusatzinformationen übernommen und bei der Auswertung mitberücksichtigt werden.[134]

Im *dritten Schritt* werden mit Hilfe der Ergebnisse, die im Rahmen von quantitativen Erhebungsverfahren gewonnen werden, vermutete Ursache-Wirkungshypothesen auf ihre Richtigkeit geprüft. Bei der Evaluation von Regelungen im Hinblick auf ihre datenschutzrechtlichen Folgen geht es z. B. darum, die Eingriffsintensität eines Gesetzes darzustellen und vor dem Hintergrund der zugrundeliegenden

---

131 *Ziekow/Debus/Piesker* (Fn. 5), 176.

132 Vgl. hierzu ausführlicher *Backhaus/Erichson/Plinke/Weiber*, Multivariate Analysemethoden, 2011; *Wolf/Best* (Hrsg.), Handbuch der sozialwissenschaftlichen Datenanalyse, 2010.

133 *Ziekow/Debus/Piesker* (Fn. 5), 178.

134 *Maats*, Einführung in das Datenmanagement und die Datenauswertung, in: Stockmann (Hrsg.), Handbuch der Evaluation, 2007, 280-284; *Ziekow/Debus/Piesker* (Fn. 5), 178-179.

Ziele sowie weiterer zuvor festgelegter Prüfkriterien zu analysieren. Eine isolierte Betrachtung der Eingriffsintensität einer gesetzlichen Regelung kann zwar die datenschutzrechtlichen Folgen deutlich machen. Für eine abschließende Bewertung ist es aber erforderlich, die übrigen Prüfkriterien gegenüberzustellen. Nur auf dieser Basis können dann Handlungsempfehlungen an die Politik formuliert werden, wobei diese abschließend entscheiden muss, ob eine eventuell hohe Eingriffsintensität nicht doch im Hinblick auf den hohen Zielerreichungsgrad und/oder die hohe Praktikabilität der gesetzlichen Regelung gerechtfertigt ist. Zur Minimierung des Risikos von Fehlschlüssen sollten die im Rahmen der quantitativen Auswertung gewonnenen Erkenntnisse mit Hilfe qualitativer Analyseergebnisse überprüft werden.[135] Die Verknüpfung der Ergebnisse trägt dazu bei, die Aussagekraft der Schlussfolgerungen sowie der Handlungsempfehlungen zu erhöhen.[136]

Im *vierten Schritt* werden auf Grundlage dieser Ergebnisse Handlungsempfehlungen formuliert, die bei Bedarf in den Politikprozess eingespeist werden können. Dabei ist es wichtig, dass die Handlungsempfehlungen für die Adressaten nachvollziehbar aus den im Rahmen der Evaluation gewonnenen Ergebnissen abgeleitet werden. Bei der Erarbeitung der Handlungsempfehlungen sollte zudem darauf geachtet werden, dass diese adressatengerecht und verständlich formuliert werden.[137]

Im *fünften Schritt* der Auswertungsphase werden das Vorgehen sowie sämtliche Ergebnisse detailliert dokumentiert und dem Auftraggeber zur Verfügung gestellt. In der Regel erfolgt dies in Form eines schriftlichen Abschlussberichts, jedoch können hierzu auch andere Kommunikationskanäle genutzt werden. So besteht die Möglichkeit, die Ergebnisse in einem Workshop vorzustellen und zu diskutieren. Als ergänzende Kommunikationsform zum klassischen Reporting, um z. B. die gewonnenen Erkenntnisse den relevanten Stakeholdern zu präsentieren, ist die Durchführung eines solchen Workshops vor Fertigstellung des Endberichts ein durchaus sinnvolles Instrument. Bei der Erstellung der Dokumentation gilt es, verschiedene Anforderungen (Vollständigkeit, Verständlichkeit, Transparenz, Zielgruppenangepasstheit, Rechtzeitigkeit, Diplomatie und Pseudo-/Anonymität) zu berücksichtigen, um möglichst eine störungsfreie Informationsvermittlung zu gewährleisten.[138]

Soweit diese Dokumentation personenbezogene Daten enthält, dürfen die wissenschaftliche Forschung betreibenden Stellen diese gem. § 40 Abs. 3 BDSG nur veröffentlichen, wenn „1. der Betroffene eingewilligt hat oder 2. dies für die

135 *Maats* (Fn. 134), 295.

136 *Ziekow/Debus/Piesker* (Fn. 5), 179-180.

137 *Ziekow/Debus/Piesker* (Fn. 5), 180-181.

138 Vgl. hierzu ausführlicher *Ziekow/Debus/Piesker* (Fn. 5), 181-182.

Darstellung von Forschungsergebnissen über Ereignisse der Zeitgeschichte unerlässlich ist." Eine dementsprechend formulierte Einwilligung dürfte die Teilnahmebereitschaft senken. Da die zweite Alternative vor allem der Forschungstätigkeit von Historikern Rechnung trägt[139], dürften auch nur wenige Fälle denkbar sein, in denen diese Regelung bei einer Gesetzesevaluation anwendbar ist.[140] Im Übrigen können die Übermittlungsbefugnisse der §§ 15, 16 BDSG zur Veröffentlichung personenbezogener Daten berechtigen, soweit dies in Anbetracht der Schwere des Eingriffs eine noch hinreichend klare und bestimmte gesetzliche Regelung (vgl. → 3.4.2) darstellt.[141] Aufgrund der geringen Präzision der Übermittlungsvorschriften reicht dies nur insoweit aus, als es sich um quasi alltägliche Übermittlungsvorgänge ohne besondere Belastung des Betroffenen handelt.[142] Angesichts dieser Rechtsunsicherheit ist eine ausdrückliche gesetzliche Regelung zu schaffen, wenn der Evaluationsbericht auch personenbezogene Daten enthalten soll.[143]

5 Fazit

Die nach den Terroranschlägen vom 11. September 2001 eingeführten Eingriffsbefugnisse haben im Politikfeld der Inneren Sicherheit zu einem erhöhten Evaluationsbedarf geführt. Dies verdeutlichen nicht nur die Forderungen des BfDI nach einer regelmäßigen Kontrolle und Überprüfung der entsprechenden Normen, sondern auch die zunehmende Institutionalisierung der Evaluierungspflicht in entsprechenden Evaluationsklauseln der jeweiligen Gesetze.[144] Insbesondere Letzteres bringt sowohl das Konfliktpotenzial der Thematik als auch das Bewusstsein der politischen Akteure für den erhöhten Legitimationsbedarf dieser Rechtsnormen zum Ausdruck.

---

139 Siehe dazu *Gola/Schomerus*, BDSG, 11. Aufl. 2012, § 40 Rn. 17.

140 *Ziekow/Debus/Piesker* (Fn. 5), 183, auch mit Überlegungen zum Recht der Bundesländer.

141 *Ziekow/Debus/Piesker* (Fn. 5), 184, unter Hinweis auf *Dammann*, in: Simitis, BDSG, 7. Aufl. 2011, § 14 Rn. 70.

142 *Ziekow/Debus/Piesker* (Fn. 5), 184, unter Hinweis auf *Dammann* (Fn. 141), § 14 Rn. 70 i. V. m. § 15 Rn. 3. Weitergehend eine Einwilligung fordernd *Gola/Schomerus* (Fn. 139), § 3 Rn. 33, § 16 Rn. 7.

143 *Ziekow/Debus/Piesker* (Fn. 5), 184, mit Thematisierung der Veröffentlichung von Daten in Bezug auf öffentlich-rechtliche Einheiten, soweit sie sich ausnahmsweise auf Grundrechte berufen können.

144 *BfDI*, Tätigkeitsbericht zum Datenschutz für die Jahre 2011-2012, 2013, 91-92.

Gleichzeitig bestehen in Deutschland aber auch Defizite bei der rechtlichen und organisatorischen Verankerung der Ex-post-Gesetzesevaluation. Zum einen existieren praktisch keine Handreichungen[145], Verfahrensanforderungen und -standards, die eine gleichbleibende Qualität gewährleisten. Rechtliche Vorgaben, wie und wann Ex-post-Gesetzesevaluationen durchzuführen sind, fehlen – abgesehen von den durch den Staatssekretärsausschuss Bürokratieabbau festgelegten Leitlinien[146] zur Ex-post-Evaluation wesentlicher Regelungsvorhaben – bislang ebenfalls. Dies gilt gleichermaßen für die Formulierung von Evaluationsklauseln. Zum anderen gibt es bislang keine zentrale Stelle, die für die Planung, Durchführung und Überprüfung von Ex-post-Gesetzesevaluationen zuständig ist.[147]

Der vom InGFA im Auftrag des BfDI erarbeitete Leitfaden ist daher als eine Orientierungshilfe für Politik und Verwaltung zu verstehen, welche die Durchführung einer Ex-post-Gesetzesevaluation zur Erfassung und Bewertung der datenschutzrechtlichen Folgen erleichtern soll. Allerdings handelt es sich bei dieser Arbeitshilfe nicht um eine „Schablone", die unverändert an jeden Evaluationsgegenstand angelegt werden kann. Vielmehr ist es erforderlich, ein genau auf das jeweilige Erkenntnisinteresse und den zu untersuchenden Gegenstand zugeschnittenes Evaluationskonzept zu entwickeln. Da hierfür jedoch die methodischen und personellen Kapazitäten auf Ebene der Exekutive und Legislative nicht in ausreichendem Maße vorhanden sind, sollten Ex-post-Gesetzesevaluationen von externen Evaluatoren durchgeführt werden, die bereits über entsprechende Erfahrungen in diesem Bereich verfügen.

Gleichzeitig zielt der Leitfaden darauf ab, Politik und Verwaltung noch stärker als bisher für die Rahmenbedingungen, die Bedeutung und den Nutzen von Ex-post-Gesetzesevaluationen zu sensibilisieren. Obwohl es sich bei dem Leitfaden um eine Handreichung ohne Verbindlichkeitscharakter handelt, zeigen sich bereits

---

145 Lediglich im Handbuch zur Gesetzesfolgenabschätzung aus dem Jahr 2001 und dem dazugehörigen Leitfaden zur Gesetzesfolgenabschätzung aus dem Jahr 2000 sind auch allgemeine Hinweise zum Vorgehen bei Ex-post-Gesetzesevaluationen zu finden.

146 Der Staatssekretärsausschuss Bürokratieabbau hat in seinem Beschluss vom 23. Januar 2013 festgelegt, dass wesentliche Regelungsentwürfe, bei denen ein jährlicher Erfüllungsaufwand von mindestens 1 Mio. Euro Sachkosten oder 100.000 Stunden Aufwand für Bürgerinnen und Bürger oder 1 Mio. Euro für die Wirtschaft oder 1 Mio. Euro für die Verwaltung zu erwarten ist bzw. nicht ausgeschlossen werden kann, drei bis fünf Jahre nach Inkrafttreten der entsprechenden Reglung evaluiert werden sollen. Darüber hinaus enthält der Beschluss auch Hinweise dazu, was und wie evaluiert werden soll. Dieses durch den Staatssekretärsausschuss festgelegte Verfahren gilt für alle Regelungsvorhaben, die seit dem 1. März 2013 in die Ressortabstimmung eingebracht werden.

147 *Gusy/Kapitza*, (Kapitel 2.2.) in diesem Tagungsband; *Jantz/Veit*, Bessere Rechtsetzung durch Befristungs- und Evaluationsklauseln, 2010, 53; *Konzendorf*, in: Widmers/Beywl/Fabian (Hrsg.) (Fn. 10), 27.

erste Auswirkungen auf die Praxis. Bei der Ausschreibung zur Evaluation nach Art. 9 des Gesetzes zur Änderung des Bundesverfassungsschutzgesetzes vom 7.12.2011 (BGBl. I S. 2576) wurde er als eine Referenzquelle genannt, die bei der Erstellung des Evaluationskonzepts berücksichtigt werden sollte.

Darüber hinaus dient der Leitfaden aber auch als Ansatzpunkt für die weitere wissenschaftliche Diskussion zur Verknüpfung von rechts- und sozialwissenschaftlichen Methoden bei der Gesetzesevaluation, da nur ein interdisziplinärer Ansatz eine angemessene Analyse von Rechtsnormen ermöglicht. Aus diesem Grund sollte eine Forschung zur Gesetzesevaluation die Praktikabilität solcher Orientierungshilfen auf Basis von zukünftigen Anwendungsfällen untersuchen. Diese systematische Analyse von Evaluationen (Meta-Evaluation) ermöglicht eine kontinuierliche Weiterentwicklung des Leitfadens, die zu einer Verbesserung der Verfahrens- und Ergebnisqualität beiträgt. Voraussetzung hierfür ist allerdings, dass die Evaluationsberichte veröffentlicht und z. B. in einer Datenbank erfasst werden.

Teil 4
Fazit

Von der Evaluation zur Evaluationsforschung

Das Beispiel der Sicherheitsgesetze

Christoph Gusy[1]

1 Von der Gesetzesevaluation zur Evaluationsforschung

Die Evaluation von Gesetzen hat in Deutschland noch keine lange Tradition. Doch zeigt die steigende Zahl veröffentlichter Evaluationsberichte aus Bund, Ländern und der EU:[2] Inzwischen haben sich Praktiken, Erfahrungen und Standards herausgebildet, welche geeignet sind, die Evaluationsforschung auf neue Grundlagen zu stellen. Sie braucht nicht mehr ganz überwiegend prospektiv über die Frage nachzudenken, wie eine derartige Evaluation aussehen könnte. Sie kann vielmehr daneben auch auf praktische Erfahrungen und Beispiele zurückblicken und sich die Frage stellen, wie die Evaluation in der Vergangenheit abgelaufen ist. Dabei können Vergleiche gezogen werden, zunächst der jeweiligen Berichte untereinander, sodann der Berichte mit den Ergebnissen der älteren prospektiv wie auch der neueren empirischen Evaluationsforschung; schließlich aber auch der vorhandenen Berichte mit den ihnen zugrunde liegenden rechtlichen Vor- und Aufgaben. In diesem Sinne ist es an der Zeit, dass auf die vorhandene Evaluationspraxis eine neue Stufe der Evaluationsforschung folgt.

Die erkennbare Praxis bezieht sich auf Gesetze aus ganz unterschiedlichen Politikfeldern, Sach- und Rechtsbereichen, keineswegs allein auf die Gesetzgebung zu Sicherheitsfragen. Wie *Sicherheitsgesetzgebung*[3] *nur einen Teilbereich aus der gesamten Gesetzgebung* darstellt, so umreißt deren Evaluation nur einen Teil-

---

1 Für anhaltende Diskussionsbereitschaft und weiterführende Anregungen danke ich Frau wiss. Mit. A. Kapitza, Bielefeld.

2 Vgl. hierzu *Gusy/Kapitza* in diesem Band; eine Liste von Evaluationsberichten findet sich im Anhang dieses Bandes.

3 Zu ihren Besonderheiten *Gusy*, Sicherheitsgesetzgebung, KritV 2012, S. 255 ff. Zu dem vorgelagerten Konzept des Sicherheitsrechts *Gusy*, Vom Polizeirecht zum Sicherheitsrecht, StWStP 1994, S. 187 ff.

bereich aus der Gesamtheit des Evaluationsgeschehens. Dieses kann also *nur ein Referenzgebiet* darstellen, welches sowohl hinsichtlich seiner Besonderheiten wie auch hinsichtlich der Verallgemeinerbarkeit der aus ihm gewonnenen Erkenntnisse befragt werden muss. Wenn es hier als Referenzgebiet untersucht wird, so geschieht dies letztlich aus zwei Gründen: Zunächst wegen des Umstands, dass gerade auf diesem Gebiet bereits eine relativ dichte Evaluationspraxis erkennbar ist; sodann infolge der Tatsache, dass die Erforschung dieses Teilbereichs zugleich einen Beitrag zur Erkenntnis der Besonderheiten dieses Rechtsgebiets beitragen kann.

2 Eine Vorfrage: Wozu eigentlich Gesetzesevaluation?

Die Evaluation von Sicherheitsgesetzen kann ganz unterschiedliche Grundlagen aufweisen. Diese Grundlagen können theoretisch so zahlreich wie die Evaluationsverfahren selbst sein. Und sie bestimmen über deren Sinn und Zweck mit. Dieser ist nämlich nicht vollständig vorgegeben, sondern im Einzelfall zu bestimmen. Dabei kommen mehrere Richtungen in Betracht.

1. Vorherrschend ist die *grund- bzw. menschenrechtliche Zweckbestimmung*.[4] Ihr kommt namentlich im Sicherheitsrecht eine hohe Bedeutung zu. Soweit Gesetze Grundrechte einschränken, müssen solche Beschränkungen geeignet, erforderlich und angemessen sein. Ob sie dieses Prädikat zu Recht tragen, lässt sich aber ex ante auch im Verfahren der Gesetzesfolgenabschätzung nur schwerlich festlegen. Zu sehr ist sie von der Makroperspektive der gesamtpolitischen Auswirkungen, zu wenig hingegen von der Mikroperspektive individueller und ggf. einzelfallbezogener Wirkungen geprägt. Zudem lassen sich potentiell Betroffene ex ante vielfach nur schwerlich ausmachen und daher auch kaum in die Folgenabschätzung einbeziehen. In solchen Fällen wird – namentlich bei Gesetzen, die unter Zeitdruck verabschiedet werden sollen – immer häufiger eine Evaluationspflicht statuiert, die das zuvor Ausgebliebene später nachholen soll: Nämlich die Beschreibung der Grundrechtsbetroffenheit und deren Vereinbarkeit mit den Grundsätzen des Übermaßverbots. Hier dominieren dann Gesetzesfolgen, Betroffenenperspektiven und juristisch vorgeprägte Fragestellungen. Es geht um die Einhaltung der Grenzen von Gesetzgebung bzw. der

4 Vgl. hierzu bei *Gusy/Kapitza* in diesem Band.

Vermeidung ihrer Überschreitung. Fragestellungen und Antwortansätze sind so eher juristisch-limitierend geprägt.

2. Daneben kann Gesetzesevaluation aber auch eine *demokratische Zweckbestimmung* erlangen. Demokratie ist als offene und öffentliche Staatsform auf die Zustimmung der Bürgerinnen und Bürger angewiesen.[5] Ob und inwieweit diese zustande kommt, fällt in die grundsätzlich freie Entscheidung der Menschen. Von daher setzt Legitimationsbeschaffung die Möglichkeit von Einwirkung auf diese Freiheit voraus. Deren Prototyp ist die Einwirkung durch Argumentation, also durch die Suche nach und die Beibringung von Begründungen. Solche Begründungen können sachliche oder wertende Gehalte aufweisen. Wo es um Sachgründe geht, ist Evaluation auch ein Verfahren zur Beschaffung solcher Argumente. Dieses können nicht nur Rechtsgründe, sondern eben auch sachliche Gründe sein. Evaluation ist dann eine Vorstufe zur *Legitimationsbeschaffung durch Begründung*: Sie kann diese Argumente beschaffen, überprüfen und ggf. sachlich abstützen. Und sie kann eine erkenntnisgeleitete Basis für die Auseinandersetzung mit möglichen Gegenargumenten liefern. Wohlgemerkt: Dies müssen nicht immer Argumente für die Schaffung oder Beibehaltung eines Gesetzes sein, es können auch (bessere) Argumente für die Gegenauffassung sprechen. In jedem Falle ist die Argumentation mit Sachgründen einer solchen ohne Sachgründe überlegen.
3. Schließlich kann die Gesetzesevaluation aber auch *gewaltenteilende Zweckbestimmung* erlangen. Im Staat ist das spezialisierte Sachwissen regelmäßig eine Domäne der Exekutive.[6] Das gilt erst recht im Sicherheitsbereich, wo den Behörden aufgrund der staatlichen Sicherheitsverantwortung eine besonders ausgeprägte Dominanz zukommt. Zwar mündet das Gewaltmonopol nicht notwendig in ein Wissensmonopol. Wohl aber ist die Exekutive in diesem Bereich besonders dominant und hat daher einen sowohl gegenüber Privaten wie auch gegenüber „anderen" (Sicherheits-)Experten praktisch uneinholbaren Wissensvorsprung. Letztere verfügen vielfach über ein eher partielles Wissen. Das kann sich beispielsweise auf Grundrechtsfragen oder Funktionsweisen von Einsatztechniken beziehen. Selten trifft das Wissen aus mehreren Bereichen aber in einer Person zusammen und selten geht es über eine theoretische Ebene hinaus. So ist es z. B. Rechtsexperten häufig kaum möglich, Aussagen zu treffen, aus denen sich auf Ausmaß und Relevanz von Grundrechtsbeeinträchtigungen schließen lässt. Das betrifft z. B. Aussagen zur Häufigkeit von Einsätzen und zu

5 Zur Bedeutung demokratischer Legitimation speziell für die Sicherheitsgesetzgebung *Gusy*, Sicherheitsgesetzgebung (Fn. 3), S. 256 ff.

6 Vgl. *Gusy*, Sicherheitsgesetzgebung (Fn. 3), S. 247 ff.

deren Notwendigkeit, welche im Rahmen einer Abwägung eine relevante Größe darstellen. Dieser Wissensvorsprung besteht aber auch gegenüber dem Parlament. Im Gesetzgebungsverfahren bedeutet dies: Die Argumentationsfähigkeit kraft Wissens besteht einseitig zugunsten von Regierungen, Ministerien und Behörden. Wenn hingegen zu einem Gesetz(entwurf) eine Evaluation vorliegt, so kann deren Ergebnis als Quelle von Wissen und Argumentationskompetenz auch für die Volksvertretungen herangezogen werden. In diesem Sinne ist Evaluation die Chance zum *bringing the parliament back in*: Die Volksvertretungen erlangen im Gesetzgebungsverfahren eine eigene Argumentations- und Kontrollkompetenz gegenüber der Exekutive.[7] Dies stärkt neben der Gewaltenteilung zugleich die demokratische Legitimation des Gesetzes, wenn die Volksvertretung über eine eigene sachliche Abwägungs- und Entscheidungsgrundlage verfügt.[8]

Die genannten drei Zwecke von Evaluationspflichten sind möglicherweise nicht abschließend. Und sie stehen auch nicht notwendigerweise exklusiv nebeneinander. Vielmehr können sie in einzelnen Gesetzen nebeneinander stehen und sich dabei überschneiden.

3 Erscheinungsformen der Gesetzesevaluation

3.1 Die methodische Grundfrage

Im Kontext der hier verfolgten Fragestellungen ist insbesondere eine Vorfrage von Bedeutung. Ein Evaluationsverfahren kann ausschließlich auf Initiative und in der *Trägerschaft der Wissenschaft* vorgenommen werden, wenn Forscher sich für die Frage interessieren, wie und warum Gesetze wirken bzw. warum Gesetze nicht wirken. Dies geschieht dann im Rahmen ihrer wissenschaftlichen Tätigkeit und ist – je nach Zuschnitt von Fragestellungen und Erhebungsmethoden – der Grundlagen- bzw. der Anwendungsforschung zuzuordnen. In diesem Falle liegt die Definition der Fragestellung, die Festlegung des Designs und der dabei anzuwendenden Methoden ausschließlich in der Hand der beteiligten Wissenschaftler und sind als

7 Dazu *Möllers*, Dogmatik der grundgesetzlichen Gewaltengliederung, AöR 2007, S. 493, 517 ff.

8 Zum parlamentarischen Umgang mit sicherheitsrelevanten Evaluationen vgl. *Krüper* in diesem Band.

Ausprägungen ihrer Forschungsfreiheit zu qualifizieren.[9] Eine andere – gerade im Sicherheitsbereich häufig anzutreffende – Form der Initiierung von Evaluation ist die *Beauftragung durch den Gesetzgeber* (s. etwa § 14 IFG Bund)[10] oder die Exekutive. Dazu können namentlich auch die Statuierung und Erfüllung von Evaluationsaufträgen aus dem Grundgesetz bzw. einfachen Gesetzen zählen.[11] Derartige rechtliche Vorgaben schließen den wissenschaftlichen Charakter der Evaluation nicht von vornherein aus: Dass Wissenschaft und Wissenschaftler mit ihren spezifischen Methoden Fragen beantworten, die von außen an sie gestellt worden sind, ist nicht ungewöhnlich und auch keineswegs auf Evaluationsfragen begrenzt. Doch können rechtliche, administrative und finanzielle Vorgaben und Rahmenbedingungen den wissenschaftlichen Charakter der Evaluation im Einzelfall beschränken – etwa durch die Fokussierung von Fragestellungen – oder gar ganz ausschließen, etwa durch Zuweisung der Evaluation an nicht-wissenschaftlich arbeitende Stellen. In solchen Fällen entsteht dann eine Studie, welche zwar den Namen „Evaluation" trägt, aber eben keine Evaluation im wissenschaftlichen Sinne ist.[12] Ob sie diesen Namen dann zu Recht trägt, hängt vom vorausgesetzten Evaluationskonzept bzw. dem Sinn und Zweck der jeweiligen Verpflichtung ab. Dieser Sinn und Zweck lässt sich – wie (o. 1) aufgezeigt – allerdings unterschiedlich beschreiben.

Die Evaluation von Gesetzen kann auf ganz unterschiedliche Weisen stattfinden. „Die" allseits konsentierte, akzeptierte oder gar richtige Form hat sich auch im Hinblick auf das Sicherheitsrecht bislang nicht herausgebildet. Als Minimalkonsens lässt sich am ehesten festhalten: *Evaluationen kombinieren* zwei Elemente, nämlich *eine Deskription und eine Bewertung.* Diesseits jener Minimalanforderungen lassen sich zwei Grundformen erkennen, welche nebeneinander praktiziert werden.

Das ist zunächst die *empirische Wirkungsforschung.* Diese überwiegend sozialwissenschaftlich operierende Arbeitsweise fragt nach dem Zweck des Gesetzes und

---

9 Der Forschungsaspekt kann allenfalls dann fehlen, wenn lediglich bereits vorgefundene und etablierte Methoden gleichsam schematisch angewandt werden. Dies setzt allerdings das Vorhandensein und die Nutzung derartiger Schemata bereits voraus. Zu Abgrenzungsfragen der Forschungsfreiheit nach Art. 5 Abs. 3 S. 1 GG insoweit *Starck*, in: vMKS, GG I, 6. Aufl. (2010), Art. 5 Rn. 355 f. Restriktionen können sich für Forscher am ehesten ergeben, wenn sie auf die Mitwirkung nicht-forschender Akteure oder die Bewilligung von Forschungsmitteln durch Dritte angewiesen sind.

10 Dazu der Bericht von *Ziekow/Debus/Musch*, Evaluation des Gesetzes zur Regelung des Zugangs zu Informationen des Bundes – Informationsfreiheitsgesetzes des Bundes (IFG) im Auftrag des Innenausschusses des Deutschen Bundestages, 22. Mai 2012.

11 Dazu nochmals *Gusy/Kapitza* in diesem Band.

12 Zum zugrunde liegenden, eher untechnischen Evaluationsbegriff *Gusy/Kapitza* in diesem Band. Ein solcher Begriff liegt auch mehreren Beiträgen in diesem Band sinngemäß zugrunde, vgl. etwa bei *Kugelmann*.

dessen Erreichung. Dem liegen regelmäßig quantitative Erhebungen bzw. Statistiken zugrunde, welche Aussagen über die Häufigkeit der Gesetzesanwendung, die dabei auftretenden intendierten und – sofern die Materiallage dies zulässt – nicht-intendierten Folgen, Vorher-Nachher-Vergleiche und zeitliche Entwicklungen während der Geltung des Gesetzes erkennen lassen. Es geht also um die Erhebung und Analyse des Realbereichs, der Rechtstatsachen und Rechtswirkungen, welche erhoben und verglichen werden. Diese Konzentration auf Fakten schließt abschließende Bewertungen nicht aus, soweit sich die beteiligten Sozialwissenschaften nicht allein als deskriptive, sondern auch als präskriptive verstehen.

Daneben steht die *rechtswissenschaftliche Evaluation.*[13] Sie untersucht primär mit rechtswissenschaftlichen Instrumenten, ob eine Norm aus der ex-post-Perspektive den verfassungsrechtlichen Vorgaben und Anforderungen genügt, ob sie sich systematisch bruchlos in die geltende Rechtsordnung einfügt und ob aus rechtswissenschaftlicher Sicht Modernisierungsbedarf besteht. Ihr zentrales Element sind Methoden der Rechtswissenschaft, verstanden als Normwissenschaft und ggf. als Rechtstatsachenforschung, soweit sie aus der Sicht dieser Disziplin einerseits notwendig und andererseits möglich ist.[14] Dem entspricht die Anlage des Evaluationsberichts: Sein deskriptiver Teil beschreibt die geltende Rechtslage, also rechtliche Regelungen (auch) im Hinblick auf ihren Vollzug durch Exekutive und Justiz und dabei auftretende Regelmäßigkeiten bzw. Besonderheiten. Auf dieser Grundlage erfolgt dann die Bewertung nach den Kriterien verfassungsgemäß/verfassungswidrig, rechtlich wirksam/rechtlich unwirksam oder aber vollziehbar/nicht vollziehbar.

Beide Formen der Evaluation können grundsätzlich nebeneinander stehen. Im Idealfall treten sie bei der Evaluation zusammen und bilden gemeinsam „das" Evaluationsprojekt. Prinzipiell ist es aber auch möglich, dass zu Evaluationszwecken nur eine der beiden Formen angewandt wird. Der Evaluationsbegriff schließt dies nicht von vornherein aus. Ob also eine der beiden Evaluationsformen oder aber beide nebeneinander oder in Kombination miteinander zu wählen sind oder gewählt werden, ist nach anderen Kriterien als nach dem Evaluationsbegriff zu entscheiden.

Doch steht eine derartige idealtypische Unterscheidung dem in der Evaluationsforschung dominierenden *Selbstverständnis als interdisziplinäre Aufgabe* tendenziell entgegen. Sie scheint eher auf eine Kombinationslösung beider Seiten angelegt zu sein. Dem entsprechen auch manche Definitionen des Evaluationsbegriffs, welche den Gedanken eines disziplinübergreifenden Ansatzes bzw. der Interdisziplina-

---

13 Zu ihr näher *Wolff* in diesem Band.

14 Hierin liegt der Mehrwert einer derartigen Untersuchung gegenüber sonstigen verfassungsrechtlichen Gutachten, welche zumeist Normen mit Normen vergleichen und Vollzugsfragen allenfalls gelegentlich einbeziehen.

rität nahe legen. Aber wo bzw. wie sind derartige Kombinationslösungen beider Richtungen möglich und sinnvoll? Interdisziplinäres Arbeiten ist nicht dazu da, die disziplinären Arbeitsweisen und Methoden einfach abzulösen. Wo diese – richtig angewandt – ausreichen, besteht für disziplinübergreifendes Arbeiten keine Notwendigkeit. Erst dort, wo disziplinäre Eigenheiten Fragestellungen verengen oder ausblenden bzw. Antworten nicht oder nicht vollständig liefern können, besteht Bedarf nach interdisziplinärer Arbeit. Diese aber soll die Disziplinen, die erreichten Methoden und Erkenntnisse nicht einfach verdrängen oder ersetzen, sondern sinnvoll ergänzen.

Sozialwissenschaftliche Evaluation kommt ganz ohne rechtswissenschaftliche Expertise nicht aus. Wer etwa Zwecktauglichkeit, Praktikabilität, Effektivität bzw. Effizienz eines Gesetzes analysieren und bewerten will, muss diesen Zweck auf juristisch korrekte Weise bestimmen und die eingesetzten Mittel nicht nur auf ihre Zielerreichung, sondern auch im Hinblick auf ihre rechtliche Zulässigkeit bzw. Unzulässigkeit untersuchen. In diesem Sinne bedarf die Sozialwissenschaft der Vorarbeit bzw. der Abstützung durch die Rechtswissenschaft. Das gilt auch im Hinblick auf die aus den empirischen Untersuchungen zu gewinnenden Wertungen: Sie sind nur dann hilfreich, wenn sie verfassungskonform und in das Rechtssystem ohne unvertretbare hohe Kosten zu integrieren sind. Darin liegt keine Kritik der Disziplin oder ihrer Methoden, sondern eine realistische Beschreibung ihrer Reichweite und Methoden im Konzert der wissenschaftlichen Disziplinen.

Rechtswissenschaftliche Evaluation kommt dagegen in bestimmten Fällen ohne sozialwissenschaftliche Expertise aus. Dies ist der Fall, wenn sie sich auf rechtswissenschaftliche Fragen beschränkt. In diesem Rahmen ist festzuhalten: Eine eigenständige rechtswissenschaftliche Evaluationsforschung existiert bislang allenfalls in Ansätzen. Zumeist dominiert eine Anwendung der üblichen Methoden der Rechtswissenschaft auf Fragestellungen im Evaluationskontext, wobei die Besonderheiten dieser Fragestellungen und Kontexte bislang allerdings eher wenig diskutiert oder gar operationalisiert sind. Ob und inwieweit außerrechtliche Aussagen und Erkenntnisse integriert werden können oder müssen, ist gegenwärtig also (immer noch) an den Bedingungen des Rechts und der Rechtswissenschaft auszurichten. Diese definiert sich selbst als Normwissenschaft und eröffnet wie limitiert damit zugleich die Bedingungen für die Möglichkeit von Interdisziplinarität.[15] Solche Möglichkeiten bestehen insbesondere, *wenn Rechtsnormen deskriptive Begriffe enthalten*, hinsichtlich derer ein widerspruchsfreier Sprachgebrauch festgestellt werden kann; wenn Rechtsnormen *Verweisungsbegriffe auf außerrechtliche Maßstäbe* enthalten,

15 Dazu richtig *Lepsius*, Sozialwissenschaften im Verfassungsrecht – Amerika als Vorbild?, JZ 2005, S. 1 ff. S. a. schon früher *Gusy*, Wirklichkeit in der Rechtsdogmatik, JZ 1991, S. 213 ff., insbes. S. 218 ff.

die mit außerrechtlichen Methoden konkretisierbar sind, oder wenn maßgebliche *Rechtsnormen lückenhaft* sind und diese Lücken intra oder praeter legem gefüllt werden müssen. Was hier methodisch angedeutet worden ist, kommt gerade bei Evaluationsfragen vergleichsweise häufig vor. Dies gilt etwa, wenn Gesetzeszwecke oder Tatbestandsmerkmale auch empirisch abstützbare Begriffe enthalten (z. B. „Sicherheit"), wenn sie auf soziale Standards Bezug nehmen (z. B. „öffentliche Ordnung")[16] oder wenn ihre Rechtsfolgenanordnungen auch auf außerrechtliche Wertungen Bezug nehmen, indem etwa (mögliche) Maßnahmen auf ihre Geeignetheit oder Erforderlichkeit untersucht werden müssen. Je einzelfallunabhängiger die Konkretisierung derartiger Gesetzesbegriffe zu erfolgen hat, desto höher ist der Grad ihrer Angewiesenheit auf empirische Forschung. Wo hingegen solche Fragen ausgeblendet werden (können), bedarf die rechtswissenschaftliche Evaluation keiner sozialwissenschaftlichen Abstützung – aber auch eben nur dort.

Als Grundthesen kann demnach festgehalten werden: Sozialwissenschaftliche und rechtswissenschaftliche Evaluationen stellen unterschiedliche Fragen, arbeiten mit unterschiedlichen Methoden und gelangen zu unterschiedlichen Bewertungen. Diese können nebeneinander stehen, sich aber auch ergänzen. In zahlreichen Fällen anspruchsvoller Evaluationsvorhaben ist ein solches Ergänzungsverhältnis sogar wissenschaftlich notwendig. Hier ist dann die Evaluation notwendig interdisziplinär. Voraussetzung dieser Erkenntnis und notwendige Bedingungen ihrer richtigen Umsetzung ist die Selbsterkenntnis der Disziplinen und ihrer Vertreter nicht nur in die Potentiale, sondern auch in die Grenzen ihrer disziplinären Fragestellungen und Antwortmöglichkeiten. Eine abschließende systematische Erforschung der notwendigen und möglichen Brücken zwischen den Disziplinen gerade auf dem Feld der Evaluationsforschung steht allerdings noch aus.

Welche Form der Evaluation im Einzelfall durchgeführt und welche Methode dabei angewendet werden soll, richtet sich nach der Entscheidung desjenigen, welcher hierüber zu entscheiden hat. Im Falle einer von Wissenschaftlern auf eigene Initiative vorgenommenen Evaluation ist diese Entscheidung Ausprägung ihrer Wissenschaftsfreiheit.[17] Findet die Evaluation hingegen zur Erfüllung gesetzlicher Aufträge statt, so kann der Gesetzgeber die Entscheidung auch treffen oder zumindest beeinflussen. Ob und wie er dies getan hat, ist ggf. durch Auslegung der Evaluationsklauseln zu ermitteln.[18] In deren Rahmen sind dann wieder die evaluierenden Instanzen frei, ihre Methoden selbst zu bestimmen.

---

16 Zum empirischen Gehalt derartiger Verweisungsbegriffe *Gusy*, Sittenwidrigkeit im Gewerberecht, DVBl 1982, S. 984 ff.

17 Dazu o. 1.

18 Dies gilt sinngemäß auch dann, wenn verfassungsrechtliche Evaluationspflichten erfüllt werden sollen. Deren Perspektive, Methoden und Erfüllung richtet sich dann nach dem

3.2 Insbesondere: Evaluationspflichten: Entstehung und Auslegung

Die gesetzlichen Evaluationspflichten[19] sind keineswegs einheitlich. Sie differieren partiell erheblich zwischen Bund und Ländern, zwischen unterschiedlichen Ländern und nicht selten auch zwischen den jeweiligen Gesetzgebungsmaterien. Zudem sind ältere Evaluationsklauseln bisweilen anders gefasst als jüngere. Von ihrer Entstehung her sind Evaluationsklauseln Elemente politischer Kompromisse zwischen Regierungen und Parlamenten, Mehrheiten und Minderheiten. Sie können der Beschaffung von Mehrheiten für ein Gesetzgebungsprojekt ebenso dienen wie der Beschleunigung von Gesetzgebungsverfahren, aber auch der Kalmierung politischer oder administrativer[20] Widerstände. Dies gilt namentlich dann, wenn die Evaluationspflicht mit einer Befristung des Gesetzes einhergeht.

Evaluationsklauseln regeln ganz unterschiedliche Aspekte der Evaluation, z. B.

- die Begründung von *Evaluationspflichten*. Gesetze können auch ohne solche Klauseln evaluiert werden, müssen dies aber nicht. Im Falle von Evaluationsklauseln kann eine solche Verpflichtung begründet werden. Dies kann unbedingt oder bedingt geschehen, indem etwa die Entscheidung über die Verlängerung der Geltungsdauer eines befristeten Gesetzes von einer vorherigen Evaluation abhängig gemacht wird. In solchen Fällen ist die Evaluation jedenfalls dann verpflichtend, wenn ein politischer Wille im Hinblick auf eine Verlängerungsentscheidung besteht.
- die Begründung von *Evaluationsfristen*: Sie werden statuiert, wenn entweder eine gesetzliche Fristbestimmung statuiert wird oder aber die Evaluation als Voraussetzung eines anderen befristeten Ereignisses qualifiziert wird, etwa der Neuentscheidung über ein befristetes Gesetz. In diesem Falle ist der Neuentscheidungszeitpunkt zugleich der Endpunkt der gesetzlichen Frist.
- die Bestimmung des *Gegenstandes der Evaluation*: Sie kann sich auf das Gesetz insgesamt, aber auch auf einzelne seiner Vorschriften beziehen.
- die Bestimmung der *evaluierenden Instanz:* Als solche kann die Regierung angegeben sein, aber auch das Parlament selbst oder beide im Zusammenwirken. Die Entscheidung kann aber auch offen bleiben.

---

jeweils durch Auslegung zu ermittelnden Gehalt der jeweiligen Verpflichtungen.

19 Zu ihnen näher *Kugelmann* in diesem Band. S. a. schon *Gusy/Kapitza* in diesem Band.

20 Etwa (politisch) aus der Zivilgesellschaft oder vom Koalitionspartner (administrativ) aus anderen staatlichen Ebenen oder von advokatorischen Exekutivinstanzen, etwa von Datenschutzbeauftragten.

- die Bestimmung des *Evaluationsverfahrens*: Hier kann etwa geregelt sein, dass die Evaluation unter Einbeziehung oder Mitwirkung externer Personen stattfinden muss, etwa eines Sachverständigen, welcher unter Mitwirkung des Parlaments bestimmt werden soll. Hier können zusätzlich auch einzelne Elemente ihrer Bestellung sowie ihrer Beteiligung am Evaluationsverfahren und am -bericht geregelt sein.
- *Bestimmungen zum Umgang mit den Evaluationsergebnissen:* Hier können etwa unspezifische oder spezifische (etwa: Berichte an das Parlament) Veröffentlichungspflichten, ihre Einbringung in Gesetzgebungsverfahren oder gar Beratungspflichten in staatlichen Organen (etwa: dem Parlament) statuiert werden. Auch solche Verpflichtungen können explizit oder implizit statuiert sein.

Die unterschiedliche Fassung von Evaluationsklauseln deutet bereits an: Von einem allgemeinen, verfassungs- oder gesetzesgeleiteten Evaluationskonzept ist die Rechtsordnung noch weit entfernt. Vielmehr enthalten die einzelnen Evaluationsklauseln ganz unterschiedliche Aspekte und Einzelfragen. Und nicht zufällig gibt es bislang kein allgemeines Evaluationsgesetz, und zwar weder in der EU noch im Bund oder auch nur in einem einzigen Bundesland.

Diese Regelungsgegenstände sind typische Materien von Evaluationsklauseln, aber gewiss nicht abschließend. Welche der genannten oder auch weiterer Regelungsgegenstände im Einzelfall gemeint sind, lässt sich nicht stets allein dem Wortlaut der Vorschriften entnehmen. Sie sind vielmehr methodengerecht auszulegen. Dabei kommt der *Entstehungsgeschichte* schon deshalb eine höhere Bedeutung zu, weil es sich regelmäßig um Normen jüngeren Datums handelt, die noch keinen allzu weit reichenden Bedeutungswandel erfahren haben können. Von Bedeutung ist auch die *Gesetzessystematik*, welche außer der innergesetzlichen Systembildung auch einen Vergleich der unterschiedlichen Evaluationsklauseln aus anderen Gesetzen einbeziehen kann. Angesichts der Verschiedenheit der Normtexte sind die Möglichkeiten, mit Hilfe der Auslegung einheitliche Evaluationsstandards und -verfahren hervorzubringen, gewiss begrenzt. Vielmehr gilt es hier gerade bei der systematischen Auslegung, nicht nur Übereinstimmungen bzw. Parallelen, sondern eben auch (gewollte) Unterschiede zu erkennen und für die Auslegung zu verarbeiten. Schließlich können *Sinn und Zweck* der Evaluationsklauseln einbezogen werden, wobei insbesondere der consecuting practice eine gewisse Bedeutung zukommen kann: Wie sind Evaluationspflichten in der Vergangenheit erfüllt worden? Welche Standards haben sich bei Evaluatoren gebildet? Welche Inhalte haben die Adressaten der Berichte bislang akzeptiert? Doch kann eine solche Praxis nicht einfach fortgeschrieben werden: Angesichts der Neuheit der Materie ist ein gewisser Experimentierbonus jedenfalls denkbar und kann dann auch auslegungsrelevant werden.

Hingegen finden sich wohl *niemals explizite Aussagen zu den anzuwendenden methodischen und inhaltlichen Standards der Evaluation*. Einzelne Annäherungen sind möglich, wenn die evaluierende Instanz näher bestimmt wird. Sofern diese der Exekutive selbst überlassen bleibt (= interne oder Selbstevaluation), kann diese Frage anders zu beantworten sein als dann, wenn sie unabhängigen Wissenschaftlern (= externe oder Fremdevaluation)[21] übertragen wird. Für den ersten Fall gilt: Nicht jede Zusammenstellung von Erinnerungen oder Unterlagen beteiligter Beamter erfüllt bereits die Anforderungen an eine wissenschaftliche Evaluation.[22] Jedenfalls im letzteren Falle ist die Anwendung wissenschaftlicher Methoden zwingend. Das dürfte auch dann gelten, wenn die Evaluation zwar der Exekutive überlassen bleibt, diese jedoch externe Experten hinzuzuziehen hat. In solchen Fällen ist nicht nur die Mitwirkung dieser Person, sondern auch die Einbringung ihrer Expertise geboten. Und diese ist notwendig eine wissenschaftliche. Die Pflicht zur Heranziehung externer Wissenschaftler ist demnach notwendig auch die Verpflichtung zur Heranziehung wissenschaftlicher Methoden.

Ob eine *sozialwissenschaftliche oder eine rechtswissenschaftliche Evaluation* geschuldet ist, wird jedenfalls nicht ausdrücklich geregelt. Und welche Methoden in dem einen oder anderen Fach angewandt werden sollen, lässt sich allenfalls aus Andeutungen rückschließen. Wenn etwa die „Wirkungen" eines Gesetzes evaluiert werden sollen, spricht viel dafür, dass es sich nicht allein um rechtliche Auswirkungen handelt. Evaluation ist auch kein Ersatz für verfassungsgerichtliche Normenkontrollverfahren. Eine andere Frage ist selbstverständlich, was unter den „Wirkungen" eines Gesetzes im außerjuristischen Sinne verstanden werden kann. Aber die Beantwortung dieser Frage kann schon Teil der Evaluation sein. *Minimalanforderungen* sind wohl das *Vorhandensein einer Beschreibung, einer Bewertung und eines Berichts.*

Ob eine Evaluation geschuldet ist, ist nach den Evaluationsregelungen vergleichsweise einfach zu bestimmen. Welche *Methode* hingegen geschuldet ist, ergibt sich aus den maßgeblichen Klauseln jedenfalls nicht stets und nicht unmittelbar und *ist demnach durch Auslegung zu ermitteln*. Dabei ist nicht nur der Begriff der Evaluation und auch nicht nur der Inhalt der einzelnen Evaluationsnormen, sondern auch

---

21 Unterschiede zwischen interner und externer Evaluation bei *Ziekow/Debus/Piesker*, Leitfaden zur Durchführung von ex-post-Gesetzesevaluationen unter besonderer Berücksichtigung der datenschutzrechtlichen Folgen, 2012, S. 20 f.

22 Dazu mit Beispiel näher *Gusy*, Präventionsstaat zwischen Rechtsgüterschutz und Abbau von Freiheitsrechten in Deutschland, in: Graulich u. a. (Hrsg.), Terrorismus und Rechtsstaatlichkeit, 2007, S. 273, 279 ff.; *ders.*, Leerlaufende Evaluationspflichten, in: Roggan (Hrsg.), Mit Recht für die Menschenwürde, FS Dr. B. Hirsch, 2006, S. 139 ff.

deren jeweilige Funktion einzubeziehen.[23] Wenn es allein um Grundrechtsschutz geht, mögen die Methodenfragen anders zu beantworten sein als dann, wenn es um demokratische oder gewaltenteilende Funktionen geht. Und jedenfalls für letztere reicht es nicht aus, wenn diejenigen Regierungsstellen, welche eine Begründung von Gesetzentwürfen zu liefern haben, deren Inhalte auskoppeln und als „Evaluation" deklarieren. Aus der Sicht der genannten Funktionen wird vielmehr deutlich: *Je stärker der demokratische und gewaltenteilende Aspekt einer Evaluation*[24] *sein soll, desto weniger reicht eine Fokussierung auf Rechtsfragen oder eine interne Evaluation der beteiligten Ministerien und Behörden aus.*

Wo und soweit die Evaluationsklauseln keine Vorgaben hinsichtlich Verfahren und Methoden enthalten, können diese durch die Evaluatoren selbst bestimmt werden. Zudem ist festzuhalten: Wenn Evaluationsklauseln bestimmte Evaluationspflichten begründen, sind sie insoweit *allein als Minimalstandards zu verstehen und bestimmen den Bereich des Gebotenen, nicht hingegen den des Zulässigen* oder gar des Möglichen. Insbesondere schließen sie andere und weitergehende Evaluationen nicht aus.

3.3 Evaluation von Sicherheitsgesetzen: Einzelfragen

3.3.1 Zieldefinition und Zurechnungsfragen

Ein Ziel sozialwissenschaftlicher Evaluation kann sein, die Zielerreichung eines Gesetzes im Hinblick auf ihre Optimierung, ihre Effizienz, Effektivität oder Angemessenheit zu überprüfen. Wie auch immer der Auftrag im Einzelfall formuliert sein mag: Seine Erfüllung setzt die *Feststellung des Gesetzesziels* voraus. Dessen Definition ist jedoch nicht stets eindeutig. Der Gesetzgeber schuldet den Gesetzesinhalt, nicht dessen Ziel oder Zweck. Dieser ist im Gesetz – und namentlich in Sicherheitsgesetzen – nicht ausgedrückt, sondern liegt ihm voraus und kann allenfalls aus Begründungen bzw. Parlamentsdebatten ermittelt werden. Die damit verbundenen Schwierigkeiten sind bekannt und sollen hier nur kurz angedeutet werden. Die Begründung des Gesetzentwurfs betrifft zunächst nur diesen und nicht das später verabschiedete, möglicherweise vom Entwurf mehr oder weniger abweichende Gesetz. Zudem stimmt das Parlament nur über das Gesetz, nicht aber über die Begründung ab. Die Ziele, welche die Abgeordneten mit dem Gesetz verbinden, können von denjenigen der Regierung aber durchaus abweichen. Zudem, können sie unter den Zustimmenden ihrerseits divergieren.

23 Dazu schon o. 1.

24 Dazu o. 1.

Verschiedene Abgeordnete, Gruppen oder Fraktionen können einem Gesetz mit ganz unterschiedlichen Zielrichtungen zustimmen. Aber was ist dann „das“ Ziel „des“ Gesetzes? Und schließlich sind die Abgeordneten gem. Art. 38 Abs. 1 S. 2 GG nicht verpflichtet, ihre Motive oder Zielvorstellungen im Hinblick auf ein Gesetz oder auch nur ihr Abstimmungsverhalten zu erklären. Der Gesetzeszweck ist also nicht stets einfach zu erkennen.

Hinzu kommt namentlich bei Sicherheitsgesetzen, aber nicht nur dort, eine Besonderheit der Festlegung von Gesetzeszielen. Diese können auf unterschiedliche Weisen angegeben werden. Dies kann etwa deontisch (iSv erreicht/nicht erreicht) als auch skalar (iSv mehr erreicht/weniger erreicht) formuliert werden. Letzteres geschieht etwa im Sicherheitsrecht, wenn dort als Anliegen eines Gesetzes formuliert wird, den *Schutz von Rechtsgütern zu verbessern* oder das Risiko bestimmter Straftaten (etwa: Attentate oder Amokläufe) zu minimieren. Wenn dann dennoch derartige Straftaten geschehen, so ist der Gesetzeszweck allein deshalb noch nicht verfehlt. Er wäre es erst dann, wenn vom Gesetz keinerlei Wirkungen im Hinblick auf die Verhinderung anderer denkbarer, geplanter oder gar versuchter Straftaten ausgehen. Hieran knüpfen für die Evaluation zwei spezifische Schwierigkeiten an: Wie viel Zweckerreichung ist notwendig, wie viel ist genug, um die vom jeweiligen Gesetz vorgesehenen Mittel zu rechtfertigen? Hier wird die Evaluation zur Abwägungsfrage, und zwar schon auf der Ebene der Zielformulierung bzw. der Frage nach der Zielerreichung. Und wie können die Wirkungen eines Gesetzes auf nicht begangene Handlungen festgestellt werden? Dies mag noch gelingen, wenn das Gesetz konkrete Verhinderungs- oder Aufklärungshandlungen ermöglichte, deren Wirksamkeit im Einzelfall untersucht werden kann. *Abschreckungs- oder Vermeidungseffekte lassen sich dagegen praktisch nicht nachweisen.*

Evaluation zeigt zudem nur selten an, ob ein Gesetz seinen Zweck (vollständig) erfüllt oder (vollständig) verfehlt hat. Sie zeigt eher an, ob es ihn besser oder schlechter erfüllt hat. In diesem Sinne setzt sie stets auch Vergleiche voraus. Solche Vergleiche sind aber gerade bei Gesetzen schwierig. Am ehesten sind sie möglich als Vorher-Nachher-Vergleich, wenn bereits vor Gesetzeserlass wirkungsbezogene Informationen erhoben worden sind. Wo dies – wie regelmäßig – nicht der Fall ist, kommen Vergleiche zwischen unterschiedlichen Bundesländern in Betracht, wenn eine gesetzliche Bestimmung in einzelnen Bundesländern gilt, in anderen hingegen vergleichbare Regelungen nicht in Kraft sind. Ceteris paribus ist in solchen Fällen ein Vergleich jedenfalls denkbar. Er stößt allerdings an seine Grenzen, wenn Evaluationsaufträge und Evaluationswissen nur hinsichtlich solcher Länder bestehen, in denen vergleichbare Rechtslagen bestehen. Eine Evaluation hinsichtlich nicht ergangener oder nicht geltender Gesetze hat dagegen – soweit mir bekannt – im Sicherheitsbereich noch nicht stattgefunden. Hier stößt die Möglichkeit von

Vergleichen an ihre Grenzen. Ähnliches gilt auch hinsichtlich der Erforschung nicht-intendierter Wirkungen von Gesetzen. Hier bestehen weitere Desiderata der Evaluationsforschung.

Darüber hinaus ist aber auch festzuhalten: Die *Evaluation einzelner Anwendungsfälle*, Gerichts- oder Verwaltungsverfahren ist wichtig. Sie *ist aber nicht identisch mit der Evaluation des Gesetzes* selbst. Der Gesetzeszweck ist nicht notwendig identisch mit dem Zweck des Verfahrens seiner Ausführung. Ein Gesetz kann gut, sein Vollzug hingegen schlecht sein. Und es kann auch umgekehrt Fälle geben, in denen das Gesetz schlecht, sein Vollzug jedoch gut ist. Aus dem einen lässt sich nicht zwingend auf das andere schließen. Doch geht es bei der Gesetzesevaluation um diese selbst. Implementationsforschung mag dazu ein Hilfsmittel sein, doch kann sich die Gesetzesevaluation nicht auf diese beschränken.

3.3.2 Zugang zu Informationen: Vom Gewaltmonopol zum Informationsmonopol der Exekutive?

Evaluation ist Informationsverarbeitung und -bewertung. Sicherheitsgesetze, welche Behörden Aufgaben oder Befugnisse verleihen,[25] weisen diesen die Ausführung zu und versetzen sie (in allerdings unterschiedlichem Umfang) in die Lage, erforderliche Informationen zu erlangen und zu verarbeiten. Damit fällt das Ausführungswissen bei den mit der Ausführung betrauten Behörden an. Ob und unter welchen Bedingungen sie Veranlassung zum Tun oder Unterlassen sahen; unter welchen Voraussetzungen sie ein Einschreiten für zulässig oder geboten hielten; welche Maßnahmen sie gegen wen ergriffen haben; welche Resultate diese im Hinblick auf weitere Maßnahmen der Informationserhebung, sonstige behördliche Verfahren oder gerichtliche Verurteilungen erlangten: Solche Kenntnisse sind allein bei den Sicherheitsbehörden vorhanden. Und sie sind Außenstehenden – Parlamenten, Behörden, Gerichten, Privaten – aus Rechtsgründen nur eingeschränkt zugänglich. Dies gilt letztlich auch für Gesetzesevaluatoren. Sie sind hinsichtlich der Informationserlangung auf Ministerien bzw. Behörden angewiesen. Kaum zugespitzt lässt sich formulieren: *Gegen die Exekutiven ist eine Gesetzesevaluation im Sicherheitsrecht[26] wohl nicht denkbar.*

---

25 Dies sind keineswegs alles Sicherheitsgesetze. Angesichts der Weite des Politikfeldes ist es vielfach denkbar, dass auch Private berechtigt sind oder Gesetze erlassen, die auf keine spezifischen Ausführungshandlungen angewiesen sind. Alle solche Gesetze sind im Folgenden nicht gemeint. Ihre Evaluation kann auch anderen Regeln folgen als den hier diskutierten.

26 Hier kann sich das Sicherheitsrecht von anderen Rechtsbereichen erheblich unterscheiden. Dort sind auch andere Akteure als Behörden tätig. Und dort besteht keine vergleichbare Situation rechtlich anerkannter Heimlichkeit. Insbesondere handeln die meisten

Die Organisation des Evaluationsprozesses muss dieser Vorbedingung Rechnung tragen. Daraus lassen sich mindestens drei mögliche Reaktionsformen denken:

1. Entweder wird die *Gesetzesevaluation* gleich der Exekutive *als sog. „Selbstevaluation"* anvertraut. Dann würden jedoch einzelne Evaluationszwecke[27] weniger erreicht als bei einer externen Evaluation.
2. Oder aber der *Gesetzgeber schafft die Voraussetzungen und Formen für einen angemessenen Informationszugang der Evaluatoren* einschließlich der damit verbundenen Sicherheitsüberprüfungen und Verschwiegenheitspflichten in Einzelfällen. Da die Evaluation von Gesetzen nicht mit der Evaluation der Vollzugsfälle identisch ist, kann sich der Bericht dann auch auf aggregierte Daten und statistische Angaben beschränken.
3. Schließlich kann die Evaluation auch ganz von der Erhebung von Behördendaten absehen und sich ausschließlich auf öffentlich zugängliches Wissen, Betroffenen- und Experteninterviews und vergleichbare übliche sozialwissenschaftliche Methoden beschränken. Ein solches Vorgehen mag in Einzelfällen auch im Sicherheitsbereich sinnvoll und erfolgversprechend sein. Umgekehrt ist das Ergebnis in der öffentlichen Diskussion dann stets anfällig gegen die Kritik, andere (Insider- oder Behörden-) Informationen nicht berücksichtigt und daher unvollständig oder einseitig zu sein. Von vornherein ausgeschlossen sind solche Evaluationen aber nicht notwendig – auch nicht im Sicherheitsbereich.

Evaluationsforschung generiert Evaluationswissen. Und *Evaluation setzt Evaluationswissen voraus.* Die einzelnen Evaluationsaufträge stehen regelmäßig – aber nicht immer – unter restriktiven Bedingungen von Zeit, Ressourcen und Informationen. Sie sind geeignet, die Erfüllbarkeit bzw. die Erfüllung des jeweiligen Auftrags zu beeinflussen. Umso größere Bedeutung erlangt hier der Umstand, dass *Evaluatoren nicht jedes Evaluationswissen selbst generieren müssen.* Sie können auch im Sicherheitsrecht auf Vorarbeiten etwa zu den Themen der Wirkungen von Gesetzen und ihrer Bestimmung, der Gesetzgebungswissenschaft und der Implementationsforschung, der Evaluationsforschung sowie sach- und fachspezifischer Forschungsergebnisse zurückgreifen. Ohne solche Vorkenntnisse ist eine anspruchsvolle Evaluation mit Aussicht auf politische Überzeugungskraft und wissenschaftliche Akzeptanz kaum möglich. Der Aufwand wäre schlechthin unverhältnismäßig. Und er wäre jedenfalls dort, wo es solche Ergebnisse gibt, auch gar nicht notwendig. Umso

anderen Behörden nach außen öffentlich, also für Betroffene oder Dritte bemerkbar. Deshalb bestehen dort eher Auskunftsplichten und -ansprüche (s. etwa § 3 IFGBund; etwas enger und sachgerechter sind die Grenzziehungen etwa in § 6 IFGNRW).

27 Dazu o. 1.

wichtiger ist eine anspruchsvolle Evaluationsforschung, welche den Evaluatoren im Einzelfall angemessene Methoden zur Verfügung stellt und somit jedenfalls die Aufgabe der Selbstreflexion wie auch der methodischen Vorarbeiten erspart oder jedenfalls erleichtert. Eine solche Evaluationsforschung steckt allerdings in Deutschland für die Gesetzesevaluation erst noch in den Kinderschuhen. Je weiter die Forschung voranschreitet, desto eher gilt: Evaluation fängt nicht erst mit dem einzelnen Evaluationsauftrag an.

4 Der Bericht: Gesetzesevaluation im politischen Prozess

Die Evaluation schließt regelmäßig mit einem Bericht. Dieser ist im Falle einer Erfüllung gesetzlicher Evaluationspflichten regelmäßig dem Parlament vorzulegen.[28] Sofern er dort Element eines Gesetzgebungsverfahrens wird, gelten für seine Übermittlung an und seine Behandlung durch das Parlament besondere Anforderungen aus den Regelungen über das Gesetzgebungsverfahren.[29]

Mit seiner Einbringung in den politischen Prozess unterliegt der Bericht dessen spezifischer Logik. Er kann dort als Mittel zur Verfolgung politischer Ziele eingesetzt werden: Seien es Beharrungsziele, also der Beibehaltung des geltenden Rechtszustandes; seien es Aufhebungsziele, also der Beseitigung des bisherigen Rechtzustands; seien es schließlich Änderungsziele iS einer Modifikation des bisherigen Rechtszustands. Die Instrumentalisierbarkeit für solche Ziele hängt von der Interessenlage der veröffentlichenden Instanzen ab. Politische Akteure sind in diesem Sinne nicht neutral. Die Regierung verfolgt eigene politische Ziele, wobei parteipolitische und administrativ-bürokratische Eigeninteressen ganz unterschiedliche Koalitionen eingehen können. Für die Exekutive ist die Beibehaltung eines einmal erzielten Rechtszustandes eine Prämie im Hinblick auf die Richtigkeit ihres eigenen früheren Verhaltens. Für die Opposition hingegen mag dessen Aufhebung eine Prämie darstellen; vorausgesetzt, sie war schon bei seiner Schaffung in der Opposition und hat damals dagegen votiert. Solche Prämieneffekte können die Publikation des Berichts, also ihren Zeitpunkt und seine pressemäßige

28 Dies geschieht durch Aufnahme in die Parlamentsdrucksachen. Soweit keine derartigen Zuleitungspflichten bestehen, richtet sich die Frage nach der Öffentlichkeit des Berichts nach den Entscheidungen der Auftraggeber oder der evaluierenden Institute oder Personen.

29 Dazu *Krüper* in diesem Band.

Verarbeitung,[30] mitbestimmen. Dass sie auch Vorwirkungen auf die Inhalte von Evaluationsaufträgen, die Auswahl von Gutachtern oder die Auswahl von Informationen zur Übermittlung an Evaluatoren erlangen können, liegt gleichfalls nahe. Solche Faktoren zu berücksichtigen und zuzulassen oder aber ggf. möglichst auszuschalten ist eine wesentliche Aufgabe von Evaluationsklauseln und Evaluationsvereinbarungen im Spannungsfeld von Regierung und Parlament.[31]

Von zentraler Bedeutung für die Rezeption und Wirkung des Evaluationsberichts ist dessen Bedeutung im politischen Prozess. Aus der Sicht der Politiker ist er Teil einer wissenschaftlichen Politikberatung, welcher Fakten und wissenschaftlich gestützte Bewertungen enthält. Da es regelmäßig nur einen Evaluationsbericht gibt, sind jene Inhalte etwa im weiteren parlamentarischen Prozess faktisch alternativlos.[32] Welche Bedeutung er hier erlangen kann, hängt wesentlich vom vorausgesetzten Politikverständnis ab. Und ob es von solcher Beratung in Deutschland zu viel oder zu wenig (oder genau das richtige Maß) gibt, ist in neuerer Zeit durchaus wieder umstritten.[33] Wahrscheinlich ist es nicht möglich, diese Frage über alle Politikbereiche und alle politischen und parlamentarischen Ebenen hinweg einheitlich zu beantworten. Daneben ist auch das Konzept von Politik ganz grundsätzlich zu berücksichtigen: Wer Politik eher sachlich-technokratisch bestimmt, wird hier anders argumentieren als derjenige, welcher sie eher wertend-dezisionistisch begreift. Zwischen diesen beiden Polen gibt es zahlreiche weitere Schattierungen, welche den Umgang mit Evaluationsberichten unterschiedlich beschreiben können. Je sachhaltiger ein Politikbereich ist, desto höhere Bedeutung werden die in Evaluationsberichten enthaltenen Sachargumente einnehmen. Je werthaltiger er ist, desto geringer wird deren Bedeutung einzuschätzen sein. Grundsätzlich sind Evaluationsberichte geeignet, die Sach- und Informationshaltigkeit politischer Debatten und ggf. Entscheidungen zu erhöhen. Dies entspricht sowohl dem demokratischen als auch dem gewaltenteilenden Zweck von Gesetzesevaluation. Und darin liegt

---

30 Dazu können die Form der Veröffentlichung (ganz oder teilweise), der Ort der Veröffentlichung (leicht oder schwer zugänglich) und oder die Abfassung begleitender Pressemeldungen zählen.

31 Dazu *Sack* in diesem Band.

32 Dieser Zustand ist vor dem Hintergrund der Einsichten über interessierten Sachverstand durchaus beklagenswert, vielfach allerdings begrenzten Ressourcen und Forschungsmöglichkeiten geschuldet. Optimal wäre ein Pluralismus von Erkenntnissen und Vorschlägen durch unterschiedliche Sachverständige. Ein gewisses Surrogat hierfür können Bewertungen von Evaluation durch andere Sachverständige etwa in parlamentarischen Anhörungen darstellen.

33 Dazu *Willoweit*, SZ v. 20.1.2011; *Höffe*, ebd. v. 25.1.2011; *Winnacker*, ebd. v . 26.1.2011; *Edenhofer*, ebd. v. 1.2.2011; *Kielmannsegg*, ebd. v. 4.2.2011; *Hacker*, ebd. v. 8.2.2011; *Lammert*, ebd. v. 9.2.2011.

eine Stärkung des demokratischen politischen Prozesses. Die Legitimation von Entscheidungen und Gesetzen kann dadurch gestärkt werden. Wichtig ist dabei allerdings die zutreffende Erkenntnis von Wert und Grenzen von Sachargumenten im Bereich des Politischen. Politische Entscheidungen können Sachlogiken folgen, sich aber auch gegen sie stellen. Ob und wann das eine oder das andere geschieht, ist wiederum keine reine Sachfrage. Hier beginnt der Bereich des Politischen, nämlich in der Frage mit dem Umgang von Sachargumenten. Das gilt noch mehr für die *Bewertung der Sachargumente*,[34] also der Vorschläge der Evaluatoren im Hinblick auf eine mögliche Beibehaltung, Änderung oder Aufhebung von Rechtsnormen. Solche Bewertungen sind wesentlich komplexer als die bloße Fortschreibung der deskriptiven Elemente: Dass ein Gesetz die Sicherheit erhöht hat, spricht noch nicht zwingend für seine Beibehaltung. Ist das erhöhte Niveau auch hoch genug? Oder sind umgekehrt die Kosten für den Sicherheitsgewinn zu hoch? Solche Bewertungen können ihrerseits mit Sachargumenten gestützt werden, doch können letztere erstere nicht ersetzen. Auch hier findet sich ein Eigenbereich des Politischen, welcher durch Sachverstand gestützt, aber nicht surrogiert werden kann.

Diese notwendigen Grenzen zu wahren ist ein wichtiger Auftrag an die Evaluatoren und ihre Berichte. Sind diese eher auf die vorausliegenden Fragestellungen und die dazu maßgeblichen wissenschaftlichen Aussagen fokussiert? Oder überschreiten sie diesen Bereich und geben politische Empfehlungen ab, die wissenschaftlich mehr oder weniger gestützt sind? Zeigt er mögliche Alternativen auf oder erklärt er einzelne für richtig erkannte Lösungen für alternativlos? Ersteres läge eher in der Logik des demokratischen Pluralismus, letzteres in derjenigen eines technokratischen Politikverständnisses. In der Praxis zeichnen sich die meisten Vorschläge namentlich von unabhängigen Evaluatoren eher durch Zurückhaltung aus, welche eher Randkorrekturen anmahnen und im Übrigen den Eigenbereich des Politischen respektieren.

Richtig verstanden ist Gesetzesevaluation eine notwendige Stärkung des demokratischen wie auch des parlamentarischen Prozesses. Doch wirkt diese Feststellung wie ein Spiegel auf die Evaluationsforschung zurück: Die Bedingungen und Maßstäbe dieser Richtigkeit sind noch nicht hinreichend geklärt und konsentiert, als dass Evaluation bereits nach solchen Kriterien stattfinden kann. Zudem wird es stets Versuchungen und Versuche geben, Evaluation zu instrumentalisieren und den politischen Prozess auch sachwidrig zu beeinflussen. Dafür sind die möglichen Prämien zu verlockend. Solche Versuche zu erkennen, zu thematisieren und ggf. zu skandalisieren, setzt gleichfalls ein Konzept sachgerechter Evaluation voraus, zu dem die Wissenschaft auf dem Weg ist.

---

34 Dazu näher *Kötter* in diesem Band.

Anhang

Evaluationsstudien und -berichte auf Landes-, Bundes- und europäischer Ebene[1]

Landesebene

1. Evaluation des § 15a des Polizeigesetzes des Landes Nordrhein-Westfalen („Videoüberwachung"), 2013 (aufgrund § 15a Abs. 5 PolG NRW, LT-Drs. 16/736 (Vorlage)).
2. Evaluation der §§ 7, 8 Abs. 1 Nr. 12, § 9 des Gesetzes über den Verfassungsschutz im Lande Bremen, 2012 (aufgrund § 32 BremVerfSchG, LT-Drs. 18/470).
3. Evaluation des Gesetzes zur Änderung der gesetzlichen Befristung in § 29 des Gesetzes über den Verfassungsschutz in NRW, 2011 (aufgrund § 29 Abs. 2 VSG NRW a.F., LT-Drs. 15/914 (Vorlage)) (gemeinsamer Evaluationsbericht des Ministeriums für Inneres und Kommunales und Heinrich Amadeus Wolff).
4. Recht und Praxis der anlassbezogenen automatischen Kennzeichenfahndung, Verkehrsdatenabfrage und Mobilfunkortung zur Gefahrenabwehr in Brandenburg, 2011 (eine Studie des Freiburger Max-Planck-Instituts im Auftrag des Brandenburgischen Ministeriums des Innern von Michael Kilchling und Brigitte Kenzel).
5. Bericht der Landesregierung Rheinland-Pfalz zu den §§ 29, 31, 31b, 31c, 31e und 38 des Polizei- und Ordnungsgesetzes, 2010 (aufgrund § 100 POG, LT-Drs. 15/4615, die Evaluation wurde vom Institut für Gesetzesfolgenabschätzung und Evaluation in Speyer durchgeführt).
6. Videoüberwachung öffentlicher Straßen und Plätze: Ergebnisse eines Pilotprojekts im Land Brandenburg, 2008 (von Manfred Bornewasser, Claus Dieter Classen und Ilona Stolpe).

---

1 Hierbei handelt es sich um eine nicht abschließende Zusammenstellung von Evaluationsberichten und -studien. Sie sind partiell aufgrund von gesetzlichen Evaluationspflichten, partiell aus Eigeninitiative der Autoren entstanden. Sie erklärt die Verschiedenheit der vorhandenen Berichte in Umfang, Methode und Aussagekraft.

7. Bericht zur Evaluierung der bestehenden Regelungen zur Überprüfung von Sicherheitsbedenken bei Ausländerinnen und Ausländern aus bestimmten Herkunftsländern, NRW, 2011 (aufgrund der Koalitionsvereinbarung von SPD und Bündnis 90/Die Grünen 2010).
8. Eine digitale Streifenfahrt... Evaluation einer Videoüberwachung beim Polizeipräsidium Bielefeld, 2005 (von Hans-Jörg Bücking und Thomas Kubera).
9. Polizeiliche Videoüberwachung in Bielefeld, 2004 (von Klaus Boers).

Bundesebene

1. Evaluation des Rechtsextremismus-Dateien-Gesetz (aufgrund Art. 3 Abs. 2 des Gesetzes zur Bekämpfung des Rechtsextremismus, die Evaluation wird vom Institut für Gesetzesfolgenabschätzung und Evaluation in Speyer durchgeführt. Sie ist derzeit noch nicht abgeschlossen).
2. Bericht der Regierungskommission zur Überprüfung der Sicherheitsgesetzgebung in Deutschland, 2013 (aufgrund Beschlusses der Bundesregierung vom 17.08.2011).
3. Evaluierung des Antiterrordateigesetzes, 2013 (aufgrund Art. 5 Abs. 2 ATDG, BT-Drs. 17/12665, die Evaluation wurde durch die Rambøll Management Consulting durchgeführt).
4. Evaluation des Gesetzes zur Verfolgung der Vorbereitung von schweren staatsgefährdenden Gewalttaten (GVVG), 2012 (ein Bericht der Kriminologischen Zentralstelle e. V. und der Ruhr-Universität Bochum aufgrund der Koalitionsvereinbarung von CDU/CSU und FDP 2009, erstellt von Anna Oehmichen und Astrid Klukkert).
5. Evaluation des Gesetzes zur Regelung des Zugangs zu Informationen des Bundes – Informationsfreiheitsgesetzes des Bundes (IFG), 2012 (eine Studie des Instituts für Gesetzesfolgenabschätzung und Evaluation in Speyer im Auftrag des Innenausschusses des Deutschen Bundestages, erstellt von Jan Ziekow, Alfred G. Debus und Elisabeth Musch).
6. Schutzlücken durch Wegfall der Vorratsdatenspeicherung?, 2011 (eine Studie der kriminologischen Abteilung des Freiburger Max-Planck-Instituts im Auftrag des Bundesamtes für Justiz, erstellt von Hans-Jörg Albrecht u. a.).
7. Verfassungsrechtliche Bewertung des Terrorismusbekämpfungsergänzungsgesetzes (TBEG) und seiner Anwendung, 2011 (im Auftrag des Bundesministeriums des Inneren, erstellt von Heinrich Amadeus Wolff).

8. Evaluierung des Terrorismusbekämpfungsergänzungsgesetzes, 2011 (durch die Rambøll Management Consulting).
9. Rechtswirklichkeit der Auskunftserteilung über Telekommunikationsverbindungsdaten nach §§ 100g, h StPO, 2008 (von Adine Grafe).
10. Die Implementation der Rasterfahndung, 2008 (von Dirk Pehl).
11. Bericht zur Evaluierung des Gesetzes zur Steuerung und Begrenzung der Zuwanderung und zur Regelung des Aufenthalts und der Integration von Unionsbürgern und Ausländern (Zuwanderungsgesetz), 2006 (aufgrund der Koalitionsvereinbarung von CDU/CSU und SPD 2005).
12. Bericht der Bundesregierung zu den Auswirkungen der nach Art. 22 Abs. 2 des Terrorismusbekämpfungsgesetzes befristeten Änderungen des Bundesverfassungsschutzgesetzes, des MAD-Gesetzes, des BND-Gesetzes, des Artikel 10-Gesetzes, des Sicherheitsüberprüfungsgesetzes und des § 7 Abs. 2 des BKA-Gesetzes, 2005 (aufgrund Art. 22 Abs. 3 TBG, Innenausschuss A-Drs. 15(4)218))
13. Die Effizienz der Überwachung der Telekommunikation nach den §§ 100a, 100b StPO, 2005 (von Claudia Dorsch).
14. Die Überwachung der Telekommunikation nach den §§100a, 100b StPO in der Rechtspraxis, 2005 (von Christiane Krüpe-Gescher).
15. Rechtswirklichkeit und Effizienz der akustischen Wohnraumüberwachung („großer Lauschangriff") nach § 100c Abs. 1 Nr. 3 StPO, 2004 (eine Studie der kriminologischen Abteilung des Freiburger Max-Planck-Instituts im Auftrag des Bundesamtes für Justiz, erstellt von Hannes Meyer-Wieck).
16. Rechtswirklichkeit und Effizienz der Überwachung der Telekommunikation nach den §§ 100a, 100b StPO und anderer verdeckter Ermittlungsmaßnahmen, 2003 (eine Studie der kriminologischen Abteilung des Freiburger Max-Planck-Instituts im Auftrag des Bundesministeriums der Justiz, erstellt von Hans-Jörg Albrecht, Claudia Dorsch und Christiane Krüpe).
17. Wer kontrolliert die Telefonüberwachung? Eine empirische Untersuchung zum Richtervorbehalt bei der Telefonüberwachung, 2003 (von Otto Backes und Christoph Gusy).
18. Berichte des parlamentarischen Kontrollgremiums zu den Maßnahmen nach dem Terrorismusbekämpfungsgesetz (vgl. BT-Drs. 15/3391; 16/5982; 16/11560; 17/550; 17/4277; 17/8638; 17/12774; 18/216).

Europäische Ebene

1. Bericht der Kommission an den Rat und das Europäische Parlament: Bewertungsbericht zur Richtlinie über die Vorratsdatenspeicherung (Richtlinie 2006/24/EG) (KOM/2011/0225 endg.).
2. Final Report on the evaluation of national anti-terrorist arrangements: improving national machinery and capability for the fight against terrorism, 2005 (zusammenfassender Bericht der Peer-Evaluationen durch eine EU-Delegation 2003/2004 der Terrorismusbekämpfungsmaßnahmen, Ratsdokument 12168/3/05 REV 3 ENFOPOL 109 vom 18. November 2005).

Autorinnen und Autoren

Alfred G. Debus, Dr. iur., Referent im Innenministerium Baden-Württemberg und Lehrbeauftragter an der Deutschen Universität für Verwaltungswissenschaften Speyer. Seine Forschungsinteressen liegen im besonderen Verwaltungsrecht, insbes. im Datenschutz- und Informationsfreiheitsrecht. Zum Zeitpunkt der Erstellung des Beitrages war er Forschungsreferent am Institut für Gesetzesfolgenabschätzung und Evaluation (InGFA) in Speyer.

Christoph Gusy, Dr. iur., ist Professor für Öffentliches Recht, Staatslehre und Verfassungsgeschichte an der Universität Bielefeld. Seine Forschungsschwerpunkte sind neuere Verfassungsgeschichte, Grundrechte und das Sicherheitsrecht.

Annika Kapitza, Dipl. jur., ist wissenschaftliche Mitarbeiterin am Lehrstuhl für Öffentliches Recht, Staatslehre und Verfassungsgeschichte von Professor Dr. Christoph Gusy. Von 2010 bis 2013 bearbeitete sie das vom BMBF geförderte Forschungsprojekt Sicherheitsgesetzgebung.

Matthias Kötter, Dr. iur., ist Wissenschaftlicher Mitarbeiter am Wissenschaftszentrum Berlin für Sozialforschung. Seine Forschungsschwerpunkte liegen im Bereich des Verwaltungsrechts und von Governance der öffentlichen Verwaltung.

Julian Krüper, Dr. iur., ist Professor für Öffentliches Recht, Verfassungstheorie und interdisziplinäre Rechtsforschung an der Ruhr-Universität Bochum. Seine Forschungsschwerpunkte liegen im Recht der Politik, dem Umweltrecht und der kulturwissenschaftlichen Bezüge des Rechts.

Dieter Kugelmann, Dr. iur., ist Universitätsprofessor für Öffentliches Recht, mit Schwerpunkt Polizeirecht einschließlich des internationalen Rechts und des Europarechts an der Deutschen Hochschule der Polizei in Münster. Seine Forschungsschwerpunkte betreffen das deutsche und europäische Sicherheitsrecht, das Europarecht sowie die Grundrechte mit einem Fokus auf die Kommunikationsgrundrechte. Er leitet die rechtlichen Teile der BMBF-Projekte BaSiGo (Bausteine für die Sicherheit von Großveranstaltungen) und SiKomFan (Mehr Sicherheit im Fußball – Verbessern der Kommunikationsstrukturen und Optimierung des Fandialogs).

Jens Lanfer, Dipl. Soz.-Wiss., ist Wissenschaftlicher Mitarbeiter am Lehrstuhl für Politikwissenschaft, Sicherheitsforschung und Sicherheitsmanagement an der Universität Witten/Herdecke. Seine Forschungsschwerpunkte liegen im Bereich der vergleichenden Politikfeldanalyse und Policy-Forschung sowie politischen Wandel und politischer Innovationen. Von 2010 bis 2013 bearbeitete er das vom BMBF geförderte Forschungsprojekt Sicherheitsgesetzgebung.

Axel Piesker, M.A. ist Forschungsreferent am Deutschen Forschungsinstitut für öffentliche Verwaltung (FÖV) und am Institut für Gesetzesfolgenabschätzung und Evaluation (InGFA) in Speyer. Seine Forschungsschwerpunkte sind Better Regulation, Gesetzesfolgenabschätzung/Evaluation und Innere Sicherheit.

Detlef Sack, Dr. rer. pol., ist Professor für vergleichende Politikwissenschaft an der Fakultät für Soziologie der Universität Bielefeld. Seine Forschungsschwerpunkte sind vergleichende Policy-Analyse (insb. Energie-, Verkehrs-, Arbeitsmarkt- und Sicherheitspolitik) sowie die Governance von Staat-Markt-Beziehungen (insb. Public Private Partnership, Vergabepolitik und Wirtschaftskammern).

Heinrich Amadeus Wolff, Dr. rer. publ., ist Professor für Öffentliches Recht an der Universität Bayreuth. Seine Forschungsschwerpunkte sind das Mehrebensystem, Dienstrecht, Informationsrecht, Planungs- und Umweltrecht und das Sicherheitsrecht.

Druck:
Customized Business Services GmbH
im Auftrag der
KNV Zeitfracht GmbH
Ein Unternehmen der Zeitfracht - Gruppe
Ferdinand-Jühlke-Str. 7
99095 Erfurt